Angela Mauss-Hanke (Hg.)
Internationale Psychoanalyse 2011

Herausgegeben von Angela Mauss-Hanke

Herausgeberbeirat:
Michael Diercks (Wien),
Lilli Gast (Berlin),
Andreas Hamburger (Berlin/München),
Uta Karacaoglan (Köln),
Angela Mauss-Hanke (Wolfratshausen),
Vera Müller (Berlin),
Barbara Strehlow (Berlin)

BAND 6

AUSGEWÄHLTE BEITRÄGE AUS DEM
INTERNATIONAL JOURNAL
OF PSYCHOANALYSIS

Angela Mauss-Hanke (Hg.)

Internationale Psychoanalyse 2011

Ausgewählte Beiträge aus dem
International Journal of Psychoanalysis,
Band 6

Mit einem Vorwort von Andrea Sabbadini

Mit Beiträgen von Adela Abella, Marilia Aisenstein,
Daniel Anderson, Dana Birksted-Breen, Germano Vollmer jr.,
Riccardo Lombardi, Antonio Carlos J. Pires,
Marisa Pola, Claude Smadja, Luigi Solano,
Richard Tuch und Nashyiela Loa-Zavala

Psychosozial-Verlag

Ausgewählte Beiträge des Jahres 2010 aus
The International Journal of Psychoanalysis, gegründet von Ernest Jones
unter der Leitung von Sigmund Freud
Herausgeber: Dana Birksted-Breen & Robert Michels

Bibliografische Information der Deutschen Nationalbibliothek
Die Deutsche Nationalbibliothek verzeichnet diese Publikation
in der Deutschen Nationalbibliografie; detaillierte bibliografische Daten
sind im Internet über http://dnb.d-nb.de abrufbar.

Originalausgabe
© 2011 Psychosozial-Verlag
Walltorstr. 10, D-35390 Gießen
Fon: 06 41 – 96 99 78 – 18; Fax: 06 41 – 96 99 78 – 19
E-Mail: info@psychosozial-verlag.de
www.psychosozial-verlag.de
Alle Rechte vorbehalten. Kein Teil des Werkes darf in irgendeiner Form
(durch Fotografie, Mikrofilm oder andere Verfahren)
ohne schriftliche Genehmigung des Verlages reproduziert oder unter Verwendung
elektronischer Systeme verarbeitet, vervielfältigt oder verbreitet werden.
Umschlagabbildung: Logo des *International Journal of Psychoanalysis*
Umschlaggestaltung & Satz: Hanspeter Ludwig, Gießen
www.imaginary-art.net
Druck: Majuskel Medienproduktion GmbH, Wetzlar
www.majuskel.de
Printed in Germany
ISBN 978-3-8379-2106-9

Inhalt

Vorwort   9
Andrea Sabbadini

Einführung   11
Angela Mauss-Hanke

I Brief aus …

Brief aus Paris   25
Marilia Aisenstein

II Psychoanalytische Theorie und Technik

Ist Übersetzung möglich?   37
Dana Birksted-Breen

Zur Begriffsbildung
der Pariser Psychosomatischen Schule   49
Ein klinisch-psychoanalytischer Ansatz in der Onkologie
Marilia Aisenstein und Claude Smadja

Gedanken zwischen Körper und Psyche
im Lichte Wilma Buccis Theorie
der multiplen Codierung   77
Luigi Solano

Mörderische Gedanken 107
Tyrannische Macht und andere Phänomene
innerhalb des perversen Spektrums
Richard Tuch

III Kinder- und Jugendlichenanalyse: Beiträge zur Adoleszenz

Der Körper, Adoleszenz und Psychose 141
Riccardo Lombardi und Marisa Pola

Die Austreibung des Bösen und seine Wiederkehr 179
Eine unbewusste Phantasie im Kontext
eines Falles von Massenhysterie bei Adoleszenten
Nashyiela Loa-Zavala

IV Schriften zur Didaktik

Produktive und störende Turbulenzen
im Feld der Supervision 215
Germano Vollmer jr. und Antonio Carlos J. Pires

V Interdisziplinäre Studien

Zeitgenössische Kunst und Hanna Segals
Überlegungen zur Ästhetik 243
Adela Abella

VI Filmessay

Liebe und Hass bei Demenz 271
Die depressive Position im Film *Iris*
Daniel Anderson

ANHANG

Autorinnen und Autoren | 287

Herausgeberbeirat | 291

Inhaltsverzeichnis des
International Journal of Psychoanalysis, Jahrgang 91,
Ausgaben 1–6 | 293

Hinweise für Autoren des
International Journal of Psychoanalysis | 303

Namen- und Sachregister | 307

Vorwort

Das *International Journal of Psychoanalysis* – 1920 durch (den aus Wales stammenden) Ernest Jones gegründet, im Besitz des Londoner *Institute of Psychoanalysis*, bis heute immer von Kollegen aus Großbritannien oder Nordamerika herausgegeben und verlegt bei Wiley Blackwell (in England) – ist nichtsdestotrotz in jeder Hinsicht ein wirklich internationales Journal, und das nicht nur wegen seines Namens. Stets waren im *Journal* Beiträge von Analytikern aus der ganzen Welt willkommen (die in der Sprache des Autors eingereicht werden können). Es repräsentiert so gut wie möglich die verschiedensten theoretischen Traditionen und wird höchst effizient durch Beiräte geleitet, die mit Psychoanalytikern aus Europa, Nord- und Lateinamerika besetzt sind.

Natürlich spielt es trotzdem eine große Rolle, dass das *Journal* auf Englisch publiziert wird. Damit wird vielen potenziellen Lesern, die sich für das *Journal* interessieren, aber mit der englischen Sprache nicht vertraut sind, der Zugang erschwert. Durch die jedem Artikel beigefügten Übersetzungen der Zusammenfassung in Deutsch, Italienisch, Französisch und Spanisch wird dieses Problem zwar gemildert, aber bei Weitem nicht gelöst.

In den letzten Jahren hat sich diese Situation allerdings erheblich verbessert, seit nämlich in mehreren Ländern die jährlich erscheinenden *Annuals* herausgegeben werden, zu denen die deutschsprachige *Internationale Psychoanalyse* gehört. Die *Annuals* enthalten ausgewählte Beiträge, die im *Journal* des vorausgegangen Jahres veröffentlicht wurden. Dabei wird die Auswahl durch einen Herausgeberbeirat im Hinblick auf die spezifischen Interessen der Leser dieses Landes getroffen.

Die *Annuals* des *International Journal of Psychoanalysis* erscheinen mittlerweile regelmäßig in spanischen, portugiesischen, deutschen, französischen, italienischen, türkischen, griechischen und russischen Übersetzungen, zu denen in den nächsten Jahren weitere Sprachen – und damit noch mehr internationale Leser – hinzukommen werden.

Dem deutschen *Annual*, das in diesem Jahr zum sechsten Mal erscheint, kommt dabei besondere Bedeutung zu, denn es erinnert uns daran, dass die Ausgangssprache der Psychoanalyse Deutsch war, auch wenn heute die meisten psychoanalytischen Publikationen, seien es Bücher oder Zeitschriften, auf Englisch verfasst werden. Manchmal vergessen wir fast, dass die heute allgemein akzeptierte *Standard Edition* der Werke Freuds durch James Strachey zwar ausgezeichnet ist, aber eben doch eine Übersetzung!

Umsichtig herausgegeben von Angela Mauss-Hanke, enthält dieser sechste Band der *Internationalen Psychoanalyse* eine Auswahl sorgfältig übersetzter Beiträge. Den Auftakt macht ein »Brief aus Paris« über die Geschichte der Psychoanalyse in Frankreich. Aus verschiedenen Regionen der psychoanalytischen Welt folgen neun herausragende Arbeiten, die in Sektionen zusammengefasst sind: Theorie und Technik der Psychoanalyse, Kinder- und Jugendlichenanalyse, Didaktische Schriften, Interdisziplinäre Studien und Filmessays.

Ein lange vernachlässigtes Thema, mit dem sich viele Kapitel in diesem Band auseinandersetzen und das vielleicht ein derzeit aktuelles Anliegen der internationalen psychoanalytischen Forschung widerspiegelt, ist der Stellenwert des »Körpers« in unserer klinischen Praxis. Andere Artikel in dieser Ausgabe des deutschen *Annual* beschäftigen sich mit dem immer wieder nachdenkenswerten Thema der Übersetzung, mit dem perversen Spektrum, mit einem Fall von Massenhysterie, mit Problemen bei Supervisionen und mit psychoanalytischen Überlegungen zur zeitgenössischen Kunst.

Die Beiträge in diesem Band geben dem deutschen Leser einen wunderbaren Einblick in die große Vielfalt und hohe Qualität der heutigen psychoanalytischen Literatur und verweisen darüber hinaus auf die herausragende Stellung, die das *International Journal of Psychoanalysis* in der Welt der psychoanalytischen Veröffentlichungen einnimmt.

Andrea Sabbadini
Director of Publications
British Psychoanalytical Society

Einführung

> Grey faces dead in the sea water, thought Franca.
> Jack and Ludens had walked down the road in silence and were leaning
> on the embankment wall and looking at the Thames. The tide was in,
> perhaps on the turn, lapping very quietly against the wall, not
> far below the reach of their hands. The quiet water was a very pale
> radiant blue, its surface smooth and glossy like enamel.
> There was a fresh watery smell, a pleasant faintly rotting smell
> perhaps, but there could be no serious pollution now
> that the cormorans had come. Perhaps one day there would be salmon.
> The river breathed gently, exuding coolness into the warm day.
> *Iris Murdoch: The Message To The Planet*

In ihrem kurzen Aufsatz mit dem unbequemen Titel »Ist Übersetzung möglich?« befasst sich *Dana Birksted-Breen* mit verschiedenen Bereichen des Übersetzens – zwischen unterschiedlichen Sprachen, zwischen Analytiker und Patient, zwischen psychoanalytischen Denktraditionen und Konzepten. Wieweit ist es möglich, etwas aus einer Kultur in eine andere zu übersetzen? Inwiefern ist es überhaupt sinnvoll zu versuchen, Konzeptionen einer Theorie in die Begriffe einer anderen zu übertragen? Birksted-Breen kommt zu dem Schluss, dass wir »im besten Fall zumindest einen ›Übergangsraum‹ zwischen den ›Sprachen‹ finden« können. Ein solcher Übergangsraum versucht der vorliegende Band zu sein. Die hier versammelten Texte stammen von Kolleginnen und Kollegen aus Brasilien, England, Frankreich, Griechenland, Italien, Mexiko, Nordamerika und der Schweiz – und entsprechend vielfältig sind ihre theoretischen und behandlungstechnischen Konzepte. Doch zugleich gibt es auch in diesem Jahr ein Thema, das als Leitfaden beim Lesen all dieser Texte dienen kann. In den allermeisten der Arbeiten spielt der Körper eine zentrale

Rolle, und so ist dieser Band zu einem internationalen Kompendium zeitgenössischer psychoanalytischer Konzeptualisierungen leiblicher, biologischer, psychophysischer Prozesse im Gesamtorganismus des Menschen geworden.

Dem ersten dieser Beiträge, dem Aufsatz von *Marilia Aisenstein und Claude Smadja* über die Pariser Psychosomatische Schule und ihren klinisch-psychoanalytischen Ansatz in der Onkologie, ist jedoch zunächst *Aisensteins* »Brief aus Paris« vorangestellt. Hierin beschreibt die Autorin auf wenigen Seiten die Entwicklung der Psychoanalyse in Frankreich, angefangen von der Gründung der Pariser Psychoanalytischen Gesellschaft (*Societé Psychanalytique de Paris*, SPP) im Jahre 1926 durch Sigmund Freud und Marie Bonaparte über die Entstehung der verschiedenen psychoanalytischen Gruppierungen in Frankreich bis hin zur Entwicklung des »Französischen Modells«, wie es 2007 von der IPA als eines von insgesamt drei offiziellen Ausbildungsmodellen anerkannt wurde. Durch ihren klaren und zugleich für alle Entwicklungen offenen Blick gelingt es Aisenstein, auch dem mit der Entwicklung der französischen Psychoanalyse nicht vertrauten Leser einen Einblick in deren spannende Geschichte zu geben. Aisenstein macht viele historische und intellektuelle Zusammenhänge transparent. So lässt sie die Erschütterungen, denen sowohl die SPP selbst als auch nicht wenige der französischen Kollegen durch den Ausschluss Lacans aus der SPP 1954 ausgesetzt waren, nachvollziehbar werden. Hochinteressant ist auch, wie sich, parallel zur Bewegung um Lacan, die Pariser Schule der Psychosomatik entwickelte. Rückblickend erscheint es fast, als ob die eine Bewegung die andere im Sinne der Ausleuchtung eigener blinder Flecke geradezu herausgefordert hatte. Jedenfalls zeigt die Autorin, wie die Lacanianische Analyse mit ihrer Betonung von Sprache und Signifikant und die Psychosomatiker mit ihrem Augenmerk auf Affekte und Identifikation sich in einer Art »dialektischen Gegnerschaft« ergänzten. Es sollte eines – von Marilia Aisenstein als damalige SPP-Vorsitzende mitinitiierten – sehr langen Annäherungsprozesses bedürfen, bis die verschiedenen Gruppierungen auch auf institutioneller Ebene in einen Austausch gelangten und 1999 die sog. »Kontaktgruppe« gründeten, in der sich einmal im Monat die Vorsitzenden aller psychoanalytischen Gesellschaften Frankreichs zusammensetzten. Diese Gruppe bewirkte »in einem langen Kampf«, dass die Psychoanalyse im heutigen französischen Gesundheitssystem als eigenständige Behandlungsform anerkannt ist, die darauf beruht, »unbewusstes Material zu erforschen und die Übertragung einzubeziehen und zu deuten« (S. 30f.).

Könnten wir in den deutschsprachigen Ländern da vielleicht etwas von unseren französischen Kollegen lernen?

Im vorigen Band war mit Anna Deborah Luepnitzs Arbeit »Denken zwischen Winnicott und Lacan« ein Aufsatz erschienen, der nicht zuletzt als Einführung in eine Lacanianische Arbeitsweise gelesen werden kann. Im aktuellen Band geben uns nun *Marilia Aisenstein und Claude Smadja* einen Einblick in die Pariser Psychosomatische Schule. Zuvor liefern uns die Autorinnen einen historischen Abriss über die Entwicklung der Psychosomatik in der Psychoanalyse, angefangen mit den verschiedenen Symptommodellen Sigmund Freuds, die trotz aller Unterschiedlichkeit stets auf seiner Theorie der Triebökonomie aufbauten, über Ferenczis Begriff der Pathoneurose und Groddecks psychoanalytischer Theorie der organischen Krankheit bis hin zu Ferenczis Schüler Franz Alexander, dem Begründer der psychosomatischen Medizin. Im Nachkriegsfrankreich kreisen die Debatten über psychosomatische Phänomene zunächst vor allem um die Bedeutung des somatischen Symptoms. In der Pariser psychosomatischen Schule verstand man somatische Symptome als körperliche Ersatzbildungen für geschwächte psychische Abwehrmechanismen, allerdings ohne symbolische Dimension wie etwa bei der Konversionshysterie. Neben der Aufzählung der Unterschiede in den theoretischen Perspektiven etwa von Pierre Marty, Michel Fain und Michel de M'Uzan betonen die Autoren, dass der psychoanalytische Ansatz der Pariser Psychosomatischen Schule stets »mit der Suche nach einem Somatisierungsprozess im Seelenleben des Patienten« beginnt. Dieser Prozess kann entweder mittels Regression oder mittels Triebentbindung geschehen. Ersteres, das Somatisieren mittels Regression, wird bei Menschen mit einer relativ stabilen seelischen Grundstruktur beobachtet. Werden infolge einer Überlastung der psychischen Bewältigungsfunktionen die Organfunktionen überbesetzt, kann es zu einer somatischen Störung kommen. Das Somatisieren via Triebentbindung endet hingegen meist in tödlich verlaufenden Krankheiten wie Autoimmunerkrankungen oder Krebs. Von solchen physiopathologischen Veränderungen werden die psychopathologischen unterschieden, u.a. das »mechanische Leben« und die »objektlose Depression«. Mit diesen Begriffen hatte Marty den libidinösen Verlust sowohl in Richtung des Narzissmus als auch des Objekts beschrieben. Aus Sicht der Pariser Psychosomatischen Schule ist dieser Prozess einer inneren Entleerung »die Spur, welche die Triebentmischung samt der daraus folgenden Freisetzung des Todestriebes hinterlässt« (S. 59).

Anhand zweier Fallbeispiele zeigen Aisenstein und Smadja schließlich exemplarisch, wie am Pariser *Institut de Psychosomatique* Analytiker mit Krebspatienten arbeiten. Es ist den Autoren wichtig zu betonen, dass hier selbstverständlich nicht im klassischen analytischen Setting gearbeitet werden kann und dass zugleich gerade die Handhabung solch schwieriger Fälle in einem individualisierten Setting die gründliche Aneignung und Internalisierung der klassischen Psychoanalyse voraussetzt. Liest man die Fallvorstellungen, ist es interessant festzustellen, dass beide Behandler keineswegs auf das Durcharbeiten der Ätiologie der Erkrankung abzielen, sondern sich vielmehr auf den jeweiligen psychischen Funktionsmodus und dessen Veränderungen konzentrieren. Am Schluss ihrer Ausführungen verweisen die Autoren auf die Konkordanz zwischen Freuds zweiter Triebtheorie, in der er die notwendige Polarität zwischen Lebens- und Todestrieben postulierte, sowie zeitgenössischen Hypothesen in Biologie und Medizin über das Funktionieren der Zellsysteme, denen zufolge das Leben auf einer ausgewogenen Balance derjenigen biologischen Prozesse beruht, die den notwendigen programmierten Zelltod »im innersten Zentrum des Lebens« (S. 74) regulieren.

Einen völlig anderen Denkansatz stellt *Luigi Solano* in seiner Arbeit »Gedanken zwischen Körper und Psyche im Lichte Wilma Buccis Theorie der multiplen Codierung« vor. Zunächst bekommen wir von ihm einen Einblick in die Kulturgeschichte des Leib-Seele-Problems – angefangen von Platons dualistischer Auffassung vom Mensch (*res cogitans* und *res extensa*) bis hin zum Positivismus des 19. Jahrhunderts und seines monistischen Körperbildes, in dessen Folge die Bedeutung unbewusster Prozesse, zwischenmenschlicher Beziehungen und emotionaler Faktoren in der Medizin vernachlässigt wurde – Folgen, die bis heute wirksam sind. Solano vertritt die Auffassung, dass damals die Erkenntnis verloren gegangen sei, dass »der gesamte Organismus an der Genese von Pathologien beteiligt ist« (S. 80f.). Auch erinnert er unter Rückgriff auf die Heisenberg'sche Unschärferelation daran, dass Diagnosen keine ›Dinge an sich‹ feststellen, sondern dass sie »die bestmöglichen Konstruktionen sind, die zu einem bestimmten Zeitpunkt erdacht« werden. Die Entstehung der Psychosomatik versteht Solano als Reaktion auf diese Entwicklungen, als Versuch also, den gesamten Organismus des Menschen beim Verstehen der Genese von Pathologien wieder in den Mittelpunkt zu rücken, wenngleich er kritisiert, dass auch die meisten psychoanalytischen Denkmodelle psychosomatischer Vorgänge einem gewissen Dualismus verhaftet blieben. Dass er hierbei offensichtlich manche neueren psychoanalytischen Ansätze übersieht, sei ihm seinerseits nachgesehen.

Wilma Bucci, deren Theorie sich der Autor im Folgenden zuwendet, ist amerikanische Kognitionswissenschaftlerin und Psychoanalytikerin mit Wurzeln in der Gestaltpsychologie. In ihrer Theorie der multiplen Codierungen findet der Autor ein Konzept, das »die Körper-Psyche-Dialektik durch die Beziehungen zwischen unterschiedlichen, interagierenden Systemen« (S. 86) ersetzt, wobei diese Systeme jeweils sowohl körperliche als auch psychische Aspekte beinhalten. Das nonverbale, subsymbolische System umfasst Körperfunktionen, das prozedurale und das implizite Gedächtnis sowie physiologische Ebenen des Gefühls. Das nonverbale, symbolische System beschreibt menschliche Zustände, in denen Bilder, Träume, Phantasien produziert werden. Das verbale symbolische System schließlich umfasst – ähnlich Freuds Sekundärprozess – verbales Denken und Sprache. Insbesondere im subsymbolischen System sieht Solano eine Möglichkeit, den empfindenden und Empfindungen zum Ausdruck bringenden Körper zu konzeptualisieren. Auf diesem Hintergrund sind pathologische und physiologische Prozesse nicht nur als Regression und Ausdruck einer überforderten Psyche zu betrachten, sondern sie können eine erste Gestalt von etwas sein, das bisher noch überhaupt keinen Ausdruck gefunden hatte, also ein erstes Rudiment einer Mitteilung von etwas, das auf diese körperliche Weise erstmals zum Vorschein kommt. Die Psychoanalyse kann dann helfen, ein solches nonverbales, subsymbolisches Symptom in eine verbale symbolische Mitteilung zu übersetzen. Solanos Fallbeispiel regt allerdings zu der Frage an, inwiefern eine Änderung der psychoanalytischen Technik in Richtung größerer Aufmerksamkeit auf die primitiveren Schichten im Patienten und dessen Umgang mit seinem Körper sowie Übertragungsprozessen in den Körper (vgl. Lombardi in diesem Band und die Arbeiten von Bergstein, Birksted-Breen, Krejci, Lombardi und Luepnitz in Band 5) bereits vor dem Aufkommen des im Fallbericht beschriebenen psychosomatischen Symptoms eine progressive Wende in der Behandlung in Gang hätte bringen können.

Seit einigen Jahren beschäftigt sich *Richard Tuch* mit der Dynamik von Perversionen. In seinem hier ausgewählten Beitrag geht es ihm um eine spezielle Form der Perversion, den »perversen Beziehungsmodus«. Zunächst gibt der Autor einen Überblick über jene Phänomene, die in zeitgenössischen psychoanalytischen Konzepten als Perversion bezeichnet werden. War es früher fehlgeleitete Libido, die als ihr Kern betrachtet wurde, so ist es heute oft die

Empfindung massiver Enttäuschung und aus ihr erwachsende narzisstische Feindseligkeit gegenüber libidinös besetzten Objekten, die sexualisiert und im Sinne einer Passiv-Aktiv-Wendung resp. projektiven Identifizierung gegenüber unterlegenen Ersatzobjekten agiert wird. Ebenso, wie nicht jeder Leser Tuchs Lesart von Freuds Aufsatz »Über einen besonderen Typus der Objektwahl« (1909)[1] zustimmen wird, möchte mancher ihm vielleicht auch nicht in seiner These folgen, dass »vielleicht […] in letzter Konsequenz sogar nur *Beziehungen* als pervers bezeichnet werden« können – es sei denn, es seien hier auch Beziehungen zum eigenen Körper resp. zu eigenen Körperteilen, die *objekt*iviert werden, also als Ersatzobjekte oder Fetische fungieren, gemeint. Nichtsdestotrotz ist es außerordentlich erhellend, seiner Beschreibung eines Kontinuums von zunehmend extremer werdenden »fetischistischen Mechanismen« (S. 112) in perversen Beziehungen zu folgen, an dessen Ende eine vollkommene Entmenschlichung des Objekts steht, wobei der Lustgewinn weniger sexueller Natur ist als vielmehr im Triumphgefühl liegt, das durch das Ausgeliefertsein des Anderen, durch dessen Funktionalisierung und Fetischisierung ausgelöst wird. Wird also am weniger extremen Ende des Spektrums perverser Beziehungen das ›perverse Ding‹, der Fetisch, in eine letztlich gleichberechtigte Objektbeziehung eingeführt, kann im ›mittleren Bereich‹ der Bezug zum Fetisch die Beziehung zum Objekt ersetzen bzw. die Beziehung zum Anderen ihrerseits fetischisiert werden. Im Extremfall aber, und hier sind sämtliche ritualisiert-sexualisierten Mordimpulse und -taten anzusiedeln, wird der Andere in seiner autonomen Existenz ausgelöscht und selbst zum Fetisch degradiert. Wie sich die ›Objektverwendung‹ des Perversen in der analytischen Arbeit und vor allem in der Gegenübertragung manifestiert, schildert Tuch schließlich anhand zweier eindrucksvoller Fallbeispiele aus seiner Praxis. Das Motiv der Pervertierung von Beziehungen liegt für den Autor in der Abwehr primitiver Ängste: In der Erfahrung, vollkommen über die seelisch-körperliche Existenz des Anderen zu verfügen, versichert sich nach Tuch der Perverse auf grausamste Weise seiner eigenen Autonomie und Lebendigkeit.

Zu den innovativsten und zugleich sorgfältigsten Denkern unserer Zunft ist gewiss *Riccardo Lombardi* zu zählen. Seit vielen Jahren befasst sich der italienische Psychoanalytiker intensiv mit dem Zusammenwirken von Körper und

---

[1] In Band 4 der *Internationalen Psychoanalyse* (2009) hatte der New Yorker Psychoanalytiker Richard Fulmer einen wunderbar ausgearbeiteten Vergleich zwischen der Charakterstruktur des von Freud 1910 in seinem Aufsatz beschriebenen Typus des »Frauenretters« und den coolen Hip-Hop-Sängern von heute vorgelegt.

Seele, wobei er sich insbesondere der Erforschung primitiver Schichten im Organismus und deren Störungen widmet. Lombardi befasst sich vorrangig immer mit der Frage: Wie können wir unsere analytischen Modelle so verbessern, dass wir auch schwerstgestörten Patienten bei der Entwicklung von Denkfähigkeit helfen, die es ihnen erlaubt, sich aus dem Ausgeliefertsein gegenüber unerträglichen Zuständen affektiver und mentaler Bodenlosigkeit zu befreien? Ihm geht es um die Weiterentwicklung unserer theoretischen und behandlungstechnischen Konzepte, »die sich üblicherweise auf die Objektbeziehungen zentrieren, in Richtung eines tieferen und genaueren Blicks auf die primitiven Bedürfnisse heutiger Analysanden. Eine solche Veränderung grundlegender Annahmen, die – wie für jede andere Gruppe – typisch sind für unsere psychoanalytische Gemeinschaft, ist keineswegs leicht in Gang zu bringen. Meiner Ansicht nach öffnen sich die neuen Horizonte der Psychoanalyse in Richtung einer ›revolutionären Relevanz‹ des Körpers als einer Dimension, die ebenso wichtig ist wie das Seelische: eine neue Dimension in der Entwicklung der klinischen Psychoanalyse, die uns helfen kann, die schwierigsten Patienten zu verstehen und zu behandeln, die sich von einer Empfindung von Nicht-Existenz und Vernichtungsängsten überwältigt fühlen. Ihnen müssen wir dabei helfen, überhaupt eine *Verfassung des Seins* zu erreichen. Das Sein steht an erster Stelle! Erst danach betritt die relationale Dimension mit ihren typischen Konfliktfeldern die Bühne« (2011, persönl. Mitteilung).

2009 hatten wir Lombardis Aufsatz über den »Körper in der analytischen Sitzung« in unsere Auswahl aufgenommen, in dessen Mittelpunkt Ferraris Konzept des Körpers als *Konkretes Originales Objekt* gestanden hatte, als initial konkretes und nichtsymbolisches Objekt, das die Fähigkeit zu symbolisieren und zu denken entwickeln kann. Hieraus lassen sich zwei primäre Beziehungen für jeden Mensch ableiten: die vertikale Beziehung, das ist jene zwischen Körper und Seele, und die horizontale Beziehung, die zwischen Kind und Mutter bzw. Analysand und Analytiker. Schon damals betonte Lombardi, dass es in der analytischen Behandlung insbesondere von psychotischen oder anderen schwer gestörten Patienten wichtig ist, zunächst die – in diesen Fällen stets gestörte – Leib-Seele-Beziehung des Patienten in den Mittelpunkt zu rücken. Erst wenn diese vertikale Verbindung wiederhergestellt, erst wenn der Patient Rudimente eines Denkvermögens zur ausreichend guten Integration und Verarbeitung leiblicher und affektiver Impulse entwickelt hat, kann in der verbalen Interaktion zwischen Analytiker und Patient die Übertragungsdimension im klassischen Sinne, also die Deutung der primären horizontalen Beziehung, in den Vordergrund rücken.

Darauf aufbauend untersuchte Lombardi in seinem Aufsatz, den wir 2010 in Band 5 aufnahmen, primitive psychische Zustände auf dem Hintergrund von Bions Konzept Katastrophischer Veränderungen sowie insbesondere Matte Blancos Konzept des lebensnotwendigen Oszillierens zwischen symmetrischem und asymmetrischem psychischen Funktionieren. Während in bewussten und bewusstseinsnahen Schichten asymmetrisches Denken im Sinne Aristotelischer Logik (Prinzip des ausgeschlossenen Widerspruchs) vorherrscht, werden tiefere, unbewusste Schichten von symmetrischen Prinzipien dominiert. Lombardi beschrieb hier, dass insbesondere bei schwer gestörten Patienten der Konflikt zwischen der raum- und zeitlosen Natur des Unbewussten und den organisierenden Konzepten von Raum und Zeit zum Kern der klinischen Arbeit werden kann.

In seinem Beitrag »Der Körper, Adoleszenz und Psychose«, den er gemeinsam mit *Marisa Pola* verfasste, geht es Lombardi nun um die zentrale Bedeutung, die die Beziehung zum Körper für den Adoleszenten hat – sowohl was die Entwicklung seiner Persönlichkeit, als auch was die Festlegung seiner Ich-Grenzen anbelangt. Lombardi und Pola zeigen, dass die Bedingungen für den Ausbruch einer Psychose, die Freud 1940 im *Abriß der Psychoanalyse* beschrieben hatte – nämlich eine unerträglich schmerzhaft werdende Realität und eine außerordentliche Verstärkung der Triebe –, zu den Grundbedingungen der Adoleszenz mit ihren unabweisbaren körperlichen Veränderungen und Reifungsprozessen gehören. Lombardi betont – und belegt – in allen drei Aufsätzen immer wieder, wie wichtig es in der Arbeit mit schwer gestörten Patienten ist, zunächst deren »Übertragung auf den Körper« – die vertikale Ebene also, die mit einer »somatischen Gegenübertragung« korrespondiert – in den Mittelpunkt der Behandlung zu rücken, um zuerst die Denkfunktionen des Patienten in Gang zu bringen, mittels derer er dann beginnen kann, über sich, über die Prozesse in seinem Körper und über die Beziehung zu seinem Analytiker nachzudenken und zu kommunizieren. Schließlich machen die Autoren in der eindrucksvollen Darstellung der analytischen Arbeit mit einem psychotischen Adoleszenten die zuvor konzeptualisierte Behandlungstechnik plastisch nachvollziehbar.

Auch im darauf folgenden Beitrag der mexikanischen Psychoanalytikerin *Nashyiela Loa-Zavala* ist der Körper Ausgangspunkt des Geschehens. Die Autorin berichtet uns von einem schier unglaublichen Ereignis. 2007 war sie vom mexikanischen Gesundheitsministerium beauftragt worden, den Ausbruch einer Massenhysterie in einem katholischen Mädcheninternat zu untersuchen. Mehr als fünfhundert Mädchen waren dort an einer körperlichen

Symptomatik erkrankt, die sämtliche hinzugezogenen Ärzte ratlos machte: Neben diversen anderen Symptomen knickten die Mädchen unkontrolliert mit ihren Beinen ein und stießen beim Versuch, sich fortzubewegen, permanent ein Bein krampfartig nach vorn. Die Untersuchung der Mädchen und Schulschwestern unter anderem mittels Tiefeninterviews brachte eine innere und äußere Realität zutage, die den Leser, zumal uns in Europa, sehr befremden muss, erinnert sie doch an ebenso grausame wie verrückt machende Erziehungsmethoden, die wir in unseren Gefilden dem 19. und frühen 20. Jahrhundert zuordnen würden.

Loa-Zavala nutzt hauptsächlich Christopher Bollas Hysteriekonzept sowie einige gruppenanalytische Überlegungen Freuds und Bions, um den kollektiven psychotischen Zusammenbruch theoretisch zu fassen. Doch lassen sich ihre Erkenntnisse mit den im vorigen Text dargelegten Überlegungen von Lombardi und Pola zur psychosenahen Grundstruktur der Adoleszenz sowie mit Tuchs Überlegungen zu perversen Beziehungsstrukturen durchaus fruchtbar ergänzen. Werden die psychischen und physischen Integrations- und Wachstumsnotwendigkeiten bei Adoleszenten derart massiv zugunsten einer geistigen, emotionalen und körperlichen Entindividualisierung behindert, ist es durchaus verständlich, ja psycho-logisch, dass sich der Gesamtorganismus mittels der Entwicklung einer sich körperlich ausdrückenden Psychose zur Wehr setzt. Loa-Zavala teilte mir mit, dass sie mit ihrem Team von Psychotherapeuten nach Abschluss der Untersuchung die Mädchen für eine bestimmte Zeit therapeutisch behandeln konnte. Dies sei nicht einfach gewesen, da der Aberglaube, der an diesem Mädcheninternat herrschte, in Mexiko insbesondere auf dem Lande weit verbreitet sei. Dennoch sei die Symptomatik vollständig verschwunden. Als sie allerdings den Mädchen die Beendigung der Therapien mitteilen musste, sei das Symptom erneut ausgebrochen. Hierüber wird die Autorin in einer weiteren Publikation ausführlich berichten (2011, persönl. Mitteilung).

Auch wenn die Strukturen in diesem mexikanischen katholischen Mädcheninternat weit weg von europäischer Pädagogik zu sein scheinen, kann uns Loa-Zavalas Arbeit doch zum Nachdenken darüber anregen, welche Angriffe beispielsweise jene medialen Angebote, denen wir in unserer westlichen Kultur unsere Adoleszenten aussetzen *(Deutschland sucht den Superstar, Germanys Next Topmodel)*, auf die Entwicklung ihrer geistigen und körperlichen Individualität und Integrität enthalten.

Doch bleiben wir noch ein wenig in Südamerika. *Germano Vollmer jr.*, dessen Eltern in den 1920er Jahren aus dem Ruhrgebiet nach Brasilien ausgewandert waren, und *Antonio Pires* haben sich eines Themas angenommen, über das es bisher kaum Literatur gibt: den Schwierigkeiten, die in Supervisionen auftreten können. Als Hintergrund ihrer konzeptuellen Ideen zum »supervisorischen Feld« dienen ihnen die Überlegungen von Baranger und Baranger zum »analytischen Feld« und zur »Bastion«, womit eine gemeinsame unbewusste Abwehr gegen das Aufdecken unbewusst als Gefahr antizipierter Empfindungen gemeint ist. Verschließen sich Supervisand und Supervisor solchen Affekten auf diese Weise, kommt es zu einer unbewussten Kollusion, die die gesamte gemeinsame Arbeit zumindest vorübergehend lahmlegen kann. Ihre Fallbeispiele machen deutlich, wie zentral das Wahrnehmen und Analysieren der ›Übertragungsverlängerung‹ in der Supervision ist. Gelingt es dem Supervisor nicht, jene Affekte zu containen, die vom analytischen ins supervisorische Feld übertragen werden, und gerät er stattdessen seinerseits ins Agieren oder Intellektualisieren, so kann dies die analytische wie die supervisorische Arbeit nachhaltig blockieren, beschädigen oder gar zunichtemachen. Wie schwierig es ist, den blinden Flecken in der eigenen Arbeit auf die Schliche zu kommen, zeigt sich insbesondere in ihrem ersten Fallbeispiel der Supervision einer Supervision. Hier konnte anscheinend niemand den massiven, sich mal auf die körperliche und mal auf die geistige Potenz und Autonomie des Anderen beziehenden Neid, der hier eine zentrale Rolle zu spielen scheint, in den Blick nehmen.

»Pensa con i sensi, senti con la mente« – »Denk mit den Sinnen, fühle mit dem Kopf«. Der nächste Beitrag, in dem dieses Motto der Biennale 2007 in Venedig zitiert wird, führt uns hinaus aus dem klinischen Feld und mitten hinein in die Kunst. Zunächst liefert die Schweizer Psychoanalytikerin *Adela Abella* einen kenntnisreichen Überblick über die Entwicklung von Freuds Auseinandersetzung mit der Kunst und zeigt dann auf, inwiefern Hanna Segals Kunsttheorie, einige Gedanken Freuds aufgreifend, über ihn hinausweist. Während Freud die Kunst in erster Linie mit der Sublimierung von Triebwünschen verknüpft hatte, unterstreicht Hanna Segal den Aspekt der Wiedergutmachung, der mit aggressiven Impulsen und deren Überwindung im Kunstwerk zu tun hat. Darüber hinaus richtet Segal ihr Augenmerk auf die Bedeutung formaler ästhetischer Aspekte, die Freud stets vernachlässigt hatte.

Abella wendet sich nun der Frage zu, inwiefern Freuds und Segals Konzepte zu ergänzen wären, um zeitgenössische Kunst – insbesondere, wenn sie sich klassischen Werten wie Schönheit, Harmonie etc. verweigert – psychoanalytisch zu begreifen. Diese Ergänzungen liefert sie auf höchst differenzierte

Weise. Anhand der Reflexionen von drei der wichtigsten Revolutionäre des Kunstbetriebs der letzten fünfzig Jahre über ihr eigenes Tun – des respektlosen Infragestellers Marcel Duchamp, des erfindungsreichen Erinnerers Christian Boltanski und des nachdenklichen Geräuschezauberers John Cage – zeigt sie die Veränderungen in den Motivationen, Intentionen und den Mitteln zeitgenössischer Künstler. Wenn John Cage seine Komposition *Stilles Stück, 4'33"* (1952) aufführen ließ, die aus nichts außer jenen Geräuschen besteht, die die Zuhörer selbst verursachen, wurde unmittelbar klar, dass hier körperliche Empfindsamkeit, Emotionen und Denken des Publikums gleichermaßen beteiligt sein sollten, damit jeder Einzelne zu seiner Kunsterfahrung, der Erweiterung seines individuellen Horizonts gelangen kann.

An den Schluss unseres diesjährigen Bandes haben wir *Daniel Andersons* Essay über den Film *Iris* gestellt. Tragischer als in der Begleitung eines geliebten Anderen, der an einer Erkrankung wie der Demenz leidet, kann die Untrennbarkeit von Körper und Psyche wohl kaum erfahren werden. Der Film ist zum einen eine berührende Hommage an die irische Schriftstellerin und Philosophin Iris Murdoch, eine der großen sinnlich-intellektuellen Frauen des 20. Jahrhunderts. Zum anderen schildert er die Liebesbeziehung und Ehe zwischen Iris Murdoch und dem Literaturkritiker John Bayley, angefangen von ihrer ersten Begegnung als Studenten bis in die bedrückende Zeit hinein, in der Iris zunehmend in ihrer Demenz versinkt und John alleine und erschöpft zurückbleibt. Indem Daniel Anderson uns den Film aus seiner Gegenübertragung erzählt, nimmt er uns mit auf diese Reise, in deren Verlauf Iris' Geist gleichsam in ihrem Körper verschwinden wird und an deren Ende dennoch nichts Geringeres überlebt als ihre Werke und Johns Wissen um die Liebe zwischen ihnen.

Die Mitglieder des Herausgeberbeirats hoffen, mit dieser Auswahl von Beiträgen aus dem *International Journal* etwas von den spannenden Weiterentwicklungen in der internationalen Psychoanalyse, vor allem in Bezug auf die Auseinandersetzung mit der Leib-Seele-Zweieinheit, in den deutschsprachigen Raum hineintragen zu können. Gerade in diesem Jahr war es eine besondere Herausforderung, all diese Texte mit ihren unterschiedlichen Originalsprachen zusammenzutragen und zu übersetzen. So gilt meine tiefe Anerkennung und mein großer Dank vor allem den Kolleginnen und Kollegen im Beirat, die diese Übersetzungen neben allem beruflichen Engagement und der sonstigen Arbeit in einem solchen Beirat mit großer Professionalität anfertigten: Lilli Gast, Andreas Hamburger, Vera Müller und Barbara Strehlow, die sogar zwei Texte übersetzte. Natürlich gilt mein Dank auch Michael Diercks und Uta Karacaoglan. Ferner möchte ich mich ganz herzlich bedanken bei Werner Groysbeck, Ulrike Guercke, Monika Noll, Philipp Soldt und Antje Vaihinger, die alle ebenfalls hervorragende Übersetzungen beisteuerten. Mein Dank gilt auch Cornelia Mensak, die sachkundig dabei half, die Tücken des brasilianischen Portugiesisch aufzuklären. Des Weiteren sei Jean-Michel Quinodoz und Andrea Sabbadini für ihre nicht zu überschätzende, kontinuierliche Unterstützung unserer Arbeit von Herzen gedankt. Doch was wäre dieses Buchprojekt ohne Antje Vaihinger, deren hervorragendes Sprachgefühl das gemeinsame Lektorieren der Übersetzungen immer wieder zu einem linguistischen Vergnügen werden lässt, Brigitte Weckel, die wie immer mit großer Zuverlässigkeit die Bibliografie-Recherche besorgte, und Ann-Kathrin Günter, die geduldig die Zitate recherchierte und das Register perfekt zusammenstellte. Auch ihnen danke ich sehr und hoffe, dass wir noch viele weitere Bände miteinander erarbeiten werden. Last not least gilt mein Dank Grit Sündermann, die das Korrektorat des Verlags besorgte und stets mit freundlicher Gelassenheit alle großen und kleinen Pannen abfederte.

Diese Einführung entstand unter dem Eindruck der Ereignisse nach dem Erdbeben und der Atomkatastrophe in Japan, während sich die schleichende Verstrahlung aller Organismen um das Atomkraftwerk Fukushima herum unerbittlich ausbreitete. Hätten radioaktive Strahlen und Klimabelastungen eine Farbe und einen Geruch wie beispielsweise Zigarettenrauch, würden wir dann vielleicht behutsamer mit unserem Leben und dem der nachfolgenden Generationen umgehen? Oder würden wir weiterhin an der Negation der Sensibilität des Organischen zugunsten des Erhalts der »phantastischen Objekte« (Tuckett 2009) unserer Zivilisation festhalten? Eines unserer Grundprobleme scheint zu sein, dass wir den Körper erst da zu denken beginnen, wo er sinnlich erfahrbar wird.

Wolfratshausen, im März 2011
Angela Mauss-Hanke

/ Brief aus ...

Brief aus Paris
Marilia Aisenstein

Die heutige französische Psychoanalyse lässt sich meines Erachtens als durchaus vielfältig und lebendig bezeichnen. Um ein klares Bild der gegenwärtigen psychoanalytischen Landschaft zu geben, muss man in die 1950er Jahre zurückgehen. In den enthusiastischen Nachkriegsjahren nach dem Zweiten Weltkrieg blühte die Psychoanalyse in Paris auf. Damals war sie stark von der Ich-Psychologie beeinflusst, die Loewenstein aus Wien mitgebracht hatte. In der 1926 von Freud und Marie Bonaparte gegründeten Pariser psychoanalytischen Gesellschaft (*Societé Psychanalytique de Paris*, SPP) gab es einige starke Persönlichkeiten wie Sacha Nacht, Daniel Lagache und – einen jungen Analytiker mit Namen Jacques Lacan.

Lacan war begabt und charismatisch. Sein Talent und seine Kultiviertheit machten ihn sehr anziehend. Er schrieb, lehrte und hatte viele Studenten und Analysanden. Der damalige Präsident der Gesellschaft, Sacha Nacht, war ein charismatischer Kliniker, aber kein so guter Theoretiker. Er und Lacan prallten heftig aufeinander. Beide hatten ihre Analyse bei Loewenstein gemacht, der ebenso wie Hartmann und Spitz gerade nach Amerika emigriert war.

1954 kam es zu der berühmten Spaltung, und Lacan musste die Gesellschaft verlassen. Anlass waren seine Veränderungen in der Technik, die vor allem das Setting betrafen. In erster Linie ging es dabei um die »variable Dauer der Sitzung«, denn Lacan vertrat die interessante, aber inakzeptable Idee, dass eine Sitzung verkürzt und beendet werden könnte, wenn bedeutsames Material aufgetaucht war. Die Unterbrechung selbst bekam dann die Qualität einer Deutung.

Ausgeschlossen aus der SPP, gründete Lacan seine eigene Schule, die *École Freudienne de Paris* (EFP), und bemühte sich vergebens um deren Anerkennung durch die IPA. 1963 trennte sich eine Gruppe von Kollegen von ihm, die umgehend von der IPA als Component Society anerkannt wurde. Sie nannte sich *Association Psychanalytique de France* (APF).

Bis zur Auflösung 1980, als die Lacanianische Bewegung in viele Gruppen zerbrach, war die EFP schon mehreren Abspaltungen ausgesetzt gewesen. Ich möchte hier nur diejenige erwähnen, die 1967 als *Quatrième Groupe* (Vierte Gruppe) entstand und sich bis heute als Nicht-Lacanianer und Nicht-IPA versteht.

2005 trennte sich eine Gruppe von 16 Analytikern von der Quatrième Groupe und gründete die *Psychoanalytische Gesellschaft für Forschung und Ausbildung* (SPRF), die wiederum als Study-Group anerkannt wurde. Seither gibt es also drei von der IPA anerkannte französische Gesellschaften.

Man muss verstehen, dass die Spaltung 1954 von der analytischen Gemeinschaft wie ein Erdbeben erlebt wurde und für einige sehr schmerzhaft und erschütternd war. D. Widlöcher und R. Diatkine zum Beispiel, die bei Lacan in Analyse gewesen waren, mussten nun entweder ihren Analytiker verlassen oder verloren ihren Mitgliedsstatus in der eigenen Gesellschaft und der Dachorganisation, der IPA.

Ich begann meine Ausbildung Mitte der 1970er Jahre und muss sagen, dass die durch die damalige Spaltung entstandenen Narben auch nach 1990 noch lange nicht verheilt waren. Lacan hatte nie an der SPP unterrichtet, ihn zu zitieren, wäre für einige unserer Lehrer einem Verrat gleich gekommen. Die Lacanianer ihrerseits distanzierten sich strikt von den offiziellen Gesellschaften der IPA und warfen ihnen vor, eine eher politisch korrekte, reparative Psychotherapie zu vermitteln als die reine und strenge Analyse, wie sie von Lacan vertreten wurde.

Fast 40 Jahre lang trennte eine Mauer die psychoanalytische Gemeinschaft in Frankreich radikal. Es gab überhaupt keinen Austausch zwischen den beiden Welten. Dennoch war die wissenschaftliche Produktivität auf beiden Seiten sehr groß. Ich will hier nur einige Punkte darstellen:

- den unausgesprochenen – aber in meinen Augen wesentlichen – Einfluss Lacans auf die nicht-lacanianische Psychoanalyse und ihre theoretischen und technischen Implikationen,
- die Pariser Schule der Psychosomatik, die parallel zur Bewegung um Lacan in der SPP entstand und nach und nach in der französischen analytischen Gemeinschaft Einfluss gewann,
- den »Fall der Mauer« oder das Ende des »Kalten Krieges« und die zunächst inoffiziellen, dann offiziellen Kontakte zwischen der IPA und den Lacanianischen Gesellschaften ab Mitte der 1990er Jahre und

➤ die Beschreibung des »Französischen Modells«, wie es seit 2007 durch die IPA offiziell als Ausbildungsmodell anerkannt ist.

Der implizite Einfluss Lacans

Mit seinem Slogan »Zurück zu Freud« brachte Lacan seinen Schülern bei, das Werk Freuds besonders sorgfältig zu lesen, zu übersetzen und zu erforschen. Insbesondere widmete er sich den eher vernachlässigten Bereichen der Metapsychologie: Wie ließ sich die Beschreibung des Narzissmus von 1914 mit Freuds späteren Texten der zweiten Topografie verbinden? Wie war zu verstehen, dass bestimmte narzisstische Neurosen für die Arbeit an der Übertragung zugänglich waren, obwohl Freud vom Gegenteil überzeugt war? Wie wirkt eine Deutung?

Lacan untersuchte diese schwierigen Fragen in seinem wöchentlichen Seminar, das öffentlich war und von der Pariser Intelligenz besucht wurde. Sein Erfolg in den Medien und bei der Schickeria sorgte für Irritation, ich glaube aber, dass seine theoretischen Aktivitäten auch diejenigen sehr anregten, die ihm nicht folgten (Diatkine 1997).

Trotz der unsichtbaren und offensichtlich undurchlässigen Grenze zwischen der Lacanianischen Welt und der IPA gab es zahlreiche und produktive Ergebnisse. Ich will nur einige der Hauptdenker nennen. In der SPP: A. Green, S. Lebovici, R. Diatkine, J. Chasseguet-Smirgel, J. McDougall, P. Marty, M. de M'Uzan, M. Fain ... In der APF: J. Laplanche, B. Pontalis, D. Widlöcher, G. Rosolato ... Und schließlich in der Vierten Gruppe: P. Aulagnier, C. Castoriadis, N. Saltzman ...

Man kann sagen, dass die von Freud hinterlassenen Fragen von höchster Bedeutung für jeden Analytiker waren, der klinische Erfahrungen mit Psychosen, Borderline-Zuständen, Kindern und somatischen Patienten machte. Lacans Präsenz in der Pariser Szene wirkte als Ansporn, der die anderen Gesellschaften aufrüttelte.

2007 habe ich in meinem Aufsatz über therapeutisches Handeln (Aisenstein 2007) den Einfluss Lacans auf die Formulierung von Deutungen untersucht, die mit seinem Verständnis von Übertragung einhergehen. Für ihn war die Übertragung nicht wie bei Freud ein aus der Vergangenheit stammendes Phänomen, sondern die Antwort des Patienten auf die analytische Situation, in der er sich von Anfang an in das Wissen verliebt, das er dem Analytiker zuschreibt. Die Übertragung zu deuten, ist sinnlos, weil sie dadurch entweder aufgelöst wird oder die Unterwerfung des Patienten fördert.

Lacan ist sehr kritisch gegenüber der klassischen Technik der Widerstandsdeutung. Er versteht sie als Mittel, dem Patienten eine Wirklichkeit aufzudrücken, die nicht seine eigene ist und suggestiv wirken kann. Der einzige Wert von Deutungen besteht in den Assoziationen, die durch sie hervorgerufen werden. 1973, während einer Vortragsreihe in den Vereinigten Staaten (Lacan 1976), stellte er die Auffassung der *prise de conscience (Bewusstwerdung)* infrage: Das Ziel von Deutungen sei nicht, etwas zu erklären, sondern »Wellen zu schlagen« oder Bedeutung »aufzubrechen«.

In einem Aufsatz von 2001 betonte Gilbert Diatkine (2001) deutlich die gegenwärtigen Unterschiede zwischen angelsächsischen und französischen Analytikern hinsichtlich der Formulierung von Deutungen. Erstere beabsichtigten wachsende Einsicht und richteten sich an die Sekundärprozesse. Deutung *à la française* ist im Allgemeinen eher elliptisch und sucht nach dem Überraschungseffekt, der die Sekundärprozesse kurzschließt und sich direkt an den Primärprozess richtet.

Diese Entwicklung könnte als Lacanianischer Einfluss betrachtet werden. Auch wenn die Deutung der Übertragung für uns entscheidend bleibt, wird sie nicht automatisch gegeben, sondern eher dann, wenn sie psychischer Arbeit und dem analytischen Prozess im Wege steht (Aisenstein 2009).

Die expliziten Einflüsse

In den Jahren, in denen die Lacanianische Bewegung entstand (in ihrer Entwicklung außerhalb der SPP), bildete sich um P. Marty, M. de M'Uzan, M. Fain und C. David die sogenannte »Pariser Psychosomatische Schule«. Einen detaillierten Bericht ihrer Anfänge und theoretischen Grundlagen habe ich 2006 im *International Journal of Psychoanalysis* geschrieben (Aisenstein 2006).

Obwohl P. Martys Theorien zunächst als Anlass für Zwietracht in der Pariser Gesellschaft gesehen wurden, haben sie sich allmählich etabliert. Konzepte wie *pensée operatoire* (mechanisches Denken), *dépression essentielle* (essentielle Depression) und *mentalisation* (Mentalisierung) sind Bestandteil der französischen klassischen Metapsychologie geworden (Marty 2010).

Ich kann diese Konzepte hier nicht ausführen, möchte aber die Situation so zusammenfassen: Der Einfluss der Psychosomatischen Schule auf die französische Psychoanalyse beruht im Wesentlichen darauf, dass sie auf die psychische Ökonomie und Unterschiede psychischen Funktionierens aufmerksam gemacht hat. Dazu kommt die Betonung der Affekte, die von den Psychosomatikern als bevorzugter Weg zu unbewusstem Material betrachtet werden, und die Bedeutung, die der Gegenübertragung beigemessen wird.

Initiiert vor allem durch André Green in den 1970er Jahren, wurde die französische Psychoanalyse und psychoanalytische Technik auch durch Übersetzungen und das Studium angelsächsischer Literatur – besonders Melanie Klein, Bion und Winnicott – beeinflusst. Seit 1980 trägt eine jährlich stattfindende französisch-britische Konferenz zu einem fruchtbaren Austausch bei. Das hat sich bei einigen von uns auf die Technik ausgewirkt.

Die Vermischung von Einflüssen

Es scheint mir wichtig zu betonen, dass sich die Konzepte der analytischen Methode bei Lacanianern einerseits und der Psychosomatischen Schule andererseits radikal unterscheiden. Der Lacanianischen Analyse wird zum Beispiel vorgeworfen, dass sie die Sprache und den Signifikanten in den Mittelpunkt stellt und so die Dimension der Affekte vernachlässigt. Für die Psychosomatiker hingegen sind Affekte und Identifikation zentral. Meiner Meinung nach haben diese gegensätzlichen Einflüsse implizit oder explizit dazu geführt, dass Freuds Lehre in der Fachliteratur wie in der Praxis eine zentrale Rolle spielt. Besonderes Augenmerk gilt dabei psychischen Bewegungen und Variationen psychischen Funktionierens sowie der Gegenübertragung.

Ich denke jedoch, dass diese beiden Strömungen trotz ihrer dialektischen Gegnerschaft zusammenwirkten und zu einigen charakteristischen Merkmalen französischer Psychoanalyse beigetragen haben.

Der Fall der »Mauer«

Seit Beginn der 1990er Jahre war ein allmähliches Abklingen des »Kalten Krieges« zu bemerken, und es fand manch inoffizieller, freundlicher Austausch statt.

Als ich Präsidentin der SPP war, wurde ich im Januar 1997 von drei Vorsitzenden Lacanianischer Gruppierungen kontaktiert, die mich fragten, ob es erstmalig seit der Spaltung möglich sei, einen wissenschaftlichen Austausch ins Auge zu fassen.

Damals schien es mir für einen offiziellen Austausch auf der Ebene der Gesellschaften zu früh, aber ich schlug vor, eine klinische Arbeitsgruppe zu gründen, die regelmäßig einmal im Monat zusammentreffen sollte, um unsere praktische Arbeit zu vergleichen.

Diese klinische Gruppe wurde im Mai 1997 gegründet und bestand aus vier Psychoanalytikern der IPA, einem aus der Vierten Gruppe und fünf Lacanianern, die unterschiedliche Untergruppen vertraten, aber alle bekannt waren. Wir trafen uns auf »neutralem Boden«. Die Arbeitsmethode ähnelte der von CAPS *(Centre of Advancement of Psychoanalytic Studies)* in den USA. Jeder von uns stellte eine Woche klinischer Arbeit mit einem Patienten vor, und dieses Material wurde von den anderen diskutiert. Um die Spontaneität des Austausches zu wahren, wurde am Anfang der Sitzung durch das Los bestimmt, wer etwas vorstellte. Ein Philosoph war anwesend, der sich Notizen machte und die Rolle einer schweigenden dritten Partei innehatte.

Diese auf eine gewisse Art »revolutionäre« Gruppe war hochinteressant. Die Diskussion war manchmal hart, aber immer respektvoll; die Kontroversen bezogen sich eher auf das Setting und die Technik, während wir uns oft einig waren, wenn es um Themen ging, die mit dem Hören und Verstehen des Materials zu tun hatten.

Zwei Jahre später – unser klinischer Austausch ging währenddessen weiter – beschloss die Regierung, Gesetze zu erlassen, mit denen Psychotherapie geregelt werden sollte. Im Entwurf dieses Gesetzes wurde die Psychoanalyse als eine Unterform der Psychotherapie bezeichnet, die auf der gleichen Ebene wie Verhaltenstherapie, Urschreitherapie, Musiktherapie usw. stand.

Wir sprachen in unserer klinischen Gruppe ausführlich darüber und stimmten überein, dass wir (die Lacanianer und wir) trotz unserer technischen Meinungsverschiedenheiten die gleichen grundlegenden Ansichten über die Zukunft der Psychoanalyse hatten. So beschlossen wir, unsere Treffen offiziell zu machen.

Mein Nachfolger als Präsident, Dr. Jean Cournut, und die Lacanianischen Vorsitzenden gründeten 1999 die berühmte »Kontaktgruppe«.

Die »Kontaktgruppe« versammelt regelmäßig einmal im Monat die Präsidenten der SPP, der APF, der Vierten Gruppe und der neun Vorsitzenden der Lacanianischen Schulen ex officio, um Informationen auszutauschen. Im Namen dieser Kontaktgruppe wurde ein langer Kampf mit der Verwaltung geführt, der dazu führte, dass die Psychoanalyse als »eigene Kategorie« anerkannt wurde, weil sie nicht auf Ratschlägen oder Beeinflussung beruht, sondern darauf, »unbewusstes Material zu erforschen und die Übertragung einzubeziehen und zu deuten«.

Das Französische Modell

Die IPA hatte das französische Ausbildungssystem stets als »Ausnahme« betrachtet, die aufgrund der »Großvaterklausel« zugestanden wurde. D. Widlöcher und danach C. Eizirik, beide Präsidenten der IPA, setzten sich damit durch, dass die von ihnen beschriebenen »Ausbildungsmodelle« statt des Eitingon-Modells angenommen wurden. Heutzutage erkennt die IPA drei Ausbildungsmodelle an: das von Eitingon, das aus Uruguay und das Französische.

Ich möchte hier nicht das Modell selbst darstellen, weil dies in den Texten der IPA zu finden ist, aber ich möchte die Grundprinzipien aufzeigen, auf denen das Französische Modell basiert.

1. Die persönliche Analyse des Kandidaten ist unabhängig vom Ausbildungsrahmen.
   (a) Unabhängigkeit des Kandidaten, der entweder bei einem IPA-Analytiker (SPP) oder bei einem Analytiker seiner Wahl (APF) eine persönliche Analyse gemacht haben muss, bevor er sich um eine institutionalisierte Ausbildung bewirbt.
   (b) Unabhängigkeit des Analytikers, der keine Verpflichtungen gegenüber dem Kandidaten hat (außer, ihm bei der psychischen Arbeit zu helfen) und der mit ihm die Rahmenbedingungen (drei oder vier Sitzungen) festlegt.
   (c) Unabhängigkeit des Instituts, das beurteilen muss, ob der Kandidat, der beschließt, sich vorzustellen, die nötige Grundausbildung – und vor allem ausreichend persönliche psychoanalytische Erfahrung – hat.
   (d) Diese Evaluierung erfordert mehrere Einzeltreffen mit Dozenten, die gemeinsam vor dafür gewählten Gruppen von Lehranalytikern berichten. Es ist schwer, Normen festzulegen, aber es gibt viele Ablehnungen.
2. Die Zulassung zur Ausbildung geht einher mit der Zulassung zu Supervisionen. Diese finden unter genau festgelegten Bedingungen statt (wöchentliche Supervisionssitzungen, auf jeden Fall einzeln bei der APF;

einzeln und in Gruppen bei der SPP) für analytische Behandlungen mit mindestens drei Wochenstunden.
3. Die Methoden zur Bewertung der Supervisionen sind unterschiedlich. In der APF stellt sich der Kandidat einer Gruppe von Dozenten vor, die dem Ausbildungsausschuss Bericht erstatten. In manchen Fällen wird der Supervisor von der gleichen Gruppe von Lehranalytikern und unter den gleichen Bedingungen wie der Kandidat gehört. In der SPP werden die Supervisoren von einer Lehranalytikergruppe gehört, zu der auch das Gremium (neun Mitglieder) gehört, das für die Zulassung des Kandidaten zur Ausbildung verantwortlich ist.
4. Die theoretische Ausbildung beruht auf einem flexiblen System und bietet den Kandidaten eine Reihe von Seminaren und Arbeitsgruppen aus einer vorgeschlagenen Liste.

Freud lehrte uns etwas über »zeitliche Regression«. Für diesen Brief aus Paris musste ich in die Nachkriegsjahre zurückgehen, um die französische psychoanalytische Landschaft im Jahr 2010 zu beschreiben. Ich hoffe, ich bin nicht zu ausführlich gewesen.

Lassen Sie mich zum Abschluss sagen, dass die Anerkennung des »Französischen Modells« durch die IPA Ergebnis eines langen und konflikthaften Prozesses war, der Mut und Entschlossenheit von beiden beteiligten Präsidenten forderte. Diese Anerkennung sollte in meinen Augen zu einer größeren Offenheit der französischen Psychoanalyse gegenüber Bewegungen im Ausland führen. Den Franzosen wurden oft eine gewisse »Arroganz« und eine relative Unkenntnis anderer Denkrichtungen vorgeworfen. Diese Kritik ist nicht ganz unbegründet, aber umgekehrt wurde die Isolation sicher auch aufrechterhalten, weil die Besonderheiten der französischen Kultur und Geschichte in diesem Zusammenhang wenig bekannt waren und anerkannt wurden. Das habe ich zu zeigen versucht.

Aus dem Englischen von Ulrike Guercke

Literatur

Aisenstein, Marilia (2006): The indissociable unity of psyche and soma: A view from the Paris Psychosomatic School. I. J. Psycho-Anal. 87, 667–680.
Aisenstein, Marilia (2007): On therapeutic action. Psa. Q. 76, 1443–1463.
Aisenstein, Marilia (2009): Discussion of Sander M. Abend's »Freud, transference and therapeutic action«. Psa. Q. 78, 893–901.
Diatkine, Gilbert (1997): Jacques Lacan. Paris (PUF), 388–400.
Diatkine, Gilbert (2001): Les lacanismes, les analystes françaises et l'API. In: Courants de la psychanalyse contemporaine. Paris (PUF).
Lacan, Jacques (1976): Conferences et entretiens dans les universités nord-americaines. Silicet 6/7, 5–63.
Marty, Pierre (2010): The narcissistic difficulties presented to the observer by the psychosomatic problem. I. J. Psycho-Anal. 91, 347–363.

II Psychoanalytische Theorie und Technik

Ist Übersetzung möglich?

Dana Birksted-Breen

Übersetzung ist immer Deutung/Interpretation [interpretation], und Psychoanalytiker deuten/übersetzen, sie übersetzen das Unbewusste. Worte, Bilder, Affekte, Hinweise, die der Körper gibt, werden in Deutungen übersetzt. Mahony (1980) bezeichnet Freud als »einen der großen Denker und Pioniere auf dem Gebiet der Übersetzung […], weil er in seinem Werk den verschiedenen Begriffen Umfang, Ausdehnung und Tiefe wie nie zuvor in der Geschichte verleiht« (S. 462).

Freuds »talking cure« übersetzt blockierte Gefühlsregungen, hysterische Symptome und Impulse in Worte. So wie sich Worte und Sätze nicht eins zu eins in eine andere Sprache übersetzen lassen, so gibt es auch keine direkte Entsprechung zwischen den Äußerungen des Patienten und den möglichen Übersetzungen durch den Analytiker. Dazwischen erstreckt sich das ganze Feld der Psychoanalyse mit allen kulturellen, theoretischen und persönlichen Unterschieden. Das Prinzip der Überdeterminierung besagt, dass verschiedene »Übersetzungen« immer nur einen Teilaspekt darstellen können. »Wenn der psychische Apparat aus einer Aufeinanderschichtung von Umschriften besteht, dann kann man von der Koexistenz multipler Umschriften oder Übersetzungen ausgehen« (Hinz 2008, S. 122).[1]

Psychoanalyse ist im Wesen mehrsprachig, wobei es »gesellschaftsbedingte« Varianten ebenso gibt wie die Varianten der jeweiligen analytischen Dyade, in der jeder der Beteiligten die Sprache des anderen durch Hin-und-her-Übersetzen erlernt. Oft wird dabei eine gemeinsame Sprache entwickelt, die

---

[1] Anm. d. Ü.: Dieses Zitat bezieht sich auf Freuds Brief an Fließ vom 6.12.1896. Siehe: Freud, S. (1887–1904): Briefe an Wilhelm Fließ. Hg. J. J. Masson. Frankfurt/Main (Fischer) 1986, S. 217, Brief Nr. 112.

für einen Außenstehenden erst nach neuerlicher Übersetzung verständlich wäre. Jede Umformung/Übersetzung/Deutung passiert die Filter der Psyche, Theorie und persönlichen Vorliebe des jeweiligen Psychoanalytikers. Ferro (2009) spricht zum Beispiel, angelehnt an Bions Konzept der »Transformation«, von den vielen Sprachen, die zur Darstellung eines bestimmten Aspekts eines »Hologramms« genutzt werden können.

Eine Übersetzung ist manchmal fast eine Konstruktion, wenn ursprüngliche Erinnerungsspuren kaum zur Verfügung stehen, wie bei den nicht-neurotischen Strukturen, wo die Arbeit an der ›Darstellbarkeit‹ erst zwischen Patient und Analytiker (Botella/Botella 2005) mithilfe der Reverie des Analytikers (Ogden 2004) geleistet werden muss. Laplanche konzipiert eine Frühzeit, in der das Kind die »geheimnisvollen Botschaften« der Mutter übersetzen und symbolisieren muss, und eine »Verführung« dieser Art geht auch vom Analytiker aus (Laplanche 1987, 1997).

Übersetzung ist ›ortsgebunden‹. Das Setting ist ein wesentlicher Teil der Übersetzungsarbeit, es definiert und begrenzt bestimmte Bedeutungen. Außerhalb des psychoanalytischen Settings hätte dieselbe ›Sprache‹ eine andere Bedeutung. Darüber hinaus weckt das Setting selbst den Wunsch nach einer Übersetzung.

Eine wichtige Frage für die heutige Psychoanalyse ist, ob man überhaupt zwischen den verschiedenen Theorien übersetzen kann. Kann ein bestimmter Dialekt jemals zur Gänze von anderen verstanden werden? Können wir eine Theorie, in der wir nicht ›aufgewachsen‹ sind, jemals vollständig erfassen? Führt es nicht zu einer Reduktion und zu Missverständnissen, wenn wir uns einfach die Sprache des anderen anzueignen suchen? Und sollten wir wirklich immer versuchen, das eine in das andere zu übersetzen? Goldberg (1984) rät davon ab:

> »Wenn eine neue Theorie ohne Weiteres in eine alte übersetzt werden kann, ist sie per definitionem wertlos. Eine Theorie ist eine Ansammlung oder ein Geflecht neuer Eindrücke, die uns zu einer anderen Sicht der Dinge zwingen, daher ist eine neue Theorie nicht übersetzbar. Winnicotts Übergangsobjekt wäre für uns ein wertloses Konzept, wenn es das gleiche bedeuten würde wie Teilobjekt« (S. 128–129).

Er unterscheidet zwischen den »Um-Integration-Bemühten«, die »die Abweichler mittels Übersetzung wieder in die Familie zurückbringen wollen«, und den »Anarchisten«, die »die Differenzen noch verschärfen, indem sie auf das Versagen von Übersetzungen hinweisen« (ebd., S. 123). Er vertritt die

Ansicht, dass man sich lieber auf die Suche nach der »wahren und richtigen Theorie« machen sollte statt sich mit Übersetzungen zu befassen.

Aber gibt es die »wahre und richtige Theorie« überhaupt? Oder geht es nicht eher um Facetten eines komplizierten und nicht erkennbaren Prismas? Das Spannungsverhältnis zwischen denjenigen, die die »wahre und richtige Theorie« anstreben – ob sie diese nun bei Freud oder in den neuesten Entwicklungen zu finden oder wiederzufinden hoffen –, und denen, für die der Pluralismus jenes Prisma darstellt, mittels dessen man die Wahrheit erfassen kann, wird bestehen bleiben. Doch kann diese Wahrheit jemals erkannt werden? Freud verwendete das Bild des Nabels, um etwas Unerkennbares zu beschreiben: »Jeder Traum hat mindestens eine Stelle, an welcher er unergründlich ist, gleichsam einen Nabel, durch den er mit dem Unerkannten zusammenhängt« (Freud 1900, S. 116, Fußnote 1). Und Bion schreibt in *Caesura*:

> »In der psychoanalytischen Erfahrung geht es sowohl darum, etwas, das wir nicht kennen, in etwas zu übersetzen, das wir kennen oder das wir kommunizieren können, als auch darum, etwas, das wir kennen und kommunizieren können, in etwas zu übersetzen, das wir nicht kennen und dessen wir uns nicht bewusst sind, weil es unbewußt ist, möglicherweise sogar der Geburt einer Psyche oder eines Seelenlebens vorgängig …« (2009, S. 70–71)

Eine wirklich umfassende Kenntnis anderer Theorien ist selten, weil es ein Eintauchen in deren spezifische analytische Kultur einschließlich der klinischen Praxis erfordern würde. Nur wenige Menschen sind wirklich zweisprachig. Jene, die es sind, können uns sagen, dass es wegen der Polysemie der Bedeutungen und Assoziationen keine einfache Entsprechung zwischen einzelnen Worten oder Konzepten gibt. Konzepte gehen mit einem Geflecht von Assoziationen und einem bestimmten Rahmen einher. Darauf weist White hin: »Die Bedeutungsfelder der Worte in zwei Sprachen stimmen selten völlig überein« (2010, S. 818). Vielleicht können wir im besten Fall wenigstens einen »Übergangsraum« zwischen den »Sprachen« finden (Luepnitz 2009), der durch die verschiedenen Zugänge eher bereichert wird, wenn er nicht dem reduktiven und beschränkten Versuch einer wörtlichen Übersetzung erliegt. Wer ein Konzept ohne tiefere Kenntnis der dahinterstehenden Theorie aus einem Theoriegebäude herauslöst, läuft Gefahr, dieses Konzept zu verzerren. Es ist ein schmaler Grat zwischen der Verzerrung einer Theorie und ihrer verlässlichen Ausarbeitung.

Ein »Außenseiter« zu sein, hat aber auch Vorteile, wie die Kliniker wissen, solange man die ganze »Grammatik« der anderen Sprache versteht.

Als Herausgeber des *International Journal of Psychoanalysis* sind wir ständig mit diesen Fragen konfrontiert, bei denen man eher die Fallstricke erahnen als Lösungen finden kann. Ein Beispiel: Soll sich ein Text an »alle Psychoanalytiker« wenden und versuchen, einen ›common ground‹ zu finden, oder kann ein Text seine Argumentation eher im Rahmen seiner spezifischen Tradition entwickeln? Auf der einen Seite besteht die Gefahr der *reductio ad absurdum*, auf der anderen Seite die des Solipsismus.

Natürlich ist das Problem der Übersetzung nicht spezifisch für die Psychoanalyse, eine ganze Fachrichtung beschäftigt sich damit. Übersetzen, auch das rein sprachliche Übersetzen, ist ein unmöglicher Beruf, so wie Freud (1937) es von der Psychoanalyse sagte. Craig (2010) vermittelt uns eine Ahnung vom Ausmaß der Probleme und der Verantwortung, vor denen ein Übersetzer steht. Er spricht sogar von »Furcht«, was verständlich wird, wenn man bedenkt, dass Strachey als »Verräter« bezeichnet wurde (vgl. Thomä/Cheshire 1991).

Matthieussent, ein Belletristik-Übersetzer, meint, dass jeder Übersetzer »versuche, auf dem schmalen Grat zwischen Verrat und Betrug das Schlimmste zu vermeiden«, was »das beste sei, was man tun könne, um einen Fremden zu empfangen« (Rerolle 2007).

Craig beschreibt auch die Schwierigkeiten der Übersetzer angesichts der »beinahe unbegrenzten suggestiven Kraft der menschlichen Sprache«. Wir könnten uns fragen, inwieweit Übersetzer etwas »erfinden«, so wie Psychoanalytiker eher konstruieren als rekonstruieren. Walter Benjamin schreibt: »Genauer läßt sich dieser wesenhafte Kern als dasjenige bestimmen, was an ihr selbst nicht wiederum übersetzbar ist« (1961, S. 15). Er zitiert dazu den deutschen Philosophen Pannwitz:

> »unsere übertragungen auch die besten gehn von einem falschen grundsatz aus sie wollen das indische griechische englische verdeutschen anstatt das deutsche zu verindischen vergriechischen verenglischen. […] der grundsätzliche irrtum des übertragenden ist dass er den zufälligen stand der eignen sprache festhält anstatt sie durch die fremde gewaltig bewegen zu lassen« (ebd., S. 20).

Priel (2003) meint, dass diese beiden Übersetzungstheorien – zum einen von Walter Benjamin, der davon ausgeht, dass es eine perfekte Sprache gibt, an die sich eine gute Übersetzung annähert, und zum andern von Borges, der meint, dass die unvermeidliche Umformung durch die fremde Sprache des Übersetzers das Werk eher bereichert als beeinträchtigt – »ziemlich genau die Spannung in den aktuellen Kontroversen über die privilegierte Stellung der Subjektivität des Analysanden und den besonderen Wert der Empathie des Analytikers auf der einen Seite und den Vorrang der Intersubjektivität auf der anderen« abbilden (S. 138). Der letztere Standpunkt wird bekräftigt, wenn man daran denkt, wie sehr eine Sprache durch Autoren, die nicht in ihrer Muttersprache schreiben – wie Joseph Conrad, Vladimir Nabokov oder, auf Italienisch, Italo Svevo –, bereichert wird.

Die Ansicht, Übersetzung sei etwas sehr Subjektives, wird nicht von allen geteilt. Jimenez wendet ein, dass es zwischen der Übersetzung eines Textes und der Psychoanalyse wesentliche Unterschiede gibt, nicht zuletzt in der Einstellung des Übersetzers und der des Psychoanalytikers. Er schreibt:

> »Im Gegensatz zu dem geflügelten Wort ›traduttore, traditore‹ [Übersetzer, Verräter] lässt sich ein erfahrener Übersetzer von dem Grundsatz leiten, den auch die Übersetzer von Freuds Werk ins Französische unlängst befolgten: ›Strikte Treue zum Text verpflichtet sowohl zu Vollständigkeit als auch zu Genauigkeit. Für uns gilt das Gebot: Der Text. Der ganze Text, nichts als der Text‹ (Bourguignon et al. 1992, S. 143)« (Jimenez 2004, S. 1368).

Der Philosoph Bachtin zeigt mit seinem Dialogismus-Konzept, wie jeder Text das Ergebnis vieler Einflüsse ist (Todorov 1984). Je komplexer ein Text ist, umso offener ist er für Deutungen, wie wir das von den immer weiter reichenden und doch kulturgebundenen Deutungen der Texte Freuds kennen, so wie auch die Thora immer offen für neue Deutungen durch orthodoxe Juden ist. Der französische Philosoph Roland Barthes (1970) spricht in diesem Zusammenhang von »Codes«. Auch in der modernen Literaturtheorie geht man davon aus, dass ein Text nicht getrennt von seiner Rezeption betrachtet werden kann.

Offenkundig werden die klassischen Texte innerhalb der Psychoanalyse unterschiedlich rezipiert. So kann man einen »französischen Freud« (Turkle 1978) mit besonderem Interesse am frühen Freud (Birksted-Breen/Flanders 2010) nennen, einen »amerikanischen Freud«, dessen Verbindung zur Biologie hervorgehoben wird (Birksted-Breen 2010), und nicht zuletzt einen »britischen Freud«, der vor allem von den späten klinischen Arbeiten Freuds wie *Zur Einführung des Narzissmus* und *Trauer und Melancholie* ausgeht, ein Freud, der durch Bions besonderen Zugang wieder in das kleinianische Denken eingeführt wurde.

Autoren wie Winnicott oder Bion fanden in so unterschiedlichen Kulturen wie in Frankreich und den Vereinigten Staaten besondere Resonanz, weil ihre Texte absichtlich offen und »ungesättigt« gelassen wurden. Wer wollte darüber entscheiden, welche Interpretation von Winnicott ›korrekt‹ ist, wer ihn in legitimer Weise verwendet? Lassen sich beispielsweise Winnicotts Ideen dann auch in seinen eigenen Texten nachweisen oder geht es eher um einen Winnicott, den man nur vom Hörensagen kennt wie beim Spiel »Stille Post«?

Freuds Übersetzer haben schon immer die Frage diskutiert, vor der alle Übersetzer stehen, nämlich ob sie nahe am Text bleiben oder eine freiere, an die Zielsprache besser angepasste Übersetzung wählen sollen. Frankreich ist wahrscheinlich das Land, in dem Freuds Texte am gründlichsten studiert wurden, was auf den Einfluss Lacans zurückgeht, der einige bedeutende, einflussreiche und interessante Deutungen vorschlug. Laplanche sagte, es sei wichtig, »›Freud arbeiten zu lassen‹ [faire travailler Freud]. Indem wir Freud lasen und wieder lasen, suchten wir uns mit einem Verfahren zu identifizieren, das seinem Autor die Entdeckung bisher unbekannter Phänomene gestattete, die sich ihrer Natur nach noch immer einer Aufdeckung widersetzen« (Sechaud 2009, S. 174).

Botella und Botella (2005) demonstrieren diese Art des Vorgehens anhand ihrer Entscheidung, Darstellbarkeit mit *figurability* statt *representability* zu übersetzen, um die Aspekte von Bewegung, Bindung und Unmittelbarkeit zu betonen. Sie schreiben: »Man kann sagen, dass Freud, was die Quelle der Traumarbeit betrifft, einen Einfall hatte, den er nie weiter ausführte – man kann nicht wissen, in welchem Ausmaß er bewusst war –, aber dessen Spuren noch sichtbar sind« (S. 6). In diesem Sinne ist es mehr als nur eine Frage der Sprache. »Der Begriff *figurabilité* ist nicht identisch mit *Darstellbarkeit*, obwohl er darauf basiert und eng damit verknüpft ist; die beiden Begriffe sind nicht deckungsgleich« (ebd., S. 2). So »kann gerade der Vorgang des Übersetzens sich als der eines Aufklärers [éclaireur] im doppelten Wortsinn von ›klarmachen‹ und ›Kundschafter aussenden‹, um unbekanntes Terrain zu erforschen‹ erweisen« (S. 6).

In Frankreich war das Nachdenken über Psychoanalyse bis vor Kurzem stark davon beeinflusst, dass es keine vollständige Übersetzung der Werke Freuds ins Französische gab (Quinodoz 2010). Unlängst sind zwei neue Übersetzungen vorgestellt worden, die eine Kontroverse entfacht haben, wie man Freud am besten übersetzen sollte. Pontalis, Schriftsteller und Psychoanalytiker, bietet eine literarische Übersetzung von Freud an, die den Leser unmittelbar anspricht. Laplanche auf der anderen Seite bringt Argumente für seine weniger leicht zugängliche Übersetzung:

»Unsere Prinzipien entsprechen einem bestimmten modernen Konzept einer Übersetzung, das sich so nahe wie möglich an die Textualität und den Buchstaben des Textes zu halten versucht. Es wurden Richtlinien erstellt, wie weit – so weit als möglich, ohne die Syntax durcheinander zu bringen – der Satzbau, die Wortfolge, logische Zusammenhänge, sogar Fehler, Unklarheiten und Ungereimtheiten in Freuds Texten respektiert und nicht abgemildert werden sollten. Sind sie von Freud selbst, muss alles genau wiedergegeben werden. Es geht darum, ein möglichst getreues Abbild zu schaffen, damit die Situation des Lesers der eines deutschsprachigen Lesers möglichst nahe kommt. Im Zweifelsfall sollte die Interpretation eher dem Leser als dem Übersetzer überlassen sein. Das erfordert von Letzterem, sich mehr vom Signifikanten (dem, was Freud tatsächlich sagte) als vom Signifikat (dem, wovon man meint, er habe es gesagt oder gemeint) leiten zu lassen. Zusammengefasst geht es darum, Freuds Deutsch in ein freudianisches (aber nicht deutsches) Französisch zu übertragen« (1991, S. 402).

Laplanches Ansatz führt dazu, dass er Neologismen verwendet, die allerdings sorgfältig ausgewählt werden müssen. »Wenn ein Neologismus etwas taugt, zieht er verborgene Bedeutungen an und wird mit Bedeutungen angereichert, die aus vielfältigen Zusammenhängen und von den verschiedensten Lesern kommen. Das geschah zum Beispiel mit dem Ausdruck *pulsion* (Trieb), der für die französische Psychoanalyse unentbehrlich wurde« (ebd., S. 404). Er fügt hinzu: »Ein Neologismus stellt ein hervorragendes Modell dar, um den Vorgang der Sublimierung im Rahmen einer Theorie der Zeitlichkeit zu verstehen« (ebd., S. 405).

Stracheys Übersetzung ins Englische hat einen großen Teil von Freuds Werk einem englischsprachigen Publikum zugänglich gemacht, ist aber auch scharf kritisiert worden.

N. Cheshire und H. Thomä (1991) schreiben von bekannten Einwänden von Kritikern wie Brandt, Bettelheim, Ornston und Brull gegen bestimmte Merkmale jener englischen Übersetzungen, die Strachey für die *Standard Edition* erstellte, überarbeitete oder übernahm, und haben die relevante Literatur an anderer Stelle kommentiert (ebd., Abschnitt 1.1).

Sie fügen hinzu:

»Wir brauchen nur daran zu denken, dass die Einwände im Wesentlichen auf den Vorwurf zurückzuführen sind, Strachey habe Freuds Texte und damit auch seine Theorie und seine therapeutische Methode depersonalisiert, indem er seine bedeutungsreichen umgangssprachlichen Metaphern, Anthropomorphismen und Redewendungen, die seinen Originaltexten einen so unverwechselbaren Charakter (im literarischen wie psychologischen Sinn) verleihen, durch technisch und formelhaft klingende Ausdrücke und sogar Neologismen ersetzt habe« (ebd., S. 429).

Stracheys Übersetzung wurde auch dafür kritisiert, dass sie die historische Spezifität von Freuds Diskurs nicht ausreichend berücksichtigt habe (Gilman 1991), es wurde sogar behauptet, dass diese Übersetzung »die Entwicklung der psychoanalytischen Theorie möglicherweise behindert habe« (Ornston 1982, S. 424). Strachey wurde »ein Verräter« (vgl. Thomä/Cheshire 1991) genannt, weil er für Freuds umgangssprachliche Metaphern technische Begriffe einführte, sodass sie »wissenschaftlicher« und mechanischer klangen als das Original (ebd.). Für die Übersetzung bestimmter Begriffe wurde er besonders kritisiert (vgl. z. B. Mahony 1980). Zu den meistkommentierten gehört die Übersetzung von *Nachträglichkeit* mit *deferred action*. Eine Reihe von Autoren meinte, dass diese »irreführende Übersetzung [...] vielleicht, zumindest teilweise, eine Lösung der scheinbar endlosen Auseinandersetzung über die Hermeneutik in der Psychoanalyse behindert habe (Ricoeur 1965; Schafer 1976; Spence 1982 etc.; für die aktuelle Debatte mit einem Überblick über die verschiedenen Positionen vgl. Holt et al. 1995)« (Mignone/Liotti 1998, S. 1079).

Trieb wird heute in Anlehnung an die französische Übersetzung im Englischen eher mit *drive* anstatt *instinct* übersetzt. Segal schreibt in einer Fußnote: »Ich war nie mit der Übersetzung von *Trieb* mit *instinct* einverstanden. Ich stimme Bettelheim zu, dass die beste Übersetzung das französische *pulsion* ist. Dem käme im Englischen *drive* am nächsten« (1993, S. 55).

Bei Stracheys Übersetzung von *Vorstellungsrepräsentanz* kommt Herrera (2010) zu einer entgegengesetzten Einschätzung: Er meint, Stracheys Übersetzung sei besser als die in der französischen und spanischen Übersetzung gewählten Begriffe. Das erinnert an Laplanche, der sagte, dass Strachey, »selbst wenn er manchmal die Bedeutung vereinfacht, sie doch fast nie missversteht« (Laplanche 1991, S. 401).

Stracheys Übersetzung wird auch von Likierman geschätzt, wenn er schreibt:

> »Strachey kann man nicht so leicht übertreffen. Seine Abänderungen sind nicht immer einfach ›Ungenauigkeiten‹, die man ohne Weiteres aus einem ansonsten korrekten Text herauslösen könnte. Riccardo Steiner hat beispielsweise darauf hingewiesen, dass Strachey sich entschieden hatte, Jones' Übersetzung von *Verschiebung* mit *displacement* zu übernehmen. Die Bedeutung des deutschen Ausdrucks entspräche eher *shifting*, das eine ganz andere Vorstellung dieses Vorgangs heraufbeschwört. *Displacement* mit seiner Betonung auf *place* (Ort) impliziert eine Bewegung mit einem fixierten, unveränderlichen Ergebnis. *Shifting* betont mehr die Bewegung, ist eher ›flüssig‹ und lässt an eine Psyche denken, die ein

lebendiges Durcheinander von ungezähmter Aktivität und nicht eine Maschine mit uhrwerkartigen Bewegungen ist. *Shifting* beschreibt auch besonders gut ein zentrales Merkmal der unbeständigen Welt der Träume. So scheint *shifting* den Begriff besser wiederzugeben als *displacement*, wenn man davon absieht, dass es keine direkte Übersetzung wäre. Im Englischen ist *displacement* zwar ein engerer Begriff als *shifting*, ist aber genauer. Mit ihm lässt sich die Vorstellung, dass affektive Energie im Seelenleben eines Menschen an der falschen Stelle platziert ist, wahrscheinlich besser vermitteln als mit *shifting*, das im Englischen lediglich mit der Vorstellung von Bewegung einhergeht. Während *shifting* zwar einen Aspekt von Freuds Absicht besser ausdrückt, würde ein anderer verloren gehen, wenn man den Ausdruck *displacement* ersetzen würde« (Likierman 1990, S. 116).

Die Diskussionen über die Übersetzung von Freuds Werken in verschiedene Sprachen sind ein wichtiger Anstoß für die Entwicklung der psychoanalytischen Theorie und profitieren von der Multikulturalität und Mehrsprachigkeit der psychoanalytischen Profession. Wir sind ein Berufsstand von Migranten, teils durch Verfolgung erzwungen, teils freiwillig, um von bestimmten Psychoanalytikern oder »Schulen« zu lernen, und viele Psychoanalytiker beherrschen mehr als eine Sprache. Auch Freuds Wien war, wie Mehler, Argentieri und Canestri (1990) betonen, »ein Ort, an dem sich viele Kulturen kreuzten, an dem Mehrsprachigkeit eher die Regel als die Ausnahme war« (S. 569). Heutzutage kommt es gar nicht so selten vor, dass Analytiker und Patient keine gemeinsame Muttersprache haben und eine »dritte« Sprache, die der sie umgebenden Kultur, benutzen, und häufig ist die Sprache, in der die Analyse durchgeführt wird, nur für einen der beiden Beteiligten die Muttersprache. Manchmal entscheiden sich Patienten bewusst dafür, in der Analyse nicht ihre Muttersprache zu verwenden, obwohl der Analytiker die Analyse in der Muttersprache des Patienten durchführen könnte. Die »neue Sprache« kann von manchen Patienten mit weniger Hemmungen verwendet werden, weil sie als frei von hemmenden affektiven Assoziationen und Geboten erlebt wird. Sie kann als »Übergangsraum« genutzt werden, ähnlich wie es Casement (1989) am Beispiel Becketts schildert, der französisch schrieb, um seine Kreativität vom Einfluss seiner intrusiven Mutter zu befreien. Mehler et al. (1990) kommen in ihrer Beschäftigung mit Mehrsprachigkeit zu dem Ergebnis, dass die Erfahrungen und der Gebrauch von mehr als einer Sprache im psychoanalytischen Setting »entweder [im Dienst] der Abwehr steht, die die Persönlichkeit strukturiert und die integrativen Prozesse fördert, oder der Spaltung und der Verleugnung wesentlicher Teile des Selbst dient, die sich ihrerseits wiederum auf die Erinnerungen auswirkt«

(S. 569). Wenn der Analytiker mit den verschiedenen Sprachen, die der Patient spricht, vertraut ist, kann das zu einer komplexen Kommunikation und zu unbewussten Assoziationen führen (Flegenheimer 1989; Jimenez 2004).

Bis zu einem gewissen Grad sind wir immer Außenstehende, wenn es um die Kultur des Patienten geht. Aber hat nicht gerade die Sensibilität für Andersartigkeit und die Tatsache, nicht Teil der vorherrschenden Kultur zu sein, die Psychoanalyse hervorgebracht? Ist nicht das, was wir nicht wissen, genauso wichtig wie das, was wir wissen? Und sind nicht die besten Texte, ob nun klassische oder aktuelle, diejenigen, die als Sprungbrett für die Entwicklung neuer Gedanken dienen und so für den Fortschritt auf unserem Fachgebiet sorgen?

Aus dem Englischen von Wolfgang Groysbeck

Literatur

Barthes, Roland (1970): S/Z. Paris (Seuil). Dt.: S/Z. Frankfurt/M. (Suhrkamp), 2007.
Benjamin, Walter (1961): Illuminationen. In: Gesammelte Schriften, Bd. IV.1 (= Werkausgabe, Bd. 10). Frankfurt/M. (Suhrkamp), 1980.
Bion, Wilfred R. (1977): Two papers: The grid and Caesura. London (Karnac). Dt.: Raster und Zäsur: Zwei Abhandlungen. Übers. Elisabeth Vorspohl. Frankfurt/M. (Brandes & Apsel), 2009.
Birksted-Breen, Dana (2010): The gender conundrum. London (Routledge).
Birksted-Breen, Dana & Flanders, Sara (2010): General introduction. In: Birksted-Breen, Dana; Flanders, Sara & Gibeault, Alain (Hg.): Reading french psychonanalysis. London (Routledge).
Botella, César & Botella, Sara (2005): The work of figurability. London (Routledge). [La figurabilité psychique. Lausanne (Delachaux & Nestle), 2001.]
Casement, Patrick (1989): Samuel Beckett's relationship to his mother-tongue. I. J. Psycho-Anal. 9, 35–44.
Cheshire, Neil & Thomä, Helmut (1991): Metaphor, neologism and ›open texture‹: Implications for translating Freud's scientific thought. Int. Rev. Psychoanal. 18, 429–455.
Craig, George (2010): Relative motion: Translation and therapy. I. J. Psycho-Anal. 91, 717–725.
Ferro, Antonino (2009): Transformations in dreaming and the characters in the psychoanalytic field. I. J. Psycho-Anal. 90, 209–230.
Flegenheimer, Federico A. (1989): Languages and psychoanalysis: The polyglot patient and the polyglot analyst. Int. Rev. Psychoanal. 16, 377–383.
Freud, Sigmund (1900): Die Traumdeutung. GW II/III.
Freud, Sigmund (1937): Die endliche und die unendliche Analyse. GW XVI, S. 59–99.
Gilman, Sander L. (1991): Reading Freud in English: Problems, paradoxes, and a solution. Int. Rev. Psychoanal. 18, 331–344.
Goldberg, Arnold (1984): Translation between psychoanalytic theories. Ann. Psychoanal. 12, 121–135.
Herrera, M. (2010). Representante-Representativo, Représentant-Représentation, Ideational Representative: Which One is a Freudian Concept? On the Translation of Vorstellungsrepräsentanz in spanish, French and English. I. J. Psycho-Anal. 91, 785–809.

Hinz, Helmut (2008): Some reflections on the problems of comparison and difference in the light of doubts and enthusiasm. In: Tuckett, David; Basile, Robert & Birksted-Breen, Dana (Hg.): Psychoanalysis comparable and incomparable, S. 95–132. New York, NY (Routledge).

Hoffer, Axel (1989): Can there be translation without interpretation? ›In other words …‹. Int. Rev. Psychoanal. 16, 207–212.

Jimenez, Juan P. (2004): Between the confusion of tongues and the gift of tongues: Or working as a psychoanalyst in a foreign language. I. J. Psycho-Anal. 85, 1365–1377.

Laplanche, Jean (1987): Nouveaux fondements pour la psychanalyse. Paris (PUF).

Laplanche, Jean (1991): Specificity of terminological problems in the translation of Freud. Int. Rev. Psychoanal. 18, 401–406.

Laplanche, Jean (1997): The theory of seduction and the problem of the other. I. J. Psycho-Anal. 78, 653–666. Dt.: Neue Grundlagen für die Psychoanalyse. Übers. H.-D. Gondek. Gießen (Psychosozial-Verlag), 2011.

Likierman, Meira (1990): Translation in transition: Some issues surrounding the Strachey translation of Freud's works. Int. Rev. Psychoanal. 17, 115–120.

Luepnitz, Deborah A. (2009): Thinking in the space between Winnicott and Lacan. I. J. Psycho-Anal. 90, 957–981. Dt.: Denken im Raum zwischen Winnicott und Lacan. In: Mauss-Hanke, Angela (Hg.): Internationale Psychoanalyse 2010. Ausgewählte Beiträge aus dem *International Journal of Psychoanalysis*, Bd. 5. Gießen (Psychosozial-Verlag), 2010, S. 119–153.

Mahony, Patrick (1980): Toward the understanding of translation in psychoanalysis. J. Am. Psychoanal. Assoc. 28, 461–475.

Mehler, Armati J.; Argentieri, Simona & Canestri, Jorge (1990): The babel of the unconscious. I. J. Psycho-Anal. 71, 569–583.

Migone, Paolo & Liotti, Giovanni (1998): Psychoanalysis and cognitive-evolutionary psychology: An attempt at integration. I. J. Psycho-Anal. 79, 1071–1095.

Ogden, Thomas (2004): This art of psychoanalysis. New York, NY (Routledge).

Ornston, Darius (1982): Strachey's influence. A preliminary report. I. J. Psycho-Anal. 63, 409–426.

Priel, Beatriz (2003): Psychoanalytic interpretations: Word-music and translation. I. J. Psycho-Anal. 84, 131–142.

Rerolle, Raphaelle (2007): Faussaire, dit-il. Le Monde, 12.

Sechaud, Evelyne (2008): The handling of the transference in French psychoanalysis. I. J Psycho-Anal. 89, 1011–1028. Dt.: Die Handhabung der Übertragung in der französischen Psychoanalyse. In: Mauss-Hanke, Angela (Hg.): Internationale Psychoanalyse 2009. Ausgewählte Beiträge aus dem *International Journal of Psychoanalysis*, Bd. 4. Gießen (Psychosozial-Verlag), 2009, S. 173–200.

Segal, Hanna (1993): On the clinical usefulness of the concept of death instinct. I. J. Psycho-Anal. 74, 55–61.

Steiner, Riccardo (1987): A world-wide international trademark of genuineness? Some observations on the history of the English translation of the work of Sigmund Freud, focusing mainly on his technical terms. Int. Rev. Psychoanal. 14, 33–102.

Thomä, Helmut & Cheshire, Neil (1991): Freud's Nachträglichkeit and Strachey's ›deferred action‹: Trauma, constructions and the direction of causality. Int. Rev. Psychoanal. 18, 407–427.

Todorov, Tzvetan (1984): Mikhail Bakhtin: The dialogical principle (Theory and history of literature). Minneapolis, MN (U Minnesota Press).

Turkle, Sherry (1978): Psychoanalytic politics: Freud's French revolution. London (Burnett Basic Books).

White, Kristin (2010): Notes on »Bemächtigungstrieb« and Strachey's translation as »instinct for mastery«. I. J. Psycho-Anal. 91, 811–820.

Zur Begriffsbildung der Pariser Psychosomatischen Schule

Ein klinisch-psychoanalytischer Ansatz in der Onkologie

Marilia Aisenstein & Claude Smadja

In diesem Beitrag stellen die Autoren weiteres klinisches Material vor, das aus ihrer Tätigkeit innerhalb der Pariser Psychosomatischen Schule stammt (vgl. Aisenstein 2006). Dargelegt werden zunächst die Grundlagen der Psychosomatik bei Freud. Anschließend folgt ein kurzer Überblick über deren Weiterentwicklung nach Freud; besonderes Augenmerk gilt dabei der Pariser Schule (Ecole de psychosomatique de Paris), die den Somatisierungsprozess als Ergebnis einerseits von Regression und andererseits von Triebentbindung betrachtet. Nach Ansicht der Autoren kann die zweite Variante zur allmählichen Ausbildung schwerer und tödlicher Krankheiten führen. Erläutert wird dann die Beziehung zwischen der klassischen psychoanalytischen Kur und der psychotherapeutischen Behandlung, wie sie die Pariser Schule durchführt. Im Anschluss stellen die Autoren zwei klinische Fälle, nämlich zwei Frauen mit Brustkrebs, vor. Dabei geht es ihnen sowohl um das Verfahren, mit dem sich die Eignung der Patientinnen für eine psychotherapeutische Behandlung sowie ihre psychische Gesundungsfähigkeit beurteilen lässt, als auch um die im zweiten Fall angewandte psychoanalytische Therapie im Sitzen. Zuletzt erinnern die Autoren daran, dass Freud seit 1920 den Akzent auf das Gegensatzpaar Lebens- versus Todestrieb verschoben und damit die Selbstzerstörung ins Zentrum des psychischen Geschehens gerückt hat. Sie schließen ihren Beitrag mit der These von einer Konvergenz zwischen einerseits der aktuellen Forschung auf dem Gebiet von Biologie und Medizin, insbesondere zum Problem des programmierten Zelltods, und andererseits der psychoanalytischen Psychosomatik, weil beide Ansätze versuchen, Licht auf die Somatisierungsprozesse zu werfen und aufzuzeigen, wie gerechtfertigt eine psychoanalytische Behandlung ist, sobald Patienten zur psychischen Reorganisation während ihrer Krankheit und ärztlichen Behandlung imstande sind.

Die unterschiedlichen Konzeptionen der psychoanalytischen Psychosomatik

Grundlagen der Psychosomatik bei Freud

Mit Psychosomatik hat sich Freud nie gesondert befasst. Gleichwohl berufen sich Psychoanalytiker, die mit körperlich erkrankten Patienten arbeiten, bei der Suche nach einer Basis für spätere theoretische Entwicklungen auf einige seiner Werke sowie auf das Begriffsinstrumentarium, das er auf anderen Gebieten der Psychopathologie entwickelt hat (Smadja 2001).

Trotz seines Desinteresses an Psychosomatik im heutigen Sinne hat Freud längere Studien zu diversen körperlichen Zuständen vorgelegt. Diese Arbeiten über somatische Symptome haben ihren Ursprung in seiner theoretischen Beschäftigung mit der Triebökonomie. Beim Blick auf Freuds Gesamtwerk lassen sich vier entsprechende Symptommodelle erkennen:
- die Symptome der Konversionshysterie,
- die somatischen Symptome der Aktualneurose,
- die hypochondrischen Symptome
- sowie organische Krankheiten.

Die *Symptome der Konversionshysterie* sind nach Freuds Theorie Erinnerungssymbole, die ins Körperliche umgesetzt wurden und für einen ganzen Komplex unbewusster Phantasien stehen, bei denen es um die Bisexualität des Subjekts geht. Klinisch interessant ist, dass diese körperlichen Symptome nicht unbedingt immer von Angst begleitet sind; metapsychologisch, dass es für die Bildung hysterischer Symptome mehrerer seelischer Voraussetzungen bedarf: eines postödipalen Überichs als Indikator für eine einigermaßen vollständige ödipale Organisation, eines dynamischen Unbewussten, das die Symbolisierungen übernehmen kann, sowie eines gesicherten und effizienten Verdrängungsmechanismus.

Die *somatischen Symptome der Aktualneurose* entsprechen, klinisch betrachtet, den Funktionsstörungen der klassischen Medizin. Sie erwachsen aus einem Zuviel oder Zuwenig bei bestimmten Körperfunktionen (aus Über- oder Unterfunktion). Anders als die Störungen der Konversionshysterie haben sie keineswegs immer symbolischen Stellenwert und sind in aller Regel von Angst begleitet. Metapsychologisch resulticren sie aus einer Beeinträchtigung der Psychosexualität oder psychischen Sexualität.

Diese Beeinträchtigung geht zurück auf die Schwächung des Verdrängungsmechanismus, der durch andere, ökonomisch aufwendigere Mechanismen, etwa durch Unterdrückung, ersetzt wird. Damit wird die Libido des Subjekts von ihrer psychischen Verwendung abgelenkt und fließt wieder in die Körperorgane, die der Betreffende nun überbesetzt. In Freuds Auffassung von den Aktualneurosen resultieren die somatischen Symptome aus einer erotischen Überbesetzung der betreffenden Organfunktion. Bekanntlich lautet eine der Freud'schen Hypothesen zur Libidotheorie, dass jedes Körperorgan oder jede somatische Funktion doppelt besetzt ist, nämlich ebenso sehr von den Selbsterhaltungstrieben, die den physiologischen Funktionsablauf sicherstellen, wie von den Sexualtrieben. Freud zufolge gibt es – und dies ist eine unverzichtbare Hypothese für seine Triebtheorie – eine Organerotik, die sich zum Beispiel in dem subjektiven Gefühl äußert, dass die eigenen Körperorgane gut funktionieren. Befinden sich indes beide Formen der Triebbesetzung innerhalb eines Organs (oder einer Körperfunktion) im Ungleichgewicht, so sieht es sich in seiner – physiologischen – Selbsterhaltungsfunktion gestört. Aus eben dieser Situation entsteht die erotische Überbesetzung des Organs.

Die *hypochondrischen Symptome* sind, klinisch gesehen, somatische Affektionen, auf denen das Subjekt nachdrücklich, ja geradezu paranoisch beharrt und die keinerlei organische Schädigung beinhalten. Im metapsychologischen Sinne entspringen sie Freud zufolge einer Stauung narzisstischer Libido, die im Seelischen keine Verwendung gefunden hat. Hypochondrische, auf bestimmte Körperorgane projizierte Ängste zeugen von einem Mangel an psychischer Organrepräsentanz. Gleichzeitig indizieren sie, dass die erogene oder autoerotische Besetzung der Organe versagt hat. Ihre Funktion besteht darin, eine Gegenbesetzung für dieses Versagen zu schaffen oder es zu verschleiern.

Die *organischen Krankheiten* sind aus klinischer Sicht das ureigene Gebiet der Psychosomatik. Freud hat sie in psychoanalytischer Perspektive auf zwei unterschiedlichen Ebenen untersucht. Die erste ist die der narzisstischen Regression, zu der es kommt, wenn die Krankheit sich somatisch festsetzt. Freuds Interesse galt dabei den mit einem somatischen Geschehen im Subjekt verknüpften Änderungen an der Libido-Ökonomie. Ein typisches Merkmal körperlich Kranker ist ihm zufolge die Rückführung erotischer Objektbesetzung auf das erkrankte Organ. Dieser Gedanke leitet sich, wohlgemerkt, von einer aus Ferenczis Arbeit über die Pathoneurosen stammenden Hypothese her, die wir weiter unten vorstellen.

Auf der zweiten Ebene wird die Entstehung der organischen Krankheit im Zusammenhang mit der Triebtheorie gedacht. Dabei stützt sich Freud auf seine zweite, seit 1920 entwickelte und auf dem Gegensatz zwischen Lebens- und Todes- respektive Destruktionstrieben aufgebaute Fassung der Triebtheorie (Freud 1920g). Er weist darauf hin, dass es in einem Zustand anhaltender Triebentmischung (in dem Wiedervermischung ausgeschlossen ist) unter anderem zu der für das Subjekt abträglichen Konsequenz kommen kann, dass seine Körperfunktionen tief greifende Veränderungen durchmachen, die zu organischen Krankheiten führen.

Überdies macht Freud im Zuge verschiedenster Beobachtungen auf paradoxe und rätselhafte Beziehungen zwischen pathologischen Zuständen des Körpers einerseits und der Psyche andererseits aufmerksam. So entdeckt er zum Beispiel die klinische und ökonomische Unvereinbarkeit zwischen traumatischer Neurose und körperlicher Schädigung ebenso wie die Tatsache, dass ein neurotischer Zustand während der Ausbildung einer somatischen Krankheit verschwindet. Dieses Ausschließungsverhältnis zwischen seelischen und körperlichen Zuständen bringt – neben den paradoxen Verbindungen, die sie eingehen – die Frage nach der Qualität der masochistischen Organisation des Subjekts ins Spiel.

Strömungen in der Psychosomatik nach Freud

Sándor Ferenczi widmete einen Teil seiner Arbeit der Psychoanalyse organischer Erkrankungen. Der von ihm aus der Taufe gehobene Begriff der Pathoneurose sollte helfen, die neurotischen und, darüber hinaus, psychotischen oder narzisstischen Veränderungen, zu denen es nach einer organischen Krankheit kommt, zu erklären. Ferenczi ging auch auf die Frage ein, wie sich in den Zusammenhang dieser Prozesse der Masochismus einfügt.

Georg Groddeck entwickelte eine psychoanalytische Theorie der organischen Krankheit, der zufolge das allmächtige Es nicht nur ein neurotisches Symptom oder Charaktermerkmal, sondern auch eine somatische Erkrankung hervorbringen kann. Danach soll jedwede körperliche Krankheit symbolischen Wert haben und mithilfe der Psychoanalyse heilbar sein. Der kritikwürdigste Punkt in Groddecks Denken ist wohl, dass er keinerlei Unterscheidung oder Differenzierung zwischen den einzelnen psychischen Ebenen und der biologischen und physiologischen Ebene kennt.

Im Laufe der zwanziger und dreißiger Jahre des vergangenen Jahrhunderts führten Psychiater und Psychoanalytiker in den Vereinigten Staaten groß angelegte Querschnittsuntersuchungen der Bevölkerung durch, die als die

Fundamente der psychosomatischen Medizin gelten können. Ihre Beobachtungen und Schlussfolgerungen verbreiteten sich in ganz Europa und Südamerika und führten zur Entstehung unterschiedlicher Strömungen der Psychosomatik. Entscheidenden Einfluss hatte Flanders Dunbar, die eine zugleich psychologische und physiologische Methode der klinischen Untersuchung entwarf, mit der sie Persönlichkeitsprofile auf dem Gebiet der psychosomatischen Medizin erstellen konnte. Franz Alexanders Werke fanden weite Verbreitung in Frankreich, insbesondere die *Fundamentals of Psychoanalysis* (Alexander 1948) und das berühmte Buch *Psychosomatic Medicine* (Alexander 1950; dt.: *Psychosomatische Medizin*, 1971). Als Schüler und Mitarbeiter von Ferenczi entwickelte er – vor allem im Rahmen der von ihm gegründeten Chicagoer Schule – auf dem Gebiet der Psychosomatik die »psychosomatische Medizin«. Von der organischen Krankheit hatte er eine dualistische Vorstellung, in der er zwei Perspektiven – die psychoanalytische und die physiopathologische – zusammenführte. Danach beruht die psychosomatische Medizin auf zwei theoretischen Grundsätzen.

1. Die aus der Freud'schen Konzeption der Aktualneurose hervorgegangene Theorie der »Organneurose« lautet: Uralte verdrängte Gefühlsregungen auf der psychischen Ebene werden über autonome Nervenbahnen zu den Organen hingeleitet; sie verändern deren Arbeitsweise und führen zunächst zu Funktionsstörungen, dann zu organischen Erkrankungen.
2. Die Theorie der »Spezifität« lautet: Jeder emotionale Zustand hat sein eigenes physiopathologisches Syndrom.

Ebenso wie andere nordamerikanische Autoren legten Alexander und seine Mitarbeiter in der Chicagoer Schule großes Gewicht auf die Rolle des emotionalen Konflikts für das somatische Symptom. Zwar unterscheiden sich die Auffassungen der psychosomatischen Medizin erheblich vom psychoanalytischen Standpunkt, aber die Beobachtungen und Arbeiten dieser Autoren über Krankheiten wie etwa Bronchialasthma, Magen-Darm-Geschwüre oder Bluthochdruck sind noch heute von großem Interesse; überdies haben sie der späteren Arbeit der Psychosomatiker – besonders nach dem Zweiten Weltkrieg in Frankreich – den Weg bereitet.

Im Nachkriegsfrankreich begannen mehrere Psychoanalytiker, sich für organische Krankheiten zu interessieren. Mit der Verbreitung der Werke US-amerikanischer Psychosomatiker und der Kritik an ihren theoretischen Positionen entstanden neue psychoanalytische Auffassungen vom psychosomatischen Geschehen. Dank des in der Arbeit mit körperlich erkrankten

Patienten wieder erwachten Interesses für Beziehung und Übertragung konnten sich mehrere Autoren einen neuartigen, psychoanalytisch orientierten Zugang zu psychosomatischen Phänomenen verschaffen. Die nun folgenden theoretischen Debatten zwischen den einzelnen Schulen kreisen vor allem um die Frage nach der Bedeutung des somatischen Symptoms. Für die einen war es durchaus Bedeutungsträger, während andere davon ausgingen, dass es auf eine psychische Struktur zurückgeht, die vor allem zur Verfälschung der Bedeutung auf diversen Ebenen führt.

Von Jean-Paul Valabrega stammt der Gedanke, dass Konversion ein allgemeines Phänomen sei, dass nämlich jeder Mensch über einen Konversionskern *[noyau de conversion]* verfüge. Der Körper ist, so seine These, überladen mit sinnträchtiger Erinnerung. Alle somatischen Symptome gelten als Träger von Bedeutung. Die psychoanalytische Kur zielt darauf ab, diese Bedeutungen aufzudecken und durchzuarbeiten. Man muss allerdings sehen, dass ein solches Konzept keine Antwort auf die Frage gibt, ob die Bedeutung vom Patienten oder vom deutenden Analytiker abhängt. Überdies gelingt es damit nicht, jene Bedeutung, aus der das somatische Symptom entsteht, von der Bedeutung oder den Bedeutungen zu unterscheiden, die sich im Nachhinein ergeben, das heißt von den Bedeutungsveränderungen, die bei der analytischen Arbeit mit einem körperlich erkrankten Patienten in der Rückschau auftreten.

Die Pariser Psychosomatische Schule oder *Ecole de psychosomatique de Paris*, auf die wir im Folgenden den Blick richten werden, entstand in den späten vierziger und frühen fünfziger Jahren des letzten Jahrhunderts (vgl. Smadja 2001). In ihren Anfängen versammelte sie mehrere Analytiker der Pariser Psychoanalytischen Vereinigung – die bekanntesten sind Pierre Marty, Michel Fain, Michel de M'Uzan und Christian David –, denen später andere Analytiker folgten. Martys frühe Studien, die er mal allein, mal zusammen mit Michel Fain erarbeitete, befassten sich mit Beschwerden wie Kopf- oder Rückenschmerzen oder mit Allergien. Entstanden sind sie in den fünfziger Jahren. Sie lenkten die Aufmerksamkeit auf die Schwächung der neurotischen Abwehrmechanismen und werteten die somatischen Symptome als Ersatzbildungen, die freilich, anders als das Symptom der Konversionshysterie, jeder symbolischen Dimension entbehren. Damals entstand, in Analogie zur psychischen Libidoregression, die Vorstellung von der somatischen Regression. In den frühen sechziger Jahren folgte eine gewaltige Synthese von Theorie und Klinik, die 1963 in einem Gemeinschaftswerk von Marty, de M'Uzan und David mit dem Titel *L'investigation psychosomatique [Die psychosomatische Untersuchung]* Gestalt annahm. Für die Psychosomatik als psychoanalytische Disziplin war dieses Buch soviel wie ein Gründungsakt. Neue klinische Begriffe und Vorstellungen – etwa objektlose Depression *[dépression sans objet]*, operational verengtes Denken *[pensée opératoire]*[1] oder projektive Verdoppelung *[réduplication projective]* – traten auf den Plan, und eine neue Perspektive, nämlich die ökonomische, gewann Vorrang in der psychosomatischen Untersuchung von Patienten, die an einer schweren organischen Krankheit litten. In diesem neuen Denkzusammenhang treten sämtliche psychischen Schöpfungen der Menschen als Phänomene auf, die sich im Verhältnis zueinander verändern. Das gilt für Hervorbringungen des Geistes ebenso wie für neurotische Symptome, Charakterzüge, Perversionen und Sublimierungen, aber auch für Verhaltensweisen und Somatisierungen.

Mit dem Erscheinen des Buches kam es erstmals innerhalb der Pariser Schule zur Entstehung unterschiedlicher theoretischer Perspektiven. Pierre Marty legte eine entwicklungsgeschichtliche Lehre von der psychosomatischen Ökonomie vor. Ihm zufolge beruht sie auf Koexistenz und Wechsel zweier verschiedenartiger seelischer Impulse. Die einen, die »Lebensimpulse« *[mouvements de vie]*, sind hierarchisch geordnet und auf Organisation gerichtet. Die anderen, die »Todesimpulse« *[mouvements de mort]*, zielen auf Desorganisation. Bei jedem Menschen führt die individuelle Entwicklung zu einem je eigenen Fixierungs- und Regressionssystem, das mal mehr, mal weniger in der Lage ist, dem Sog der Desorganisation Widerstand zu leisten. Im Allgemeinen gehen schwerwiegende Somatisierungen auf ein Versagen dieser Abwehrsysteme zurück.

Michel Fain legt in seinen Arbeiten den Hauptakzent auf die Unfertigkeit der ödipalen Struktur des Kindes, das später eine somatische Affektion durchmacht, weil seine frühe Beziehung zu Mutter und Vater von traumatischen Konstellationen beherrscht war. Deshalb ist ihm für einige Zeit der Weg zur halluzinatorischen Wunscherfüllung versperrt, und das Ich wird zu früh

---

1 Anm. d. Ü.: Das Adjektiv *opératoire* deckt sich im Deutschen weder direkt mit »operativ« noch mit »operational«. Es partizipiert an dem größeren Bedeutungsumfang des Nomens *opération*, der nicht nur die praktische Verrichtung, sondern auch allgemeiner den geregelten, klar beschreibbaren Prozess oder Ablauf einschließt und in dem das von Pierre Marty und seiner Schule Gemeinte eher Platz findet. Unter diesem Vorbehalt entscheide ich mich für die Übersetzung »operational verengt«. *Pensée opératoire* steht für ein auf Wahrnehmung und Nachvollzug des bloß Faktischen, also äußerer Vorgänge und Sachverhalte, reduziertes Denken, das gegen die gesamte psychische Realität und damit gegen jegliche psychische Verarbeitung innerer Vorgänge abgedichtet ist oder, anders gesagt, alles neutralisiert, was von innen kommt. Das Attribut *opératoire* verwendet die Pariser Schule in den unterschiedlichsten Kombinationen, im vorliegenden Text zusammen mit *fonctionnement* (Funktionsmodus), *vie* (Leben) und *défense* (Abwehr).

als autonomes organisiert. Der Zustand der Triebentbindung schafft so die Grundlage für Somatisierungen, die sich dann als entstelltes Triebschicksal deuten lassen. Michel de M'Uzan unterscheidet zwischen psycho-funktionalen Störungen und organischen Krankheiten. Während die Ersteren mit einem Regressionsvorgang zusammenhängen, entstehen die Letzteren aus einem speziellen psychischen Funktionsmodus. Kennzeichnend für diesen ist ebenso sehr ein Mangel an Phantasieleben wie ein operational verengtes Denken und eine besondere Form der Objektbeziehung, bei der der Andere als eine mit dem Subjekt identische Person erlebt wird, die Beziehung sich also über den Mechanismus der projektiven Verdoppelung herstellt. Ein solcher Funktionsmodus ist das Ergebnis einer libidinösen Dequalifizierung psychischer Energie. Zunächst sah Michel de M'Uzan in ihm eine echte psychosomatische Struktur. Später kam er zu dem Schluss, dass es bei jedem Individuum eine Vielzahl solcher psychischen Arbeitsweisen gibt, unter ihnen der operational verengte Funktionsmodus *[fonctionnement opératoire]*. Je nach seinen Lebensumständen gibt der Einzelne diesem oder jenem der zur Verfügung stehenden Modi den Vorzug, um sich so gut wie möglich an eine Situation anzupassen.

Ein heutiger Ansatz in psychosomatischer Theorie und klinischer Praxis

Anders als die Medizin, die den Kranken von seiner Krankheit her in den Blick nimmt, beginnt der psychoanalytische Ansatz der Pariser Schule mit der Suche nach einem Somatisierungsprozess im Seelenleben des Patienten. Die psychoanalytisch orientierte psychosomatische Praxis richtet ihr Augenmerk auf die Übertragungs-Gegenübertragungs-Beziehung zum körperlich erkrankten Patienten. Somatisieren besteht in einer Kette psychischer Ereignisse, die der Entstehung einer somatischen Affektion den Weg bereitet. Gemeinhin unterscheidet man zwei Arten dieses Prozesses: Somatisieren via Regression und Somatisieren via Triebentbindung. Beide seelischen Vorgänge unterscheiden sich durch die Qualität der psychischen Bewältigung *[mentalisation]*[2], auf deren Grundlage sie sich entwickeln (Aisenstein 2006).

---

2 Anm. d. Ü.: Der in der Pariser Schule geläufige Begriff *mentalisation* lässt sich nicht als »Mentalisierung« oder »Mentalisieren« übersetzen, weil diese deutschen Termini bereits durch eine andere Bedeutung besetzt sind. Mit ihnen wird, in der Nachfolge Fonagys, die Fähigkeit bezeichnet, eigene und fremde psychische Zustände gedanklich zu erfassen und sprachlich

Der Begriff *mentalisation* gehört zum Vokabular der Pariser Psychosomatischen Schule und umfasst den gesamten Bereich psychischer Verarbeitung *[élaboration psychique]*. Insbesondere meint er die Vorstellungs- und Phantasietätigkeit des Individuums. Mit Blick auf die erste Freud'sche Topik handelt es sich um die Arbeit des Vorbewussten, und daher ist das Qualitätsurteil über die psychische Bewältigung fast dasselbe wie ein entsprechendes Urteil über das Vorbewusste. Pierre Marty zufolge lässt sich der Wert der psychischen Bewältigung mittels dreier »Achsen« bestimmen, nämlich durch ihre Tiefendimension *[épaisseur]*, Beweglichkeit *[fluidité]* und Stetigkeit *[permanence]*. Bei der ersten Achse geht es um die Anzahl der im Laufe der individuellen Lebensgeschichte akkumulierten und stratifizierten Vorstellungsschichten. Bei der zweiten geht es um die Qualität der Vorstellungen und ihre Zirkulation. Die letzte der drei Achsen gibt darüber Auskunft, ob der Einzelne jederzeit auf alle Vorstellungsebenen zugreifen kann. Diese drei Kriterien muss man um ein viertes ergänzen: die Herrschaft des Lust-Unlust-Prinzips über das Phantasieren.

Somatisieren via Regression

Dieser Prozess führt normalerweise zu gutartigen und reversiblen Erkrankungen wie etwa Asthma, Kopf- oder Rückenschmerzen, Geschwüren, Dickdarmentzündung oder Bluthochdruck. Häufig kehren solche Somatisierungen bei ein und demselben Individuum in derselben Form wieder.

Somatisieren via Regression tritt in aller Regel bei Personen auf, deren psychisches Geschehen eine neurotisch-normale Organisation aufweist. Im Allgemeinen verfügen sie über eine zufriedenstellende oder kaum beeinträchtigte psychische Bewältigung. Bei ihnen kommt es immer dann zu Somatisierungen, wenn die psychische Arbeitsweise jenen Schwankungen unterliegt, die Pierre Marty als *Unregelmäßigkeit im seelischen Geschehen* bezeichnet.

---

zu kommunizieren oder zur Deutung von Verhaltensweisen heranzuziehen. Die Pariser Psychosomatiker hingegen definieren *mentalisation* – im Umfeld der von Freud so genannten »psychischen Verarbeitung« – als Bewältigungsarbeit mit ausschließlich psychischen Mitteln und auf psychischem Gebiet, insbesondere durch vorbewusste Repräsentationsprozesse wie etwa Vorstellen und Phantasieren. Sie steht also für die eigentliche psychische Aktivität, die unter bestimmten pathologischen Bedingungen weitgehend oder ganz ausfallen und durch andere Bewältigungsformen wie Verhalten, Aktion oder Somatisieren ersetzt werden kann. So gelten etwa Patienten, bei denen das Psychische kaum oder nicht aktiviert wird, als *mal mentalisés* [etwa: mit unzureichender psychischer Bewältigung].

Der so benannte Sachverhalt spielt in unseren Augen eine besonders wichtige Rolle. Es finden kaum merkliche – wiederkehrende und reversible – Veränderungen im psychischen Funktionssystem statt, die eine vorübergehende Umbildung der psychischen Ökonomie mit sich bringen. Die Unregelmäßigkeit wirkt sich in erster Linie auf die Arbeitsweise des Vorbewussten aus, denn sie verändert den möglichen Zugang zu allen Vorstellungsschichten. Gleichzeitig kommt hinzu, dass die im Laufe des seelischen Geschehens aufgetretenen Verdrängungsvorgänge das Gleichgewicht und die Abwehrstrategien des Ichs verändern. Solche Schwankungen können sich in Gestalt von Charakterzügen, Verhaltensweisen oder harmlosen Somatisierungen äußern. In diesen Fällen sieht sich die Libido genötigt, auf ihre somatischen Quellen zu regredieren. Verantwortlich für derlei Schwankungen machen wir die Überlastung der Psyche, die außerstande ist, die Erregungen zu verarbeiten. Die hieraus resultierende libidinöse Überbesetzung der Organfunktion kann zu einer somatischen Störung führen. Das erinnert ein wenig an die von Freud so genannte »Libidostauung im Ich« bei der Hypochondrie (Freud 1914c, S. 151). In derselben Schrift ist überdies die Rede vom narzisstischen Zurückziehen der Libido auf das Ich während einer körperlichen Krankheit (ebd., S. 148f.). In den uns interessierenden Fällen kann das Zurückziehen der Libido zur Überbesetzung einer Organfunktion führen. Somatisieren via Regression ist ein Mittel, mit dem sich die Überlastung des Seelenlebens vorübergehend reduzieren lässt.

Somatisieren via Triebentbindung

Nach unserer Überzeugung endet dieser psychische Prozess für gewöhnlich in einer fortschreitenden schweren Erkrankung, die zum Tod führen kann. Typische Beispiele sind Autoimmunkrankheiten oder Krebs. Wir haben beobachtet, dass in all diesen Fällen ein narzisstischer Verlust vorliegt, der zu einer vorübergehenden oder dauerhaften Störung der psychischen Bewältigung führen kann. Betroffen sind entweder Personen mit nicht-neurotischer Ich-Organisation oder solche mit psychischen Traumata, die tiefgehende, in früher Kindheit zugefügte narzisstische Wunden wieder aufreißen. Der narzisstische Verlust führt zu einem Zustand der Triebentbindung, der das psychosomatische Gleichgewicht des Subjekts verändert. Interessant ist, dass sich dabei, wie man beobachten kann, zunächst die psychopathologischen und dann erst die oben erwähnten physiopathologischen Veränderungen herausbilden. Auf der psychischen Ebene stellen sich Symptome ein, die wir unter dem Titel »operational verengtes Leben« *[vie opératoire]* zusammenfassen: nämlich eine bestimmte Art der Depression, die Marty zunächst »objektlose Depression« und später »Depression an sich« *[dépression essentielle]*[3] genannt hat, sowie eine bestimmte Art des Denkens: das oben erwähnte, operational verengte Denken (vgl. Smadja 2001).

Was *Depression an sich* heißt, hat Marty erstmals im Jahr 1966 (Marty 1968) beschrieben. Gekennzeichnet ist sie durch allgemeine Herabsetzung des Lebenstonus *[tonus de vie]* ohne jeden ökonomischen Ausgleich, daher die Qualifizierung »an sich« oder im Französischen »essentielle« [wesentlich, das heißt: reduziert aufs Wesentliche, auf ihren Wesenskern]. Dieser Begriff verweist auf die Husserl'sche Philosophie und soll soviel zum Ausdruck bringen wie »definiert durch nichts anderes als sich selbst«. Die Depression an sich kennt weder Traurigkeit noch Schuldgefühle oder die Selbstvorwürfe der Melancholie. Sie ist schwer zu diagnostizieren, gerade weil bei ihr alle klassischen Symptome fehlen. Die Patienten beschreiben sich als »leer«; weder träumen noch begehren noch klagen sie. Metapsychologisch gesehen, zeugt diese Depression von einem doppelten libidinösen Verlust, sowohl nach der narzisstischen als auch nach der Objekt-Seite. In unseren Augen ist sie die Spur, welche die Triebentmischung samt der daraus folgenden Freisetzung des Todestriebes hinterlässt.

André Green hat die »Depression an sich« als »weiße [oder inhaltslose] Depression« *[dépression blanche]* bezeichnet, weil die betroffenen Patienten in Abrede stellen, dass sie trauern oder irgendetwas beziehungsweise irgendjemanden vermissen; vielmehr fühlen sie sich »einfach leer«. Auf diesem klinischen Gebiet spielt die Regression – oder besser: die Unfähigkeit zu regredieren – eine zentrale Rolle. Weder leiden die Patienten, noch trauern sie, und daher gelingt es ihnen nicht zu regredieren; zum Beispiel hören sie nie auf zu arbeiten und nehmen auch nicht zur Kenntnis, dass sie erschöpft sind. Hier gibt es kein schützendes Überich, sondern nur ein despotisches Idealich. Wenn der Weg der Regression versperrt ist, kommt es zu einer Entbindung

---

3 Anm. d. Ü.: Für *dépression essentielle*, so wie die Pariser Schule sie versteht, gibt es im Deutschen keine wörtliche Entsprechung. Marty definiert sie als eine auf ihr »Wesen« reduzierte, um die bekannten symptomatischen Erscheinungsformen gekürzte Depression, die in nichts Anderem besteht als im Absinken des Libidotonus ohne jede ökonomische Kompensation. Im deutschen Adjektiv »wesentlich« wird diese reduktive Auffassung, die allein den Rückgriff auf Husserl (und dessen »Sachen selbst«) rechtfertigen kann, zu stark von anderen Bedeutungsnuancen überlagert.

der Triebe, die in Desorganisation mündet. Die Letztere kann ebenso sehr die Psyche wie das Soma betreffen.

Erwähnt sei hier, dass Peter E. Sifneos (vgl. 1995, S. 30) Anfang der sechziger Jahre in den Vereinigten Staaten den Begriff der »Alexithymie« – ein griechisches Kunstwort für »Gefühlsblindheit«, wörtlich: »Nicht-Lesen-Können von Gefühlen« – eingeführt hat. Sifneos unterscheidet zwischen primärer, mit neurobiologischen Störungen zusammenhängender Alexithymie und sekundärer Alexithymie, die er als traumatische Gefühlslähmung umschreibt. Seine Darstellung der sekundären Alexithymie erinnert an die frühe Beschreibung des operational verengten Denkens, das als Charakteristikum einiger schwerer Krankheitsfälle in den Blick gerückt war. Die Pariser Schule hat diesen Begriff später durch den umfassenderen – nämlich das operational verengte Leben – ersetzt, um dem Einwand zu begegnen, beim betreffenden Phänomen gehe es gar nicht um »Denken«, sondern vielmehr um »Anti-Denken«, und wir würden hinzusetzen: um eine (freilich aufwendige) Überlebensstrategie. Heute sprechen wir lieber von einem operational verengten Funktionsmodus, der nach unserer Überzeugung nichts anderes ist als ein traumatischer Funktionsmodus. Begleitet wird er von einer starken Besetzung der Sinnesorgane. Die Patienten können in aller Länge und Breite und in allen Einzelheiten beschreiben, was sie wahrgenommen haben. Wir sehen darin eine rigorose Abwehrmaßnahme gegen jede Berührung mit ihrer Innenwelt.

Der *operational verengte Funktionsmodus* kennt nur Sachverhalte und keine Metaphorik oder Bildlichkeit. Die Sprache der betroffenen Patienten ist abgedichtet gegen jedes Phantasieren oder Symbolisieren. Im Grunde geht es hier um Nicht-Denken, denn es gibt keinerlei Verbindung zur Triebquelle. Eine solche Faktenbeschreibung schließt jede psychische Repräsentanz eben dieser Fakten aus. Die entsprechende Redeweise ist nicht zwanghaft und daher unterschieden vom Zwangsdenken. Wie oben gezeigt, hat die Überbesetzung der Wahrnehmung, die sich der operational verengte Funktionsmodus zunutze macht, den Zweck, das Subjekt vor den Folgen einer Schwächung seines halluzinatorischen Lebens und vor der dadurch verursachten traumatischen Hilflosigkeit seines psychischen Apparates zu bewahren. Der operational verengte Funktionsmodus steht in der Regel für ein ungesichertes, labiles psychosomatisches Gleichgewicht und kann chronische Form annehmen. Tut er dies tatsächlich, so kommt es oftmals zu einem Qualitätsverlust des Überichs und zu dessen Ersetzung durch ein mächtiges Idealisierungssystem, durch das von Pierre Marty beschriebene »*Idealich« [Moi-idéal]*. Freud hat 1921 in *Massenpsychologie und Ich-Analyse* dargestellt, wie das Überich regrediert und durch das Idealich ersetzt wird, weil die Massensituation wahrscheinlich eine übergroße Reiz- beziehungsweise Erregungsmenge mit sich bringt. Unsere eigene Hypothese geht von dem Gedanken aus, dass ein bestimmtes Quantum nicht mehr zu bewältigender traumatischer Erregung die Ich-Organisation zersetzt und den Weg frei macht für eine Regression des Überichs auf ein Ideal narzisstischer Allmacht – auf Martys Idealich.

Dieses Idealich ist eine Extremform jenes anderen, das Freud beschrieben hat. Gekennzeichnet ist es durch seine Maßlosigkeit, es basiert auf den unersättlichen Ansprüchen, die das Subjekt mit seinen Idealwerten verbindet. Offenbar geht dieses Idealich mit einer rigorosen Ablehnung von Passivität und jeglicher Regressionsneigung einher. Es arbeitet gegen das schützende Überich. Dabei bringt sich das Subjekt doppelt in Gefahr: sowohl auf der psychischen als auch auf der somatischen Ebene.

Wir möchten diese Begriffsdefinitionen mit dem Hinweis abschließen, dass die Frage, welches Ausmaß das operational verengte Leben der Patienten erreicht, von der Qualität ihres unmittelbaren Umfeldes und insbesondere von der Organisation eines geeigneten Settings in der psychoanalytischen Therapie abhängt.

Weitere Überlegungen zur Pariser Schule

Wir haben versucht darzulegen, dass die von der Pariser Schule praktizierte psychoanalytische Psychosomatik ihre Wurzeln in der Psychoanalyse und speziell in den wenigen klinischen Bemerkungen hat, die man im zweiten Teil des Freud'schen Werkes findet.

Organische Leiden waren lange Zeit von der Psychoanalyse als Therapie ausgeschlossen. Wenn ein Patient, der an Krebs litt, gleichzeitig eine Analyse machen wollte, erhielt er oft die Standardantwort: »Lassen Sie sich medizinisch behandeln, und kommen Sie dann zu mir.« Manche Kollegen blieben beim Setting der analytischen Kur, betrachteten die somatische Krankheit aber als ein »anderes« Gebiet.

Doch Pierre Marty und seine Mitarbeiter gelangten, wie oben erwähnt, zu der Überzeugung, dass kranke Patienten, die sie als praktische Ärzte, Chirurgen, Gastroenterologen etc. behandelten, auch unter psychoanalytischen Gesichtspunkten untersucht werden sollten. Ihnen fiel auf, dass diese Patienten weder Ansprüche äußerten noch Angst empfanden, und dass die meisten der stationär Aufgenommenen einsichtig und rational wirkten – irgendwie unemotional, als wäre ihr Affektleben entweder erstarrt oder verdrängt (Aisenstein 1993, 2008).

In den Anfangsjahren der Pariser Schule entwickelten Pierre Marty, Michel de M'Uzan, Christian David und Michel Fain eine psychosomatische Theorie und publizierten ihre Erkenntnisse (Marty 1980; Marty et al. 1963). Im Jahr 1968 erhielten sie vom französischen Gesundheitsministerium die Erlaubnis, das *Institut de psychosomatique* (IPSO) zu eröffnen, das heute auch unter dem Namen *Hôpital Pierre Marty* bekannt ist. Es umfasst eine Tagesklinik, in der etwa 50 Psychoanalytiker arbeiten, sowie ein Forschungs- und Ausbildungszentrum. Die Patienten werden von Ärzten überwiesen, die auch weiter für die medizinische Behandlung zuständig sind. Die klinische Arbeit am IPSO ist rein psychoanalytisch orientiert (Therapie im Sitzen oder auf der Couch) und kostenlos, da die Patienten ihre Kosten von der Krankenkasse erstattet bekommen.

Nach dem theoretischen Modell der Pariser Schule stammen die Triebe aus körperlichen Reizquellen. Ihre Funktion besteht darin, mit der durch die Letzteren geschaffenen Spannung fertig zu werden. Ist die gesamte Reizmenge auf Dauer zu groß, kommt es zur Desorganisation der Funktionssysteme und zur Überlastung des seelischen Apparates, sodass nur der Weg der Somatisierung bleibt. Begriffe wie Desorganisation, Fixierung und Regression spielen daher eine zentrale Rolle für diese dicht gewobene und komplexe Theorie, die sich nur schwer in wenigen Worten zusammenfassen lässt.

Es gibt die verschiedensten Möglichkeiten, wie die psychische Strukturbildung aufgrund eines frühkindlichen, vielleicht schon vor dem Spracherwerb erlebten Traumas scheitern kann. In all diesen Fällen springen Charakterzüge oder die Bindung an narzisstische Werte für rein psychische Abwehrmechanismen ein. Dabei kommt es häufig zum Rekurs auf eine somatische Lösung, etwa beim Acting-out der Borderline-Patienten, und so wird jegliche psychische Verarbeitung abgewürgt. Was dann eintritt, haben einige Autoren »Acting-in im Innern des Körpers« genannt.

Wir sehen uns hier vor einem neuen Gebiet, das dem Analytiker mehr Handlungsspielraum verschafft, zugleich aber mitunter nach anderen technischen Parametern verlangt. Im Anschluss an Winnicott würden wir sagen, dass zur Praxis der Psychoanalyse neben der Psychotherapie auch alle Veränderungen an ihr gehören, die für die psychische Organisation eines Patienten erforderlich sind.

Die heutige Ausdehnung der psychoanalytischen Methode nicht nur auf »nicht-neurotische« Borderline-Patienten und Psychotiker, sondern ebenso sehr auf körperlich Kranke zeigt, dass sich das Standardmodell oft gar nicht unverändert in unserer Alltagspraxis anwenden lässt (Aisenstein/Smadja 2001).

Änderungen am Setting oder an der Deutungstechnik bilden mitnichten ein auf die Aushebelung der Übertragung zielendes Abrücken von der strengen psychoanalytischen Praxis. Überdies gilt, dass die Handhabung dieser schwierigen Therapien lange Erfahrung mit klassischer Psychoanalyse voraussetzt. Wenn man flexibel mit einem bestimmten Modell umgehen soll, muss man es sich zunächst vollständig angeeignet haben.

Bei der Behandlung der genannten Fälle im psychoanalytischen Setting müssen zahlreiche technische Überlegungen angestellt werden. Oftmals empfehlen sich Therapiestunden im Sitzen, denn sie erleichtern die Anpassung an den Affektzustand des Patienten. Der Analytiker darf nicht vergessen, dass die Patienten nicht immer aus eigenem Antrieb kommen, sondern häufig von Fachärzten überwiesen werden, die eine psychoanalytische Behandlung »verordnen«. Man muss sich auf sie einlassen. Besonders wichtig ist, dass der Analytiker ihnen am Anfang Mut macht und permanent darauf achtet, wie sich ihr psychisches Geschehen verändert.

Die Deutungsarbeit kann durch einen Ausfall des sekundären Narzissmus und durch mangelnde Mitwirkung des Patienten bei der Behandlung erschwert werden. Andererseits ist denkbar, dass die Assoziationstechniken verschiedene Themen erschließen und ein »Gespräch« entstehen lassen. Totales Schweigen kommt bei diesen Patienten nicht infrage. Den Begriff »Gespräch« benutzen wir ganz bewusst, denn nach unserer Ansicht gibt es bei jeder psychoanalytischen Therapie dieser Art einen Ansatz, den wir als »Gesprächskunst« bezeichnen würden. Um im Patienten das Interesse am Denkprozess zu wecken, muss man mit ihm zusammen denken und ihn in den Prozess einbeziehen. Wir würden sogar von einer Art »Verführung« sprechen, die dem Patienten zu der Erkenntnis verhilft, dass es niemanden gibt, der »nichts zu sagen« hat, dass es kein Leben ohne seine Geschichte und keine Geschichte ohne ihre Wörter, ihren Inhaltsreichtum, ihren Kummer gibt. Es muss alles getan werden, um die Arbeit des Vorbewussten zu unterstützen und anzuregen und den Patienten zur Seite zu stehen, damit sie die Freude am Aufbau emotionaler Erfahrung via Sprache entdecken und teilen können.

Zwei Gemeinschaftsprojekte des IPSO mit einem Krebszentrum

Das erste Forschungsprojekt, zu dem sich der Onkologe Prof. Claude Jasmin vom *Institut Gustave Roussy* (IGR), die Epidemiologin Monique Lê (Leiterin des Forschungsbereichs Krebsepidemiologie am INSERM[4]) und das IPSO zusammengefunden haben, lief von September 1984 bis April 1988. Die Ergebnisse erschienen 1990 unter dem Titel »Facteurs psychologiques et risque du cancer du sein. Résultats d'une étude cas-témoins« (Jasmin et al. 1990) in der *Revue française de psychosomatique*; dort findet man detaillierte Informationen. Das Projekt war eine Doppelblindstudie, die herausfinden sollte, welche Beziehung es zwischen der psychischen Grundstruktur der Patientinnen und ihrem Brustkrebsrisiko gibt. Die psychische Struktur ermittelte man mithilfe einer dynamischen Bewertung der Persönlichkeit der Patientin. Dazu wurde ein längeres psychoanalytisches Interview durchgeführt, in dessen Verlauf der Psychosomatiker den typischen seelischen Funktionsmodus bestimmte, indem er sich neben der Lebensgeschichte der Patientin auch Merkmale wie Sprachstruktur, frühere und aktuelle Symptome, psychische Abwehrmechanismen, Grad der Angstentwicklung, Stärke der Depression, unbearbeitete Trauer und dergleichen anschaute.

Die Patientinnen wurden zunächst einem »psychosomatischen Assessment« und anschließend einem Diagnoseverfahren unterzogen. Auf die Begutachtung folgten die histologischen und zytologischen Untersuchungen, die eine präzise Diagnose des Tumors gestatteten. Im Rahmen der kontrollierten Fallstudie waren die an Brustkrebs erkrankten Frauen die »Fälle« und die Frauen mit gutartigen Tumoren die »Kontrollgruppe«. Sämtliche Frauen hatten einen oder mehrere tastbare Tumore in der Brust.

Im Versuchsprotokoll war festgelegt, dass die Frauen zwischen 40 und 58 Jahre alt sein, die französische Staatsangehörigkeit besitzen oder seit mindestens zehn Jahren in Frankreich leben und des Französischen mächtig sein sollten. Zu Beginn hatten wir mit 240 Versuchspersonen gerechnet. Unsere folgende Statistik zeigt aber, wie schwierig diese Art der Forschung ist. Von 2.298 Patientinnen mussten 1.640 sofort ausgeschlossen werden, weil sie entweder zu jung oder zu alt waren oder ein Rezidiv hatten. Später wurden weitere 180 Frauen aus diversen Gründen (etwa wegen fehlender Zustimmung oder geografischer Entfernung) ausgesondert. Es blieben 122 Patientinnen, die für die Studie in Frage kamen. Diese Zahl schrumpfte, nachdem wir Terminabsagen am IPSO und dergleichen berücksichtigt hatten, auf 77 Frauen. Unter ihnen waren 19 Patientinnen, bei denen die histologische Untersuchung die Krebsdiagnose erhärtete; die übrigen 58 hatten gutartige Brusterkrankungen.

---

4 Anm. d. Ü.: INSERM = *Institut national de la santé et de la recherche médicale* [Staatliches Institut für Gesundheitsfragen und medizinische Forschung].

Die Ergebnisse der Studie bestätigten die Korrelation zwischen psychischer Grundstruktur und dem Brustkrebsrisiko. Bei Patientinnen, denen die Psychosomatiker eine »gut organisierte neurotische Struktur« attestierten, wurde kein Krebs diagnostiziert.

Die zweite Untersuchung ist eine Längsschnittstudie. Die im Folgenden vorgestellten Patientinnen gehörten zu dieser auf zehn Jahre angelegten Erhebung. Sie wurden von den Psychosomatikern interviewt, nachdem sie ihre Krebsdiagnose erhalten hatten; sie konnten also traumatisiert sein. Die psychosomatische Beurteilung galt der Fähigkeit der Patientinnen, sich im Verlauf ihrer Krankheit und während der ärztlichen Behandlung psychisch zu reorganisieren. Einigen Frauen bot man eine psychoanalytische Therapie oder hier und da eine in der Klinik durchgeführte Analyse an, aber bei einem jeweils anderen Psychoanalytiker. Die beiden hier geschilderten Fälle sollen ein Beispiel für unsere Arbeit am Pariser *Institut de psychosomatique* sein.[5]

Eine psychosomatische Untersuchung

Die Termine mit den zwei Patientinnen fanden im Rahmen dieses letzteren Forschungsprojekts statt, das ebenfalls gemeinsam vom IPSO, dem *Institut Gustave Roussy* und dem Forschungsbereich Krebsepidemiologie durchgeführt wird. Beide litten an Brustkrebs und wurden interviewt, nachdem sie unmittelbar zuvor ihre Diagnose erhalten hatten. Noch vor dem Beginn einer ärztlichen Behandlung sollten wir eine Bewertung vornehmen, insbesondere zu der Frage, inwieweit die Patientinnen psychisch in der Lage waren, gesund zu werden. Diese Untersuchungen zielten nicht auf die psychische Ätiologie des Krebses; vielmehr sollten sie helfen zu beurteilen, welche Leistung vom psychischen Gesundungsprozess zu erwarten war.

Die erste Patientin wurde von Marilia Aisenstein, die zweite von Claude Smadja interviewt.[6]

---

5 Ein neueres Heft (Nr. 31) der vom IPSO publizierten Zeitschrift *Revue française de psychosomatique* ist dem Thema »Brüste« (»Les seins«) gewidmet. In einigen Artikeln werden die psychoaffektive Ätiologie von Brustkrebs (Smadja 2007) und seine psychoaffektiven Folgeerscheinungen (Brullmann 2007) erörtert.

6 Anm. d. Ü.: Entgegen der Ankündigung stellt Claude Smadja nicht das Interview selbst, sondern klinisches Material aus der Behandlung seiner Patientin vor.

Erster Fall: Madame L

Ich habe Madame L im Frühjahr 2000 gesprochen, schon am nächsten Tag nach der Terminvereinbarung. An der Tür erschienen drei Personen. Ein eher ärmlich gekleideter junger Mann mit einem Papier in der Hand fragte: »Madame A?« Ein wenig hinter ihm stand eine Frau mit ihrer Tochter. Den jungen Mann hielt ich für den Fahrer und bat ihn zu warten.

Die Patientin stellte sich und ihre Tochter vor. Ich zeigte ihnen das Wartezimmer und wandte mich an den jungen Mann, der mir nun sagte, er sei der Ehemann! Ich bat um Verzeihung und schlug ihm vor, auch ins Wartezimmer zu kommen. Er lehnte ab und fragte, wann er sie wieder abholen könne. Das Mädchen blieb im Wartezimmer.

Ich entschuldigte mich sofort bei der Patientin, aber sie sagte: »Das ist kein großes Problem, die beiden vertragen sich nicht.« Dann begann sie zu weinen. Ihre Tochter war 15, wie sie sagte, und der Mann ihr neuer Ehemann, er sei 35 und sie selbst 42 Jahre alt. Sie weinte noch immer und meinte, es sei gut, dass sie herkäme, weil sie »an die Psychosomatik glaube«.

Ihr Krebs trat nach der Scheidung auf, und nach ihrem Gefühl hatte sie »ihn ausgetragen«, während ihr neuer Lebensgefährte sie betrog. Ich fragte, ob sie denselben Mann meinte. »Ja ja, der, den Sie gerade gesehen haben.«

»Ich gehöre in eine Reihe von Frauen – Großmutter, Mutter –, in der das immer wieder passiert ist«, ließ Madame L mich wissen. Ich dachte, sie spreche vom Krebs, aber bei ihren Vorgängerinnen war gar kein Krebsfall aufgetreten; was sie meinte, war eine Familiengeschichte von Scheidung und Unglück. Die Großmutter mütterlicherseits wurde von ihrem Mann verlassen und zog ihre Tochter allein groß. Der Mann ihrer Mutter, also der eigene Vater, ging weg, als sie selbst, Madame L, sieben Jahre alt war. Danach war sie von ihrer Großmutter, die die Enkelin abgöttisch liebte, aufgezogen worden. Ihren Vater sah sie nie wieder, mittlerweile war er gestorben. Geheiratet habe sie sehr jung: »Er war nicht der Richtige.« Damals liebte sie einen anderen Mann, mit dem sie dann eine Affäre hatte. Ihr Mann habe Bescheid gewusst und gesagt, er verzeihe ihr; aber in Gegenwart ihrer Tochter, die zwölf war, als er eine Scheidung wollte, kramte er alles hervor.

Sie konnte ihm nicht verzeihen, dass er sie »mit Dreck beworfen« und gegenüber der Tochter als Prostituierte bezeichnet hatte. Es gab Streit ums Geld, und so sah er seine Tochter überhaupt nicht mehr. Außerdem habe er ja wieder geheiratet, und zwar eine 18 Jahre jüngere Frau. Die Scheidung habe sie sehr gekränkt, aber sie vermisste ihren Mann nicht. Sie fand schnell einen anderen, allerdings »war das genauso kompliziert«, weil er sehr an seinen Eltern hing und noch ganz unter der Fuchtel seiner Mutter stand.

Sie waren zusammen, wenn auch noch nicht verheiratet, als eine Nachbarin ihr erzählte, er habe eine weitere Affäre mit einer jungen Frau. Sie brach die Beziehung ab, aber er klammerte sich an sie und bat sie, ihn zu heiraten; mit der anderen Frau traf er sich nicht mehr.

Zur Zeit des Interviews war er, wie sie sagte, sehr freundlich, hilfsbereit und aufmerksam, und sie war froh, ihn an ihrer Seite zu haben. Er tröstete sie und sagte, er werde sie immer lieben, auch wenn sie keine Haare mehr hätte und man ihr eine Brust abnähme. Tatsächlich war eine Brustamputation geplant. Sie hatte schreckliche Angst, aber nicht vor der Behandlung, sondern davor, nicht wieder gesund zu werden.

Wie Madame L mir berichtete, hatte sie selbst den Krebs durch Tasten entdeckt. Sie fand eine verhärtete Stelle und Knoten in der Haut. Man schickte sie umgehend ins städtische Krankenhaus, wo sie nach der Mitteilung der Diagnose erfuhr, der Krebs sei so gravierend, dass man sie lieber an eine Fachklinik in Paris überweisen wolle.

Von ihrem Krebs sagte Madame L: »Ich hoffe, sie können den ganzen Dreck ausrotten, der mich von innen her zerfrisst, damit sie ES kriegen.«

»ES?«

»Ja, das böse Geschwür«, sagte sie und zeigte mir ihre Brust.

Ich wollte wissen, ob es für sie eine Kränkung ihrer Weiblichkeit und Sexualität sei, wenn der Krebs in der Brust, also in einem erogenen Organ, säße. Die Antwort war, sicher wäre es ihr lieber, er säße im Fuß, aber »wenn's richtig schlimm kommt, denkt man weniger an die Sexualität«.

Anschließend erzählte mir Madame L von ihrer Arbeit, für die sie sich sehr engagierte und die ihr viel Wertschätzung einbrachte. Ihr Studium hatte sie mühelos abgeschlossen und war im Beruf schnell vorwärtsgekommen. »Da stimmt alles.« Als sie vom Studium und von der Oberschule erzählte, sprach sie auch von ihrer Großmutter, die eine lebhafte, kokette, gebildete Frau war. Sie las gern Bücher und nahm sie immer wieder mit ins Theater. Anders als ihre Mutter, die Madame L als kindisch und weinerlich beschrieb, sei die Großmutter eine »richtige Pariserin«.

Madame L hatte Freunde und vor allem Kollegen, die ihr in der ganzen Zeit sehr halfen. Um ihre Tochter R machte sie sich große Sorgen. Als ich bemerkte, sie habe einen hübschen Namen, erwiderte sie, er beziehe sich auf Corneille und eine Heldin der griechischen Antike. Es tue ihr sehr leid, dass ihre Tochter, genau wie sie selbst, Konflikte zwischen den Eltern erlebt habe und vom Vater im Stich gelassen worden sei. »Es ist schrecklich, wenn sich dieselben Geschichten dauernd wiederholen.«

Aus eigenem Antrieb war sie zu einer Psychologin gegangen, hielt diese aber für wenig kompetent. Daher fragte sie nun, ob sie wieder zu mir kommen könne.

Zum Abschluss des Interviews fragte ich, ob sie träume. Ihre Antwort war ungewöhnlich. Ihre nächtlichen Träume seien nicht »interessant«, weil sie Ähnlichkeit mit der Alltagsrealität hätten. Aber dafür träume sie gern im Wachen. In diesen Tagträumen sei sie am besten. Und sie fügte hinzu: »Sehen Sie da Ihre Orchidee? Sie ist wunderschön, und das reicht, um mich in Gang zu bringen. Ich kann Stunden davor sitzen und träumen.«

ERÖRTERUNG

Madame L war außer sich vor Angst, als man den Krebs bei ihr diagnostizierte. Zur Zeit unseres Gespräches befand sie sich daher in einem Zustand traumatischer psychischer Desorganisation. Gleichwohl war es weder zu einem operational verengten Abwehrmechanismus *[défense opératoire]* mit einer Erstarrung der Affekte noch zur Verleugnung (vom narzisstischen Typus) gekommen. Sie besaß eine neurotische Organisation, höchstwahrscheinlich verbunden mit signifikanten Unregelmäßigkeiten im seelischen Funktionsablauf. Seit ihrer Kindheit hatte sie, wie sie erwähnte, eine Anlage zur Depression. Aber sie verfügte über zufriedenstellende soziale, berufliche und kulturelle Besetzungen. Ein besonders interessanter Augenblick in ihrem Interview war, als sie berichtete, wie »sich das Unglück durch die Familie zieht«, was sie in Zusammenhang mit erblichem Krebs brachte. Ihre Sprache war nuancenreich und assoziativ. Wahrscheinlich war sie nach der Trennung von ihrem Mann, die sie als Verlassenwerden erlebte, obgleich sie selbst den Anlass dafür geliefert hatte, schwer depressiv geworden. Wie man sich vorstellen kann, rutschte sie damals in eine vermutlich mit Triebentbindung einhergehende »Depression an sich« ab. Ein Idealich konnte ich nicht ausfindig machen, und ihre Fähigkeit zur Regression fand ich sehr zufriedenstellend: Nach ihren Worten hätte sie stundenlang vor der Orchidee sitzen und träumen können. Diese Antwort war, wie mir schien, ein sicherer Hinweis darauf, dass die Patientin über differenzierte einzelne Funktionsebenen verfügte. Sie wollte verstehen und leben und hoffte auf eine ernsthafte seelische Änderung. Ich war also optimistisch und überzeugt, dass sie imstande sein würde, die Behandlung anzunehmen und sich die Erfahrung einer reorganisierenden Regression zuzugestehen. Nach meiner Ansicht würde die analytische Psychotherapie, die sie sich wünscht, oder gar eine klassische Analyse ihren Heilungsprozess unterstützen können. Es ist schwer, in einem einzigen Gespräch die Übertragung zu beurteilen, aber mich überzeugte nicht nur der Umstand, dass sie mich und die gesamte Beratungssituation besetzen konnte, sondern auch ihre Fähigkeit zur Verschiebung.

Zweiter Fall: Madame C

Beim hier vorgestellten klinischen Material geht es um eine analytische Psychotherapie im Sitzen mit einer Patientin, die an Brustkrebs litt. Nach einer psychosomatischen Untersuchung habe ich am *Hôpital Pierre Marty* ihre Therapie übernommen.

Madame C war 35 Jahre alt. Erst vor Kurzem hatte sie Krebs in der linken Brust entdeckt. Sie wurde operiert und erhielt mehrere Monate lang Chemotherapie. Beim Reden blieb sie an den Fakten kleben, insbesondere an allem, was mit der medizinischen Behandlung zu tun hatte; sie sprach in einem völlig rationalen Ton und äußerte keinerlei Angst um ihr Leben. Lebensbedrohlich oder Angst auslösend schien vielmehr etwas anderes. Etwa sechs Monate vor ihrer Entdeckung des Krebses hatte sie eine ganz andere Entdeckung gemacht: dass nämlich ihr Mann ihr untreu geworden war. Sie hatte zwei Kinder, für die sie das Sorgerecht besaß, und arbeitete als Anwältin in einer Kanzlei. Als ich sie bat, mir von sich und ihrer Lebensgeschichte zu erzählen, war die Antwort enttäuschend, weil alles völlig nichtssagend blieb: Im Grunde erzählte sie mir nicht das Geringste, ganz so, als sollten ihre Kindheit und ihr Familienleben eben nichtssagend bleiben. Das war unser erstes Zusammentreffen. Monatelang, als sie sich noch in der ersten Behandlungsphase befand, war sie in euphorischer Stimmung und hatte zwei sexuell befriedigende Liebesaffären nacheinander. Hocherfreut genoss sie ihre neue Freiheit als Frau. Von ihrer Krankheit war keine Rede mehr.

Madame C ist eine junge Frau, die ihren Brustkrebs kurz nach einem traumatischen Ereignis in ihrem Affektleben entdeckte.[7] *Ganz deutlich zu beobachten war eine operational verengte Abwehr, die jedes Risiko eines Zusammenbruchs fernhalten sollte. Der paradoxe Charakter ihrer Euphorie*

---

7 Die in der weiteren Darstellung verwendete Kursivschrift soll die Gedanken des Analytikers vom eigentlichen Fallbericht abheben.

wies darauf hin, dass ein Zustand psychischer Leere vorausgegangen war, und erklärte sich durch den Umstand, dass ihr Krebs aus ökonomischen Gründen einen Wert als Objekt erhielt.

Die euphorische Phase ging bald zu Ende. An ihre Stelle trat ein Zustand katastrophischer Angst, die sich, vor dem Hintergrund einer extensiven und intensiven »Depression an sich«, regelmäßig in Krisen äußerte. Madame C sprach nicht mehr über ihren Krebs, sodass sie schließlich annehmen konnte, sie habe ihn vergessen. Unentwegt wurde sie hingegen überwältigt von einem heftigen, verheerenden seelischen Schmerz, der dem Kollaps des Familienzusammenhalts galt. Dieser Kollaps, der auf die Trennung von ihrem Mann folgte, bedeutete für sie mit Sicherheit keinen traumatischen Dauerzustand, denn weder litt sie unter dem Verlust ihres Mannes, noch bedauerte sie ihn. Das Zerbrechen der Familienstruktur stellte selbst jenen unerträglichen Verlust dar, der ihr Schmerzen bereitete und sie wie vernichtet zurückließ. In jeder Sitzung und pausenlos durch Monate hindurch beschrieb Madame C ihren Schmerz mit immer denselben Worten, insbesondere aber betonte sie, wie wenig sie verstünde, warum er so maßlos sei. In dem Familiengeschehen, das sie gerade durchlebt habe, könne sie nichts Außergewöhnliches sehen, das einen so scharfen Schmerz rechtfertige, und auch ihre Kindheitsgeschichte wollte sie ausschließlich als nichtssagend, unauffällig und in keiner Weise beunruhigend verstanden wissen. Sie litt permanent unter einem Zustand des Nicht-Bedeutens.

Nach der euphorischen Zwischenphase stand Madame C urplötzlich wieder am Anfang, das heißt beim ursprünglichen traumatischen Ereignis, dem Zusammenbruch der Familieneinheit mitsamt seinen unmittelbaren psychischen Konsequenzen: der Schädigung der narzisstischen Organisation und der Depression an sich. Im Grunde war die euphorische Zwischenphase nichts anderes als die somatische Zwischenphase. In ökonomischer Hinsicht wirkte ihr Krebs wie eine Ablenkung vom Kontinuum des psychischen Prozesses. Und tatsächlich steckte Madame C, als die euphorische Zwischenphase zu Ende war, tief in der psychischen, durch das Trauma der Trennung von ihrem Ehemann zum Vorschein gebrachten Krankheit, die mit der Ausbildung ihres Narzissmus zusammenhing und ihre Wurzeln in frühester Kindheit hatte. Schon vor der Krebsdiagnose war sie psychisch krank, und diese Krankheit gehörte zu den unverzichtbaren Bedingungen für das Auftreten des Krebses.

Ich meinerseits gab mich nicht geschlagen, und nach und nach lösten sich die Nebelwände auf, hinter denen sie ihre Geschichte verbarg, damit nichts in Bewegung kam, und nun traten affektiv getönte, durch Kindheitserinnerungen gestützte Schattenbereiche hervor. Als Madame C mir im ersten Monat der analytischen Behandlung von ihrer Kindheit erzählte, entwarf sie das Bild eines glücklichen kleinen Mädchens ohne Probleme in einer zur Einheit zusammengeschlossenen Familie. Zwei Jahre später kam ihr die Erinnerung, dass sie sich als kleines Mädchen allein gefühlt und ständig gelangweilt hatte. Im Laufe der Sitzungen gelang die Rekonstruktion einer frühkindlichen Geschichte, die zentriert war um eine infantile Depression, eine Depression an sich, die der latenten Depression den Weg bereitete.

Die im Laufe des analytischen Prozesses geleistete Umbildung ihrer Kindheitsgeschichte von »Ich war ein glückliches kleines Mädchen ohne Probleme« zu »Ich war ein einsames kleines Kind, das sich ständig langweilte«, konnte nur unter der Voraussetzung gelingen, dass die neutralisierende, operational verengte Abwehr aufgeweicht wurde. Und die wiederum löste sich erst, als die narzisstische Besetzung im psychischen Geschehen zunahm. Nur weil der Analytiker da war und als Objekt besetzt wurde, konnten diese neuen ökonomischen Bedingungen geschaffen werden.

Ganz allmählich wurde Madame Cs Lebensgeschichte lebendiger und menschlicher, womit auch Probleme, Ängste und Enttäuschungen in ihrer Kindheit und Jugend in den Blick rückten. Hinter der von ihr so ersehnten Fassade der Einheit zeigte sich, dass ihre Eltern gar nicht gut miteinander zurechtkamen. Madame C fürchtete nichts so sehr wie eine Lücke in der Einheit des Elternpaares, und wenn die Mutter Kritik am Vater übte, stieg in ihrem Innern, wie sie noch wusste, stets ein Gefühl der Angst und Verzweiflung auf.

Sie stammte aus einer Familie mit drei Kindern und war die Älteste. Ihre jüngere Schwester war sechs Jahre nach ihr geboren und ihr kleiner Bruder acht Jahre später. Die Schwester war stets der Liebling des Vaters gewesen. Sie wusste nicht warum, aber so war es einfach. Madame C versuchte, ihrem Vater näherzukommen und seine Aufmerksamkeit auf sich zu ziehen, indem sie gute Schulleistungen brachte, bessere als ihre Schwester. Als sie ihren späteren Ehemann kennenlernte, war es ihr, als entferne sie sich von der Familie und lasse sie im Stich. Zum Vorschein kam dieses Gefühl erst im Nachhinein zur Zeit des traumatischen Familienzerfalls und angesichts der Zuwendung und Zuneigung, mit der ihre Eltern sie überhäuften. Damals drängte sich ihr der Gedanke auf, sie habe dies vielleicht gar nicht verdient.

Langsam entstand die Vorstellung von einer jungen Frau mit den von Kindheitsenttäuschungen hinterlassenen narzisstischen Narben und von einem Kind, das angesichts des drohenden Auseinanderbrechens der Familieneinheit permanent auf der Hut war. Aber schon, dass sie unter dem Druck stand, an der Einheit der Familie und des Elternpaares festzuhalten, verriet einen inneren

Zwang zur Destruktivität, eine blinde Kraft, die zu Gegenbesetzungsmaßnahmen nötigte, mit dem Ziel, die Verleugnung und Missachtung jeglicher mit Spuren von Entzweiung und Trennung behafteten Realität aufrechtzuerhalten. Das vage Schuldgefühl wiederum hing mit der Tatsache zusammen, dass Madame C nach der Begegnung mit ihrem späteren Ehemann die Familie verlassen hatte, und war ein Beleg für diese innere Destruktivität.

Die allmähliche Lockerung der operational verengten Abwehr, deren Funktion in der Affektneutralisierung bestand, sorgte dafür, dass ihr Erinnerungen und Eindrücke aus der frühen Kindheit (bis zum Alter von sechs Jahren) wieder bewusst wurden. Für ihre Eltern war sie ein »schwieriges« Baby und Kind gewesen. Sie schlief zu wenig und brachte die Eltern an den Rand der Erschöpfung; vor allem aber litt sie an einer Intoleranz gegen Kuhmilcheiweiß, die spät diagnostiziert wurde und sich in früher Kindheit durch permanente Verdauungsstörungen bemerkbar machte. Ihre Mutter arbeitete viel und kam erst am späten Abend nach Hause. Sie ließ Madame C, die damals ihr einziges Kind war, den ganzen Tag in der Obhut einer Kinderfrau.

Als das Mädchen etwa sechs Jahre alt war, geriet sein Leben aus den Fugen. Die Familie zog um, und die Kleine wurde von ihrer Kinderfrau getrennt. Obendrein wurde die Mutter schwanger und brachte ein zweites Mädchen zur Welt, auf das der Vater und wahrscheinlich auch die Mutter mit übergroßer Wertschätzung und Überbesetzung reagierten. An die eigene Kinderfrau konnte Madame C sich nicht mehr erinnern, dafür mit außerordentlicher sinnlicher Präzision an die ihrer Schwester. Jeden Tag brachte die Mutter die Schwester zur Kinderfrau nach Hause. Von nun an sorgte nach dem Schulunterricht die Großmutter väterlicherseits für Madame C, und diese Zeit hat bei ihr den Eindruck eines einsamen, von Langeweile geprägten Lebens hinterlassen. Damals veränderte sich ihr Charakter. Sie wurde artig, diszipliniert und ernst. Die guten Schulleistungen waren überbesetzt. Ihre Adoleszenz entwickelte sich gemächlich, gelassen. Ihr Körper machte sich mehr durch Allergien im HNO- und Bronchialbereich als durch erotische Empfindungen bemerkbar. Bei Madame C wurde alles, was aus ihrem Körper stammte, vom Bewusstsein fern gehalten; die einzigen Sensationen, die sie kannte, waren intellektueller Art. Sie erzählte mir, ihren Zugang zur Sexualität habe sie sich durch Lektüre von Büchern über den menschlichen Körper verschafft und nicht aufgrund inneren Wissens auf dem Wege über ihre Gefühlsregungen und Körperempfindungen.

Im Laufe der analytischen Konstruktion erhielt die abrupte Trennung von der Kinderfrau in den frühen Lebensjahren eine neue Bedeutung im Zusammenhang mit ihrem rezenten Trauma: der Trennung von ihrem Ehemann und dem Zerfall der Familieneinheit. Dank des Anschlusses an das lebensgeschichtliche Kontinuum und der Tatsache, dass Ereignisse der jüngsten Vergangenheit vor dem Hintergrund der Übertragungsbeziehung mit neuer Bedeutung versehen werden konnten, gelang es Madame C zum ersten Mal, die verheerenden Folgen des Traumas einzudämmen, wenn nicht gar zum Verschwinden zu bringen.

In der Geschichte ihrer ersten Kindheitsjahre kam eine Konfliktsituation mit beiden Eltern zum Vorschein. Als sie ein Baby und Kleinkind war, fand die viel zu schwache narzisstische Besetzung vonseiten sowohl der Mutter als auch des Vaters ihren Widerhall in frühen Ernährungs- und Verdauungsstörungen. Mehrere vor allem narzisstische Traumata führten zu frühen und tief greifenden Umbildungen des jungen Ichs. Ihre offenkundigsten Auswirkungen hatten sie auf die Organisation von Madame Cs Charakter. Es war die erste Phase ihrer traumatischen Ichstruktur.

Auf diese folgte eine lange Latenzperiode. Obgleich sie sich dem Anschein nach durch konformes Verhalten und gelungene Anpassung an unterschiedliche Realsituationen auszeichnete, ging es in ökonomischer Hinsicht eigentlich um radikale Abwehrmaßnahmen gegen einen narzisstischen Zusammenbruch mithilfe von Gegenbesetzungen, die dazu gedacht waren, jeden schmerzlichen Affekt oder jede aus ihrem Körper stammende unlustvolle Sensation zu neutralisieren. Diese Latenz war ganz und gar ausgefüllt mit einer Depression ohne symptomatische Erscheinungsform, einer Depression an sich.

Die zweite Phase der traumatischen Struktur bestand im aktuellen Geschehen. Angestoßen wurde sie durch die neueren Ereignisse in ihrer Ehe, die alte Traumaspuren wiederbelebten. Der narzisstische Zusammenbruch, der mit der Trennung einherging, versperrte Madame Cs Ich jeden Weg in die psychische Bewältigung. Die allein zugängliche Lösung war der Absturz ins Somatische.

Diesen Bericht verstehen wir als Beispiel für die Arbeit und das Nachdenken eines psychosomatisch ausgebildeten Psychoanalytikers in der Analyse mit einer körperlich kranken Patientin, deren psychisches Geschehen von frühen Traumata, progressiver Desorganisation, einem operational verengten Denken und einer Depression an sich geprägt ist.

Schlussbemerkungen

Mit unserem Beitrag wollten wir darlegen, wie Psychoanalytiker im Rahmen einer Tagesklinik arbeiten können. Die Zusammenarbeit mit Medizinern hat ihre Schwierigkeiten, vor allem, was die Korrelation zwischen objektiven Daten und jener Subjektivität betrifft, die unweigerlich mit der Begegnung zweier Psychen einhergeht. Überdies ist man versucht, zwischen psychischem Geschehen und dem Auftreten einer somatischen Krankheit eine Kausalbeziehung herzustellen. Das aber war nie unsere Absicht, denn am Auftreten einer Krankheit sind unzweifelhaft mehrere Faktoren beteiligt: biologische, erbliche, genetische, umweltspezifische, lebensgeschichtliche und natürlich psychische. Außerdem sind wir weniger an Ätiologie als vielmehr am psychischen Funktionsmodus und seinen Veränderungen vor und während einer Krankheit interessiert. Wir glauben, dass die psychoanalytische Behandlung den Heilungsprozess erheblich verbessern kann und dass ein eingehendes Studium des Freud'schen Werkes der beste Weg ist, um die hier aufgeworfenen schwierigen Fragen anzugehen und über sie nachzudenken.

Nach unserer Überzeugung kommt Licht in diese komplexe Problematik, wenn man auf Freuds zweite Triebtheorie zurückgreift. Im Jahr 1920 hat er seine erste Triebtheorie vom psychischen Funktionsablauf gründlich überarbeitet (Freud 1920g). An die Stelle des früheren Gegensatzes zwischen Sexual- und Selbsterhaltungstrieb setzte er einen neuen, nämlich den zwischen Lebens- und Todestrieb. Mit dieser bedeutsamen Umbildung seiner Theorie stellte Freud eine neue Kraft, die Selbstzerstörung, in den Mittelpunkt des psychischen Geschehens. Dank der analytischen Beobachtung organisch erkrankter Patienten durch die Pariser Psychosomatische Schule lassen sich die in der Psychopathologie beschriebenen Triebmechanismen auf die psychosomatische Pathologie ausdehnen, insbesondere dort, wo die Selbstzerstörung am Werk ist (Green 1993, 2007). Von der Aktivität einer selbstzerstörerischen Kraft im Zentrum des Lebens zeugen auf dem Gebiet der klinischen Psychosomatik neben dem operational verengten Denken auch die Depression an sich und die progressive Desorganisation.

Gegen Ende des 20. Jahrhunderts formulierten Forscher in Biologie und Medizin neue Hypothesen zur Arbeitsweise der Zellsysteme. In seinem Buch *La sculpture du vivant* (Ameisen 1999) und späteren Arbeiten zum selben Thema (zum Beispiel Ameisen 2007) untersucht der französische Naturwissenschaftler, Biologe und Professor für Immunologie Jean-Claude Ameisen die Hypothese, derzufolge im innersten Zentrum des Lebens Mechanismen wirken, die zum programmierten Zelltod führen. Unter normalen Umständen werden diese Mechanismen durch ein komplexes Informations- und Regulationsnetz streng kontrolliert und sind an der »Modellierung« sämtlicher Lebensformen beteiligt. Im Krankheitszustand hingegen werden die Selbstzerstörungsmechanismen der Zelle dysfunktional und führen zu pathologischen Bildungen in Organen und Organsystemen.

Diese neue theoretische Konzeption besagt, dass es für die (in enger Wechselbeziehung zueinander stehenden) biologischen Prozesse, die für die Entwicklung von Krankheiten verantwortlich sind, zwei verschiedene und sogar gegensätzliche Erklärungen gibt: Entweder resultieren sie aus einem Zuviel an Kontrolle über die Zelltodmechanismen und lösen Krebs aus, oder sie resultieren aus einem Mangel an solcher Kontrolle und können Degenerationskrankheiten, Entzündungen oder AIDS zur Folge haben.

Dass psychoanalytische und biologische Hypothesen, in denen es um die Selbstzerstörung im Innersten der Lebensformen geht, einander so nahe kommen, ist für Theorie und klinische Praxis der Psychosomatik von höchster Wichtigkeit. Eines der vielen anschaulichen Beispiele dafür liefert der psychosomatische Ansatz in der Onkologie.

Aus dem Englischen (und Französischen) von Monika Noll

Literatur

Aisenstein, Marilia (1993): Psychosomatic solution or somatic outcome. The man of Burma. I. J. Psycho-Anal. 74, 371–384.
Aisenstein, Marilia (2006): The indissociable unity of psyche and soma. A view from the Paris psychosomatic school. Übers. Steven Jaron. I. J. Psycho-Anal. 87, 667–680.
Aisenstein, Marilia (2008): Beyond the dualism of psyche and soma. Übers. Steven Jaron. J. Am. Acad. Psychoanal. and Dynamic Psychiatry 36, 103–123.
Aisenstein, Marilia & Smadja, Claude (2001): De la psychosomatique comme courant essentiel de la psychanalyse contemporaine. Rev. fr. psychanal. 65. Sonderheft »Courants de la psychanalyse contemporaine«. Hg. von André Green, 343–353.
Alexander, Franz (1948): Fundamentals of psychoanalysis. New York (Norton).
Alexander, Franz (1950): Psychosomatic medicine. Its principles and applications. New York (Norton). Dt.: Psychosomatische Medizin. Grundlagen und Anwendungsgebiete. Übers. Paul Kühne. Berlin/New York (de Gruyter), 1971. 4. unveränd. Aufl. 1985.
Ameisen, Jean-Claude (1999): La sculpture du vivant. Le suicide cellulaire ou la mort créatrice. Paris (Ed. du Seuil). 2. Aufl. 2003.
Ameisen, Jean-Claude (2007): La mort au coeur du vivant. Rev. fr. psychosom. 32 (»Maladie et autodestruction«), 11–43.
Brullmann, Françoise (2007): Reconstruction du sein après cancer. Témoignages cliniques. Rev. fr. psychosom. 31 (»Les seins«), 75–81.
Freud, Sigmund (1914c): Zur Einführung des Narzißmus. GW X. Frankfurt/M. (Fischer), S. 137–170.
Freud, Sigmund (1920g): Jenseits des Lustprinzips. GW XIII. Frankfurt/M. (Fischer), S. 1–69.

Freud, Sigmund (1921c): Massenpsychologie und Ich-Analyse. GW XIII. Frankfurt/M. (Fischer), S. 71–161.
Green, André (1993): Le travail du négatif. Paris (Ed. de Minuit). Engl.: The work of the negative. Übers. A. Weller. London (Free Association Books), 1999.
Green, André (2007): Pulsions de destruction et maladies somatiques. Rev. fr. psychosom. 32 (»Maladie et autodestruction«), 45–69.
Jasmin, Claude; Lê, Monique G.; Marty, Pierre; Herzberg, Régine et al. (1990): Facteurs psychologiques et risque du cancer du sein. Résultats d'une étude cas-témoins. Rev. fr. psychosom. 31 (»Les seins«), 155–171. Engl.: Evidence for a link between some psychological factors and the risk of breast cancer in a case-control study. Übers. D. Alcom. Ann. Oncol. 1 (2007), 22–29.
Marty, Pierre (1968): La dépression essentielle. [Vortrag vom 23.1.1966.] Rev. fr. psychanal. 32, 595–598.
Marty, Pierre (1980): Les mouvements individuels de vie et de mort. Bd. 2: L'ordre psychosomatique. Paris (Payot). Neuaufl.: L'ordre psychosomatique. Désorganisations et régressions. [Les mouvements de vie et de mort. Bd. 2.] Paris (Payot), 1998.
Marty, Pierre; de M'Uzan, Michel & David, Christian (1963): L'investigation psychosomatique. Sept observations cliniques. Paris (PUF).
Sifneos, Peter E. (1995): Psychosomatique, alexithymie et neurosciences. Übers. Salomé Burckhardt. Rev. fr. psychosom. 7, 27–35.
Smadja, Claude (2001): La vie opératoire. Etudes psychanalytiques. Vorwort Michel Fain. Paris (PUF). Engl.: The psychosomatic paradox. Psychoanalytical studies. Vorwort Michel Fain. Übers. A. M. Brewer. London (Free Association Books), 2005.
Smadja, Claude (2007): La maladie avant la maladie. Rev. fr. psychosom. 31 (»Les seins«), 29–39.

Weiterführende Literatur

Hogan, Charles C. & Aisenstein, Marilia (1995): The psychoanalytic treatment of patients with inflammatory bone disease. Newsletter of the Psychosomatic Discussion Group of the Am. Psychoanal. Ass. 1.
Marty, Pierre (1958): La relation objectale allergique. Rev. fr. psychanal. 22, 5–35. Dt.: Die »allergische Objektbeziehung«. Übers. Emma Moersch. In: Brede, Karola (Hg.): Einführung in die psychosomatische Medizin. Klinische und theoretische Beiträge. Frankfurt/M. (Athenäum-Fischer-Tb.), 1974, S. 446–455. 2. überarb. Aufl. Frankfurt/M. (Hain), 1993, S. 420–445.
Marty, Pierre (1968): A major process of somatization: The progressive disorganization. I. J. Psycho-Anal. 49, 246–249.

Gedanken zwischen Körper und Psyche im Lichte Wilma Buccis Theorie der multiplen Codierung

Luigi Solano

Der Autor vertritt die Ansicht, dass Wilma Buccis Theorie der multiplen Codierung zur Klärung bestimmter umstrittener Fragen der psychoanalytisch orientierten Psychosomatik beitragen kann. In dieser Theorie wird die Leib-Seele-Beziehung neu als Beziehung zwischen den symbolischen Systemen und dem subsymbolischen System definiert; beide könnten dann, je nach Bezugspunkt, als Psyche oder aber Körper gesehen werden. In ähnlicher Weise muss eine somatische Pathologie dann nicht länger auf den Einfluss zurückgeführt werden, den »die Psyche« auf »den Körper« ausübt: Der Autor postuliert stattdessen als mögliche Lösung eine – Buccis Theorie folgende – Definition, gemäß der eine Pathologie mit Unterbrechungen der Verbindung zwischen verschiedenen Systemen zusammenhängt. Das Auftauchen somatischer Symptome könnte allerdings nicht nur als Manifestation unterbrochener Verbindungen verstanden werden, sondern darüber hinaus als subsymbolischer erster Ausdruck eines Inhaltsbruchstücks, als Versuch, in der von Winnicott bereits 1949 beschriebenen Weise eine Verbindung wiederherzustellen. Dieser Versuch hat weit höhere Erfolgsaussichten, wenn, wie etwa in der Analyse, ein angemessener Container zur Verfügung steht. Zur Illustration wird eine klinische Situation vorgestellt.

Meine erste Bekanntschaft mit der Theorie Wilma Buccis machte ich etwa Mitte der neunziger Jahre des vorigen Jahrhunderts, als ich entdeckte, dass die »referentielle Aktivität«, also ein Instrument, das zunächst für die Forschung auf dem Gebiet der Psychotherapie entwickelt wurde, sich auch für die Psychosomatik – mein Hauptforschungsinteresse – eignet, und zwar für die Beschreibung, inwieweit ein Kranker eine Verbindung zu den Vorgängen in seinem Innern hat (Solano et al. 2001). Mit der Zeit vertiefte sich mein In-

teresse an der Theorie der multiplen Codierung, weitete sich aus und wurde theoretischer, zudem reizte mich ein solch hoch differenziertes empirisches Forschungsinstrument. Das heißt, die Theorie könnte meiner Ansicht nach von Nutzen sein, um eine gemeinsame Sprache und einen allgemein geltenden Bezugsrahmen für eine Reihe von sonst kontrovers diskutierten Themen auf dem Gebiet der Psychosomatik zu finden. Die Bereiche, die ich hier untersuchen möchte, sind
(1) die Beziehung Körper–Psyche und
(2) der Ursprung und die Bedeutung somatischer Pathologie.

Die Beziehung Körper–Psyche

Historischer Hintergrund

Wir sollten uns zunächst daran erinnern, dass das Problem einer Unterscheidung zwischen Psyche und Körper und folglich ihrer wechselseitigen Beziehung in der westlichen Kultur entstanden ist und dort in bestimmten historischen Momenten Bedeutung gewann. Zum Beispiel wäre diese Unterscheidung für einen Medizinmann bei den amerikanischen Ureinwohnern oder für einen Schamanen in Nepal wenig sinnvoll. Auch in der westlichen Medizin gab es bis in die späten Jahre des 19. Jahrhunderts keine scharfe Unterscheidung. Bis dahin wurde den emotionalen Faktoren höchste Bedeutung beim Ausbruch, dem Verlauf und der Behandlung einer Erkrankung beigemessen (an dieser Stelle sei nur an die *Kameliendame* erinnert). Wir haben es daher mit einem kulturellen Konstrukt (das natürlich unsere Aufmerksamkeit und unser Interesse verdient) und nicht mit einer Tatsache an sich zu tun.

Dualismus

Zuerst wurde die Beziehung Körper–Psyche hauptsächlich in *dualistischen* Begriffen erfasst, angefangen bei Plato, der sich eine Welt der Ideen im Unterschied zu einer Welt natürlicher Erscheinungen und einer Seele in scharfer Differenzierung von einem Körper vorstellte. Seine vollkommene Ausprägung fand der Dualismus bei Descartes, in dessen Denken eine *res cogitans* – der Geist – einer vollkommen trägen Materie, *res extensa* – dem Körper –, Form, Leben und Funktion verleiht. Grundsätzlich schlossen dualistische

Positionen metaphysisch-religiöse Erscheinungen mit ein und ergaben die Vorstellung von einer seelischen Substanz (die sich mit einer Vorstellung von ›Geist‹ überschneidet) neben einer Körpersubstanz. Tatsächlich wirft diese Trennung das Problem reziproker Einflüsse auf die jeweiligen Entitäten auf, wie die Wortbildungen ›psycho-somatisch‹ oder ›somato-psychisch‹ zeigen. Freuds allererste Ideen über hysterische Symptome können in gewisser Weise als Darstellungen eines – wenn auch unbewussten – Einflusses des Seelischen auf den Körper verstanden werden.

Eine solche dualistische Position liegt dem ›volkstümlichen‹ Modell von ›Psychosomatik‹ zugrunde, und obgleich heutzutage kaum jemand bereit wäre, einem vollständig dualistischen Modell das Wort zu reden, tauchen Spuren davon wieder auf, sobald wir es mit emotionsgeladenen Themen zu tun haben. So sind manche empört, wenn sie lesen, dass chemische Substanzen als Urheber von Verliebtheit entdeckt wurden, so als nähme das dem Erlebnis seinen poetischen, unbeschreiblichen, idealen Charakter. Dieser Unmut verrät etwas von der dahinter verborgenen Idee, es gäbe mentale Phänomene, die mit physischen Phänomenen nichts zu tun haben und daher in einer gesonderten Sphäre auftreten. Ebenso haben sich Psychiatrie und Psychologie in dem Moment aus der Behandlung von Erkrankungen zurückgezogen, die früher ihrem Wesen nach als psychiatrisch galten, in dem bestimmte somatische Veränderungen entdeckt wurden (wie zum Beispiel bei der Epilepsie oder der Parkinson-Erkrankung), so als ginge es sie daher nichts mehr an. Ich bin vielmehr davon überzeugt, dass wir früher oder später in der Lage sein werden, physiologische oder biochemische Aspekte vieler gesunder oder ›pathologischer‹ mentaler Zustände, etwa von künstlerischer Kreativität oder von Wahnbildungen, nachzuweisen, dass das aber keineswegs unser Verständnis solcher Zustände und ihres Ursprungs verändern muss, sondern einfach die Ergebnisse einer Beobachtung aus einer anderen Perspektive liefern wird, wie ich noch detaillierter darlegen werde.

Monismus – somatischer Reduktionismus:
So etwas wie einen ›Geist‹ gibt es nicht

Monistische Positionen haben in der Geschichte des westlichen Denkens eine lange Tradition und sind im Verhältnis zur herrschenden Religion oft als ketzerisch gebrandmarkt worden. Sie erreichten ihren Höhepunkt im Positivismus des späten 19. Jahrhunderts und dominieren gegenwärtig die heutige Medizin einschließlich der Psychiatrie.

Herausragende Merkmale des Positivismus waren, dass man sich hauptsächlich auf empirische, sensorisch wahrnehmbare Daten stützte und Gesetzen und Wiederholungen, die für die gesamte Menschheit gelten sollten, ein hohes Gewicht beimaß. Wissenschaftliche Entdeckungen, die auf diesen Annahmen beruhten, führten zu außerordentlichen Erfolgen in der Prävention und der Behandlung einer Reihe von Erkrankungen, die bis dahin als Geißel und Schrecken der Menschheit gegolten hatten. Sie brachten jedoch eine Reihe von Folgeerscheinungen mit sich, die weitere Fortschritte behinderten:
➢ die Vernachlässigung interpersonaler Beziehungen und emotionaler Faktoren (ganz zu schweigen von unbewussten Vorgängen), wenn es um die Förderung oder die Beeinträchtigung von Gesundheit geht;
➢ das Interesse hauptsächlich an Pathologien, d.h. an Aspekten, die auf alle an einer bestimmten Krankheit Leidenden zutreffen, ohne größeres Interesse an individuellen Besonderheiten, bis hin zur derzeitigen Validierung allgemeingültiger ›Protokolle‹ in Diagnose und Behandlung, die weitgehend für eine diffuse Unzufriedenheit mit der offiziellen Medizin verantwortlich sind.

Beides – die Beschränkung auf sensorische Daten und die ausschließliche Wertschätzung universeller Gesetzmäßigkeiten – liegt der neuen Definition und Klassifikation von Krankheiten zugrunde, die sich auf die Anatomie der Läsionen in einzelnen Organen und, im Falle infektiöser Erkrankungen, auf bakterielle und Viruserreger stützen. Diese neue, aus dem 19. Jahrhundert stammende Definition – wenngleich vielleicht besser als die vorangegangenen – führt am Ende dazu, dass die Erkenntnis verloren geht, wonach der gesamte Organismus an der Genese von Pathologien beteiligt ist. Ärzten war diese Erkenntnis bis dahin durchaus geläufig, ebenso wie die Beteiligung der Umwelt an pathologischen Entwicklungen. Bei infektiösen Erkrankungen zum Beispiel werden individuelle Faktoren der Abwehr kaum berücksichtigt. Diese neue Definition führt auch zu einem Desinteresse an physischen Störungen, die keine pathologischen Veränderungen aufweisen. Konversionshysterie wird als Simulation verstanden, da sie nicht ins Modell passt. Und da das Modell bis heute substanziell unverändert geblieben ist, sollte es einen nicht überraschen, wenn wir selbst heute noch Ärzten begegnen, die auf ihrem Gebiet qualifiziert und kompetent sind, aber trotz der Befunde von Charcot und Freud Hysterie immer noch für Simulation halten.

Die emotionale Bedeutung von Entdeckungen, die in der positivistischen Ära gemacht wurden, schlug sich darin nieder, dass die Medizin ein sehr hohes

Maß an sozialem Ansehen genoss, während das zugrunde liegende Paradigma seine historische Konnotation verlor und zu etwas *Dauerhaftem, Absoluten* wurde, zur einzig wahren Wissenschaft: Was in der Zeit davor war, taugt nichts, und was später kommt, sind allenfalls Weiterentwicklungen dieses Paradigmas. Die westliche Medizin scheint Heisenbergs Unschärferelation vergessen zu haben, in der schon lange die Erkenntnis formuliert ist, dass gewonnene Daten immer von der Beobachtungsmethode abhängen, und glaubt anscheinend, sie sei im Besitz der definitiven, objektiven Wahrheit.

Mit anderen Worten: Wir glauben schließlich, dass es so etwas wie ein Magengeschwür oder Diabetes *tatsächlich gibt*, und nicht, dass diese Diagnosen die bestmöglichen Konstruktionen sind, die zu einem bestimmten historischen Zeitpunkt erdacht wurden. Es wird somit unmöglich, in unterschiedlichen Paradigmen zu denken, etwa der Vorstellung von Krankheit als einem Ungleichgewicht zwischen Organsystemen, so wie es in der westlichen Medizin bis dahin üblich war und in anderen Denkwelten immer noch gilt – in der traditionellen chinesischen Medizin zum Beispiel. Die Rigidität des Paradigmas wird zu einem Hindernis, nicht nur für das Einbeziehen psychologischer und sozialer Faktoren, sondern auch für den Fortschritt der biologisch orientierten Forschung selbst.

Hinsichtlich des Problems Körper–Psyche vertritt das positivistische Denken die Einheit von Körper und Psyche. Dieser Monismus birgt jedoch die Gefahr eines *totalen Verlusts der Spezifität mentaler Abläufe, was schließlich dazu führt, dass sie auf körperliche Aspekte reduziert werden.*[1] Um es deutlich zu sagen: Wir haben es hier mit der Reduktion auf einen Körper zu tun, der aufgrund anatomischer Studien an Leichnamen und physiologischer Studien an anästhetisierten Tieren definiert (konstruiert) wird – weit entfernt vom *wirklichen, lebendigen Körper*, der seit der Geburt und sogar noch davor *in ein Netzwerk von Beziehungen eingebettet ist*.

---

1 Engel (1977) definierte dogmatischen Reduktionismus als den Versuch, alle Phänomene auf eine einzige Ebene zurückzuführen, die als grundlegend gilt. In diesem Fall bedeutet das, jedwede organismische Funktion, mentale Abläufe inbegriffen, auf materielle Vorgänge, seien es mechanische, biologische, chemische oder molekulare, zurückzuführen. Diese Definition steht im Gegensatz zum methodologischen Reduktionismus, der schlicht darin besteht, dass das Beobachtungsfeld auf eine bestimmte Ebene beschränkt wird (z. B., was in Zellen durch den Einsatz von Lichtmikroskopen gesehen werden kann; was ein Kliniker sieht, wenn er auf die Interaktionen in einer Familie achtet), ohne das Vorhandensein anderer Ebenen in Abrede zu stellen.

Die Anfänge der Psychosomatik

Was wir immer noch recht unbeholfen *Psychosomatik* nennen, war eine Reaktion auf all das – ein Versuch, die Bedeutung von emotionalen, beziehungsabhängigen, sozialen Faktoren wieder ins Bewusstsein zu bringen, wenn es um die Definition von Gesundheit und Krankheit beim Menschen geht. Ursprünglich mag diese Reaktion auf Freuds Werk zurückzuführen sein, das mit dem Studium eben jener als Hysterie bezeichneten Phänomene anfing, die keiner pathologischen Veränderung entsprachen und deshalb in der ›offiziellen‹ Medizin der Missachtung anheimgefallen waren. Freud aber vermied es, sich psychoanalytisch mit organischen Läsionen auseinanderzusetzen; er fürchtete, mit vorwissenschaftlichen Heilern in eins gesetzt zu werden. Es waren irgendwie ›exzentrische‹ Psychoanalytiker oder Kliniker, die nicht der Psychoanalytischen Vereinigung angehörten, die sich mit somatischen Pathologien befassten: Georg Groddeck, Franz Alexander, Flanders Dunbar, Felix Deutsch und viele andere.

Diese Pioniere schlossen sich jedoch am Ende einem Denkmodell an, das einen Einfluss der Psyche auf den Körper postulierte, und kehrten somit implizit zum Dualismus zurück. Das Wort *psycho-somatisch* selbst legt nahe, dass etwas, das in der ›Psyche‹ geschieht, eine Wirkung auf den ›Körper‹ ausübt.

Körper und Psyche heute

Beziehungen treten in den Vordergrund

In der Psychoanalyse, angefangen mit Bion über die British Independents bis hin zu denen, die sich auf die nord- und südamerikanischen interpersonalen, relationalen und intersubjektiven Denkströmungen berufen, war die Entwicklung einer Orientierung an Beziehungen ein starkes Gegengewicht zum Reduktionismus. Dadurch wurde das Konzept eingeführt, dass sich psychische Funktionsweisen niemals auf ein isoliertes Individuum zurückführen lassen, sondern sich nur *innerhalb einer Beziehung* entwickeln – und daher auch nur dort untersucht werden können. »So etwas wie einen Säugling gibt es nicht«, schrieb Winnicott (1940), und sein Gedanke findet sich in den Schriften der meisten post-freudianischen Autoren wieder.

›Psychosomatische‹ Forschung rückt mehr oder weniger explizit von der Untersuchung der Wirkungen der Psyche auf den Körper ab und wendet sich dem Studium der *Folgen von Beziehungserfahrungen sowohl für die körperliche wie die psychische Ebene* zu. Zum Beispiel hatten Heimkinder, die von Spitz und Wolf (1946) untersucht wurden, Symptome, die als *anaklitische Depression* bezeichnet wurden, daneben aber auch Ekzeme, Infektanfälligkeit und eine erhöhte Sterblichkeitsrate. Experimentelle Studien an Tieren stützen diese Beobachtungen: Bei Tierbabys, die von ihren Müttern getrennt wurden, treten entweder sofort oder im späteren Erwachsenenleben Störungen auf der Verhaltens- wie auf der somatischen Ebene auf, sie zeigen ein Verhalten, das der anaklitischen Depression beim Menschen ähnelt (Kaufman/Rosenblum 1967), haben aber auch Magengeschwüre (Ader 1976), ein erhöhtes Auftreten von Infektionskrankheiten (Ader/Friedman 1965), im Erwachsenenalter eine erhöhte Anfälligkeit für stressbedingte gastrische Erkrankungen (Ader 1970, 1974) und eine Unfähigkeit, soziale und sexuelle Kontakte zu Gleichaltrigen zu unterhalten (Harlow 1959)[2].

Somatische Folgeerscheinungen nach Schicksalsschlägen in Beziehungen sind auch bei Erwachsenen festgestellt worden. Bei Probanden, die kurz zuvor eine Trennung von ihrem Ehepartner erlebt hatten (Kiecolt-Glaser et al. 1987, 1988), war die Immunsituation im Durchschnitt schlechter als bei den Nicht-Getrennten; innerhalb der Gruppe der Getrennten war die Immunsituation negativ assoziiert mit einer noch bestehenden inneren Bindung an den ehemaligen Partner, während sie bei den Nicht-Getrennten positiv mit der Qualität der ehelichen Beziehung assoziiert zu sein schien. Ein kürzlich veröffentlichter Aufsatz (Figueredo 2009) berichtet, im Vergleich mit zufriedenen Frauen seien bei Frauen, die mit ihrer ehelichen Situation nicht zufrieden waren, stärkere artherosklerotische Ablagerungen an der Karotis gefunden worden.

Die Person wird daher nicht mehr als ein geschlossenes System gesehen, in dem ein Element seinen Einfluss auf ein anderes ausübt; vielmehr erscheinen Gesundheit und Krankheit mit vergangenen und gegenwärtigen Beziehungen, mit dem In-der-Welt-Sein verbunden. In diesem Sinne wird jeder Terminus, der den Einfluss eines Elements im Inneren des Menschen auf ein anderes, ebenfalls inneres Element nahelegt – wie etwa *Psycho-somatik* – zumindest unzureichend sein.

---

2 Einige Autoren schrieben diese Auswirkungen einer frühen Trennung von der Mutter hauptsächlich dem Verlust an affektivem Kontakt zu. Modernere Studien (Hofer 1984, 1987, 1996) haben jedoch bewiesen, dass, obwohl affektiver Kontakt unzweifelhaft bedeutsam bleibt, direkte biologische Auswirkungen auch durch physische Kontakte herbeigeführt werden, die unter den natürlichen Bedingungen einer Beziehung zur primären Pflegeperson mit den affektiven ineinandergreifen. Mütterliches Streicheln regt demnach die Produktion von Wachstumshormonen an, während Schaukeln die Reifung des vestibulären Apparats fördert.

Artikulierter Monismus (funktionaler Dualismus)

Das kulturelle Klima begünstigte also Ansätze, die Körper und Psyche als voneinander unterschiedene Aspekte derselben Entität betrachten. Sergio Moravia (1986), ein von der Psychoanalyse beeinflusster Philosoph, schlug als Definition vor, Psyche »nicht als Substanz (= Seele), sondern als ein offenes System [open set] von Funktionen und Modalitäten« zu verstehen – zwar auf dem Körper basierend, aber nicht deckungsgleich mit ihm. Eine ähnliche Position vertritt Francisco Varela (2000), der die Psyche als ein sich aus dem Organismus entwickelndes Phänomen oder dessen Eigenschaft ansieht. Das heißt, sie kann zum Beispiel mit dem Gebilde eines Tornados verglichen werden, der aus Luft- und Wassermolekülen besteht, aber mehr ist als diese Bestandteile, obgleich seine Substanz nichts anderes ist. Diese Eigenschaft mag umgekehrt eine Wirkung auf die verschiedenen lokalen Bestandteile (Organe, Zellen) des Organismus selbst ausüben. James Grotstein (1997a) bezeichnete Psyche und Körper als »eine seltsam zusammengespannte Einheit«, eine gesonderte Einheit mit zwei untrennbaren Aspekten, wie zwei Seiten derselben Münze. Als konkrete Beispiele nannte er das Möbiusband, das Doppelgesicht der Gottheit Janus und siamesische Zwillinge.

So etwas wie einen Körper gibt es nicht – so etwas wie eine Psyche gibt es nicht[3]

Noch radikaler könnte man behaupten, dass Körper und Psyche keinerlei intrinsische Existenz haben, die vom Organismus als Ganzem unterschieden werden könnte, *sondern zwei Kategorien sind, die mit der Perspektive des Beobachters zu tun haben*. Neben anderen haben Irène Matthis (2000) und Carla De Toffoli (2007) diese Auffassung klar vertreten. Bei Matthis fand ich eine sehr brauchbare Metapher: Blitz und Donner können dem naiven Beobachter wie zwei unterschiedliche und zu einem unterschiedlichen Zeitpunkt auftretende Phänomene erscheinen, obwohl sie in Wirklichkeit von einem

---

3 [In Anlehnung an Winnicott, s. o.] Ich meinte schon, ich hätte einen originellen Ausdruck für diese Position gefunden, bis ich kürzlich in einem Buch von Grotstein (2008) entdeckte, dass bereits Bion in den *Italian Seminars* diese Wendung gebraucht hat: »Ich denke, daß [sic!] der Patient, den Sie morgen sehen werden, *eine* Person ist, eine ganze, vollständige Person. Und obwohl wir – den Gesetzen der Grammatik gehorchend – sagen, daß wir seinen Körper und seine Psyche beobachten können, gibt es so etwas wie ›Körper und Psyche‹ nicht; es gibt nur einen ›Er‹ oder eine ›Sie‹« (Bion 2005 [2007], S. 55).

einzigen physikalischen Phänomen herrühren, einer elektrischen Entladung. Ähnlich ist die Quantenphysik (vgl. zum Beispiel Godwin 1991) zu der Erkenntnis gelangt, dass ein Phänomen auf einer subatomaren Ebene in Form von Wellen oder von Partikeln gesehen werden kann, je nach Instrument und angewandter Methode. In einem von Bohm (1980) angelegten Experiment wurde ein Fisch in einem Aquarium von zwei im 90°-Winkel zueinander stehenden Kameras gefilmt, und die beiden Filme wurden in einen angrenzenden Raum projiziert. Der Beobachter sah demnach zwei vermeintlich unterschiedliche Fische, die in ihrem Verhalten sehr präzise Übereinstimmungen zeigten (wenn der eine sich bewegte, tat es der andere ebenfalls). Der Beobachter kann daher eine kausale Beziehung zwischen den Bewegungen des einen und den Bewegungen des anderen postulieren, so wie wir ›vom Einfluss der Psyche auf den Körper‹ sprechen.

Genauso können wir eine Person, einen Organismus, mithilfe magnetischer Resonanz-Bildgebung beobachten und zum Beispiel die Aktivierung von Gehirnbereichen oder einen kontrahierten Magen sehen. Oder wir können jemanden vermittels eines Interviews oder eines psychometrischen Tests beobachten, und wir werden seine Emotionen empfinden, Gedanken aufzeichnen oder Modalitäten der Interaktion dokumentieren. Jungs (1952) Konzept der Synchronizität könnte eine hilfreiche Alternative sein zur Idee eines – wechselseitigen – Einflusses einer Entität auf die andere.

Diese Position, die wir *non-reduktionistischen Monismus in Verbindung mit epistemologischem Dualismus* nennen könnten, wird in der psychoanalytischen Welt gerade (vgl. zum Beispiel Bruni et al. 2009; Peregrini et al. 2009) verschwommener. Ich glaube, einige Aspekte in Freuds Werk, die vielleicht mehrdeutig erscheinen, könnten so aber an Klarheit gewinnen. Der »Trieb« wäre dann nicht mehr »ein Grenzbegriff zwischen Seelischem und Somatischem« (Freud 1915c, S. 215), sondern gleichermaßen psychisch wie somatisch definiert; erogene Zonen (Freud 1905d), einst verstanden als mit organisierten Gedanken ausgestattet, verlören ihren reduktionistischen Beigeschmack. Sätze wie: »Das Ich ist vor allem ein körperliches« (Freud 1923b, S. 253) oder: »Sie [die Psychoanalyse] erklärt die vorgeblichen somatischen Begleitvorgänge für das eigentliche Psychische« (Freud 1938, S. 80) würden einen neuen Bedeutungsgehalt gewinnen. Selbst der *Entwurf einer Psychologie* (Freud 1895) könnte, statt ein Monument des Reduktionismus zu sein, d.h. eine Übersetzung vom Psychischen ins Somatische, auch als der Versuch verstanden werden, demselben Phänomen auf unterschiedlichen Ebenen nachzugehen.

Wie können wir eine Dialektik beibehalten?

Die Annahme eines einheitlichen Paradigmas (ein Vorgehen, das ich persönlich bevorzuge) stellt uns jedoch vor das Problem der Unterscheidung von Ebenen, die vielleicht parallel operieren, keine Notiz voneinander nehmen, einander beeinflussen usw.

Eine Möglichkeit an dieser Stelle wäre, *die Körper-Psyche-Dialektik durch die Beziehungen zwischen unterschiedlichen, interagierenden Systemen zu ersetzen* – vorausgesetzt, dass jedes System als eines verstanden wird, das sowohl einen körperlichen als auch einen psychischen Aspekt in sich birgt. Als Psychoanalytiker müssen wir nicht lange suchen: Die Geschichte der Psychoanalyse ist reich an Theorien, die den Unterschied zwischen verschiedenen Entitäten oder Funktionsmodalitäten beschreiben. Keine von ihnen erfüllt diese Bedingungen jedoch vollständig. Freuds Unterscheidung zwischen Primär- und Sekundärprozessen (Freud 1900) und Matte Blancos (1975) symmetrisch-asymmetrische Aufteilung führen letztendlich zu Formulierungen in vorwiegend mentalen Begriffen. Bions Denken[4] eignet sich vielleicht besser, da es am weitesten ausgearbeitet ist, denn es geht von drei Ebenen aus, auf denen Erfahrung verarbeitet wird. Darüber hinaus wird am Anfang seiner Arbeit in seinem Buch *Erfahrungen in Gruppen* (Bion 1961 [dt. 2001]) seine erste Ebene, die protomentale, als ein *System* beschrieben, in dem *das Körperliche und das Psychische ununterscheidbar* sind. In den späteren Formulierungen aber, angefangen bei *Eine Theorie des Denkens* (Bion 1962a [dt. 1995]) und *Lernen aus Erfahrung* (Bion 1962b [dt. 2004]), erscheinen die Betaelemente nicht mehr als ein System, als eine eigenständige Struktur, sondern sind vielmehr mit Sinneseindrücken verknüpft und dazu bestimmt, so weitgehend und so schnell wie möglich von einem verarbeitenden Apparat transformiert zu werden (der Alphafunktion, dem Apparat zum Denken von Gedanken). In diesem späteren Modell können die untransformierten Betaelemente die Körperfunktion stören, aber sie können nicht mit ihr in eins gesetzt werden.[5]

Das ist der Punkt, an dem ich Buccis Theorie der multiplen Codierung

---

4 Natürlich ist es unmöglich, das Denken eines Autors kurz zusammenzufassen, der im Verlauf von 30 Jahren tausende von Seiten geschrieben hat. Ich werde mich auf Bions Ideen in der Weise berufen, wie sie im Wesentlichen von den meisten heutigen Analytikern in Diskussionen und wissenschaftlichen Arbeiten vertreten werden.
5 Erst kürzlich bin ich auf eine Anregung gestoßen (Hautmann 2002, 2005), dass gedankliche und transformative Aktivitäten auch auf der Ebene von Betaelementen anzutreffen sind.

hilfreich finde, weil sich nach dieser Auffassung der Organismus in drei Systemen artikuliert (Bucci 1997a), *deren Doppelnatur, psychisch und somatisch, klar festgelegt* ist. Ich will versuchen, diese Auffassung kurz darzustellen:
➤ Das *nonverbale, nichtsymbolische (subsymbolische) System* umfasst Funktionen, die wir üblicherweise *Körperfunktion, prozedurales Gedächtnis, implizites Gedächtnis* und *physiologische Ebenen des Gefühls* nennen. Dieses System koordiniert die motorischen Aktivitäten, angefangen von den einfachsten bis hin zu den anspruchsvollsten, etwa Autofahren oder Tennis- und Fußballspielen. Aus anatomisch-physiologischer Perspektive macht es sich Gehirnregionen zunutze, die an unwillkürlichen Bewegungen beteiligt sind, das autonome Nervensystem, die Amygdala und weitere Zentren, die mit nichtsymbolischen Aspekten des Gefühls verknüpft sind. Wie die anderen beiden Systeme Buccis hat dieses System die Fähigkeit zu organisiertem Denken, wenngleich zu einem nichtsymbolischen und im Allgemeinen nicht-bewussten Denken (nicht-bewusst im strukturellen, nicht im dynamischen Sinn). Dieses System kann als Kanal verstanden werden, auf dem projektive Identifizierungen (Cimino/Correale 2005) ebenso wie gewöhnliche emotionale Kommunikationen gesendet und empfangen werden.

Bezogen auf traditionelle psychoanalytische Konzepte könnte Buccis subsymbolisches System mit Freuds *Primärprozess*, mit Matte Blancos *symmetrischem* und Bions *protomentalem* System verglichen werden.[6] Es soll jedoch betont werden, dass *subsymbolische Prozesse* – im Unterschied zum Primärprozess und möglicherweise auch zu manchen Begriffen in anderen Konzepten – *nicht als chaotisch verstanden werden, nicht auf Wunscherfüllung aus sind und nicht von der Realität isoliert auftreten*:

> »Subsymbolische Verarbeitung kann sowohl innerhalb als auch außerhalb des Bewusstseins stattfinden. Die Tänzerin, der Chefkoch, die Wissenschaftlerin, sie alle sind sich subsymbolischer sequenzieller oder parallel laufender Muster in ihrem sensorischen System und ihrem Körper bewusst. [...] Subsymbolische Prozesse sind *organisierte, systematische Gedankenformationen*, die sich in ihrer Komplexität und Bandbreite lebenslang ständig weiterentwickeln. [...] Wir sind es nicht gewohnt, in Prozessen zu denken, einschließlich der Prozesse, die die Wahrnehmung, die Motorik und die inneren Organe betreffen, die nicht als systematische und organisierte Gedanken verbalisiert oder symbolisiert werden

---

6 Luisa Zoppi (2006), eine Jungianische Analytikerin, hat eine Entsprechung zwischen dem subsymbolischen System und Jungs Konzept des Psychoiden festgestellt.

können. Das neue Verständnis von subsymbolischer Verarbeitung ebnet den Weg für eine solche Neuformulierung. Es verändert unsere gesamte Perspektive auf Pathologie und Behandlung, wenn wir in der Lage sind, diese Veränderung vorzunehmen. Wir kennen diese Verarbeitungsweise als Intuition, Weisheit des Körpers und in anderen, ähnlichen Bezügen. Emotionale zwischenmenschliche Kommunikation findet hauptsächlich auf diesem Wege statt. Reiks (1948) Konzept des ›Hörens mit dem dritten Ohr‹ stützt sich weitgehend auf subsymbolische Kommunikation« (Bucci 2007, S. 3; Hervorhebungen L. S.).

Aber anders als zum Beispiel beim Primärprozess oder bei Bions Betaelementen geht es beim subsymbolischen System nicht darum, es so bald wie möglich in etwas anderes zu transformieren, sondern es hat vollauf einen Wert für sich. Unter diesem Aspekt ist es vielleicht näher an Matte Blancos Begriff des Symmetrischen.

➤ *Das Nonverbale Symbolische System* scheint Bions Alphafunktion ziemlich nahezustehen, denn es generiert oder verarbeitet Bilder, im Allgemeinen visuelle, die direkt in Träume eingebaut oder mit verbalen, symbolischen Repräsentanzen in Verbindung gebracht werden können. Dieses System kann ebenfalls mit dem von Ferro (2002, S. 59–69) beschriebenen, an Bion angelehnten »träumerischen Denken im Wachzustand« verknüpft werden.

➤ *Das Verbale Symbolische System* umfasst verbales Denken und Sprache und funktioniert mehr oder weniger nach den Regeln, die nach Freud zum Sekundärprozess gehören. Es lässt Reflektionen über das eigene Erleben zu, Identifizierung und Regulierung von Gefühlen, die auf anderen Ebenen erlebt werden.

Die beiden letzteren – symbolischen – Systeme haben als physiologisches Substrat den Hippocampus (für das episodische, explizite Gedächtnis) und obere kortikale Regionen.[7]

Eine nichtsymbolische Funktion – die oben zuerst beschriebene – entspricht dem, was in der psychosomatischen Tradition allgemein ›Körperfunktion‹ genannt wird. Das bezieht sich allerdings auf einen Körper, der nicht ›nur biologisch‹ ist, wie er vielleicht in der Medizin (ich habe bereits darauf hingewiesen) anhand von Leichnamen oder anästhetisierten Katzen konstruiert

---

7 Physiologische Korrelate von Funktionen in den drei Systemen sind in weiten Bereichen der neurowissenschaftlichen Literatur zu finden (vgl. zum Beispiel Becara et al. 1995; Schore 1994).

wird: eine Maschine, die repariert werden kann, oder, wie bei Descartes, eine *res extensa*, ohne Sinn, Funktion und Ziele, die sie nur von der *res cogitans*, dem Geist, der Seele religiösen Denkens, empfängt. *Es ist vielmehr ein Körper, der sich im Gegenteil als Kondensat von Beziehungen entwickelt*[8], *genauso, wie wir es üblicherweise von der Psyche sagen, und seine Bewegungen werden nicht nur im Subjekt gesteuert, sondern haben genau wie psychische Bewegungen auch eine Beziehungskomponente* (De Toffoli 2001; Solano 2000). Und dieser Körper umfasst ein implizites Gedächtnis, das wir manchmal ›Körpergedächtnis‹ nennen.

Das subsymbolische System ist Körper oder Psyche, je nachdem, wie wir beobachten: unter einem Mikroskop, mit magnetischer Resonanz-Bildgebung, durch eine Elektrode oder aus der Perspektive, was es dem Subjekt und dessen Umgebung mitteilt oder mitzuteilen sucht. Es ist ein Körper, der fühlt, antwortet, leidet, glücklich ist und Orgasmen erlebt. Es ist ein sehr ›psychischer‹ Körper, eine »Materie, die zunehmend einem Gedanken ähnelt« (De Toffoli 2007), und das nach Freuds (1938) Formulierung (»das eigentliche Psychische«) dem entspricht, was allgemein ›Unbewusstes‹ genannt wird.

Aber selbst symbolische Systeme sind ebenfalls *der Körper*, insofern sie ihre Funktionen auf ›höheren‹ Nervenstrukturen wie den zerebralen Kortex oder den Hippocampus aufbauen. *Wir können daher das Verhältnis Körper–Psyche neu als die Beziehung zwischen symbolischen Systemen und dem subsymbolischen System definieren, wenn wir bedenken, dass jedes System – je nach Beobachtungsperspektive – als Psyche oder als Körper betrachtet werden kann.* Wir vermeiden damit, in den Dualismus eines cartesianischen Gedächtnisses zu verfallen.

Wie brauchbar dieses Modell ist, kann sich erweisen, wenn wir uns Freuds Text über die Angstneurose (1894) noch einmal vornehmen, die viele für den Ausgangspunkt des Studiums nicht-hysterischer somatischer Störungen halten und in der sich, anders als in den Arbeiten über Hysterie, kein Hinweis auf einen Einfluss der Psyche auf den Körper findet. Um den Ursprung dieser Störung zu erklären, macht Freud einen ersten »tastenden Versuch«: »daß die *Angst*, die den Erscheinungen der Neurose zugrunde liegt, *keine psychische Ableitung* zuläßt« (1895, S. 333; Freuds Hervorhebung). Der Mechanismus der Angstneurose müsse stattdessen »*in der Ablenkung der somatischen Sexualerregung vom Psychischen und einer dadurch verursachten abnormen*

---

8 Der Begriff von Organen als erstarrtem Kondensat von Erfahrung wurde in einer Arbeit von Daniels (1936) eingeführt.

Verwendung dieser Erregung« gesucht werden (ebd., S. 334; Freuds Hervorhebung). Besonders bei Männern äußere sich »diese somatische Sexualerregung [...] als Druck auf die mit Nervenendigungen versehene Wandung der Samenbläschen«, der aber erst ab einer gewissen Stärke imstande sei, sich als psychischer Reiz zu äußern (ebd., S. 334).

Viele Jahre lang empfand ich ein gewisses Unbehagen bei diesem Aufsatz. Irgendwie erschien er mir wie ein Stilbruch bei Freud, wie das Überbleibsel eines positivistischen Mechanismus, der zu der Behauptung führte, eine »*Ablenkung der somatischen Sexualerregung*« sei die Hauptursache einer psychischen Erkrankung. So wie dort eine *somatopsychische* statt einer *psychosomatischen* Wirkung beschrieben wird, entsprach diese Arbeit genau der Auffassung organisch orientierter Psychiater und hätte Oberwasser geben können (wenn sie sich denn herabgelassen hätten, sie zu lesen) – nicht zufällig in derselben Zeit geschrieben wie der *Entwurf*, Freuds offensichtlich am deutlichsten reduktionistische Arbeit.

Wie so oft rührt ein Missverständnis daher, dass der historische und kulturelle Kontext, in dem eine Arbeit entstanden ist, nicht berücksichtigt wird, und wie in diesem Fall, dass Freud sich auf unerforschtes Terrain vorwagte und also nicht immer sofort die richtigen Worte finden konnte, die seinen Einsichten gerecht geworden wären. Wenn wir für einen Moment die »Samenbläschen« beiseite lassen, dann können wir erkennen, dass Freud einen *inneren Prozess frei von symbolischen Bedeutungen* beschreibt – den *somatisch* zu nennen vielleicht irreführend ist (es sei denn, wir meinen ein Soma, das das »eigentliche Psychische« ist) –, der Spannung erzeugt ohne die Befähigung, zu einem Verständnis, einer Übersetzung in Symbolsprache, zu gelangen.

Gemeint ist also eine Genese von Symptomen, die substanziell anders ist als die in der Hysterie – wobei letztere eine Situation ist, in der eine psychische, symbolische Repräsentanz zunächst bestand und dann verdrängt wurde. Im Fall der Angstneurose hat es eine *psychische Repräsentanz nie gegeben* und hat also nie Gestalt angenommen. Wir erinnern uns vielleicht, dass Freud seine Arbeit abschließt, indem er sagt, dass wir in der Angstneurose wie in der Hysterie »eine psychische Unzulänglichkeit [finden], derzufolge abnorme somatische Vorgänge zustande kommen« (ebd., S. 342).[9] *Psychische Unzulänglichkeit, nicht ein somatischer Prozess, wird also vorrangig.*

---

9 Das ist einer von Freuds sublimen Widersprüchen, die er unbekümmert stehen lässt, wenn er nichtlineare Phänomene in der Sprache linearer Kausalität zu beschreiben versucht, die die einzige ihm damals zur Verfügung stehende Sprache war. Konzepte wie die zirkuläre Kausalität und Bi-Logik waren noch nicht entwickelt worden.

Wenn wir die Körper-Psyche-Dialektik im Sinn einer Beziehung zwischen den subsymbolischen und den symbolischen Systemen neu definieren, können wir auf *subsymbolische, namenlos bleibende Auslöser* – von Freud »Druck auf die Samenbläschen« genannt – als dasjenige verweisen, was in einer Angstneurose (oder Panikattacke, wenn uns das lieber ist) aufsteigt. Wir könnten auch die »psychische Unzulänglichkeit«, auf die sich Freud am Ende seiner Arbeit bezieht, als *die Unfähigkeit* bezeichnen, *Verbindungen zwischen den subsymbolischen und den symbolischen Systemen herzustellen.*

Das führt uns zum nächsten Punkt.

Ursprung und Bedeutung somatischer Pathologie

Somatische Pathologie: Einfluss der Psyche auf den Körper oder getrennte Systeme?

Wie ich bereits erwähnt habe, hat die traditionelle Psychosomatik letztlich, auf unterschiedliche Art und mehr oder weniger explizit, vor allem den Einfluss psychischer Prozesse auf den Körper beschrieben. Alle Forschung über physiologische Korrelate von Emotionen oder andere mentale Aktivitäten können ebenfalls in diesem Bezugsrahmen gesehen werden. Wenn wir ein einheitliches Paradigma annehmen, dann ist dieses Modell nicht mehr tragfähig. Wir können zum Beispiel nicht mehr glauben, dass Angst, verstanden als ein bewusstes psychisches Phänomen, zu einer Adrenalinausschüttung führt; noch weniger können wir einen biologisch-reduktionistischen Standpunkt akzeptieren, der zu dem Schluss kommt, Angst werde durch Adrenalinausschüttung ausgelöst: An dieser Stelle stünden wir vor der Frage, wodurch eine Adrenalinausschüttung denn eigentlich ausgelöst wird. Um innerhalb eines einheitlichen Modells zu bleiben, sollten wir uns stattdessen vor Augen führen, dass das Beziehungsgeflecht, die Lebenssituation des Einzelnen – zu der das Subjekt selbst seinen Beitrag leistet und die je nach Charaktereigenschaften unterschiedlich erlebt wird –, von der Art ist, dass es eine Reaktion im Organismus auslöst, die sich auf der Bewusstseinsebene als Angst und auf physiologischer Ebene als Anstieg von Adrenalin (oder Cortisol usw.) meldet.

Wir können Pathologie konzeptualisieren, indem wir auf eines der Modelle zurückgreifen, die sie mit einer Unterbrechung der Verbindung zwischen verschiedenen Systemen des Organismus in Zusammenhang bringen. In der Theorie der multiplen Codierung (Bucci 1997b, 2009a, 2009b) sind unter gesunden Bedingungen die drei Systeme durch *referentielle Verbindungen* eng miteinander verknüpft, sodass zum Beispiel ein subsymbolisch erlebtes Gefühl eine Darstellung in Bildern und Worten finden kann. Versagt die Formgebung oder kommt es zu einer späteren Unterbrechung dieser Verbindungen zwischen dem subsymbolischen (impliziten) Gedächtnis einer traumatischen Situation und symbolischen Systemen, bleibt ein ›namenloser‹ subsymbolischer Auslöser zurück, der allenfalls falsche symbolische Verbindungen findet und auf diesem Wege psychischen Symptomen wie Phobien oder Wahnvorstellungen Vorschub leistet. Vielleicht findet er auch keine symbolische Verbindung und ist Quelle von Funktionsstörungen in einem Organ oder Apparat. Diese Störungen können auf der funktionalen Ebene (Reizdarm, Herzrasen) bis hin zu ernsteren organischen Erkrankungen auftreten, je nachdem, mit welchen konstitutionellen Schwächen des Einzelnen sie zusammenwirken. Zusammenfassend lässt sich sagen: Wir gelangen zu einer Vorstellung von somatischen Störungen, die sich nicht mehr auf etwas Psychisches konzentriert – irgendeinen seelischen Stress –, das seinen Ausdruck im Körper findet, sondern *auf Probleme, die mit den Beziehungen des Einzelnen zu seiner Welt zu tun haben. Allerdings finden diese Probleme keine angemessene Verbindung zu einer mentalen (symbolischen) Verarbeitung, sie finden nur einen Ausdruck auf einer körperlichen (subsymbolischen) Ebene.*

Buccis Theorie kann uns dabei helfen, traditionelle psychoanalytische Modelle in diesem Licht zu betrachten. Das Bion'sche Modell zum Beispiel kann als Beschreibung einer Pathologie verstanden werden, die auf einer Trennung zwischen den Systemen beruht, wenn Betaelemente von der Alphafunktion zurückgewiesen werden – Betaelemente also, die dann körperliche Funktionen schädigen können (Bion 1962a, 1962b). Im Hinblick auf diesen Punkt fand ich Grotsteins (2008, S. 59–63) Vorschlag sehr hilfreich. Was seinen Ausgang in primärer emotionaler Erfahrung nimmt, möchte er nicht als Betaelemente bezeichnen, sondern als unreife Alphaelemente, die durch die Alphafunktion in reifere Alphaelemente transformiert und dann Teil eines Traums, einer Erinnerung usw. werden können. Der Begriff »Betaelement« sollte nach diesem Vorschlag auf jene Elemente beschränkt bleiben, die tatsächlich ausgeschieden worden sind, weil sie aus qualitativen oder quantitativen Gründen die Verarbeitungsmöglichkeiten der Alphafunktion übersteigen. Nur an diesem Punkt werden Betaelemente ›unverdaulich‹ – als seien sie in irgendein festes, undurchdringliches Gießharz eingeschlossen. Das würde besser erklären,

warum sie dann in psychischer wie somatischer Pathologie derart wichtig werden und nur ›evakuiert‹ werden können.
 Ähnlich unterscheidet auch Bucci (2009b) zwischen
➢ adaptiver Dissoziation, bei der der subsymbolische Inhalt eines emotionalen Schemas zeitweilig von symbolischen Systemen abgeschnitten ist, das Schema aber flexibel bleibt und fähig ist, Modifikationen vorzunehmen, und
➢ vermeidender Dissoziation, bei der die Integration neuer Information aktiv verhindert wird.

Konzepte wie das mechanische Denken *(pensée opératoire)* (Marty et al. 1963) und psychoanalytisch orientierte Auffassungen von Alexithymie (Taylor 1987; Taylor et al. 1997), die eigentlich eine Trennung zwischen physiologischen und kognitiv-erfahrungsgestützten Ebenen der Emotionen annehmen, können vielleicht im Rahmen dieses Modells umfassender verstanden werden. Dasselbe könnte für Hanna Segals (1957) Arbeit über Symbolbildung gelten, in der diese Funktion sehr eng mit der Kommunikation eines Menschen mit seinen Impulsen, Gefühlen und unbewussten Phantasien verknüpft ist.[10]

Der Wert, der dem Auftauchen somatischer Symptome innerhalb des psychoanalytischen Prozesses oder – allgemeiner – in der klinischen Begegnung (oder – noch allgemeiner – im Leben eines Menschen) beizumessen ist

Die Definition des oben dargestellten Ausgangspunkts somatischer Pathologie mag den Eindruck vermitteln, als sei der Ausbruch eines somatischen Symptoms im Wesentlichen Zeichen einer Fehlverbindung zwischen den Systemen aufgrund eines Defizits oder einer Abwehrformation (›Somatisierung‹). Diese Ansicht ist in der analytischen Tradition üblich: In Bions

---

10 »Symbole werden zur Kommunikation nicht allein mit der äußeren, sondern ebenso mit der inneren Welt benötigt. Tatsächlich könnte man fragen, was wir meinen, wenn wir von Menschen sagen, sie verfügten über einen guten Kontakt zu ihrem Unbewußten. Dies bedeutet [...], daß sie sich ihrer eigenen Impulse und Gefühle einigermaßen bewußt sind. [...] wir meinen, daß sie über eine tatsächliche *Kommunikation* mit ihren unbewußten Phantasien verfügen. Und diese kann, wie jede andere Kommunikationsform, nur mit Hilfe von Symbolen realisiert werden. Es gibt also bei den Menschen, die ›einen guten Kontakt zu sich selbst‹ haben, eine ständige, freie Symbol-Bildung« (Segal 1957 [1990], S. 231f.).

Denken – zumindest in seinen systematischeren Formulierungen, etwa in *Lernen aus Erfahrung* (1962b [2004]) – wird eine Überzahl an Betaelementen, die zum Agieren oder zu einem somatischen Symptom führen können, aus einem Defizit der Alphafunktion, das heißt der Mentalisierung, hergeleitet. Eine somatische Störung kann auch von einem aus Abwehrgründen vollzogenen Abbruch der Verbindungen herrühren, wie in dem Konzept *Angriff auf Verbindungen* (Bion 1957 [1995]) oder dem der *Désaffectation* (McDougall 1989 [1992]), nach dem der Betreffende seiner eigenen inneren Realität die affektive Bedeutung entzieht. Auch das Konzept der Alexithymie (Nemiah/Sifneos 1970; Taylor et al. 1997) beruht im Wesentlichen auf der Annahme eines Defizits oder enthält, in einigen Varianten, gleichermaßen einen defizitären wie einen Abwehraspekt (Grotstein 1997b).

Wenn in dem hier vorgestellten Modell zum einen klar ist, dass die Äußerung einer Not vermittels des Körpers (des subsymbolischen Systems) darauf hindeutet, dass das Subjekt in diesem Moment nicht imstande ist, sie anders zum Ausdruck zu bringen, *dann kann man zum anderen diese Äußerung, verglichen mit einem Zustand völligen Verstummens, nur außerordentlich wertschätzen.* Bucci (2009b) selbst sieht in der generalisierten Vermeidung von Erfahrung, bei der auf die unterschiedlichen Dimensionen des Lebens verzichtet wird, eine der schwersten Fehlanpassungen, die dazu dient, einen unlustvollen subsymbolischen Reiz zu übergehen, obgleich weder auf einem psychischen noch einem mentalen Niveau irgendwelche ›positiven‹ Symptome in Erscheinung treten.

Winnicott (1949) sieht in seiner Arbeit *Die Beziehung zwischen dem Geist und dem Leibseelischen* das somatische Symptom innerhalb einer Entwicklungsdimension, insbesondere wenn es in Situationen entsteht, die wir heute dissoziativ nennen würden. Ist die Fürsorge durch eine hinreichend gute Mutter gewährleistet, sind wir Zeugen der Entwicklung eines Somas sowie einer Psyche, die die Funktion der imaginären Entwicklung von Körperteilen, Gefühlen und Funktionen hat. Bei einer unzureichenden Anpassung der Umwelt wird das Kind eine geistige Aktivität [mind] entwickeln, die

> »die Herrschaft zu übernehmen beginnt, um die Versorgung des Leibseelischen zu organisieren, während es unter normalen Bedingungen die Aufgabe der Umwelt ist, dies zu tun. […] Dies ist ein höchst beunruhigender Zustand, insbesondere deshalb, weil die Psyche des Individuums aus der innigen Beziehung, die sie ursprünglich zum Soma hatte, in diesen Geist ›hineingelockt‹ wird« (Winnicott 1949 [1976], S. 165f.).

Das Ergebnis ist eine weitgehend von körperlichen Funktionen und vom Gefühlsleben abgelöste geistige Aktivität. In diesem Bild wird das somatische Symptom als Versuch gewertet,

> »die Psyche vom Geist fort und zurück in die ursprünglich enge Verknüpfung mit dem Soma zu führen […]. Man muss auch in der Lage sein, den positiven Wert der somatischen Störung zu sehen, der darin liegt, dass sie einer ›Verführung‹ der Psyche zum Geist hin entgegenwirkt« (ebd., S. 176).

Elemente dieser Sichtweise spiegeln sich in den Diskussionen auf der *Vierten Gemeinsamen Tagung* der Britischen und der Italienischen Psychoanalytischen Gesellschaft (Februar 2007) mit dem Titel »Der Körper in der analytischen Sitzung«, wo eines der Themen lautete: »Wie unterscheiden und differenzieren wir bei körperlichen Manifestationen in der Stunde, ob sie entwicklungsträchtig sind oder der Abwehr dienen?« Wir können uns also mit dem Gedanken vertraut machen, dass ein somatisches Symptom ein Entwicklungspotenzial haben oder zumindest, dass es das Auftauchen von etwas Neuem anzeigen kann, statt im Widerspruch zur Erkenntnis zu stehen.

Die Theorie der multiplen Codierung bietet die Chance, das somatische Symptom als den subsymbolischen, ersten Ausdruck eines Bruchstücks von einem Inhalt zu verstehen und theoretisch zu fassen, der bis dahin keine Ausdrucksmöglichkeit gefunden hatte, und nicht als die Folge der Abwehr gegen das Auftauchen eben dieses Inhalts. Sie skizziert eine neue Beziehung zwischen Somatisierung[11] und Verbalisierung. Das umfasst Zustände, in denen wir eine komplementäre, nicht-alternative Beziehung zwischen Somatisierung und Verbalisierung erwarten können. Die Theorie der multiplen Codierung führt also zu unterschiedlichen Implikationen für die Behandlung (Bucci 1997b).

Aus diesem Blickwinkel kann man somatische Symptome (und Agieren) in manchen Fällen als *adaptiv und progressiv* auffassen statt – wie häufig angenommen – ausschließlich regressiv. Die Besetzung eines bestimmten somatischen Symptoms durch den Patienten kann ein *Versuch sein, eine Verbindung herzustellen* – eine provisorische Verbindung zwischen der impliziten, subsymbolischen Funktion des viszeral-sensorischen Verarbeitungssystems und dem interpersonalen, symbolischen Inhalt emotionaler Muster (Bucci

---

11 Dasselbe lässt sich vom Agieren sagen. Racalbuto schrieb: »Die Nicht-Repräsentierbarkeit lag nicht in der agierten Abwesenheit; vielmehr repräsentierte letzteres […] eine Transformation, wenn auch eine minimale, die bereits erreicht war, eine Transformation der affektiven Empfindung, eines Bereichs, dessen Bedeutung zuvor unzugänglich war« (1994, S. 7).

1997b), statt den Widerstand gegen das Herstellen einer Verbindung oder die Folgen einer fehlenden Verbindung zu verkörpern.

Ich möchte jetzt eine klinische Fallvignette vorstellen und anschaulich machen, welchen Wert der Ausbruch eines somatischen Symptoms eventuell haben kann, um den Weg zu Verständnis und Bewusstwerdung zu bahnen.

Stefano war 37 Jahre alt, als er sich um eine Analyse bemühte. Von Anfang an fiel mir seine extrem vage Behandlungsmotivation auf, obwohl er eine recht lange und intensive Psychotherapie hinter sich hatte. Gegen Ende unseres ersten Gespräches sagte er mir in einem Ton, als sei das etwas Belangloses, er komme schon seit geraumer Zeit überhaupt nicht gut mit seiner Frau aus, er habe eine Affäre und denke an Scheidung.

Stefano machte allgemein den Eindruck, als rausche sein Leben über ihn hinweg, ohne ihn zu berühren. Eine frühere Liebesgeschichte aus der Zeit vor seiner Ehe tauchte auf, in der er nach einem Jahr schließlich bemerkt hatte, dass sich seine Freundin mit einem anderen Mann traf, bis sie ihn letzten Endes verließ. Gleichzeitig bewies er eine solide intellektuelle und professionelle Begabung; er hatte einen guten Job mit vielversprechenden Karriereaussichten, aber selbst hier schien er die ernsten Gefahren nicht zur Kenntnis zu nehmen, die ihm angesichts einer bevorstehenden Fusion seiner Firma mit einem multinationalen Unternehmen drohten.

Wir verabredeten eine Analyse mit drei Wochenstunden auf der Couch. Die Anfangsphase war geprägt von seinem Agieren, von überstürzten Entscheidungen, die er, wie es schien, unbeirrt wie im Schutz einer Rüstung vollzog: Er verließ seine Frau und seine dreijährige Tochter und zog in die erstbeste Unterkunft, die er fand – eine feuchte Mansardenwohnung. Er unterhielt, so schien es, eine leidenschaftliche Affäre mit einer neuen Frau, verließ sie aber plötzlich zwei Monate später, augenscheinlich ohne Bedauern, und kehrte zu seiner Frau und seiner Tochter zurück. Dann folgte eine Zeitspanne von ein paar Wochen, in denen er seiner Schilderung nach zu einer idyllischen Beziehung mit seiner Frau gefunden hatte, fing dann aber eine weitere Affäre mit einer anderen Frau an, beschrieb sie wiederum als über die Maßen leidenschaftlich, verließ sie jedoch nach 15 Tagen in derselben Manier. Versuche, sein Agieren als Reaktion auf Trennung, drohende Trennung oder Frustration seiner Erwartungen zu deuten, wurden oberflächlich akzeptiert, hatten aber den Beigeschmack von Gefügigkeit, so als sagte er: »Wir wissen ja, dass es so läuft«, und führten zu keinerlei nennenswerter Veränderung in seiner Einstellung zum Leben oder in seinem Verhalten in den Stunden.

Das zuletzt Gesagte ist ein gutes Beispiel für seine Mitarbeit in der analytischen Beziehung allgemein: Er war formal willens, sich an die Regeln des Settings zu halten, kam zum Beispiel meistens auf die Minute pünktlich und war sehr verärgert, wenn er zufällig aus irgendeinem Grund zu spät kam. Auf der anderen Seite wirkte seine Mitarbeit ziemlich oberflächlich und seine Gefühle und Reaktionen bezüglich der analytischen Situation und deren Störungen (Unterbrechungen usw.) waren recht matt. Ich fühlte mich schließlich ziemlich hoffnungslos hinsichtlich einer möglichen Veränderung in unserer Beziehung, in seiner inneren Haltung und in seiner Art, das Leben anzugehen. Ganz anders als bei vielen anderen Patienten begann ich bei ihm, darauf zu hoffen, dass er einmal zu spät käme, denn das würde vielleicht darauf hindeuten, dass irgendetwas Neues im Gange wäre. Nur einmal gab es einen unerwarteten, bemerkenswerten Versuch, die Regeln zu verletzen: Eines Tages kam er zu mir und teilte mir in nüchternem Ton mit, er habe seine Frau gebeten, mit ihm zur Stunde zu kommen (ohne mir vorher diese Idee auch nur anzudeuten), damit sie mit mir zusammen über ihre Probleme sprechen könnten. Sie konnte aber nicht mitkommen, sagte er, weil sie um diese Zeit ihre Tochter zu einer Geburtstagsfeier bringen musste. Er schien nicht zu verstehen, warum er sich zum Beispiel die Frage nach den Gründen für eine solche Idee hätte stellen sollen. Mein Gefühl war, dass sich einen Moment lang eine Riesenwelle erhoben hatte, wir dann aber in eine Situation lebloser Ruhe zurückfielen.

Nach etwas über einem Jahr Analyse kam Stefano mit einem düsteren, besorgten Blick, den ich zuvor noch nie an ihm gesehen hatte, aus unserer zweiten Sommerpause zurück. Beim Händedruck zur Begrüßung hatte ich das Gefühl, als rettete ich jemanden, der Schiffbruch erlitten hatte. Am Abend zuvor hatte er eine Schwellung an seinem Hals entdeckt (möglicherweise war sie schon eine ganze Weile da, aber er hatte sie bisher nicht bemerkt). Er ging ins Krankenhaus, wo ein thyroides Knötchen mit einer Schwellung der anhängenden Lymphknoten festgestellt wurde. Welches Entwicklungspotenzial in diesem Krankheitsbild bereitlag, wurde mit überraschender Hellsicht von seiner Frau erfasst, die zu Stefano sagte: »Nun musst du dich endlich um dich kümmern.« Tatsächlich hatte er nie geglaubt, er könnte jemals ernsthaft erkranken. Sein Bruder, der an psychiatrischen Störungen litt, sagte weniger höflich zu ihm: »Endlich ist dir auch mal was passiert« – was in meiner Übersetzung hieß: »Endlich ist dir etwas passiert, dessen Bedeutung du nicht verleugnen kannst.«

Die nächste Phase war, dass Stefano – mithilfe der Analyse, die ihm einerseits ein sicheres Fundament bot, ihm andererseits dabei half, seine Verleugnungsversuche zu erkennen und unter Kontrolle zu bringen – umsichtig und beherzt das Heft in die Hand nahm: Er konsultierte die besten Spezialisten auf dem Gebiet und war endlich von der berechtigten Sorge um seine Befunde erfasst.

Glücklicherweise war das Knötchen gutartig und bildete sich allmählich unter geeigneter Behandlung zurück, aber die Episode markierte den Beginn von Stefanos neu gewonnener Fähigkeit, das, was ihm zustieß, ernst zu nehmen – sich damit auseinanderzusetzen – im Blick auf seine Analyse, seine Arbeit, seine Frau, seine Tochter und seinen kranken Bruder, vielleicht weil er zum ersten Mal wahrhaftig im Kontakt mit sich selbst war (das heißt, die Trennung zwischen den subsymbolischen und den symbolischen Systemen bildete sich zurück).

Allmählich konnten wir das Auftauchen des Knötchens an seinem Hals mit der Sommerpause in seiner Analyse in Verbindung bringen. Stefano wurde auch bewusst, dass das Vermeiden negativer Gefühle gleichzeitig seinen Kontakt zu den positiven Gefühlen unterband.

Stefanos Situation vor dem Anwachsen des Knötchens lässt sich in der Begrifflichkeit der Theorie der multiplen Codierung als eine schwerwiegende Trennung zwischen seinem subsymbolischen und seinen symbolischen Systemen beschreiben. Bedeutende Ereignisse in seinem Leben – große Schwierigkeiten in seiner Ehe, romantische Verstrickungen mit anderen Frauen, die Gefahr, seinen Job zu verlieren – führten möglicherweise zu einer subsymbolischen Aktivierung, die aber keine Verbindung zu den symbolischen Systemen herstellte, um in bewusste, unterscheidbare Gefühle über diese Tatsachen zu münden. Die außerehelichen Affären selbst können als Inszenierung (enactment) subsymbolischer Aktivierung verstanden werden, der es aber nicht gelingt, eine symbolische Verbindung herzustellen, in der die Möglichkeit enthalten wäre, durch die Inszenierung einen Sinn zu finden – möglicherweise das Bewusstsein, wie zutiefst unzufrieden er mit seinem Eheleben oder, vielleicht allgemeiner, wie abgestumpft sein Gefühlsleben war. Dasselbe gilt vielleicht auch für die sehr konkrete Idee, seine Frau in die Stunde mitzubringen, was möglicherweise auch ein Ausdruck der Unzufriedenheit über den Fortgang der Analyse war und ein konfuser Versuch, sich verstärkt einzubringen.

Das Auftauchen des thyroiden Knötchens kann in diesem Bezugsrahmen als ein viel wirksamerer subsymbolischer Auslöser verstanden werden: eine sehr konkrete Ausdrucksform, immer noch beschränkt auf das subsymbolische System, aber unweigerlich dazu bestimmt, Aufmerksamkeit auf sich zu lenken, sowohl vonseiten der symbolischen Systeme des Patienten selbst als auch von denen in seiner Umgebung – des Analytikers, seiner Ärzte, seiner Frau. Man muss an dieser Stelle anmerken, dass die Verbindung nur hergestellt werden und das Symptom seine entwicklungsfördernde Kraft nur entfalten kann, *wenn es einen passenden Container findet*. Das Gefühl des Analytikers, er rette jemanden, der Schiffbruch erlitten hat, scheint eine nützliche Darstellung einer *containing function* zu sein. Beachtenswert ist ebenfalls, dass Stefano erst am Abend vor der Wiederaufnahme seiner Analyse ›den Mut fand‹, sein Knötchen zu sehen und zu tasten.

Wir können natürlich nicht wissen, wie sich die Dinge für Stefano ohne Analyse entwickelt hätten. Möglicherweise sind viele Fälle ernster physischer Krankheiten ohne bekannte, eindeutige organische Ursachen das Endergebnis erheblicher subsymbolischer Aktivierung, die keinen geeigneten Container findet (was zu großem Zeitverlust bei der Diagnose, zu Verschlimmerungen oder zu Chronifizierungen führt, um ein paar nennenswerte Aspekte zu erwähnen).

Schlussbemerkung

Man könnte einwenden, dass die Theorie der multiplen Codierung, vor allem das Konzept des subsymbolischen Systems, das in dieser gesamten Arbeit als der originellste und nützlichste Bestandteil der Theorie dargestellt wurde, den bereits aus der psychoanalytischen Tradition bekannten Konzepten wenig hinzufügt – Sachrepräsentanz, primärprozesshaftes Denken, das Protomentale, das ungedachte Bekannte (Bollas), Körpersprache und -gedächtnis oder – aus der moderneren neurowissenschaftlichen Forschung – implizites Gedächtnis oder prozedurales Gedächtnis.

Man könnte aber genauso argumentieren, dass wenige von Freuds Konstruktionen vollkommen originell sind. Eine sorgfältige Lektüre von zum Beispiel Ellenbergers (1970 [2005]) wegweisendem Buch zeigt, dass die meisten der von Freud verwendeten Konzepte bereits in den Werken von Nietzsche, Schopenhauer, Mesmer oder Charcot enthalten waren (ganz zu schweigen von der Gattung der Griechischen Tragödie, den Werken Shakespeares oder den Schriftstellern des 19. Jahrhunderts wie Dostojewski).

Was Freud betrifft, so würde wahrscheinlich jeder Psychoanalytiker antworten, dass er dem ›Cocktail‹ die fehlende Zutat hinzugefügt hat, jenes ›Gran mehr‹, das den Unterschied zwischen einer Zusammenstellung interessanter Ideen und einer neuen, umwälzenden Theorie ausmacht – einem Gebäude von seltener Komplexität und heuristischem Potenzial, das die Weltanschauung der westlichen Welt veränderte –, abgesehen von der klinischen Anwendung jener Ideen, an die weder Nietzsche noch Schopenhauer auch nur gedacht haben.

In einem nicht-linearen System – wie es vielleicht jede wissenschaftliche Entwicklung ist – kann jede kleine Veränderung einen riesigen Unterschied ausmachen, wie in einem kürzlich im *International Journal of Psychoanalysis* veröffentlichten Aufsatz so schön erläutert worden ist (Galatzer-Levy 2009). Das Flugzeug und der Panzer sind *beinahe* von Leonardo da Vinci erfunden worden, aber es dauerte weitere 400 Jahre, bis jene ›kleine‹ Zutat hinzukam, die diese Ideen bis zur Realisierung reifen ließ. Soweit ich sehe, kann kein anderer Begriff, der vor dem des subsymbolischen Systems verwendet wurde, das Wort *Körper* in irgendeiner theoretischen oder klinischen Beschreibung wirksam ersetzen (oder präzisieren). Von daher können wir einen Dualismus vermeiden, in dem ein Körper der Psyche gegenübergestellt wird, und wir können einen reduktionistischen Monismus vermeiden, in dem es nichts anderes gibt als den Körper. Dasselbe gilt folglich für Termini wie *subsymbolischer Auslöser* als Ersatz für (oder Deskriptor von) *körperlicher Auslöser*, *Körpersprache* etc.

Obgleich andere Autoren (wie bereits erörtert) als Vordenker gelten können, findet die Idee einer Trennung der Systeme als Grundlage von Pathologien (namentlich somatischen) ihren umfassendsten und klarsten Ausdruck in der Theorie der multiplen Codierung. Sie wiederum veranschaulicht und klärt frühere Arbeiten, wie ich anhand von Freuds Aufsatz über die Angstneurose zu zeigen versucht habe, und füllt sie mit neuer Bedeutung. Dasselbe lässt sich über die Idee sagen, das Auftreten eines somatischen Symptoms sei der Versuch, eine Verbindung wiederherzustellen.

Nicht zuletzt kann die Sprache der Theorie der multiplen Codierung von Nicht-Psychoanalytikern leicht verstanden werden und so einen Dialog erleichtern. Ein Neurowissenschaftler wird wahrscheinlich weniger Schwierigkeiten haben, die Idee des Sichtbarwerdens eines subsymbolischen Auslösers auf der Suche nach einer Verbindung nachzuvollziehen als die einer »somatischen Störung«, die »einer ›Verführung‹ der Psyche zum Geist hin entgegenwirkt« (Winnicott 1949 [1976], S. 176f.).

Danksagungen

Ich möchte Wilma Bucci persönlich danken, dass sie mir bei verschiedenen Anlässen ihre Ideen erläutert und mit mir diskutiert hat; dem *Centro di Psicoanalisi Romano* (Sektion der Italienischen Psychoanalytischen Gesellschaft) und insbesondere Guiseppe Moccia, damals Wissenschaftlicher Sekretär, für die Organisation eines Workshops im Jahr 2007 mit Wilma Bucci, als dieser Aufsatz Form anzunehmen begann; der Studiengruppe »Wege zu einer Einheit von Körper und Psyche« am *Centro di Psicoanalisi Romano* unter der koordinierenden Leitung von Carla De Toffoli[12], wo einige in dieser Arbeit enthaltene Ideen zur Körper-Psyche-Beziehung entwickelt wurden; Gina Atkinson für ihre sorgfältige und umsichtige linguistische Überarbeitung des Manuskripts und Maria Vittoria Constantini für ihre wertvollen Kommentare und Vorschläge zur abschließenden Überarbeitung des Manuskripts.

Übersetzung aus dem Englischen von Barbara Strehlow

---

12 Weitere Teilnehmer sind zurzeit: Alessandro Antonucci, Letizia Barbieri, Ferdinando Benedetti, Anna Bovet, Roberta Di Lascio, Angelo Macchia, Maura Magnani, M. Adelaide Palmieri, Dimitri Rallis, Luigi Solano und Domenico Timpano.

Literatur

Ader, Robert (1970): Effects of early experience and differential housing on susceptibility to gastric erosions in lesion-susceptible rats. Psychosom. Med. 32, 569–580.
Ader, Robert (1974): The role of developmental factors in susceptibility to disease. I. J. Psychiatr. Med. 5, 367–376.
Ader, Robert (1976): Psychosomatic research in animals. In: Hill, Oscar (Hg.): Modern trends in psychosomatic medicine, vol. 3. London (Butterworths).
Ader, Robert & Friedman, Stanford B. (1965): Social factors affecting emotionality and resistance to disease in animals: V. Early separation from the mother and response to transplanted tumor in the rat. Psychosom. Med. 27, 119–122.
Becara, Antoine; Tranel, Daniel; Damasio, Hanna; Adolphs, Ralph; Rockland, C. & Damasio, Antonio R. (1995): Double dissociation of conditioning and declarative knowledge relative to the amygdala and hippocampus in humans. Science 269, 1115–1118.
Bion, Wilfred R. (1957): Attacks on linking. Paper presented at the British Psychoanalytic Society. I. J. Psycho-Anal. 40, 308–315 (1959). Dt.: Angriffe auf Verbindungen. In: Bott Spillius, Elizabeth (Hg.): Melanie Klein Heute, Bd. 1. Übers. Elisabeth Vorspohl. Stuttgart (Klett-Cotta), 1995, S. 110–129.
Bion, Wilfred R. (1961): Experiences in groups and other papers. London (Tavistock). Dt.: Erfahrungen in Gruppen und andere Schriften. Übers. H. O. Rieble. Stuttgart (Klett-Cotta), 3. Aufl. 2001.
Bion, Wilfred R. (1962a): A theory of thinking. I. J. Psycho-Anal. 43, 306–310. [1967 in: Second thoughts. London (Heinemann), S. 110–119.] Dt.: Eine Theorie des Denkens. In: Bott Spillius, Elizabeth (Hg.): Melanie Klein Heute, Bd. 1. Übers. Elisabeth Vorspohl. Stuttgart (Klett-Cotta), 1995, S. 225–235.
Bion, Wilfred R. (1962b): Learning from experience. London (Heinemann). Dt.: Lernen durch Erfahrung. Übers. Erika Krejci. Frankfurt/M. (Suhrkamp), 2004.
Bion, Wilfred R. (2005): The Italian seminars. London (Karnac). Dt.: Die italienischen Seminare. Tübingen (edition discord), 2007.
Bohm, David (1980): Wholeness and the implicate order. London (Routledge & Kegan Paul). Dt.: Die implizite Ordnung. Grundlagen eines dynamischen Holismus. Übers. Karl-Ulrich Möhring. München (Goldmann), 1987.
Bruni, Alessandro; Franchi, Fabrizio; Juraga, Ana E.; Pallotta, Stefania; Parisi, Tommaso; Rosenholz, Eva & Spadazzi, Claudia (2009): Il caso di Anna. Un'interpretazione patobiografica di una malattia. Paper presented at the Centro di Psicoanalisi Romano, Roma, 12 June.
Bucci, Wilma (1997a): Psychoanalysis and cognitive science: A multiple code theory. New York, NY (Guilford).
Bucci, Wilma (1997b): Symptoms and symbols: A multiple code theory of somatization. Psychoanal. Inq. 17, 151–172.
Bucci, Wilma (2007): The spectrum of dissociative processes: Implications for the therapeutic relationship. Paper presented at the Workshop ›Psychoanalytic Perspectives on Unconscious Mental Functioning‹, Centro di Psicoanalisi Romano, Roma, 7 July.
Bucci, Wilma (2009a): Lo spettro dei processi dissociativi. Implicazioni per la relazione terapeutica. In: Moccia, Giuseppe & Solano, Luigi (Hg.): Psicoanalisi e neuroscienze: risonanze interdisciplinari. Milano (Franco Angeli), S. 29–53.
Bucci, Wilma (2009b): Workshop: Converging evidence for the referential process from psychoanalysis, cognitive science and neuroscience. Il Processo Referenziale, Studi Clinici e Ricerca Empirica, Facolta di Psicologia 1, Roma, 4 April.

Cimino, Christina & Correale, Antonello (2005): Projective identification and consciousness alterations: A bridge between psychoanalysis and neuroscience? I. J. Psycho-Anal 86, 51–60.

Daniels, George E. (1936): Analysis of a case of neurosis with diabetes mellitus. Psa. Q. 5, 513–547.

De Toffoli, Carla (2001): Psicosoma. Il sapere del corpo nel lavoro psicoanalitico. Riv. Psicoanal. 47, 465–486.

De Toffoli, Carla (2007): Il sapere inconscio inscritto nel corpo. Psiche 15, 87–102.

Ellenberger, Henri F. (1970): The discovery of the unconscious: The history and evolution of dynamic psychiatry. New York, NY (Basic Books). Dt.: Die Entdeckung des Unbewussten: Geschichte und Entwicklung der dynamischen Psychiatrie von den Anfängen bis zu Janet, Freud, Adler und Jung. Übers. Gudrun Theusner-Stampa. Zürich (Diogenes-Verlag), 2. Aufl. 2005.

Engel, George L. (1977): The need for a new medical model: A challenge for biomedicine. Science 196, 129–136.

Ferro, Antonino (2002): Fattori di malattia, fattori guarigione. Milano (Cortina). [(2004). Seeds of illness, seeds of recovery. London (Routledge).

Figueredo, Vincent M. (2009): The time has come for physicians to take notice: The impact of psychosocial stressors on the heart. Am. J. Med. 122, 704–712.

Freud, Sigmund (1894): Über die Berechtigung, von der Neurasthenie einen bestimmten Symptomenkomplex abzutrennen. GW I, S. 315–342.

Freud, Sigmund (1895): Entwurf einer Psychologie. GW Nachtragsband, S. 375–486.

Freud, Sigmund (1900): Die Traumdeutung. GW II/III.

Freud, Sigmund (1905d): Drei Abhandlungen zur Sexualtheorie. GW V, S. 27–145.

Freud, Sigmund (1915c): Triebe und Triebschicksale. GW X, S. 210–232.

Freud, Sigmund (1923b): Das Ich und das Es. GW XIII, S. 237–289.

Freud, Sigmund (1938): Abriß der Psychoanalyse. GW XVII, S. 63–138.

Galatzer-Levy, Robert M. (2009): Good vibrations: Analytic process as coupled oscillators. I. J. Psycho-Anal 90, 983–1007.

Godwin, Robert W. (1991): Wilfred Bion and David Bohm: Toward a quantum metapsychology. Psychoanal. Contemp. Thought 14, 625–654.

Grotstein, James S. (1997a): ›Mens sana in corpore sano‹. The mind and the body as an ›odd couple‹ and as an oddly coupled unity. Psychoanal. Inq. 17, 204–222.

Grotstein, James S. (1997b): Alexithymia: The exception that proves the rule – of the unusual significance of affects. Vorwort zu: Taylor, GJ; Bagby, RM & Parker, JDA: Disorders of affect regulation, xi–xviii. Cambridge (Cambridge UP).

Grotstein, James S. (2008): A beam of intense darkness: Wilfred Bion's legacy to psychoanalysis. London (Karnac).

Harlow, HF (1959): Love in infant monkeys. Sci. Am. 200, 68–74.

Hautmann, Giovanni (2002): Sviluppi bioniani ed alcune forme religiose della mente. In: Hautmann, Giovanni: Funzione analitica e mente primitiva, Chapter X. Pisa (ETS).

Hautmann, Giovanni (2005): Pensiero pellicolare e formazione del Se. In: Ferruta, Anna (Hg.): Pensare per immagini. Roma (Borla), S. 9–24.

Hofer, Myron A. (1984): Relationships as regulators: A psychobiologic perspective on bereavement. Psychosom. Med. 46, 183–197.

Hofer, Myron A. (1987): Early social relationships: A psychobiologist's view. Child Dev. 58, 633–647.

Hofer, Myron A. (1996): On the nature and consequences of early loss. Psychosom. Med. 58, 570–581.

Jung, Carl G. (1952): Naturerklärung und Psyche: Synchronizität als ein Prinzip akausaler Zusammenhänge. In: Studien aus dem C. G. Jung-Institut Zürich IV. Zürich (Rascher).

Kaufman, IC & Rosenblum, LA (1967): The reaction to separation in infant monkeys: Anaclitic depression and conservation-withdrawal. Psychosom. Med. 29, 648–657.

Kiecolt-Glaser, JK; Fisher, LD; Ogroki, P.; Stout, JC; Speicher, CE & Glaser, R. (1987): Marital quality, marital disruption and immune function. Psychosom. Med. 49, 13–34.

Kiecolt-Glaser, JK; Kennedy, S.; Malkoff, S.; Fisher, LD; Speicher, CE & Glaser, R. (1988): Marital discord and immunity in males. Psychosom. Med. 50, 213–229.

Marty, Pierre ; De M'Uzan, Michel & David, Christian (1963): L'investigation psychosomatique. Paris (PUF).

Matte Blanco, Ignacio (1975): The unconscious as infinite sets: An essay in bilogic. London (Duckworth).

Matthis, Irène (2000): Sketch for a metapsychology of affect. I. J. Psycho-Anal. 81, 215–227.

McDougall, Joyce (1989): Theatres of the body. London (Free Association Books). Dt.: Theater des Körpers. Stuttgart (Klett-Cotta), 1992.

Moravia, Sergio (1986): L'enigma della mente. Bari (Laterza).

Nemiah, John C. & Sifneos, Peter E. (1970): Affect and fantasy in patients with psychosomatic disorders. In: Hill, Oscar W. (Hg.): Modern trends in psychosomatic medicine. London (Butterworths), S. 26–34.

Peregrini, Claudia; Bernetti, Maria G.; Cassardo, Claudio; Marino, Rita; Ramella, M.; Simonini, Christina & Vizziello, P. (2009): Vedere e immaginare: un approccio bilingue alle malattie del corpo e della mente tra medicina e psicoanalisi. Considerazioni teorico-cliniche. 40th Multiple Seminars Meeting of the Italian Psychoanalytic Society, Bologna, May.

Racalbuto, Agostino (1994): Tra il fare il dire: L'esperienza dell'inconscio e del non verbale in psicoanalisi. Milano (Cortina).

Reik, Theodor (1948): Listening with the third ear: The inner experience of a psychoanalyst. New York, NY (Pyramid), 1964. Dt.: Hören mit dem dritten Ohr. Die innere Erfahrung eines Psychoanalytikers. Eschborn bei Frankfurt/M (Klotz), 3. Aufl. 2007.

Schore, Allan N. (1994): Affect regulation and the origin of the self: The neurobiology of emotional development. Hillsdale, NJ (Erlbaum).

Segal, Hanna (1957): Notes on symbol formation. I. J. Psycho-Anal 38, 391–397. Dt.: Bemerkungen zur Symbolbildung. In: Bott Spillius, Elizabeth (Hg.): Melanie Klein Heute, Bd. 1. Stuttgart (Klett-Cotta), 1990, S. 202–204.

Solano, Luigi (2000): Glycemic dysregulation and relational/affective dysregulation in a patient with diabetes mellitus. I. J. Psycho-Anal. 81, 291–305.

Solano, Luigi; Montella, Francesco; Salvati, Simonetta; Di Sora, Fiorella; Murgia, F.; Figa-Talamanca, Lucia; Zoppi, Luisa; Lauria, F.; Coda, Rosamaria & Nicotra, M. (2001): Expression and processing of emotions: Relationships with CD4 + levels in 42 HIV-positive asymptomatic individuals. Psychol. Health 16, 689–698.

Spitz, René A. & Wolf, Katherine M. (1946): Anaclitic depression. Psychoanal. Stud. Child. 2, 313–342.

Taylor, Graeme J. (1987): Psychosomatic medicine and contemporary psychoanalysis. Madison, CT (International UP).

Taylor, Graeme J.; Bagby, Michael R. & Parker, James D. A. (1997): Disorders of affect regulation: Alexithymia in medical and psychiatric illness. Cambridge (Cambridge UP).

Varela, Francisco (2000): Quattro pilastri per il futuro della scienza cognitiva. Pluriverso 2, 6–15.

Winnicott, Donald W. (1940): Discussion at the British Psychoanalytic Society. [(1960). The theory of the parent–infant relationship. I. J. Psycho-Anal. 41, 585–595.] Dt.: Die Theorie von der Beziehung zwischen Mutter und Kind. In: Reifungsprozesse und fördernde Umwelt. Gießen (Psychosozial-Verlag), 2. Aufl. 2006, S. 47–71.

Winnicott, Donald W. (1949): Mind and its relation to the psyche-soma. Paper presented at the medical section of the British Psychological Society. [(1954). Br. J. Med. Psychol. 27, 201–209.] [Reprinted in: Through Pediatrics to Psychoanalysis, London (The Hogarth Press and the Institute of Psychoanalysis), 1975.] Dt.: Die Beziehung zwischen dem Geist und dem Leibseelischen. In: Von der Kinderheilkunde zur Psychoanalyse. München (Kindler), 1976, S. 161–178.

Zoppi, Luisa (2006): Esplorazioni per una prospettiva junghiana per la psicosomatica. Studi junghiani 24, 69–84.

Mörderische Gedanken

Tyrannische Macht und andere Phänomene innerhalb des perversen Spektrums

Richard Tuch

Im folgenden Artikel stellt der Autor zunächst das breite Spektrum von Phänomenen der Perversion und Perversität dar, das derzeit in der psychoanalytischen Literatur unter diesen Begriffen gefasst wird. Er wendet sich anschließend der Kontroverse zu, ob es sinnvoll ist, diese dem Anschein nach sehr unterschiedlichen Phänomene im gleichen konzeptionellen Rahmen zu erfassen, und vertritt dazu die These, dass es sich hierbei um ein Kontinuum von unterschiedlich stark ausgeprägten Erscheinungsformen handelt, die über ausreichende Gemeinsamkeiten verfügen, um den Gebrauch derselben Begrifflichkeit zu rechtfertigen.

Seine Konzeption eines perversen Spektrums beginnt mit der Verwendung einfacher Fetische, die in eine sexuelle Situation einbezogen werden, um die sexuelle Erregung zu steigern. Wenn man sich entlang des von ihm angenommenen Kontinuums weiterbewegt, so begegnet man zunehmend komplexeren Verhaltensmustern – beispielsweise der Verwendung von »Drehbüchern«, die der Inszenierung perverser Phantasien dienen, wie sie unter anderem in der Übernahme komplementärer Rollen (etwa in sadomasochistischen Inszenierungen) stattfindet. Ein Merkmal dieser Inszenierungen ist, dass in ihnen die Bedürfnisse der beiden Beteiligten gleichermaßen zum Tragen kommen, da eine von beiden geteilte Phantasie in Szene gesetzt wird. Das extreme Ende des perversen Spektrums wird schließlich durch eine besondere klinische Entität – die der »perversen Beziehungsmodi« – repräsentiert. Sie stellen eine Form der Verdinglichung einer Beziehung dar, die dann nur noch wenig mehr ist als ein Vehikel, um vom Objekt Besitz zu ergreifen und es zur alleinigen Befriedigung der eigenen Bedürfnisse und Begierden zu kontrollieren. Allen Phänomenen des perversen Spektrums gemeinsam ist zum einen, dass in einer Beziehung ein Gegenstand oder eine bestimmte Bedingung zwischen die Beteiligten ge-

schoben wird – vom einfachen Fetisch bis hin zu ausgeklügelten Formen der Inszenierung einer Beziehung, die das Gegenüber zu einer Figur im Spiel des Perversen machen –, und zum anderen, dass es dabei zu einer Deformation des Realitätsbezugs kommt.

Psychoanalytische Autoren haben den Begriff der Perversion in letzter Zeit auf einen zunehmend größer werdenden Bereich von Phänomenen angewandt und so den Gebrauch dieses Konzepts über die Grenzen der bisher üblichen, engeren Definition durch frühere Autoren hinaus ausgeweitet. Auch wenn Perversion weithin immer noch als etwas gesehen wird, das im Kern sexueller Natur ist, gelten einige Formen inzwischen als Manifestierungen einer Sexualisierung – eines Vorgangs also, der nichtsexuellen Phänomenen ein dezidiert sexuelles Gepräge verleiht. So betrachten einige Autoren nicht mehr fehlgeleitete Libido, sondern sexualisierte Feindseligkeit als den Kern der Perversion. Die Existenz einer Reihe perverser Phänomene – wie beispielsweise perverse Charakterstrukturen (Arlow 1971) oder perverse Formen der Beziehung (Filippini 2005; Tuch 2008), die lediglich durch ihre Intensität und die Art der Erregung an Sexualität erinnern – wirft die Frage auf, ob und, wenn ja, in welcher Form diese verschiedenen Phänomene genügend Gemeinsamkeiten mit den typischeren Formen der Perversion aufweisen, sodass die Verwendung desselben Namens gerechtfertigt wäre. In Anbetracht des sich ausdehnenden Kosmos von Perversion und Perversität erscheint es an der Zeit, sowohl einen Überblick über die verschiedenen, als pervers oder pervertiert bezeichneten Phänomene zu geben, als auch den Versuch einer Synthese zu unternehmen. Besondere Beachtung soll dabei jenem Extrem des perversen Spektrums gewidmet werden, an dem perverse Beziehungsformen angesiedelt sind.

Traditionell bezeichnet Perversion den Gebrauch von entweder unüblichen Objekten (z. B. Tieren) oder Mitteln (z. B. Schlagen), um sexuelle Befriedigung zu erreichen. Aber Traditionen haben es an sich, sich zu verändern, und heutzutage ist der Begriff »Perversion« nicht länger, wie es einst der Fall war, auf »jede Aeusserung des Geschlechtstriebes [...,] die nicht den Zwecken der Natur, i. e. der Fortpflanzung entspricht« (Krafft-Ebing 1886, zitiert aus der Neuausgabe von 1997, S. 68), beschränkt. Während Laplanche und Pontalis eindeutig erklärten: »In der Psychoanalyse spricht man *nur in Verbindung mit der Sexualität* von Perversion« (1967 [1982], S. 378, Hervorhebung durch den Autor), zeigt eine Durchsicht der neueren Literatur, dass dies nicht länger der Fall ist (Filippini 2005; Grossman

1993; Jimenez 2004; Ogden 1996; Stein 2005; Tuch 2008; Zimmer 2003). In der traditionellen Sichtweise bezeichnete Perversion eine Fixierung auf infantile Stufen der psychosexuellen Entwicklung und die Bevorzugung eines prägenitalen Partialtriebes. Gegenwärtig wird der Begriff jedoch auch gebraucht, um eine *Sexualisierung* von etwas im Grunde Nicht-Sexuellem zu bezeichnen – von Hass oder dem Wunsch zu dominieren, Rache zu üben oder Intimität zu vermeiden –, und zwar jeweils in Fällen, in denen ein solches Verhalten und/oder eine solche Phantasie weder die Manifestation eines körperlichen Triebes noch der Versuch der Befriedigung eines körperlichen Bedürfnisses ist (Coen 1981; Glasser 1986; Goldberg 1995; Parsons 2000). Hier geht es nicht um sexuelle Erregung und sinnliche Lust; vielmehr dienen solche sexualisierten Verhaltensweisen und/oder Phantasien in erster Linie der Abwehr – in Situationen, in denen »Abwehr eine größere Dringlichkeit und Wichtigkeit in der motivationalen Hierarchie des Patienten hat als die Befriedigung sexueller Triebwünsche« (Coen 1981, S. 907). Khan (1979) merkt dazu Folgendes an:

> »Mir jedenfalls fehlt in meiner klinischen Erfahrung bis heute der Perverse, der aus einem echten Triebdruck seiner körperlichen Wünsche heraus gezwungen wäre, nach einem Objekt für seine Befriedigung Ausschau zu halten. Es wird alles vom Kopf her ausgedacht, und erst dann werden der Triebapparat und die Triebfunktionen im Dienste einer programmierten Sexualität mit großem Eifer ausgebeutet« (1979 [2002], S. 15).

Obwohl die Erregung bei Perversionen oft einer sexuellen Erregung ähnelt, muss sie nicht unbedingt sexueller Natur im eigentlichen Sinne sein. Wenn man argumentiert, dass das, was gleich aussieht, auch gleich ist, wozu Freud (1905) häufig neigte, kann man in Anbetracht der Intensität und Art des Affektes als Beobachter leicht zu dem Schluss kommen, dass es um eine sexuelle Erregung gehe. Aber eine solche Argumentation läuft dem Prinzip *omnis analogia claudet* – jeder Vergleich hinkt – zuwider. Wenn also Freud bemerkt: »Wer ein Kind gesättigt von der Brust zurücksinken sieht, mit geröteten Wangen und seligem Lächeln in Schlaf verfallen, der wird sich sagen müssen, daß dieses Bild auch für den Ausdruck der sexuellen Befriedigung im späteren Leben maßgebend bleibt« (1905, S. 82), spüren wir, dass er einerseits aus einer primärprozesshaften Perspektive auf etwas Bestimmtes hinaus will, zum andern sich dabei aber auf eine gefährliche Weise auf Analogien stützt und potenziell irreführende Verknüpfungen herstellt, die geradezu an eine symbolische Gleichsetzung erinnern. Wenn eine wild gewordene Ratte immer wieder einen Hebel drückt, um so eine in ihrem Lustzentrum implantierte Elektrode zu aktivieren, oder ein Heroinabhängiger sich erregt mithilfe einer Heroinspritze in irrwitzige Ekstasen katapultiert, muss es sich nicht unbedingt um eine sexuelle Erfahrung handeln, auch wenn sie ihr bemerkenswert ähnlich sieht. Auch bei der Perversion oder Perversität geht es oft, selbst wenn es wie Sexualität aussieht, um eine Sexualisierung des Nicht-Sexuellen.

Eine Erweiterung des Begriffes »Perversion« um Phänomene, die im Wesentlichen nicht-sexueller Natur sind, mag manchem selbst als eine Perversion erscheinen, als eine so weitgehende Verdrehung und Verfälschung des Begriffes bis hin zu einem Punkt, an dem es nicht mehr möglich ist, damit einen Prozess oder ein Phänomen sinnvoll und klar abgegrenzt zu beschreiben. Dieser Aufsatz möchte jedoch darlegen, was die verschiedenen Phänomene, die gegenwärtig unter der Rubrik »Perversion« und »Perversität« subsumiert werden, gemeinsam haben und wie gerechtfertigt werden könnte, sie konzeptuell sozusagen »über einen Kamm zu scheren«.

Neben der gegenwärtigen Praxis, mit dem Begriff der »Perversion« eine Sexualisierung des nicht ursprünglich Sexuellen zu bezeichnen, weitet ein anderer Trend den Begriff so aus, dass er auch einen bestimmten, extrem ungleichgewichtigen Beziehungsstil umfasst, in dem die Bedürfnisse der einen Seite der anderen einseitig aufgezwungen werden. Das Gegenüber ist dabei in einer Position psychischer Wehrlosigkeit gefangen und wird mittels spezieller Manöver – oft unter Einsatz von projektiver Identifizierung – als Geisel gehalten. Zum Machtkalkül der Perversion gehört es, »den anderen ins Hintertreffen zu bringen, indem man ihm die nötige Geistesgegenwart raubt und er nicht mehr als gleichberechtigter Partner an der gemeinsamen Gestaltung des Geschehens teilnehmen kann« (Tuch 2008, S. 147). Solche Formen eines »perversen Beziehungsmodus« erweitern den Begriff des »Fetischs« über die Grenzen des bislang üblichen Gebrauchs hinaus: Gegenstände, Umstände, Situationen, Phantasien, drehbuchartige Skripte oder heraufbeschworene Bilder usw., mit denen in einer bestimmten sexuellen Situation eine sexuelle Erregung erzeugt oder verstärkt werden soll. Wenn man sich auf dem perversen Spektrum weiter voran bewegt, so beginnt die Fetischisierung bestimmte Objektbeziehungen als Ganzes zu beeinträchtigen, was in einem speziellen Beziehungsmodus resultiert, der die Natur der Objektbeziehung als solche fetischisiert. Diese spezielle Form der Perversion – der perverse Beziehungsmodus – steht im Mittelpunkt dieser Arbeit.

Sadomasochismus versus perverser Beziehungsmodus

Wenn man von aktiven und passiven Partialtrieben spricht, die jeweils »Gegensatzpaare« bilden (z. B. Sadismus/Masochismus, Exhibitionismus/Voyeurismus), geht es um Rollen, deren wechselseitige Übernahme die jeweiligen Bedürfnisse von beiden Beteiligten befriedigt. Obwohl beispielsweise dem Bedürfnis des Masochisten nach Misshandlung durch die Aufrechterhaltung der Illusion entsprochen wird, dass er sich den Misshandlungen, mit denen er gequält wird und die ihm »auferlegt« werden, nicht widersetzen könne, so merkt Stoller (1975) doch gleich an, dass hier ein expliziter, zwar unausgesprochener, aber doch intuitiv erfasster »masochistischer Vertrag« vorliegt, der – unbewusst zwischen Masochist und Sadist geschlossen – regelt, was gestattet ist und was nicht, was getan werden kann und was nicht. Dieser Vertrag gibt dem Masochisten die Macht, Handlungen zu unterbrechen, die über die wohldefinierten Grenzen seiner Phantasie hinausgehen. Die Handlung muss sich innerhalb dieser Grenzen bewegen; insofern ist dieser Sadismus nicht wirklich sadistisch, sondern vielmehr ein erwünschter, begrenzter und kontrollierter Sadismus – die Illusion eines Sadismus.

Im Gegensatz zu den eben beschriebenen wechselseitigen Arrangements ist es ein Bestandteil des perversen Beziehungsmodus, dass hier eine Seite der anderen ihren Willen aufnötigt, indem sie Interaktionen erzwingt, die den Bedürfnissen des anderen ganz und gar nicht entsprechen (Tuch 2008). Dann wären ein Masochist, der darum bettelt, schlecht behandelt zu werden, und ein Sadist, der sich aber weigert, diese Rolle einzunehmen, und stattdessen mit großem Vergnügen genau diesen Wunsch des Masochisten frustriert, ein Beispiel für den wirklichen Sadismus, wie er bei solchen Formen perverser Beziehungsgestaltung in Erscheinung tritt. *Das*, könnte man sagen, ist nun wirklich pervers! Obwohl perverse Beziehungen nie exakt so funktionieren wie in dieser eher scherzhaften Beschreibung, so illustriert diese Art von Witz doch den entscheidenden Punkt – dass zwischen der Zusammenarbeit beim Sadomasochismus und der Tyrannei des perversen Beziehungsmodus Welten liegen.

Obwohl es sicher manch einer als nicht gerechtfertigt empfinden wird, diese Art einseitiger Interaktionen als Perversion zu klassifizieren, gibt es in der Literatur einen klaren Trend, genau dies zu tun. So schreibt McDougall: »Nach meiner Überzeugung können als *pervers* legitimerweise nur Versuche bezeichnet werden, anderen, die nicht zustimmen oder zu keiner Eigenverantwortung fähig sind, die eigenen erotischen Phantasien aufzuzwingen«

(1995 [1997], S. 254, Hervorhebung durch den Autor). Vielleicht können in letzter Konsequenz sogar nur *Beziehungen* als pervers bezeichnet werden. Dem Sexual-»Partner« des Perversen (falls er oder sie überhaupt wirklich so bezeichnet werden kann) ist es nicht erlaubt, frei zu entscheiden, inwieweit ihm oder ihr entsprechend seiner oder ihrer Wünsche und/oder Reaktionen das Verhalten des Perversen gefällt, weil diesem damit die Inszenierung seiner ganz speziellen Phantasie entgleisen würde. Bezüglich solcher Fälle von Perversität merkt De Masi (1999 [2009]) an:

> »Leben besitzen die Objekte nur, insofern sie die ihnen von der Vorstellungskraft zugewiesene Aufgabe erfüllen […]. Würde der Partner als lebendig und unabhängig erfahren, könnte es nicht die Freiheit und die Allmacht der Phantasie geben; ein wirklicher Partner, mit eigenen Forderungen und Bedürfnissen, setzt der Vorstellungskraft Schranken und verringert so die Erregung« (S. 108).

Je mehr sich die Inszenierung einer perversen Szene der exakten Nachbildung der Phantasie des Perversen nähert, desto stärker wird sein Objekt auf die Funktion reduziert, eine bloße Marionette zu sein – ein *Gegenstand*, nicht eine *Person*, mit dem auf der Bühne des Perversen gespielt wird, und umso mehr wird der Perverse darin bestärkt, dass andere keine Gefahr für die vollständige und vollkommene Umsetzung seiner Phantasie darstellen –, was zu einem Grad von Erregung führt, der *analog* der Erregung bei einer tatsächlichen sexuellen Begegnung ist. Noch weiter entlang des perversen Kontinuums bleiben die Bedürfnisse und Wünsche des anderen in wachsendem Ausmaß unberücksichtigt, anders als am weniger extremen Ende des perversen Spektrums, an dem die gesamte Interaktion als eine zu verhandelnde (reziproke) Angelegenheit verstanden wird.

Perverse Beziehungsmodi werden in Arlows (1971) Beschreibung perverser Charakterstrukturen dargestellt (insbesondere anhand von »Streichen« auf Kosten eines anderen). Arlow beschreibt, wie der Perverse sich die Leichtgläubigkeit anderer zunutze macht, die dann auf die Täuschung des Perversen hereinfallen, zum Narren gehalten werden und jene Emotionen (oft Angst, Panik und – wenn die Täuschung offensichtlich wird – Erniedrigung) erleben müssen, die durch eine falsche, durch die Kreation des Witzboldes entstandene »Realität« hervorgerufen werden. Zum Beispiel umwickelt ein Junge seine beiden Vorderzähne mit schwarzem Papier und simuliert so wirkungsvoll den Verlust dieser Zähne. Er geht dann seinen Beschäftigungen nach, bis seine Mutter ihn sieht und bei diesem Anblick in Panik gerät. Dieser Junge entdeckt später als Erwachsener in seiner Analyse, dass jene Aktion darauf abzielte, seine Mutter in die Art von Schock zu versetzen, die er als Junge beim Anblick ihrer Genitalien erlebt hatte – und der Entdeckung, dass sie im Vergleich zu ihm kein Glied hatte –, weil sie die Angewohnheit hatte, in Gegenwart ihres Sohnes »gedankenlos« nackt herumzulaufen (ebd.).

Das perverse Spektrum

Da der Fetisch der Prototyp aller Perversionen ist (Bak 1968; Stoller 1975), werden wir uns in dieser Untersuchung besonders darauf konzentrieren, in welchen Formen fetischistische Mechanismen entlang des perversen Spektrums auftreten. Dieses perverse Spektrum reicht vom Gebrauch einfacher Fetische über komplexere Formen von drehbuchartig festgelegtem fetischisiertem Verhalten bis hin zu Fällen von perverser Beziehungsgestaltung. Was einen einfachen Fetisch (beispielsweise ein Ängste beschwichtigendes Objekt, das in eine sexuelle Handlung einbezogen wird, oder eine perverse Phantasie, die als Drehbuch die Handlungen in einem sexuellen Szenario bestimmt) am einen Ende des perversen Spektrums von dem komplexen Fetischisierungsprozess des perversen Beziehungsmodus an seinem anderen Ende unterscheidet, ist einmal die Frage, was dadurch abgewehrt wird, weiter das Ausmaß des Realitätsverlusts durch die Tendenz, Aspekte der Realität zu verleugnen, und schließlich der Grad, in dem die gesamten Objektbeziehungen einer Person von Feindseligkeit durchdrungen sind – um dem Objekt zu schaden, Kontrolle über es zu erlangen, es dabei in etwas zu verwandeln, mit dem gespielt wird, und es auf diese Weise zu entmenschlichen. Je mehr pathologischer Narzissmus zur Entstehung der Perversion beiträgt (Kernberg 1992) und je stärker die Perversion zur Abwehr psychotischer Ängste (Glover 1933; Malcolm 1970; Stein 2005) dient – also dazu, Dämme gegen eine Desintegration des Selbst zu errichten oder ein Gefühl der Leblosigkeit aufzuheben (Khan 1979) –, desto größer ist die Wahrscheinlichkeit, dass eine *Sexualisierung* mitbeteiligt ist (Coen 1981), und desto stärker das Bedürfnis, bedrohliche Aspekte der Realität zu verleugnen, was zu einem stärkeren Ausmaß von Realitätsverlust führt (Arlow 1971; Chasseguet-Smirgel 1981, 1984 und 1991; Grossman 1992, 1993 und 1996; Jimenez 2004; Zimmer 2003).

Fetischistisches Verhalten kann dazu dienen, eine ganze Fülle von Ängsten zu verringern: Kastrationsangst angesichts der weiblichen Vagina, Angst vor Vernichtung aus Furcht, vom Objekt verschlungen zu werden, Angst, immer wieder erniedrigt zu werden, weil der andere mit einem »spielt« oder ein Verlangen weckt, das dann, weil man nichts wert ist, zurückgewiesen wird, die Angst vor einer überwältigenden Hilflosigkeit angesichts der Tatsache, dass man verlassen worden ist, usw. Wenn ein Mann durch den fehlenden Penis der Frau beunruhigt ist, braucht er den Fetisch, um den Penis auf konkrete Weise zu repräsentieren und zu ersetzen und sein Fehlen verleugnen zu können. Wenn die Angst auf Phantasien zentriert ist, vom Objekt verschlungen zu werden, dient die Fetischisierung dazu, dessen Macht und Bedeutung zu verringern und es auf etwas Unbedeutendes und Entbehrliches zu reduzieren. Geht es darum, dass sich eine in der Kindheit erlebte Erniedrigung nicht wiederholen soll, so kann man die Beziehung in der Weise fetischisieren, dass der andere in die Rolle des erniedrigten Trottels gepresst wird. Zustände von Abhängigkeit, die einen der Gnade eines potenziell bedürfnisbefriedigenden Anderen ausliefern, können ebenfalls durch Fetischisierung aufgelöst werden. Ein körperliches Bedürfnis zu erleben und anzuerkennen, für das ein »Anderer« gebraucht wird, der auch als Anderer wahrgenommen wird, ist das letzte, was ein Fetischist will, und viele halten die manische Vermeidung ebendieser Situation für das Lebenselixier des perversen Triebes (De Masi 1999). Wenn ein Mann fürchtet, durch seine Abhängigkeit von einer Frau zur Befriedigung seiner Bedürfnisse unerträglich verletzbar zu werden, kann er ein drehbuchartiges Szenario ausarbeiten, dessen Einhaltung ihm versichern soll, dass er nichts zu befürchten hat, und ihn glauben lässt, dass er nunmehr das Objekt ganz und gar unter Kontrolle hat.

Teil des perversen Beziehungsmodus ist es, zu anderen Beziehungen zu unterhalten, die den allgemein akzeptierten Normen für eine liebevolle Beziehung zwischen zwei Menschen, die sich mit gegenseitigem Respekt behandeln, nicht entsprechen. Dies ist bereits eine Perversion dessen, was gemeinhin unter einer »Beziehung« verstanden wird. Perverse Modi der Beziehung verwandeln die Intimität interpersonaler Beziehungen in eine Farce, weil Macht und Kontrolle mehr gelten als Gegenseitigkeit und Gemeinsamkeit (Khan 1979). Ein perverser Umgang mit interpersonalen Beziehungen beinhaltet den konsequenten Versuch, die Macht in der Beziehung an sich zu ziehen und Kontrolle über andere auszuüben, *nicht* wie bei einer Manipulation als Mittel zum Zweck, sondern als Zweck an sich: Kontrolle um der Kontrolle willen, des schieren Vergnügens und Triumphs wegen, Macht über andere auszuüben. Mit anderen in einer perversen Art zu interagieren, bringt den grausamen Zug des Perversen zum Ausdruck und schließt von vornherein jede Berücksichtigung der Wünsche, Gefühle oder Rechte der anderen aus. Darüber hinaus sollen Gefühle erzeugt werden, die in letzter Konsequenz darauf ausgerichtet sind, das Objekt psychisch gefangen zu setzen (Tuch 2008), damit es nicht entkommen kann, wenn der Fetischist mit seinen Quälereien beginnt.

Ein klinisches Beispiel für einen perversen Beziehungsmodus

Ein gutes Beispiel für einen perversen Beziehungsmodus stellt der Fall eines 19-jährigen College-Studenten namens Corky dar, der sich wegen quälender Impulse, jemanden auf eine kalte und kalkulierte Weise umzubringen, in Behandlung begeben hatte – er wollte unbedingt dafür sorgen, in den Augen des Opfers dessen Wissen darum ablesen können, dass sein Leben in seiner Hand lag, während er es langsam zu Tode strangulierte. Die Vorstellung eines solchen Ereignisses erfüllte Corky mit Erregung und gleichzeitig mit Erschrecken. Er konnte nicht aufhören, sich ein so aufregendes Erlebnis auszumalen – und sich nicht vorstellen, auf eine derart befriedigende Erfahrung zu verzichten –, und war doch gleichzeitig erschrocken beim Gedanken daran, dass er tatsächlich die Kontrolle verlieren und seinem Impuls nachgeben könnte.

Im Unterschied zu den verstörenden, nicht abzuschüttelnden Gedanken, wie sie für Patienten mit einer Zwangsstörung charakteristisch sind, die keine Erregung auslösen, sondern vielmehr als fremd und quälend empfunden werden, war sich Corky sehr wohl bewusst, wie sehr ihn solche Phantasien erregten – Phantasien, die er als seine eigenen erlebte und die seinen Wunsch zeigten, sich selbst in den Augen des anderen als jemand gespiegelt zu sehen, der in der Lage ist, einen derartigen Schrecken zu erzeugen. Manchmal sprach Corky davon, nicht nur diesen Schrecken verursachen zu wollen, sondern im wahrsten Sinn des Wortes selbst der den anderen beherrschende Schrecken *sein* zu wollen. Auf diese Weise würde er bei der Erreichung seines Ziels nichts dem Zufall überlassen und die völlige Kontrolle über sein Objekt an sich ziehen, ganz so wie er fürchtete, es könnte ihm selbst widerfahren. Ihm bei der Beschreibung dieses Wunsches zuzuhören, ließ mich in einer Weise erschauern, die *völlig anders* ist als bei den Zwangsgedanken eines zwanghaften Patienten.

Ich fühlte mich durch Corkys Phantasien beunruhigt und alarmiert und fragte mich, ob ich mir zutraute, ihn behandeln zu können. Corky war ein großer, kräftiger Kerl, der körperlich durchaus in der Lage zu sein schien, eine solche Tat auszuführen. Er spürte mein Unbehagen und versicherte mir weitschweifig, dass er niemals eine Autoritätsperson wie mich angreifen würde, ich also nicht in Gefahr wäre – so sagte er jedenfalls damals. Erst später stellte er klar, dass es durchaus möglich wäre, in mir keine Autorität mehr zu sehen, sollte ich ihm zu nahe kommen, zu vertraut werden. Ich erfuhr auch von der Erregung, von der Lust und der Befriedigung, die es ihm bereitete, wenn er anderen gegenüber beiläufig seine Tötungsphantasien erwähnte, was er, um den Effekt zu steigern, mit einstudierter Harmlosigkeit tat. Er erzählte, wie gern er andere »durcheinanderbringe« und wie er glaubte, dass es weitaus mehr Schrecken verursachen würde, in jemandem die bloße Vorstellung davon entstehen zu lassen, auf eine bestimmte Weise gequält zu werden, als man es mit der Quälerei selbst erreichen könnte.

Kurz nachdem wir angefangen hatten, miteinander zu arbeiten, legte sich Corky zu Beginn einer Sitzung auf die Couch und verkündete: »Heute Nacht war ich ein Killer.«[1] Ich war von dem, was er sagte, gelinde gesagt völlig überrumpelt und konnte zunächst nicht entscheiden, ob er seinem Drang zu töten schließlich doch nachgegeben hatte oder doch seinem Drang, mich an der Nase herumzuführen. Corky hatte ein Interesse daran entwickelt, als Stegreif-Komiker aufzutreten, und konnte an keinem Mikrofon vorbeigehen, ohne seine neuesten Witze zu testen. Er wusste sehr wohl, welchen Schock seine Worte in Anbetracht des Problems, das ihn in die Behandlung gebracht hatte, in mir auslösen würden, und er genoss es, mich mit diesem teuflischen Akt hereinzulegen und mit mir zu spielen. Er manipulierte absichtlich meine Gefühle, um seine Macht auszukosten, und tat dabei gleichzeitig so, als wäre es das Letzte, was ihm in den Sinn kommen könnte. Nachdem er eine Weile gewartet hatte, damit seine Worte sich setzen und die von ihm beabsichtigte Wirkung entfalten konnten, tat er so, als wäre ihm der Gedanke, dass ich sie wörtlich nehmen könnte, gerade eben erst gekommen. Er entschuldigte sich dafür, dass er mich »unabsichtlich« erschreckt hatte, und stellte klar, dass er von seinem Erfolg als Komiker in der vergangenen Nacht gesprochen hatte. Er führte hier also perverse Elemente in unsere Beziehung ein und funktionierte die Analyse in eine Stegreif-Vorstellung um, mit mir als der Zielscheibe seines Spotts.

Im Grunde war sein Wunsch, ein Stegreif-Komiker zu sein, eine Sublimierung derselben Wünsche, die auch seinem Antrieb, in der beschriebenen Weise morden zu wollen, zugrunde lagen. Er war ein empfindsames Kind gewesen und von seinen Mitschülern gnadenlos geärgert und verspottet worden – als

---

1 Anm. d. Ü.: Im englischen Original heißt es: »I killed last night«; das kann in Slangsprache auch so etwas bedeuten wie: »Gestern abend hab ich's voll gebracht«.

Zielscheibe ausgewählt aufgrund seiner Schüchternheit, seines seltsamen, verschrobenen Humors und seines Mangels an sozialen Kompetenzen, zudem verängstigt durch die Unberechenbarkeit seines Vaters, eines Mannes, der kaum zu Hause war und keinen Anteil nahm an den Kämpfen, die sein Sohn mit Gleichaltrigen auszustehen hatte, oder ihm eine Orientierung gab. Einen ganzen Raum voller fremder Menschen in unbändiges Gelächter ausbrechen lassen zu können, war für ihn dermaßen befriedigend, dass dies sein Gefühl, ein verletzbares, machtloses Kind gewesen zu sein, das auf bedrückende Weise zum Opfer wird, ins Gegenteil verkehren konnte.

Corky war als Jugendlicher dreimal in psychiatrischen Kliniken in Behandlung gewesen. Er war depressiv gewesen und hatte einen Suizidversuch unternommen, der mir wie ein Hilferuf vorkam. Er war voller Selbsthass und litt unter quälender Einsamkeit. Als er schließlich im Alter von 16 Jahren in ein Ferienlager geschickt wurde, wurden seine selbstmörderischen Gedanken zu Mordimpulsen. Das erste Mal spürte er sie, als er einen zweijährigen Jungen trug und den Drang bemerkte, ihn ins nahegelegene Wasser zu werfen. Danach richteten sich seine mörderischen Impulse mehr und mehr gegen andere statt gegen sich selbst. Als er an mich überwiesen wurde, war er gerade nach einem weiteren Klinikaufenthalt entlassen worden, zu dem es kam, nachdem andere von seinen Tötungswünschen erfahren hatten. Corky wurde mit einer psychoanalytisch orientierten Psychotherapie mit zwei Wochenstunden behandelt, die nicht durchgehend im Liegen durchgeführt werden konnte, weil es schwer für ihn war, auf den visuellen Kontakt mit mir zu verzichten.

Menschen, die auf perverse Art mit anderen in Beziehung treten, haben oft die Neigung, anderen Streiche zu spielen – einen Sport daraus zu machen, andere hinters Licht zu führen (Arlow 1971). Die sadistische Art von Humor meines Patienten zeigte sich bei einem anderen Vorfall in einer Sitzung, nachdem er bei der Sitzung zuvor gesehen hatte, dass ich beim Friseur gewesen war. Er begann diese Sitzung mit den Worten: »Ich habe letzte Stunde vergessen zu erwähnen, dass Sie gut aussehen mit dem neuen Haarschnitt ..., *weil es nicht der Fall ist.*« Die Art und Weise, in der Corky zu sprechen begonnen hatte, hatten mich sehr effektvoll auf ein Kompliment eingestimmt. Doch dann zog er mir den Boden unter den Füßen weg und verkehrte die Situation ins Gegenteil, indem er sich darüber lustig machte, dass ich etwas Gutes erwartet hatte. Ich war in meinem Wünschen und Wollen in flagranti erwischt worden, von Corky erst in diese Position gebracht und dann bloßgestellt. Dass er mich ausgetrickst hatte, erfüllte ihn mit einem Gefühl von Triumph, den er mit einem unausgesprochenen, aber implizit deutlichen »erwischt!« zum

Ausdruck brachte. Er war eindeutig ein großartiger Komiker wie auch ein begabter Quälgeist.²

»Einmal drangekriegt – du bist schuld, zweimal drangekriegt – selber schuld!« Andere in die Irre zu führen, ist das Kapital des Perversen (Arlow 1971), mit dem er sicherstellt, dass nicht er es ist, der mit leeren Händen enttäuscht und beschämt zurückbleibt, immer noch hoffend und wartend. Diese Erfahrung soll der andere machen, den der Perverse geschickt in Stellung bringt, indem er seine Hoffnungen erst weckt und dann abschmettert. Coen (1998) beschreibt die typische Quälerei, die Perverse betreiben, indem sie den Analytiker erst anlocken »mit der Aussicht auf eine echte Beziehung, nur um eine solche Hoffnung dann zu enttäuschen und sich darüber zu freuen« (S. 183). Stein beschreibt exakt dieselbe Gegenübertragungserfahrung als Reaktion auf die Versuche des Perversen, dem in der menschlichen Natur liegenden Bedürfnis des Analytikers nach Nähe auszuweichen und es zu überlisten:

> »Ich wurde neugierig gemacht, enttäuscht, verwirrt und durch das anhaltende Versprechen gequält, daß jetzt, hier, bald, gleich um die Ecke, die Dinge anfangen würden, sich zu entfalten und zu bewegen. [… Die Patientin] kämpfte mit mir, machte sich über mich lustig, zog alles auf die gleiche, bedeutungslose Ebene hinunter« (2005 [2006], S. 32f.).

Die Streiche, die Corky mir spielte, gaben mir ausgiebig Gelegenheit, seinen Wunsch zu deuten, sich in unserer Beziehung mächtig zu fühlen und mich zu dem unglücklichen Opfer zu machen, das ausgetrickst und beschämt wird. Damit konnte er sich sowohl an den Quälgeistern seiner Kindheit rächen als auch dafür sorgen, nie wieder verwundbar zu sein. Außerhalb des Behandlungszimmers präsentierte der Patient seine Lügengeschichten als Tatsachen. Wenn er mit einem neuen Job anfing, sprach er mit australischem Akzent und erzählte seinen Kollegen, er wäre gerade aus Melbourne zugezogen – eine Strategie, die er eine Zeit lang beibehielt. Sie diente nicht nur dazu, dass er andere, die darauf hereinfielen, zum Narren halten konnte, sie verhinderte auch, dass andere so viel von ihm erfuhren, dass sie ihn wie in seiner Kindheit hätten schikanieren können.

Die Ausgestaltungen von Corkys Mordphantasien waren zahlreich und abwechslungsreich. Er schrieb viel und kanalisierte auf diese Weise seine mör-

---

2 Ich möchte klarstellen, dass ich nicht sagen will, Komik sei an sich pervers – sondern nur, dass sie manchmal zu perversen Zwecken benutzt werden kann. Es gibt Fälle, in denen die Neigung einer Person, aus allem einen Witz zu machen und nichts ernst zu nehmen, Ausdrucksform eines perversen Beziehungsmodus ist.

derischen Phantasien in Kurzgeschichten von Serienmördern – »Attentäter mit moralischem Anspruch«, wie er sie nannte –, deren Handlungen durch die Tatsache gerechtfertigt waren, dass sie ausschließlich schlechte Menschen, die sich Schwache, Unschuldige und Schutzlose zum Opfer suchten, als Zielscheibe wählten. Er benutzte dazu Begriffe wie »Rache«, »Ausgleich von Ungerechtigkeiten«, »Unrecht in Recht verwandeln« und »andere zur Rechenschaft ziehen«, und er führte aus, wie machtlose Autoritäten Übeltäter hervorbringen. Corky war auch ein unersättlicher Leser, der sich in Büchern vergrub, um der Grausamkeit aus dem Weg zu gehen, die seinem Empfinden nach in der Natur menschlicher Beziehungen lag. Er hatte große Mengen von Dracula-Stoffen gelesen und konnte verschiedene Versionen der berühmten Sage vergleichen und einander gegenüberstellen. Besonders faszinierte ihn die Vorstellung, dass sich Vampire anderer bemächtigen, indem sie deren Blut trinken und so eine spirituelle Verbindung mit ihnen herstellen – eine Art erzwungener Seelenverwandtschaft, die dem Vampir gestattete, von seinem Opfer vollständig Besitz zu ergreifen.

Im Verlauf unserer gemeinsamen Arbeit konnten Corky und ich nach und nach die Erlebnisse, die seinen Tötungswunsch ausgelöst hatten, besser verstehen. Auch wenn ihm seine Mordphantasien früher als zufällige Vorkommnisse erschienen waren, fingen wir mit der Zeit an, dem Kontext ihrer Entstehung auf die Spur zu kommen. Zuletzt tauchten die Phantasien üblicherweise auf, wenn er sich enttäuscht oder eifersüchtig im Zusammenhang mit Mädchen fühlte, für die er sich interessierte. Diese Erlebnisse mit seinen mörderischen Phantasien zu verknüpfen, half Corky zum einen, einige von den früheren Erlebnissen, in denen er von Gleichaltrigen gequält und verspottet worden war, wieder in Erinnerung zu rufen und durchzuarbeiten. Zum andern förderte es die Auseinandersetzung mit Erfahrungen aus seiner Kindheit mit seinen Eltern, in denen er sich auf ähnliche Weise hilflos und verletzbar gefühlt hatte. Glücklicherweise nahmen die Intensität und Häufigkeit von Corkys mörderischen Impulsen im Verlauf der Therapie deutlich ab. Er hat jetzt weniger Angst davor, die Kontrolle über sich zu verlieren, und ist außerdem auf eine aufrichtigere und für mich weniger bedrohliche Art an mich gebunden, was er auch bereitwillig eingestehen kann.

Verdinglichung auf der sexuellen Bühne

Je mehr man sich entlang des perversen Spektrums weiter bewegt, desto stärker verschmelzen aus der Perspektive des Perversen das Objekt und seine Beziehung zu diesem Objekt, sodass man die unmittelbare Realität des anderen nur noch eingeschränkt erlebt. Ein Mann, der mitten in einer sexuellen Begegnung die Augen schließt und sich vorstellt, Sex mit jemand anderem zu haben, entwertet die gegenwärtige Erfahrung, indem er sich zugleich eine andere vorstellt und dabei zu einem Fetisch macht. Das gleiche gilt für Männer, die von einem bestimmten »Typ« Frau angezogen werden. Umgangssprachlich als »Brustfetischisten« oder »Arschfetischisten« bekannt, setzen sie die ganze Frau mit einem bestimmten körperlichen Attribut gleich und fetischisieren sie auf diese Weise, indem sie ihre persönlichen Eigenheiten verleugnen. Ein »Stück« der Frau wird herausgehoben und soll sie definieren, was aus ihr ein Exemplar aus einer bestimmten Gattung von Frauen macht (z. B. Rothaarige) und ihr so ihre Einzigartigkeit raubt – in einem Versuch, sie dadurch ungefährlich zu machen.

Einige Männer sind »obligatorische« Fetischisten, insofern sie *ausschließlich* dann Sex haben können, wenn bestimmte Bedingungen erfüllt sind, während andere, die eigentlich viele Frauen attraktiv finden können, trotzdem eine Frau suchen, die ihr spezieller »Typ« ist. Im Extremfall kann die Jagd nach dem eigenen »Typ« einen Mann dazu bringen, mit einer ganzen Reihe von Frauen eine Beziehung zu haben oder sie sogar zu heiraten, die alle eine auffallende und zugleich beunruhigende Ähnlichkeit aufweisen. Dieses Thema – Männer, die einen »Typ« haben – veranlasst Balint (1956) zu der Frage:

> »Ist es normal oder nicht, zu verlangen, dass das Liebesobjekt groß oder zierlich sein muss, blond oder dunkelhaarig, sehr intelligent oder eher schlicht, dominant oder unterwürfig und so weiter? Vielleicht können wir die eben aufgeführten Bedingungen als normal akzeptieren; [aber] wenn es zwingend notwendig ist, dass die Partnerin hinkt oder sogar eine Beinprothese trägt […], dass die Frau während des Koitus schwarze Unterwäsche trägt, wird es schon schwieriger, eine Grenze zu ziehen« (S. 20).

Balint wirft eine wichtige Frage auf. Was sagt es über einen Mann aus, wenn er rothaarige Frauen *bevorzugt*, und unterscheiden sich solche Vorlieben quantitativ oder qualitativ von jenen, bei denen es für den Mann *unbedingt* notwendig ist, dass seine Partnerin rote Haare hat, um sich überhaupt *vorstellen* zu können, mit ihr Sex zu haben? Wenn ein Mann von einem bestimmten Frauentyp angezogen wird, kann es sein, dass er das *nicht nur* tut, weil er ihre Ausstrahlung sexy findet, sondern auch, weil diese Frau bei ihm weniger Angst auslöst – was paradoxerweise dasselbe sein könnte. Auf diese Weise wird der Körperteil, der zur Vorbedingung wird und die ganze Frau repräsentieren soll, als Fetisch verwendet.

Der Hure-Madonna-Komplex als Fetisch

Ein typisches Beispiel für die Neigung eines Mannes zu einem bestimmten »Typ« von Frau zeigt sich im Hure-Madonna-Komplex bei Männern, die Frauen eindimensional entweder zu verehren oder als mögliche Sexpartnerinnen zu sehen, nicht aber beides gleichzeitig. Frauen werden in zwei Kategorien eingeteilt: in ideale und reine Frauen, die in einer ausschließlich zärtlichen, liebevollen und sogar anbetungsvollen Weise geliebt werden müssen, und Frauen, die wie Huren sind, nur »ficken« wollen und wegen ihres Hungers nach Sex entwertet werden. Solche Männer fürchten, dass sie Frauen, die in ihren Augen so rein sind, durch Sex verderben könnten, weshalb der Sex mit ihnen zahm, gesittet und halbherzig ist im Vergleich zu der ungezügelten Leidenschaft, die sie mit der anderen Art von Frauen ausleben. Freud fasst dies in der Bemerkung zusammen: »Wo sie lieben, begehren sie nicht, und wo sie begehren, können sie nicht lieben« (Freud 1912, S. 82).

In seiner 1912 verfassten Arbeit mit dem Titel »Über die allgemeinste Erniedrigung des Liebeslebens« vertritt Freud die Auffassung, dass der Hure-Madonna-Komplex eine Reaktion auf eine ödipal bedingte Kastrationsangst bei einem Mann ist, wenn er den von ihm sexuell begehrten Frauen eine Form der Zuneigung entgegenbringt, die er einst für seine Mutter hatte. Die Angst, die im Verlauf des sexuellen Akts mit einer Frau aufzutreten droht, wird dadurch bewältigt, dass der Mann Frauen in verschiedene Gruppen einteilt, um ihnen gegenüber entweder seine respektvolle Zuneigung oder sein Begehren zum Ausdruck zu bringen. Es tritt hier jedoch neben der Spaltung zwischen seinen liebevollen Gefühlen und seinem sexuellen Verlangen noch eine weitere auf. Diese zweite Spaltung besteht zwischen der Liebe eines Mannes für Frauen, die er idealisiert, und dem Hass auf Frauen, die er entwertet und verachtet – Frauen, die er sadistisch verletzen oder »beflecken« will (ebd., S. 86).

Freuds Gedanken zufolge ist ein Mann, der im Hure-Madonna-Komplex gefangen ist, nicht in der Lage, ein und derselben Frau gegenüber Zärtlichkeit und Verlangen, Liebe und Hass zu empfinden, solange er nicht seine Kastrationsangst bearbeitet hat. Dann aber kann er aufhören, in einer solch extremen und idealisierenden Weise zu lieben, und auch aufhören, so zu hassen, wie er es früher getan hat, und statt dessen eine gesunde Ambivalenz empfinden. Als Konsequenz wird seine Welt nicht mehr ausschließlich von den reinen und den entwerteten Frauen, von Madonnen und Huren bevölkert sein.

Zwei Jahre vor der eben in Grundzügen wiedergegebenen Arbeit über die »Allgemeine Erniedrigung des Liebeslebens« hatte Freud (1910) einen

Aufsatz mit dem Titel »Über einen besonderen Typus der Objektwahl beim Manne« veröffentlicht, in dem er eine ganz andere These vertritt, die ebenfalls eine Erklärung für den Hure-Madonna-Komplex darstellen könnte, und zwar im Sinne einer Theorie, die eher zu Perversionen als zu Neurosen passt. Diese frühere Theorie baut nicht auf der Annahme einer ödipalen Kastrationsangst auf, sondern auf einem *primären* Hass des Mannes auf Frauen, weil er sich als Kind der Mutter ausgeliefert und unerträglichen Versagungen und/oder narzisstischen Kränkungen ausgesetzt fühlte. Dieser Theorie zufolge rächt sich der zum Mann gewordene Junge im Erwachsenenalter für diese Misshandlungen durch sadistische Angriffe auf Frauen, die Stellvertreterinnen der Mutter darstellen.

Merkwürdigerweise hat Freud diese Teile des Puzzles – die überwältigende Versagung und narzisstische Kränkung des Jungen, seine gesteigerten sadistischen Impulse seiner Mutter gegenüber und sein Durst nach Rache – nie in seine Diskussion der Dynamik des Hure-Madonna-Komplexes einbezogen. In dieser früheren Arbeit beschreibt Freud die dem Jungen dämmernde Einsicht, dass Frauen sexuelle Wesen sind und seine Mutter hier keine Ausnahme darstellt. Nicht nur verträgt sich die Erkenntnis, dass »Mami sich von Papi hat flachlegen lassen und schmutzigen Sex mit ihm hatte«, nicht mit der fortgesetzten Bereitschaft des Jungen, sich die Mutter als eine körperlose Engelsgestalt vorzustellen – als »Persönlichkeit von unantastbarer sittlicher Reinheit«, wie Freud (1910, S. 72) es ausdrückt –, sondern sie sorgt auch dafür, dass er sich betrogen fühlt, weil sie ihm den Vater beim Gewähren einer solchen Gunst vorgezogen hat – das Urbild des gebrochenen Liebesversprechens. Weil sich das Kind betrogen fühlt, dürstet es nach Rache. Im Jungen formt sich das Modell einer Lösung, an die er sich später als Erwachsener hält. Der zum Mann gewordene Junge bildet eine Kategorie von Frauen, auf die er seinen Hass und seinen Sadismus richten (verschieben) kann, und schützt auf diese Weise das libidinöse Band mit dem Objekt, von dem er einst abhängig war. Aufgrund ihres vermeintlich minderwertigen Status ihrer interpersonellen Wirkungsmöglichkeiten beraubt, kann sich eine derart entwertete Frau nicht richtig wehren, was dem Mann freie Hand lässt, sie ganz nach seinem Belieben schlecht zu behandeln. Die Rache ist angerichtet, und das durch die Zurückweisungen oder durch die narzisstischen Kränkungen der Mutter beschädigte Selbstwert- und Potenzgefühl des Mannes ist wiederhergestellt. Was auch immer er an Gefühlen, machtlos zu sein oder nicht zu genügen, einst erlebt hat, wird jetzt in der entwerteten Frau untergebracht. Die Abwehrspaltung zwischen der (erniedrigten) Hure und der (erhöhten) Madonna dient auch der Verleugnung der mütterlichen

Sexualität und macht auf diese Weise rückgängig, dass die Mutter in Ungnade gefallen und von ihrem Thron der Reinheit gestürzt war. Die Spaltung zwischen einerseits einer Sorte Frau, die Spaß an Sex hat, und andererseits einer Sorte Frau, die entweder keinen Sex hat oder nur einwilligt, weil sie gehorsam und lustlos ihren ehelichen Verpflichtungen nachkommt, aufrechtzuerhalten, hilft dem Jungen auch, sein Wissen um die sexuelle Lust seiner Mutter, die es ja mit seinem Vater tut, zu verleugnen, was wiederum dazu beiträgt, das Gefühl des Jungen zu lindern, von der Mutter betrogen worden zu sein. »Ja, sie hat's getan, aber nur, weil sie musste, und nicht, weil sie es wollte!«

Freuds eigentliche, auf der Annahme ödipaler Ängste basierende Theorie des Hure-Madonna-Komplexes betrachtet die Spaltung zwischen Zärtlichkeit und sexuellem Verlangen als primär – als Versuch, intensive Kastrationsängste zu vermeiden – und den gesteigerten Sadismus als sekundär zu dieser Spaltung. Er ist das Ergebnis einer Spaltung zwischen Liebe und Hass, die in unvermischtem Hass resultiert. Im Gegensatz dazu sieht seine frühere, im präödipalen Bereich angesiedelte Theorie das Problem genau andersherum: Der Sadismus wird als primär, das Bedürfnis zu spalten als sekundär gesehen, weil das Objekt, von dem man abhängig ist, davor bewahrt werden soll, durch den eigenen Sadismus zerstört zu werden. Diese beiden Theorien, die eine auf ödipaler Pathologie basierend, die andere auf präödipaler, führen beim Hure-Madonna-Komplex nicht nur zu völlig anderen Erklärungsansätzen und klinischen Herangehensweisen, sondern beleuchten auch völlig verschiedene Punkte des perversen Spektrums, wobei die auf einer Perversion basierende Theorie auf eine perverse Beziehungsgestaltung hinausläuft.

Klinische Illustration des Hure-Madonna-Komplexes

Menschen, die perverse Beziehungen führen, tendieren zu einer zutiefst zynischen Einstellung bezüglich der menschlichen Natur im Allgemeinen (Eiguer 1999) und der allseits gepriesenen Liebe im Besonderen. Für sie ist Liebe nur »das Geschwätz einiger Leute« – naiver Leute, die sich durch trügerische Liebesversprechen zum Narren halten lassen und glauben, dass es tatsächlich Menschen geben könnte, die Freude daran haben, anderen ihre Wünsche und Bedürfnisse zu erfüllen, ohne eine unmittelbare Gegenleistung dafür zu erwarten. Dies war der Fall bei Herrn M., einem Patienten, der zum Zeitpunkt der Abfassung dieses Aufsatzes gerade seine 15-jährige Analyse mit einer Frequenz von vier Stunden im Liegen beendet hatte.

Als Herr M. zu mir kam, war er in seinen Mittzwanzigern – ein seit Kurzem verheirateter Unternehmensberater, der täglich Stunden damit verbrachte, Waffengeschäfte nach einem Werkzeug zu durchforsten, mit dem er sich endgültig umbringen könnte. Wenn er nicht in dieser Angelegenheit unterwegs war, verbrachte er viele Stunden des Tages damit, sich unter seinem Schreibtisch in die Arme zu schneiden, während er seinen beruflichen Verpflichtungen nachkam. Auch wenn er wegen seiner Depression in Behandlung gekommen war und nicht wegen seines perversen Beziehungsmodus, entwickelte sich letzterer doch bald zum zentralen Thema unserer gemeinsamen Arbeit.

Herr M. hatte seinen Vater als auf extreme Weise mit ihm konkurrierend erlebt – so als müsste dieser um jeden Preis die Oberhand behalten. Herr M. hatte eine beunruhigende, undeutliche Erinnerung daran, dass etwas zwischen ihm und seinem Vater im Badezimmer passiert war, als er noch ziemlich klein war, etwas Sexuelles, das dazu gedient hatte, die Macht seines Vaters über ihn zu etablieren – um seinem Sohn zu zeigen, wer der Boss war, indem er ihn zwang, dem Vater gegenüber eine erniedrigende und unterwürfige Position einzunehmen. Die einzige Möglichkeit des Patienten, sich seinem Vater überlegen zu fühlen, war, wenn dieser sterben würde, was er relativ bald nach Beginn der Analyse tat. Seine Mutter schien kalt und distanziert zu sein, ohne Gefühl und Interesse für die innere Welt ihres Sohnes. Der einzig warme Ort in diesem Haus war das Zimmer des Kindermädchens – einer rothaarigen Frau, an die sich der Patient mit Zärtlichkeit als an eine Frau erinnerte, die ihm jeden Wunsch erfüllte und an der er unglaublich hing, bis sein Vater sie eines Tages mit der Begründung aus dem Haus warf, sie habe mit dem Patienten gekuschelt, was nicht geduldet werden konnte.

Herr M. hatte nicht aus Liebe geheiratet. Seine zukünftige Frau hatte ihm gesagt, es wäre höchste Zeit, dass sie heirateten, und ihm ein Ultimatum gestellt. Die Ehe hatte also unter schlechten Vorzeichen begonnen, indem er sich dem »wenn du nicht, dann …« seiner Frau unterworfen hatte. Obwohl er zu Beginn der Analyse erst wenige Jahre verheiratet war, hatte er schon mit einer Serie von außerehelichen Affären begonnen, typischerweise mit rothaarigen Frauen, die deutlich jünger waren als er und denen er sich insgeheim überlegen fühlen konnte – Frauen, denen er etwas vormachen konnte. In der Zwischenzeit bekamen er und seine Frau Kinder – erst eins und dann ein weiteres. Der Patient hatte das Gefühl, dass seine Frau den Bedürfnissen der Kinder beträchtlich mehr Aufmerksamkeit zu schenken begann als seinen eigenen, was dazu führte, dass er sie entsprechend dem Hure-Madonna-Komplex mehr als Mutter denn als Geliebte sah. Deshalb hatte er hinter dem Rücken seiner Frau eine Affäre nach der anderen. Damit einfach so davonzukommen, stellte für ihn die Hälfte des Vergnügens dar. In einem neuen Verhältnis Sex zu haben, war frisch und belebend, insbesondere im Vergleich zu seinem Liebesleben zu Hause, das langweilig und alltäglich geworden war. Darüber hinaus stellte es sich als ein narzisstischer Gewinn heraus, dass eine alleinstehende Frau sich ihm als einem Teilzeit-Mann mit ganzem Herzen widmete, und oft schien die Wertschätzung seiner Person, die ihm diese Frauen durch ihre ausschließliche Hingabe vermittelten – während sie gleichzeitig nur wenig von ihm zurückbekamen –, für ihn befriedigender zu sein als der Sex als solcher. Herr M. war äußerst bemüht, alles zu tun, um die Macht, die er über diese Geliebten hatte, aufrechtzuerhalten. Deshalb war es für ihn von großer Bedeutung, dass keine dieser Frauen so viel über ihn erfuhr, dass dieses Wissen seine Verhandlungsposition ihr gegenüber hätte schwächen können.

Herr M. schrieb mir viele Aspekte seiner eigenen psychischen Organisation zu – perverse Tendenzen, andere nicht nur zur Befriedigung eigener narzisstischer Bedürfnisse zu benutzen, sondern auch, um sich den perversen Wunsch zu erfüllen, über sie zu triumphieren, indem man sich selbst auf alle nur erdenklichen Arten durchsetzt. Beziehungen drehten sich einzig und allein um die einseitige Befriedigung der Wünsche und Bedürfnisse eines der beiden Beteiligten, wobei der andere nur dazu diente, ohne Rücksicht auf eigene Wünsche die des anderen zu erfüllen. Die zugrunde liegende Theorie zwischenmenschlicher Beziehungen des Patienten war die eines »Nullsummenspiels« – das heißt, die Gewinne des einen bedeuten immer einen Verlust für den anderen, sodass die Summe der beiden – im Betrag gleich, aber mit unterschiedlichen Vorzeichen – immer Null ist. Eine Win-Win-Situation lag jenseits seines Vorstellungsvermögens. Was der eine sich wünscht, kann nie auch die Bedürfnisse des anderen erfüllen. Die Idee, dass zwei Menschen sich gegenseitig ihre Bedürfnisse erfüllen könnten, tat der Patient als naiv ab – als etwas, das er sich nur zu sehr wünschte, von dem er aber in Anbetracht aller seiner bisherigen Erfahrungen im Leben nur zu gut wusste, dass es das nicht geben konnte.

Im Denken des Patienten war es ganz selbstverständlich, dass man den anderen »dazu bringt«, sich seinem Willen zu unterwerfen, was in der Übertragung deutlich zum Ausdruck kam. Nachdem ich »durchgesetzt« hatte, dass er sich auf die Couch legt, hatte er bei seinem unterwürfigen Gang vom Sessel zur Couch das Gefühl, auf schamvolle Art besiegt worden zu sein, während ich insgeheim meinen Triumph genoss. Wenn ihm die Tränen kamen, weil er mir von schmerzhaften oder berührenden Erfahrungen erzählte, stellte er sich vor, wie ich mich hämisch darüber freute, ihn zum Weinen gebracht zu haben – als Zeugnis meiner Fähigkeit, seine Abwehr zu durchbrechen und ihn zu beschämen, weil er die Kontrolle verloren hatte. Und falls es mir letztendlich gelänge, ihn dazu »zu bringen«, dass es ihm besser ginge, so wäre das allein mein Sieg, den ich paradoxerweise auf seine Kosten errungen hätte – ein Beweis meiner herausragenden klinischen Fähigkeiten, wobei er nur eine Figur wäre, mit der ich allein deswegen spielte, um meinen beruflichen Status zu erhöhen und meinen Narzissmus zu befriedigen. Auch wenn er sich wünschte, dass mir wirklich etwas an seinem Wohlergehen läge, so erschien ihm der Gedanke lächerlich angesichts meiner, wie er vermutete, selbstbezogenen Interessen, die keinerlei Raum für irgendeine Berücksichtigung seiner Interessen ließen – eine offensichtliche Manifestation seiner Mutter-Übertragung.

Obwohl dieses Material ohne Frage narzisstische Probleme der Art widerspiegelt, wie sie oft Fällen von perverser Beziehungsgestaltung zugrunde liegen (Kernberg 1992), meine ich doch, dass angesichts des Ausmaßes, in dem der Patient jede einzelne Beziehung fetischisierte, die er zu einer ganzen Serie unterschiedlicher Frauen hatte, sowie seiner Annahme, dass ich angesichts meines »offensichtlichen« Interesses an Kontrolle um der Kontrolle willen das gleiche mit ihm täte, die Feinheiten dieses Falles nur aus der Perspektive eines perversen Beziehungsmodus verstanden werden können. Letztlich war es die Beschäftigung mit seinem perversen Beziehungsmodus, die – sowohl in der Beziehung zu mir als auch in der zu Frauen – für das Durcharbeiten dieser perversen Tendenzen ausschlaggebend wurde.

In seinen Beziehungen genoss es der Patient, Macht auszuüben und andere seinen Wünschen gefügig zu machen. Jede seiner außerehelichen Affären war eine neue Gelegenheit, mit einer Frau zu »spielen«, ohne dass sie eine Ahnung davon hatte, was eigentlich vor sich ging. Eine nach der anderen ging das Risiko ein, sich ganz auf ihn einzulassen, und er seinerseits ließ sie in dem Glauben, er interessiere sich mehr für sie und fühle sich enger an sie gebunden, als es tatsächlich der Fall war. Dass sie an solche Dinge glaubte, kam ihm entgegen, und er sah keine Notwendigkeit, das Missverständnis aufzuklären. Schließlich hatte er nichts versprochen und war nicht Schuld daran, wenn sie an etwas glaubte, woran sie offensichtlich glauben wollte. Nur ein Schuft würde ihr so eine wunderbare Illusion rauben!

Der Patient brachte jede dieser Frauen dazu, sich auf ihn einzulassen, und ließ sie glauben, er erwidere ihre Gefühle. Die Perversion basierte darauf, dass er eine raffinierte Klausel nutzte, die ihm ein »Schlupfloch« bot, diesen

»Vertrag« aufzukündigen – sie stand im »Kleingedruckten«, das keine dieser Frauen hatte lesen wollen. Ganz ähnlich meint Khan:

> »Der Perverse selbst kann sich dem Erleben nicht hingeben; er hält seine abgespaltene, dissoziierte manipulative Ich-Kontrolle der Situation aufrecht. Das ist seine Leistung und zugleich sein Versagen in der *intimen* Situation. Gerade dieses Versagen zwingt ihn zur ständigen Wiederholung dieses Prozesses […]. Statt zu Triebbefriedigung oder Objektbesetzung zu gelangen, bleibt der Perverse eine deprivierte Person, deren einzige Befriedigung eine lustvolle Erregungsabfuhr und Steigerung der Ich-Interessen ist« (1979 [2002], S. 26).

Der Patient liebte die Frauen nicht, sondern machte sein »Ding« mit ihnen. Er brachte sie dazu, ihm aus der Hand zu fressen, und schrieb ihnen dann die Rechnung dafür. Er vermittelte den Eindruck, dass er jede Frau, die er wollte, verführen könne, was mir durchaus beneidenswert erschien – und mich für eine Weile blind für die Perversität seiner Sexualpraktiken machte. Im Verlauf der Analyse verstanden wir, wie sehr er andere kontrollieren musste. Allmählich dämmerte es dem Patienten, dass er zwar vorgab, auf der Suche nach sexueller Befriedigung zu sein, es ihm darum aber am allerwenigsten ging. Wir konnten herausarbeiten, dass seine Handlungen mehrere Ziele hatten:

(1) die narzisstische Befriedigung, wenn er eine Frau dazu bringen konnte, ihm in all seinen Wünschen zu folgen, was schließlich den sexuellen Akt geradezu als Antiklimax erscheinen ließ,

(2) seine Befriedigung, wenn er mit der Frau wie mit einer Marionette »spielte«, und vor allem

(3) seine Feindseligkeit, die von den Frauen nie durchschaut wurde – ein Triumph von ganz eigener Natur, mit dem er sich für die früheren Misshandlungen durch seine Mutter an heutigen Ersatzfiguren rächen konnte.

Keine dieser Frauen liebte der Patient; nie bewunderte er etwas an ihnen, kein einziges Mal. Er sagte ihnen, dass er sie liebe, ohne recht zu wissen, was das heißen sollte, abgesehen davon, dass er das Gefühl liebte, das sie ihm gaben, und es ihm nur noch mehr Macht verlieh, wenn er ihnen seine Liebe erklärte. Seine Art der Beziehung wird durch die folgende Beobachtung Khans illustriert:

> »Die einen haben aus *Verlangen* sexuellen Verkehr, die anderen aus *Absicht*. Letzteres sind die Perversen. Laut Begriffsbestimmung schließt nämlich eine

Absicht die Ausübung von Willen und Macht zur Erreichung ihrer Ziele mit ein, während die Befriedigung von Verlangen mit einem gegenseitigen Austausch verbunden ist« (Khan 1979 [2002], S. 282).

Im Laufe der Zeit wurde der Patient müde, auf diese Art hinter Frauen her zu sein. Es »brachte« ihm einfach nichts mehr. Er hatte verstanden, wonach er gesucht hatte, was der Sache den Reiz nahm. Und ihm wurde deutlich, was für eine intensive Feindseligkeit er seiner Mutter, seiner Frau und seinen Geliebten gegenüber fühlte und durch seine Art der Beziehungsgestaltung zum Ausdruck brachte. Eine Zeit lang war er ziemlich wütend auf mich, nicht nur, weil ich ihm die einzige Sache verdorben hatte, die sein Leben lebenswert gemacht hatte, sondern auch, weil ich in seinen Augen mithilfe meiner Macht ein eigenes Ziel erreichen wollte, nämlich ihn auf seine Kosten die Dinge aus meiner Perspektive sehen zu lassen. All dies wurde zum Gegenstand der Übertragungsanalyse. An diesem Punkt der Behandlung wusste der Patient nicht mehr, wie es mit ihm weitergehen sollte – in Anbetracht der Tatsache, dass sich sein ganzes Leben um die Perversion gedreht hatte.

Schließlich reichte der Patient die Scheidung ein. Er begann eine Beziehung, die ganz anders war als seine früheren – zu einer verwitweten Frau mit Kindern, die einige Jahre älter war als er, eine reife Frau, mit der er viele Gemeinsamkeiten hatte. Zum ersten Mal in seinem Leben konnte er im Zusammensein mit einer Frau wirklich er selbst sein, so wie er es bei mir hatte sein können – ohne sich hinter einem Schutzschild von Täuschungen verstecken zu müssen. Er war ganz erstaunt darüber, dass eine solche Beziehung tatsächlich möglich war, auch wenn es ihn schmerzte, dass er Jahrzehnte verloren hatte, ohne diese Art von Liebe in seinem Leben gehabt zu haben. Endlich war eine Win-Win-Situation nicht nur denkbar, sondern tatsächlich in Reichweite.

Verknüpfungen zwischen Perversion und Perversität

Traditionell galt Fetischisierung als das Ergebnis ödipal bedingter Kastrationsängste, bei der spezifische Formen der Abwehr zum Tragen kommen: Verleugnung, mit deren Hilfe vermieden werden soll, sich eines bestimmten unannehmbaren Teils der Realität bewusst zu werden, sowie die damit verbundene Entwicklung eines Fetischs, um diese unannehmbare Realität anders wahrnehmen zu können (Freud 1927; Glover 1933). Der Einsatz eines einfachen Fetischs, wie er sich an dem Ende des perversen Spektrums findet, an dem die Perversion am schwächsten ausgeprägt ist, dient zur Abwehr gegen Ängste durch die Wahrnehmung der Vagina, soweit sie Kastrationsphantasien verstärkt. Die Wirkung des zur Angstreduzierung fetischisierten Objekts wird durch die Verleugnung der beunruhigenden Wahrnehmung noch intensiviert. Diese Verleugnung hat den Effekt, dass der Perverse von einem verstörenden Stück Realität gleichzeitig weiß und nicht weiß. Freuds (1927) ursprüngliche Verwendung des Begriffs bezog sich auf die Verleugnung der »Penislosigkeit« der Frau. Für manche Männer kann dies einfach nicht sein, obwohl sie ganz genau (oder treffender ausgedrückt: »halbgenau«) wissen, dass Frauen tatsächlich keinen Penis haben. Die Leugnung der Vagina, also ein Mechanismus ähnlich einer negativen Halluzination, wird durch die Einführung eines Penis-Äquivalents – des fetischisierten Objektes (z. B. ein hochhackiger Schuh) – verstärkt, das gewissermaßen als eine positive Halluzination fungiert (Bass 1997) und über eine symbolische Repräsentation des Penis hinausgeht, da sie mittels einer symbolischen Gleichsetzung (Segal 1957) tatsächlich zum Penis wird (der Fetisch wird buchstäblich dem Penis gleichgesetzt). Auf diese Weise überzeugt sich der Fetischist, dass es keinen Grund zur Beunruhigung gibt, weil das Gesuchte ja schließlich »da ist« (der Fetisch/der Penis). Obgleich dieses psychische Manöver hilfreich ist, insofern es den beabsichtigten Zweck erfüllt, zahlt der Fetischist einen hohen Preis, weil sein Realitätsbezug gestört ist, sobald er an die Realität der symbolischen Gleichsetzung (Fetisch = Penis) glaubt.

Dem nicht pervertierten Denken erscheint die eben skizzierte Psychodynamik der Fetischisierung geradezu phantastisch. Für diejenigen, die sich eher gebräuchlicher neurotischer Abwehrmechanismen wie der Verdrängung bedienen, ist eine Abwehr schwer vorstellbar, bei der die Realitätsprüfung dermaßen außer Kraft gesetzt wird. Verleugnung kommt durch eine vertikale Spaltung des Bewusstseins zustande, durch die die verstörende Wahrnehmung der Vagina in die Randbezirke des Vorbewussten verbannt wird. Weil der verleugnete Inhalt nur zur Seite geschoben und nicht wie in der Neurose wirksam verdrängt wird, erregt er wahrscheinlich leichter Aufmerksamkeit und wird deshalb stärker als bei einer Verdrängung als unklare Bedrohung erlebt. Die Gegenwart des Fetischs, der den gedanklichen Raum okkupiert, der zuvor durch die verleugnete Wahrnehmung besetzt wurde, lenkt die psychische Wahrnehmung ab – wie bei einem Taschenspieler-Trick. Das macht die Fetischisierung zu einem zusammengesetzten Abwehrvorgang, weil für sie zwei Manöver erforderlich sind.

Was die verschiedenen als »pervers« oder »pervertiert« bezeichneten

Phänomene miteinander verbindet, ist die Verleugnung eines unerträglichen Aspekts der Realität (z. B. die Wahrnehmung einer Vagina, die Anerkennung der Macht des potenziell bedürfnisbefriedigenden Objekts und die Entdeckung einer Vielzahl von Gegebenheiten oder Situationen, die unendlich viele schmerzhafte Gefühle verursachen können, in erster Linie Angst, Schreck oder Demütigung). Sie wird mit der Erzeugung fetischisierter Objekte oder Bedingungen kombiniert, die nicht nur dazu dienen, die Verleugnung zu verstärken, sondern selbst schon eine befriedigende und beruhigende Wirkung haben, weil der Fetischist sie geschaffen und ganz und gar unter Kontrolle hat. Der Triumph über widrige Bedingungen (z. B. Kastrationsangst) oder (im Falle des perversen Beziehungsmodus) über das Objekt trägt zu der dabei erlebten, unwiderstehlichen Erregung bei, die einer sexuellen Erregung ähnelt, aber nicht unbedingt mit ihr identisch ist. Der Prozess der Fetischisierung schließt die Erzeugung einer Illusion, die auf Verzerrungen in der Realitätswahrnehmung beruht, ein. Diese Illusion basiert – je mehr man sich dem extremen Ende des perversen Spektrums nähert – zunehmend auf den gleichzeitig ablaufenden Prozessen von Entmenschlichung und Verdinglichung – Prozesse, die aus einem »Objekt« im Sinne der Objektbeziehungstheorie ein »Objekt« im Alltagsverständnis des Wortes machen.

Die Erzeugung einer Illusion: Wie dem Objekt mittels Verdinglichung und Entmenschlichung seine Realität genommen wird

Nachdem wir die Gemeinsamkeiten zwischen verschiedenen als pervers bezeichneten Phänomenen herausgearbeitet haben, wollen wir nun das extremere Ende des perversen Spektrums untersuchen. Je weiter man sich entlang dieses Spektrums bewegt, desto vollständiger wird der Prozess der Fetischisierung. Der Fetisch ist nicht länger nur ein Objekt oder eine Bedingung, die innerhalb einer sich entwickelnden Interaktion erzwungen wird, sondern es geht dem Perversen zunehmend um eine Verdinglichung seines Objekts. Statt einer *gelebten* Erfahrung mit einem anderen wird diese Erfahrung ihrer Lebenssäfte beraubt – wird »gefriergetrocknet« und in Form einer leblosen Ding-Erinnerung internalisiert (Dermen 2008). Noch weiter auf dem Kontinuum fortschreitend, macht der Fetischist das Objekt durch die Art seiner Beziehung zu ihm zu einem Ding, das ganz nach seinem Belieben gebraucht und als Spielzeug benutzt werden kann. Wenn die Situation, wie es beim perversen Beziehungsmodus oft vorkommt, schließlich die extremste Ausprägung erreicht hat, beobachten wir einen Prozess der Entmenschlichung des Objekts als äußerste Form der Fetischisierung.

Entmenschlichung wird von einigen Autoren als das zentrale Element der Perversion, insbesondere der perversen Beziehungsmodi, gesehen (Cooper 1991; De Masi 1999; Stoller 1973, 1979). In welchem Ausmaß auch immer das Objekt entmenschlicht wird, wenn ein einfacher Fetisch in die Beziehung eingeführt wird, handelt es sich dabei doch um einen sekundären Nebeneffekt des Bedürfnisses, Kastrationsängste so gut wie möglich abzuwehren, und nicht um den eigentlich intendierten Effekt, wie es bei extremeren Formen der Perversion der Fall ist. Wenn ein Mann durch seine Geliebte nicht ausreichend erregbar ist und die Gegenwart eines Dritten (des Fetischs) braucht, damit er »ihn hochkriegt«, ist die Potenz seiner Geliebten, ihn zu erregen, entsprechend geschmälert. Dies ist nur ein konkretes Beispiel dafür, wie dem Objekt durch Entmenschlichung das Gefühl geraubt werden kann, etwas Wertvolles zu bieten zu haben, das andere wollen oder brauchen könnten. Wenn man sich entlang des Kontinuums weiter bewegt, wird die Entmenschlichung des Objektes und die Fetischisierung der Erlebnisse mit ihm mehr und mehr zum zentralen Ziel, das aus dem primären Bedürfnis erwächst, primitivere Ängste abzuwehren (z. B. Vernichtungsangst). Schließlich wird die Entmenschlichung selbst zum Ziel (Stoller 1975, 1979), wobei das Objekt quasi wertlos und entbehrlich gemacht und auf eine bloße Marionette reduziert wird, mit der auf der Bühne des Perversen sein eigenes Stück in Szene gesetzt wird.

Auf welche Weise kann die Entmenschlichung anderer zur Abwehr primitiver Ängste dienen? Zur Beantwortung dieser Frage greifen wir auf die Arbeiten von Cooper (1991), Glasser (1986) und Stoller (1975, 1991) zurück. Für manche Menschen stellt die unmittelbare Erfahrung, mit anderen in Beziehung zu stehen – die Totalität eines anderen zu ertragen –, eine Gefahrensituation dar, die Ängste hervorruft. Dabei handelt es sich nicht nur um die Angst vor dem Verschlungenwerden – vom Objekt verschluckt zu werden und nicht mehr zu existieren –, sondern auch um eine ganze Reihe anderer früher Ängste, die aus der Macht und Bedeutung des Objektes für das emotionale Leben des Fetischisten resultieren – aus der Fähigkeit des Objektes, zu enttäuschen und zu erniedrigen. Die Entmenschlichung des Objekts dient dem Schutz gegen solche Bedrohungen. Cooper sieht Entmenschlichung als

»die wirksamste Strategie gegen Ängste vor menschlichen Eigenschaften – sie schützt gegen die Verletzbarkeit durch Liebe, gegen mögliche Unberechenbarkeit und gegen das Gefühl, sich machtlos und passiv im Vergleich zu anderen Menschen zu fühlen« (1991, S. 223f.).

Fetischisierung und manische Abwehr funktionieren in ähnlicher Weise, da sie beide das zwangsläufige Gefälle zwischen »dem, der etwas braucht«, und »dem, der gebraucht wird«, nivellieren. In manischen Zuständen behauptet das Subjekt, das jemanden braucht, nicht länger auf andere angewiesen zu sein, wodurch die der Abhängigkeit innewohnenden Probleme und Konflikte eliminiert werden und darüber hinaus die depressive Position umgangen wird. In extremen manischen Zuständen scheint derjenige, der etwas braucht, geradezu den Platz zu tauschen mit dem, der gebraucht wird. Fetischisierung geht das Problem dagegen auf andere Weise an. Indem »der, der gebraucht wird«, entmenschlicht wird, gilt er nicht länger als jemand, der etwas hat, was ein anderer wollen oder brauchen könnte. Perversion funktioniert in ebendieser Weise, indem sie die Unterschiede zwischen verschiedenen Klassen von Personen verwischt, in erster Linie die Unterschiede zwischen Eltern und Kindern, Lehrern und Schülern, Gewährenden und Bittenden (Chasseguet-Smirgel 1984).

Von der gleichen Prämisse wie Cooper ausgehend – nämlich, dass Perversion durch primitive Ängste ausgelöst und als Abwehr gegen sie entwickelt wird – kommt Glasser (1986) zu ganz anderen Schlussfolgerungen. Er argumentiert folgendermaßen: Intensive Vernichtungsangst führt zu *nicht-feindseliger* Aggression, die darauf abzielt, diese Bedrohung zu zerstreuen und zu negieren – in dem Bemühen, dadurch das eigene psychische Überleben zu gewährleisten. Diese Aggression ist anfänglich nicht durch den sadistischen Impuls, das Objekt zu verletzen, begleitet. Wenn der Fetischist aber realisiert, dass diese Aggression die Beziehung zum bedürfnisbefriedigenden Objekt bedrohen könnte, gerät er in Sorge und sucht nach einem Weg, die Verbindung zu seinem Objekt zu bewahren. Dies geschieht durch

»den Einsatz einer Sexualisierung, die die Aggression in Sadismus verwandelt: Die Absicht zu zerstören [die Bedrohung der eigenen Existenz zu eliminieren] wird in den Wunsch zu verletzen und zu kontrollieren umgewandelt. Auf diese Weise bleibt das Objekt erhalten und das Weiterbestehen der Beziehung gesichert, wenn auch unter sado-masochistischen Bedingungen« (Glasser 1986, S. 10).

In Glassers Sichtweise werden die Versuche des Perversen, sein Objekt zu entmenschlichen, nicht wie bei Cooper primär als Abwehr gesehen, die darauf abzielt, die Macht und Bedeutung des Objekts zu schwächen, sondern sie sind eine von vielen Strategien, mit denen der Perverse seine eigene Sicherheit gewährleisten möchte.

Entmenschlichung als Resultat von Sadismus zu sehen, entspricht eindeutig Stollers (1975, 1991) Sichtweise, allerdings mit einer Ausnahme: Glasser sieht den Fetischisten als jemanden, der sich Gedanken über die Auswirkungen seiner aggressiven Attacke auf das Objekt macht und befürchtet, dass sie die Beziehung zerstört haben könnte, während Stoller diesen Punkt nicht berücksichtigt. Während Glasser auf dem Weg zum Sadismus einen Umweg über die Aggression macht, geht Stoller auf direktem Wege dorthin und übergeht so jede Sorge des Fetischisten, dass sein aggressives/sadistisches Verhalten das Objekt zerstören oder vertreiben könnte. Dies steht in Einklang mit der in diesem Aufsatz dargestellten Theorie, wie ein Fetischist in perversen Beziehungen vorgeht, um Kontrolle über das Objekt zu erlangen, und wie er damit seine Phantasie verwirklichen möchte, vom Objekt Besitz ergriffen und es zu einem Gefangenen gemacht zu haben, der sich nicht widersetzen oder fliehen kann. »Das Hauptproblem bei Perversionen«, postuliert Stoller, ist der Triumph, der darin besteht, »die Kontrolle zu übernehmen, während der andere die Kontrolle verliert« (1975 [2001], S. 166).

Bei Abwehr geht es immer um Bedrohung und Angst – also darum, sich gleichsam unter einem Felsbrocken durchzuschleichen, der jeden Moment kippen und das Subjekt unter sich begraben könnte. Bei Theorien dagegen, die auf Wiedergutmachung basieren (Khan 1979; Stoller 1975), geht es um den Triumph des Subjekts, den Felsbrocken von der Klippe zu stoßen und auf einen anderen fallen zu lassen. Es erscheint nun wenig wahrscheinlich, dass eine Abwehr, mit der etwas verhindert werden soll, sich ebenso gut zur Erzeugung von Erregung eignen sollte wie ein Prozess, mit dem aktiv bewirkt werden soll, dass sich etwas Bestimmtes ereignet. Das stützt Stollers Theorie von einem Prozess, der im Fetischisten abläuft und ein intensives Gefühl von Macht über seine Objekte erzeugt. Stoller (1975, 1979) sieht in der Feindseligkeit (im Hass auf das Objekt) und nicht in einer von der Norm abweichenden Libido den entscheidenden Punkt bei der Perversion. Er betrachtet diese Feindseligkeit nicht nur als Ausdruck der Wut des Fetischisten über Misshandlungen, die er in der Vergangenheit durch seine frühen Objekte erfahren hat – und die sich nun durch sadistische Attacken auf Objekte der Gegenwart äußert, die für seine kindlichen Objekte stehen –, sondern auch als das Bestreben, das Objekt in einem Racheakt zu beschädigen, zu erniedrigen, zu entmachten und zu entmenschlichen, um so das kindliche Trauma in einen Triumph des

Erwachsenen zu verwandeln – entsprechend dem Schema: »Ich bin erniedrigt; ich entdecke die Rache; ich erniedrige; ich habe die Vergangenheit überwunden« (Stoller 1991, S. 47).

Schlussbemerkungen

Ohne Zweifel besteht die Gefahr, einen Begriff auf eine derart breite Vielfalt von Phänomenen auszudehnen, dass er am Ende konzeptionell nutzlos wird. Beim gegenwärtigen Trend, den Gebrauch der Begriffe »Perversion« und »Fetisch« auszuweiten, scheint eine solche Gefahr zu bestehen. Wie am Beispiel der beiden Theorien Freuds (1910, 1912) zur Erklärung des Hure-Madonna-Komplexes illustriert wurde, besteht jedoch ein entscheidender Unterschied zwischen einer neurotischen Dynamik, die auf Verdrängung beruht, und einer auf Verleugnung und Fetischisierung beruhenden perversen Dynamik. Die in diesem Aufsatz als pervers eingestuften Gruppen von Phänomenen entsprechen alle dem klassischen, von Freud (1927) entwickelten Modell von Verleugnung/Fetischisierung.

Eine letzte Anmerkung soll noch den Geschlechtsunterschieden bei Perversion und Perversität gelten. Aus dem Blickwinkel der Neurose hält man üblicherweise sexuelle Perversionen für ein Phänomen, das fast ausschließlich bei Männern auftritt. Das ist jedoch nur dann sinnvoll, wenn man davon ausgeht, dass Verleugnung und Fetischisierung in erster Linie dazu dienen, die Tatsache nicht zur Kenntnis nehmen zu müssen, dass manche Menschen keinen Penis haben – als Folge von Kastrationsangst, wie sie nur von Männern erlebt wird. Da sich jedoch, wie oben eingehend dargestellt, der Trend zur Erweiterung der Definition von Perversion immer mehr durchsetzt, kann Kastrationsangst nicht mehr länger als primäre Ursache für die Ausbildung einer Perversion gesehen werden. Perversionen entstehen auch aus dem Versuch, Lösungen für eine ganze Reihe von Konflikten und Problemen zu finden, die aus der Konfrontation mit bestimmten unerträglichen Aspekten der Realität sowie deren Begleitumständen resultieren und für die eine Form der Bewältigung gefunden werden muss. Eine solche erweiterte Sicht der Perversion kann naturgemäß bei Frauen und Männern gleichermaßen zum Tragen kommen.

Dieser Aufsatz ist nur ein einzelner in einer Reihe von Beiträgen, die zu einem besseren Verständnis perverser Dynamik beitragen sollen. Es bleibt noch viel zu tun, um das psychoanalytische Verständnis der Perversion auf das Niveau zu heben, das im Bereich der Neurosen erreicht wurde. Patienten, die ausgeprägtere Formen einer perversen Dynamik zeigen – wie zum Beispiel einen perversen Beziehungsmodus –, kann nicht geholfen werden, indem man unsere für neurotische Störungen entwickelten Theorien auf ihre Pathologie anwendet. Zukünftige Anstrengungen auf diesem Gebiet sollten dazu führen, dass eine größere Vielfalt von Patienten durch eine psychoanalytische Behandlung erreicht werden kann – mittels einer sorgfältig entwickelten Empathie, die nicht nur ein umfassendes Verständnis der damit verbundenen Phänomene beinhaltet, sondern insbesondere auch den Analytiker befähigt, mit den spezifischen Schwierigkeiten der Gegenübertragung zurechtzukommen, die während der Behandlung eines Patienten auftreten, der die Beziehung zu seinem Analytiker pervertiert.

Übersetzung aus dem Amerikanischen von Vera Müller

Literatur

Arlow, Jacob (1971): Character perversion. In: Marcus, Irvin M. (Hg.): Currents in psychoanalysis. New York, NY (International UP), S. 317–336.
Bak, Robert (1968): The phallic woman: The ubiquitous fantasy in perversions. Psychoanal. Stud. Child 23, 15–36.
Balint, Michael (1956): Perversions and geniality. In: Lorand, Sandor (Hg.): Perversions, psychodynamics and theory. New York, NY (Gramercy Books), S. 16–27.
Bass, Alan (1997): The problem of »concreteness«. Psa. Q. 66, 642–682.
Chasseguet-Smirgel, Janine (1981): Loss of reality in perversions: With special reference to fetishism. J. Am. Psychoanal. Assoc. 29, 511–534.
Chasseguet-Smirgel, Janine (1984): Creativity and perversion. New York, NY (Norton). Dt.: Kreativität und Perversion. Übers. von Norbert Geldner. Frankfurt/M. (Nexus), 1986.
Chasseguet-Smirgel, Janine (1991): Sadomasochism in the perversions: Some thoughts on the destruction of reality. J. Am. Psychoanal. Assoc. 39, 399–415.
Coen, Stanley (1981): Sexualization as a predominant mode of defense. J. Am. Psychoanal. Assoc. 29, 893–920.
Coen, Stanley (1998): Perverse defenses in neurotic patients. J. Am. Psychoanal. Assoc. 46, 1169–1194.
Cooper, Arnold M. (1991): The unconscious core of perversion. In: Fogel, G. I. & Myers, W. A. (Hg.): Perversions and near-perversions in clinical practice. New Haven, CT (Yale UP), S. 17–35.
Davidson, Arnold (1987): How to do the history of psychoanalysis: A reading of Freud's Three essays on the theory of sexuality. In: Meltzer, Francoise (Hg.): The trial of psychoanalysis. Chicago, IL (U Chicago Press), S. 39–64.
De Masi, Franco (1999): The sadomasochistic perversion: The entity and the theories. London (Karnac). Dt.: Die sadomasochistische Perversion. Objekt und Theorien. Jahrbuch der Psychoanalyse, Beiheft 23. Stuttgart (frommann-holzboog), 2009.
Dermen, Sira (2008): Reification of experience: A contribution to the psycho-analytic understanding of perversion. Presented at a meeting of the Psychoanalytic Center of California, Los Angeles, 5. April 2008.

Eiguer, Alberto (1999): Cynicism: Its function in the perversions. I. J. Psycho-Anal. 80(4), 671–684.
Filippini, Sandra (2005): Perverse relationships: The perspective of the perpetrator. I. J. Psycho-Anal. 86, 755–773.
Freud, Sigmund (1905): Drei Abhandlungen zur Sexualtheorie. GW V, 27–145.
Freud, Sigmund (1910): Über einen besonderen Typus der Objektwahl beim Manne. Beiträge zur Psychologie des Liebeslebens I. GW VIII, 66–77.
Freud, Sigmund (1912): Über die allgemeinste Erniedrigung des Liebeslebens. Beiträge zur Psychologie des Liebeslebens II. GW VIII, 78–91.
Freud, Sigmund (1927): Fetischismus. GW XIV, 309–318.
Glasser, Mervin (1986): Identification and its vicissitudes as observed in the perversions. I. J. Psycho-Anal. 67, 9–16.
Glover, Edward (1933): The relation of perversion-formation to the development of reality-sense. I. J. Psycho-Anal. 14, 486–504.
Goldberg, Arnold (1995): The problem of perversion: A view from self-psychology. New Haven, CT (Yale UP).
Grossman, Lee (1992): An example of ›character perversion‹ in a woman. Psa. Q. 61, 581–589.
Grossman, Lee (1993): The perverse attitude towards reality. Psa. Q. 62, 422–436.
Grossman, Lee (1996): Psychic reality and perversions. I. J. Psycho-Anal. 77, 1233–1234.
Jimenez, Juan P. (2004): A psychoanalytic phenomenology of perversion. I. J. Psycho-Anal. 85, 65–82.
Kernberg, Otto (1992): Aggression in personality disorders and perversions. New Haven, CT (Yale UP). Dt.: Wut und Hass. Über die Bedeutung von Aggression bei Persönlichkeitsstörungen und sexuellen Perversionen. Übers. von Christoph Trunk. Stuttgart (Klett-Cotta), 2000.
Khan, Mohammed Masud R. (1979): Alienation in perversions. New York, NY (International UP). Dt.: Entfremdung bei Perversionen. Übers. Waltrud Klüver. Gießen (Psychosozial-Verlag), 2002.
Krafft-Ebing, Richard (1886): Psychopathia sexualis. Neuauflage: Berlin (Matthes & Seitz), 1997.
Laplanche, Jean & Pontalis, Jean-Bertrand (1967): Vocabulaire de la Psychoanalyse. Paris (Presses Universitaires de France). Dt.: Das Vokabular der Psychoanalyse. Übers. Emma Moersch. Frankfurt/M. (Suhrkamp), 5. Aufl. 1982.
Malcolm, Ruth (1970): The mirror: A perverse sexual phantasy in a woman seen as a defense against a psychotic breakdown. In: Bott Spillius, Elizabeth (Hg.): Melanie Klein today, vol. 2. New York, NY (Routledge), 1988, S. 39–64. Dt.: Der Spiegel. Die perverse Sexualphantasie einer Frau, betrachtet als Abwehr eines psychotischen Zusammenbruches. In: Bott Spillius, Elizabeth (Hg.): Melanie Klein Heute. Entwicklungen in Theorie und Praxis, Bd. 2. Stuttgart (Klett-Cotta), 1991, S. 155–185.
McDougall, Joyce (1995): The many faces of Eros. New York, NY (Norton). Dt.: Die Couch ist kein Prokrustesbett. Zur Psychoanalyse der menschlichen Sexualität. Stuttgart (Verlag Intern. Psychoanalyse), 1997.
Ogden, Thomas (1996): The perverse subject of analysis. J. Am. Psychoanal. Assoc. 44, 1121–1146. Dt.: Das perverse Subjekt der Analyse. In: Analytische Träumerei und Deutung. Zur Kunst der Psychoanalyse. Übers. Horst Friessner & Eva Wolfram. Wien (Springer), 2001, S. 3–43.
Parsons, Michael (2000): Sexuality and perversion a hundred years on: Discovering what Freud discovered. I. J. Psycho-Anal. 81(1), 37–49.
Segal, Hanna (1957): Notes on symbol formation. I. J. Psycho-Anal. 38, 391–397. Dt.: Bemerkungen zur Symbolbildung. In: Bott Spillius, Elizabeth (Hg.): Melanie Klein Heute. Entwicklungen in Theorie und Praxis, Bd. 1. Stuttgart (Klett-Cotta), 1990, S. 202–224.

Stein, Ruth (2005): Why perversion? ›False love‹ and the pervert pact. I. J. Psycho-Anal. 86, 775–799. Dt.: Warum Perversion? »Verkehrte Liebe« und der perverse Pakt. In: Junkers, Gabriele (Hg.): Verkehrte Liebe. Ausgewählte Beiträge aus dem *International Journal of Psychoanalysis*. Tübingen (edition diskord), 2006, S. 17–53.

Stoller, Robert (1973): The male transsexual as ›experiment‹. I. J. Psycho-Anal. 54, 215–225.

Stoller, Robert (1975): Perversion: The erotic form of hatred. New York, NY (Pantheon). Dt.: Perversion. Die erotische Form von Haß. Übers. von Dr. Maria Poelchau. Gießen (Psychosozial-Verlag), 2001.

Stoller, Robert (1979): Sexual excitement: Dynamics of erotic life. New York, NY (Pantheon).

Stoller, Robert (1991): The term ›perversion‹. In: Fogel, G. & Myers, Wayne (Hg.): Perversions and near-perversions in clinical practice. New Haven, CT (Yale UP), S. 36–56.

Tuch, Richard (2008): Unravelling the riddle of exhibitionism: A lesson in the power tactics of perverse interpersonal relationships. I. J. Psycho-Anal. 89, 143–160.

Zimmer, Richard (2003): Perverse modes of thought. Psa. Q. 72, 905–938.

/// Kinder- und Jugendlichenanalyse: Beiträge zur Adoleszenz

Der Körper, Adoleszenz und Psychose
Riccardo Lombardi & Marisa Pola

Die Autoren erforschen Aspekte der klinischen Entwicklung eines 17 Jahre alten Patienten, der in einer akut psychotischen Krise zunächst mit sechs, danach mit vier Stunden pro Woche psychoanalytisch behandelt wurde. Die adoleszente Psychose wird im Licht von Bions Theorien der katastrophischen Veränderung und mithilfe der Hypothesen von Ferrari und Matte Blanco über die Psyche-Körper-Beziehung untersucht. Die adoleszente Verleugnung des eigenen Körpers und dessen Veränderungen sowie der Begrenzungen durch die Zeit stehen für die Autoren im Mittelpunkt des psychotischen Konflikts. Sie vertreten die Ansicht, dass die technische Handhabung zuerst darauf abzielen muss, die Anerkennung des Körpers, der körperlichen Empfindungen und der Affekte zu erleichtern. Dazu verhilft die dichte analytische Beziehung als Rahmen für die Reverie der Analytikerin und die Verwendung ihrer somatischen Gegenübertragung. Erst nach ausreichender Konsolidierung der Container-contained-Beziehung kann die Übertragungsdeutung als Instrument für eine weitere Entwicklung eingesetzt werden. Klinisches Material und Ausschnitte aus dem analytischen Dialog illustrieren die Hypothesen der Autoren und zeigen die Entwicklung des jungen Mannes aus der Psychose hin zur Anerkennung seines Körpers und dessen Einbettung in Raum, Zeit und Generationenfolge sowie das Wiederauftauchen seiner Denkfähigkeit.

In diesem Beitrag wollen wir uns mit Aspekten der klinischen Entwicklung eines 17-jährigen Patienten befassen, der von seinen Eltern wegen einer akut psychotischen Krise zu einer Konsultation gebracht wurde. Daraufhin wurde sofort mit einer psychoanalytischen Behandlung begonnen, zunächst angesichts der dringenden Notwendigkeit, eine Krankenhauseinweisung zu umgehen, die das akute Trauma noch verstärkt hätte, mit sechs Wochenstunden.

Zeitgleich wurden eine medikamentöse Behandlung durch einen psychoanalytisch ausgebildeten Psychiater und familientherapeutische Maßnahmen durch einen dritten Psychoanalytiker eingeleitet. Nach etwa sechs Monaten wurde die Anzahl der Sitzungen durchgehend bis zum Ende der Analyse auf vier Wochenstunden reduziert. Die stabilen Ichfunktionen des Patienten vor dem Ausbruch der Psychose ließen erwarten, dass die Einleitung einer psychoanalytischen Arbeit während einer akuten psychotischen Krise günstige Erfolgsaussichten hatte – trotz des massiven Realitätsverlustes, der manifesten Denkstörung, seiner Verwirrtheit und entsprechender Wahnideen. Unter den vielen interessanten Aspekten scheint uns in diesem Fall der klinische Verlauf zu zeigen, welche zentrale Bedeutung die Beziehung zum Körper für die Entwicklung der adoleszenten Persönlichkeit und für die Festlegung der realen Grenzen des adoleszenten Ich hat (Freud 1914, 1923, 1932; Laufer, M. 1986; Lichtenberg 1978; Mahler/McDevitt 1982). Im hier vorgetragenen klinischen Material haben die Verbindung zum Körper und die Bearbeitung der emotional tumultartig zugespitzten Krise die Befreiung des Patienten von imitierenden Identifizierungen ermöglicht und ihm zur Reifung in der Analyse verholfen.

Für Freud (1900, 1915a, 1932) war der Kontakt zur chaotischen Welt des Unbewussten oder des Es immer ein wichtiger Anreiz für das Wachstum der Ichfunktionen. Während in der Neurose der Konflikt zwischen dem Ich und seinem Es das Ich verarmen lässt, wird dadurch gleichzeitig die Beziehung zur äußeren Realität geschützt und die Aufnahme der Interventionen des Analytikers erleichtert. Umgekehrt bleibt das Ich in der Psychose aufs Engste mit dem Es verbunden; obwohl dadurch offensichtlich die Objektbeziehungen gefährlich und unsicher gemacht werden, ergibt sich aus dem direkten Zugang zu den Tiefen des Unbewussten auch eine Fülle an Möglichkeiten. Wo die psychotische Tendenz klinisch pathologisch ist, konstruiert das Ich auf der Basis der wunschgeleiteten Impulse des Es für sich selbst eine neue innere und äußere Welt. Desgleichen kann das Ich beim Ausbruch einer klinischen Psychose der pathologischen Falle entgehen, wenn es ihm irgendwie gelingt, nicht ganz und gar von der Realität fortgerissen zu werden, und es einen Weg findet, an der Außenwelt festzuhalten (Freud 1923). Mit Freuds dynamischem Konzept des inneren Gleichgewichts, das der Psychose innewohnt, lässt sich der psychotische Anteil der Persönlichkeit (Bion 1959) als stabiler struktureller Bestandteil einer jeden Persönlichkeit verstehen und ermöglicht gleichzeitig die psychoanalytische Behandlung psychotischer Pathologien.

Im *Abriss der Psychoanalyse* schreibt Freud: »[D]ie klinische Erfahrung lehrt [uns], der Anlass für den Ausbruch einer Psychose sei entweder, dass *die Realität unerträglich schmerzhaft geworden ist, oder dass die Triebe eine außerordentliche Verstärkung gewonnen haben,* was [...] die gleiche Wirkung erzielen muss« (1940 a [1938], S. 132, Hervorhebung der Autoren). In der Adoleszenz sind diese beiden Aspekte im Tandem vorhanden. Die augenfälligste unerträgliche Realität ist die Veränderung im Körper, die deutlich macht, dass er den einschränkenden Gesetzen von Zeit und Generationenfolge und des jeweiligen Geschlechts unterworfen ist. Die physische Reife konfrontiert den Jugendlichen zudem mit einer außerordentlichen Verstärkung der Triebe und der realen Möglichkeit, Nachwuchs zu zeugen. Der Körper und die Triebe melden sich imperativ und schüren damit einen Konflikt, der psychotische Ausmaße annehmen und die Dissoziation vom Körper als Quelle unerträglichen Aufruhrs bewirken kann. Bei einer vollständigen Dissoziation läuft ein Jugendlicher jedoch Gefahr, die Verbindung zur Realität unumkehrbar und dauerhaft zu verlieren.

Die Katastrophe des Adoleszenten und die Beziehung Psyche – Körper

Ein zentrales Problem bei Jugendlichen wie bei Psychotikern ist die *Repräsentanz und symbolische Organisation* einer inneren Welt, die als fremdartig, chaotisch und gefährlich erlebt wird. Wie von einer Reihe Autoren (Baranès 1991; Cahn 1991; Laufer, E. 1996; Laufer, M. 1986) nachgewiesen, sind psychotische Störungen in der Adoleszenz so alltäglich, dass sie als eine der möglichen Manifestationen der Adoleszenzkrise gelten können, in der Probleme mit den Veränderungen im Körper und die Schwierigkeiten im Übergang von der Kindheit zum Erwachsenenalter eine herausragende Rolle spielen.

Unserer Ansicht nach können die psychotischen Manifestationen des Jugendlichenalters sinnvoll mit den Beobachtungen Bions (1970) zur *katastrophischen Veränderung* verknüpft werden. Hier finden wir ein Modell, anhand dessen sich über die explosive Kraft nachdenken lässt, die eine innere Erfahrung entfaltet, wenn sie viel zu intensiv ist, um contained und zum Ausdruck gebracht zu werden, weil die Intensität ein inhärentes Merkmal von Gefühlen ist, die kraft ihrer strukturellen Natur auf Grenzenlosigkeit ausgerichtet sind (Klein 1932; Matte Blanco 1975). Dagegen ist es die Aufgabe der Psyche [mind], ein Notationssystem bereitzustellen, das den Aufschub motorischer Abfuhr ermöglicht und so einen Damm errichtet, der die emotionale Erfahrung mit der realen Welt und der Anerkennung von Grenzen kompatibel macht (Bion 1962; Freud 1911). Emotionen müssen daher ein Gegenstück in abstrakten Formulierungen finden, mit denen sie dargestellt werden können, damit das emotionale Magma aufgefangen und bearbeitet werden kann [contain]. In diesem Sinne fungiert die Psyche wie ein Behälter, der das explosive ethologische Erbe der Affekte abkühlt und den Druck mindert (Bion 1963; Freud 1923). Psychisches Funktionieren stellt zugleich eine ständige Quelle von Wahrnehmungen und Gedanken dar, die die betreffende Person mit Zuständen konfrontieren, in denen Überwältigung und Ohnmacht vorherrschen, was wiederum die emotionalen Reaktionen verstärkt. In diesem Sinne kann ein Jugendlicher mit einem Denker verglichen werden, der darauf wartet, neue Gedanken zu empfangen – Gedanken, die wegen der drängenden Realität adoleszenter Veränderung um keinen Preis beiseite geschoben werden können. Bion schreibt:

> »Für Gedanken, die jemanden oder etwas erwarten, gibt es die entsprechenden Denker. Sie können vielleicht verglichen werden mit Objekten, die für bestimmte Wellenlängen des Denkens empfänglich sind, so wie das Auge oder das Radioteleskop empfänglich für eine bestimmte Bandbreite elektromagnetischer Wellen ist. Solche Denker können Gedanken ausgeliefert sein, die sich negativ auf sie auswirken, Gedanken, die für die Empfindlichkeit des empfangenden Apparats zu mächtig sind« (1992, S. 304; übers. B. S.).

Aus dieser Perspektive kann ein Jugendlicher als ein Denker aufgefasst werden, der darauf wartet, Gedanken im Zusammenhang mit seiner neuen jugendlichen Erfahrung zu denken – Gedanken, die sich jedoch, in Bions Worten, manchmal als »zu mächtig für die Empfindlichkeit des empfangenden Apparats« herausstellen.

Im schwierigen Kontext der adoleszenten Veränderung kann die Labilität der psychischen Verbindungen (Bion 1959) in der entsprechenden kritischen Zuspitzung beinahe paradoxerweise zwei unterschiedliche Aufgaben erfüllen: Schutz der psychischen Stabilität auf der einen Seite und Angriff auf die neuen gedanklichen Ressourcen auf der anderen. Der *Schutz* ergibt sich aus der Tatsache, dass die Lockerung psychischer Verbindungen den emotionalen Druck der neuen Wahrnehmungen, die als tendenziell katastrophisch erlebt werden, abfedert; der Aspekt des *Angriffs* hingegen ist durch die Schwächung der Psyche und ihrer Fähigkeit zu containen bedingt, weil die psychischen Verbindungen Schaden genommen haben. Bion (1963; 1970) beschreibt die innere Konfiguration des *Container/contained* als ein topologisches Modell, das sowohl die

Beziehungsdynamik des analytischen Paares bei der Arbeit als auch die tiefere intrasubjektive Dynamik der Psyche am Rand eines brodelnden Gemischs aus Es und körperlichen Zuständen zusammenbringt. Diese intrasubjektive Beziehung kann sich bei einem Jugendlichen als unzureichend erweisen, entweder aufgrund einer Unzulänglichkeit des Behälters *[containers]*, der sich als ›zu empfindlich‹ herausstellt, oder aufgrund eines Überdrucks vonseiten des Enthaltenen *[contained]*, das ›zu mächtig‹ wird, um ohne manifeste Destabilisierung gehandhabt werden zu können. In diesem Kontext kann *die analytische Beziehung* die Bedingung für eine konstruktive Wiederherstellung der Container/contained-Dialektik schaffen und so dafür sorgen, dass die neuen Wahrnehmungen integriert werden und emotionales Containment gestärkt wird.

Ausgehend von Bions Beiträgen hat Ferrari (2004) besonders nachdrücklich auf das Problem des Körpers, das Wiederauftauchen sensorischer Turbulenzen und das physiologische Bedürfnis des Jugendlichen hingewiesen, *zu handeln, um zu erkennen*. Diese Betonung adoleszenten Gefühlssturms in Verbindung mit der Erfahrung des eigenen Körpers hilft uns, die katastrophische Achterbahn in der *Container/contained*-Beziehung beim Jugendlichen zu verstehen. Während schließlich die spezifische Intensität des Gefühlslebens in der Adoleszenz unweigerlich den Druck der Emotionen und Konflikte (und somit des *contained*) erhöht, kann sich der *container* seinerseits insofern als schwach erweisen, als es *dem Subjekt an Wissen und Instrumentarium fehlt*, die Probleme der erwachsenen inneren und äußeren Welt darzustellen, da sie in seiner kindlichen Welt bis dahin noch nicht erlebbar waren. Ein Konflikt mit der Tendenz, Veränderungen zu verleugnen und die jugendliche Initiative zu lähmen, bildet ein Hindernis für die erforderliche Neuauflage, wenn ein Jugendlicher vor der Aufgabe steht, neue Parameter für psychische Kräfteverhältnisse zu finden, die mit seiner neuen Erfahrung in Einklang stehen.

Ferrari gibt die technische Empfehlung, beim jugendlichen Patienten mit Interventionen auf der ›vertikalen Achse‹ der Psyche-Körper-Beziehung anzusetzen und die parallel laufende ›horizontale Beziehung‹ zum Analytiker im Hintergrund zu halten. Damit ist die Analyse am Beginn und insbesondere in akuten Phasen einer explosiv aufgeladenen psychischen Verfassung auf einen Dialog zwischen Körper und Psyche fokussiert (Lombardi 2002, 2003a). Es ist dann genauso wichtig, dass der Analytiker sehr behutsam und sensibel auf die fluktuierenden Gefühle seines jungen Patienten eingeht und ihn, besonders durch den emotionalen Ton seiner Interventionen, die Einfühlung und die menschliche Anteilnahme spüren lässt, die er dem entsprechenden Erleben entgegenbringt.

Jugendliche müssen die Trauer über das Ende der Kindheit durcharbeiten und die *lineare Zeit* als unumkehrbare und begrenzte zeitliche Dimension entdecken (Lombardi 2003c); sie müssen auch lernen, das Neue und das Unbekannte als eine wesentliche Vorbedingung zu ertragen, die den Weg zur künftigen Entwicklung des Erwachsenseins ebnet. Der Jugendliche ist konfrontiert mit Begrenzungen, er muss Entscheidungen treffen und *Verantwortung übernehmen* – eine notwendige Voraussetzung, wie uns Bion (1965) in Erinnerung bringt, für die Organisation der integrierten psychischen Aktivität, die das Containen bewältigen kann. Die Anerkennung von Grenzen und die Übernahme von Verantwortung können in entscheidender Weise dazu beitragen, dass ein *innerer Container* funktioniert. Gleichzeitig wird das Individuum aber auch dazu gezwungen, sich den *heftigen Konflikten, die sich aus dem Hass auf die Begrenzungen durch die Realität und die Last der Verantwortung* speisen, entgegenzutreten. Diese Konfrontation mit Grenzen setzt Jugendliche so etwas wie einem klaustrophobischen Konflikt aus – zwischen dem Wunsch, sich den durch das Wachstum gesetzten Grenzen zu stellen, und dem gegenteiligen Wunsch, sie durch Verleugnung und Lügen zu überrennen – und damit einer Spannung zwischen den entgegengesetzten zentrifugalen und zentripetalen Kräften, die ihrerseits zur möglichen katastrophischen Explosion der Container/contained-Beziehung beiträgt.

Vom bi-logischen Standpunkt (Matte Blanco 1975, 1988) aus gesehen, folgt aus der Tendenz von psychotischen Jugendlichen, den Körper als Quelle unbekannter Reize und Veränderungen zu verleugnen, dass die Container/contained-Beziehung symmetrisch wird (Bria 1989; Bria/Lombardi 2008). Das wiederum führt zu den katastrophischen Folgen eines Nicht-Containment, da die topologische Umkehrung dieser Beziehung und der Zusammenbruch des Containers es unmöglich macht, *»jene verfolgende Grenzenlosigkeit, die sich im Körper auftut,* zu containen und umzuwandeln« (Bria/Lombardi 2008, S. 719; Hervorhebung der Autoren). Um mit Freuds biblischer Metapher aus den *Studien zur Hysterie* zu sprechen (Breuer/Freud 1893–95), muss in der Adoleszenz der Körper und das damit verbundene Erlebnis inneren Aufruhrs notwendigerweise durch »das Nadelöhr« des Bewusstseins gehen (Lombardi 2009a). Wenn, wie Freud schrieb, »das Ich vor allem ein körperliches« ist, dann bedroht das Verschwinden einer fest im Ich verankerten psychischen Repräsentanz des Körpers (Freud 1923) die Asymmetrie, die für die Körper-Psyche-Beziehung und ebenso für das Funktionieren der Container/contained-Beziehung von fundamentaler Bedeutung ist.

Noch einmal aus der Perspektive der Bi-Logik betrachtet, erscheint es uns notwendig, *Übertragungsdeutungen zurückzustellen, damit Raum für die Entfaltung des strukturellen Unbewussten entsteht.* Das Ziel an dieser Stelle ist es, eine harmonischere und vitalere Verflechtung von symmetrischen und asymmetrischen Aspekten zu bewirken. Die emotionalen Begleiterscheinungen der Beziehungsdynamik und der Schwierigkeiten, das Anderssein des Analytikers anzuerkennen, können später im analytischen Prozess bearbeitet werden. Das klinische Material, das hier vorgestellt werden soll, legt dar, dass die Aktivierung einer Verbindung zum Körper zusammen mit der damit verbundenen räumlichen Vorstellung und einem realistischen und linearen Zeitverständnis ein entscheidender Aspekt klinischer Entwicklung ist. So kann sie zu einer progressiven Befreiung von der Psychose führen und ein harmonisches psychisches Leben auf der Basis von *Containment* und *Bewusstheit seiner selbst* aufbauen.

Die analytische Beziehung und die symmetrische Übertragung

Bietet sich die Möglichkeit analytischer Arbeit an einer akuten jugendlichen Psychose, kann ein Jugendlicher, der von einer akuten psychotischen Krise betroffen ist, mit dem Instrumentarium analytischer Reverie (Bion) versorgt werden, die eine maßgebliche Bedingung für die Aktivierung einer funktionierenden Container/contained-Beziehung ist. Der Analytiker ermöglicht die Transformation der turbulenten inneren Geschehnisse der Krise in *Erfahrung* und *Wissen,* die für seelisches Wachstum ausschlaggebend sind. Wie erwähnt, beruht unsere Herangehensweise darauf, *dem Aspekt der Übertragungsdeutung ganz bewusst nicht den Vorrang zu geben* und gleichzeitig zu bedenken, dass es klinisch unbedingt vordringlich ist, *beim Patienten die Rudimente eines funktionierenden psychischen Metabolismus* sowie Anfänge von Repräsentanz und Bewusstheit seiner selbst aufzubauen.

Auf diese Weise versucht der Analytiker, sich die Wahrnehmungskomponente und neue Einsichten der Jugendlichen zunutze zu machen – was Bion (1970) den ›mystischen‹ Aspekt der Persönlichkeit nennen würde – und so die gewaltsamen und destruktiven Komponenten, die mit katastrophischer Veränderung einhergehen, zu containen und, wie Grotstein (2007) sagen würde, dabei zu helfen, die Übereinstimmung des Analysanden mit ›O‹ von den paranoid-schizoiden Elementen zu befreien, die im explosiven Kontext der Krise im Übermaß vorhanden sind. Unser klinisches Beispiel zeigt daher, wie die Analytikerin wiederholt die auftauchenden Wahrnehmungen des Patienten betont. Diese Wahl der Technik ist weit davon entfernt, ein bloßes, redundantes Echo zu sein, sondern trägt dem Bedürfnis Rechnung, die neuen, von der Krise stimulierten Wahrnehmungsmöglichkeiten zu integrieren, *die aufgrund der prekären Integration des Patienten während der akuten Psychose einer ständigen hämorrhagischen Ausbreitung unterworfen sind*. Es wird unterschieden zwischen primitiven sensorischen und perzeptorischen Ebenen einerseits, die dem Unbewussten und dem Träumen näher stehen, und den mehr integrierten Ebenen des Bewusstseins auf der anderen Seite, auf die das Subjekt ein bewusstes Bild von sich selbst und seinen Beziehungen zur Welt gründet. Manchmal kann es jedoch aufgrund der mächtigen, bestehende Verbindungen angreifenden Dynamik, die für die akute Psychose kennzeichnend ist, unmöglich sein, den Spalt zwischen diesen beiden Bereichen zu überbrücken.

Die klinische Haltung, die Ich-Ressourcen der Analysanden zu bestärken, erwächst aus der Fähigkeit des Analytikers, die ›Übereinstimmung‹ (Bion 1965) mit dem psychotischen Erleben zu ertragen und die damit verbundene innere Erfahrung der Fragmentierung und der aus dem Tumult herrührenden Panik zu akzeptieren. Diese spezifische emotionale Aufgabe macht es dem Analytiker aus der Innensicht einer übereinstimmend geteilten Erfahrung heraus möglich, die Wahrnehmungselemente, die aktuell am Horizont der analytischen Beziehung erscheinen und die für das jugendliche Ich-Wachstum entscheidend sind, zu verstärken.

Die in solchen Situationen auftretende Form der Übertragung ist ihrem Wesen nach *symmetrisch* (Lombardi 2009c). Das heißt, das logische Prinzip der Symmetrie (Matte Blanco 1975) charakterisiert die tiefe emotionale Beteiligung des Analysanden, während die Unterschiede zwischen Objekten, Dingen und Personen aufgehoben sind. Während also die analytische Beziehung auf der äußersten, oberflächigen Schicht des Bewusstseins eine intersubjektive Anerkennung der beiden an der analytischen Beziehung Beteiligten umfasst, sodass sie realistisch als zwei getrennte Personen erlebt werden, folgt aus der Einbeziehung tieferer emotionaler Schichten in der Beziehung, dass der Analytiker in den funktionalen Kontext einer unbewussten Logik eintaucht und daher hauptsächlich als der imaginäre Zwilling des Patienten (Bion 1950) statt als ein Anderer in einer Beziehung zu ihm erlebt wird. Symmetrische Übertragungen kommen häufig bei schwierigen Patienten vor und hängen mit dem Druck des psychotischen Bereichs der Persönlichkeit zusammen (Bion 1957). In diesen primitiven Schichten ist die Übertragung *nicht* vorwiegend eine Neuauflage einer früheren Beziehung zu den Eltern, *sondern eine neue*

Erfahrung, durch die der Patient allmählich einen Zugang zu sich selbst und einer ersten Repräsentanz der Art und Weise und der Formen seines inneren Funktionierens findet. Eine solche Übertragung entspricht Parametern, die in gewissem Maße bereits von Freud in seiner ersten Definition von Übertragung [transference] im Kontext der Traumarbeit erfasst wurden (Freud 1900), wobei der Transfer auf die Tagesreste es ermöglicht, dass Inhalte sichtbar und darstellbar werden können, die sonst unbewusst und *nicht* darstellbar geblieben wären. Durch die Betonung der symmetrischen Übertragung in der klinischen Arbeit mit schwierigen Patienten kann man der Erarbeitung eines narzisstischen Bereichs in der Verbindung des Patienten zu sich selbst Vorrang geben, da die narzisstische Liebe sich noch nicht auf die Welt äußerer Objekte zu richten vermag (Bion 1965) und da eine Konfrontation mit dem Anderssein in Beziehungen auf eine spätere Phase des analytischen Prozesses verschoben wird – einschließlich der ganzen triadischen Dynamik, die für diese reifere Ebene der Bearbeitung kennzeichnend ist.

Verarbeitung zwischen dem Konkreten und dem Abstrakten und die somatische Gegenübertragung

Angesichts der überwältigenden Präsenz einer sensorischen Katastrophe in akuten psychotischen Phasen, die eigentlich von einer abnormen Logik des Aufruhrs gekennzeichnet sind (Bria/Lombardi 2008), ist es von äußerster Dringlichkeit, vor allem für eine raum-zeitliche Organisation der körperlichen Erfahrung zu sorgen und auf diesem Wege den Übergang von den konkreten Manifestationen zur Abstraktion zu ermöglichen, wobei die Verarbeitung in der Reihenfolge Körper – Affekte – Gedanke (Lombardi 2009b) stattfindet. Mit anderen Worten: Die in der analytischen Beziehung für eine Bearbeitung zur Verfügung stehenden Ressourcen sollten darauf gerichtet sein, den Manifestationen des ›Objekts‹, das dem Patienten am meisten zusetzt – das ist eben genau der Körper –, entgegenzutreten. Das leidenschaftliche und chaotische Drängen des Körpers wird dann durch das Containment der analytischen Reverie entlastet und fördert auf diese Weise das Wachstum psychischer Phänomene, die mit einer Containing-Funktion ausgestattet sind (Bion 1962; Ferrari 2004; Freud 1911). Der Analytiker muss sich daher einfühlsam auf denselben Ebenen bewegen wie der Patient. Indem er das tut, ist er nicht so sehr mit spezifischen psychischen Inhalten oder Konfliktbereichen wie etwa der einfachen Gegenübertragung konfrontiert als vielmehr mit komplexeren Manifestationen wie der ›somatischen Gegenübertragung‹ (Lombardi 2003b). In solchen Situationen ist *der Analytiker als gesamte Person* verwickelt, und zwar in dem Sinne, dass er aufgefordert ist, *vor allem in seinem Körper* die präsymbolischen und konkreten Manifestationen zu containen, die der Geburt emotionaler und psychischer Phänomene (Bion 1979) ›vorausgehen‹. So werden die Bedingungen für die Aktivierung der Alphafunktion und folglich der Möglichkeit geschaffen, sowohl bewusste wie unbewusste Phänomene hervorzubringen (Bion 1962).

Mit der Verwendung des Begriffes *somatische Gegenübertragung* wird anerkannt, dass das Konzept der Gegenübertragung inzwischen Teil eines breiteren ›common ground‹ in der Psychoanalyse ist (Gabbard 1995), mit spezifischer Betonung der nicht-pathologischen Aspekte, das heißt, der physiologisch empathischen Aspekte der Verwicklung des Analytikers. Aus dieser Perspektive betrachtet, ist die Gegenübertragung stets auf die Gefühlsdynamik des Analytikers ausgerichtet und macht es ihm möglich, der Entwicklung des Patienten Schritt für Schritt zu folgen. Hinzu kommt, dass besonders in den schwierigsten Fällen und in akut psychotischen Phasen gilt, dass die Mitwirkung des Analytikers umfassender sein kann als eine rein kontextuelle Reaktion auf das Material der Stunde; somit nehmen die tiefsten Schichten des analytischen Prozesses seine psychophysische Subjektivität tiefgreifend und anhaltend in Anspruch.

Bion (1970) führte das Konzept des »Werdens« ein, um die Aufmerksamkeit darauf zu lenken, dass der Analytiker seiner Persönlichkeit Raum geben muss, sich im Tempo der Entwicklung des Analysanden ebenfalls zu entwickeln, und zwar in einem Kontext, der durch die *negative capability* und das Ertragen von Nichtwissen gekennzeichnet ist. Diese fortlaufende Arbeit bezieht sich nicht nur auf das *Containment* jener Situationen, die vom Patienten projiziert werden, sondern auch auf eine allgemeinere dialektische Offenheit für neue und unbekannte Möglichkeiten in der Persönlichkeit des Analytikers. Die Rolle der körperlichen Beteiligung des Analytikers und der sogenannten somatischen Gegenübertragung entstammt daher dem Kontext einer Erfahrung, die stark von der Mitwirkung des Unbewussten und ihrem somatischen Echo gekennzeichnet ist (Freud 1915b), in dem die Angst ozeanische Ausmaße annimmt (Freud 1930). Die Bearbeitung archaischer Schichten der Persönlichkeit zieht aufseiten des Analytikers nicht weniger als aufseiten des Patienten eine unmittelbare Annäherung an die asymbolischen und präsymbolischen Bereiche der Psyche nach sich, die tief in den Körper eingebettet und aufs Engste mit Undifferenziertheit und Konkretheit verknüpft sind.

Der Fortgang psychoanalytischer Bearbeitung wird an der Auflösung dramatischer Psyche-Körper-Dissoziationen erkennbar und führt beim Analysanden zur Aktivierung *einer Übertragung auf den Körper* (Lombardi 2005), die parallel läuft zur Entwicklung der Übertragung auf den Analytiker. Das Gegenstück zur Entwicklung der Übertragung auf den Körper des Analysanden ist eine parallel stattfindende *Übertragung des Analytikers auf seinen eigenen Körper* als Voraussetzung für die Ausübung seiner Reverie (Bion 1962). Daher entspricht die *somatische Gegenübertragung* der Übertragung des Analytikers auf seinen eigenen Körper, die notwendigerweise die Bearbeitung des unmittelbaren Zugangs des Analysanden zu seinem Körper begleitet. Das manifestiert sich im Allgemeinen in einer Reihe unterschiedlicher Phänomene, etwa einer erhöhten Wahrnehmung des Körpergewichts, besonderer Wahrnehmung innerer sensorischer Bewegungen, dergestalt, dass bestimmte sensorische Erfahrungen von der Psyche wie durch ein Vergrößerungsglas betrachtet werden. Es können aber auch verschiedene subjektive somatische Phänomene (Hitzewallungen, vegetative Empfindungen unterschiedlicher Art, Übelkeit, Schwindel, Veränderungen im Atemrhythmus und Ähnliches) und vorübergehende Empfindungen physischen Unwohlseins (Schmerzen, Muskelkontraktionen, Herzrhythmusstörungen usw.) auftreten. Diese Manifestationen können mit kurzzeitigem Abzug der psychischen Besetzung und möglicherweise mit einer Einschränkung der Abstraktionsfähigkeit einhergehen, weil die Energiebesetzungen verfügbar bleiben müssen, um die sensorische und emotionale Erfahrung im Prozess des Aufbaus einer inneren Struktur aufzufangen. Ein Analytiker, der schwere Fälle behandelt, muss daher wegen der außergewöhnlichen Verantwortung und der Belastungen, die er in solchen Behandlungen auf sich nimmt, seinem eigenen Lebensstil und insbesondere seinem Bedürfnis nach Ruhepausen besondere Aufmerksamkeit widmen. Mit anderen Worten, zusätzlich zum Schutz seiner Denkfähigkeit muss der Analytiker als Voraussetzung für die Morgenröte des Denkens *eine Beziehung zur Nacht des Nicht-Denkens pflegen*: »Denken ist nur ein Lichtstrahl zwischen zwei langen Nächten, aber dieser Lichtstrahl ist alles« (Henri Poincaré, nach Bion 1992).

Die Vertrautheit mit der somatischen Gegenübertragung macht es dem Analytiker möglich, die Bandbreite seiner körperlichen Wahrnehmungen auszuweiten, wobei er auch seine Kapazität für sensorisches und emotionales *Containment* und für den Kontakt zur ›unbeschreiblichen‹ Erfahrung des Unbewussten (Bion 1965) ausbaut. Sie ist ein *Phänomen*, muss noch einmal unterstrichen werden, *das progressiv,* nicht regressiv ist, insofern sie die spezifische Fähigkeit des Analytikers zur Kommunikation und zum *Containment* der Beziehung zum Körper erweitert sowie zum unsicheren Bereich der präsymbolischen Schichten und der ›unerhörten Melodien‹ der Psyche (Lombardi 2008). Dieser generative und kreative Bereich sollte *nicht verwechselt werden mit den regressiven Manifestationen einer pathologischen Gegenübertragung aufgrund blinder Flecken beim Analytiker*, die seinen nicht analysierten Konfliktbereichen zuzurechnen sind, wobei die sensorischen Komponenten der verleugneten Affekte im Wesentlichen deshalb in den Körper hineinverlagert werden, weil ihnen der Zugang zur Symbolisierung versperrt ist.

Die somatischen Phänomene können vielleicht mit der Beschreibung Bions (1970) in Verbindung gebracht werden, mit der er die persönliche Erfahrung einer *Entwicklung von ›O‹* schildert, die einen spezifisch ängstigenden und katastrophischen Charakter hat. Noch einmal: Das ›O‹ des Analysanden und das des Analytikers sind getrennt, auch wenn sie sich ›in Übereinstimmung‹ entwickeln. Die tief greifenden sensorischen und emotionalen Erschütterungen, die den Kontakt mit ›O‹ kennzeichnen, bilden ein quälendes inneres Erlebnis, das dem Kontakt zu einer tiefgründigen emotionalen Wahrheit entspricht. Während einerseits der Bezug des Analytikers zu seinem eigenen Körper und seinem eigenen, inneren Tumult ihn mit der Notwendigkeit konfrontiert, potenziell gefährliche Gefühlstiefen in sich selbst zu contain, *verschafft es ihm andererseits eine entscheidende Basis für Asymmetrie in seinem eigenen Körper* – eine Asymmetrie, die eine unzweideutige Unterscheidung der Identität des Analytikers von der des Patienten erlaubt, und das selbst in den dunkelsten Momenten. Auf diese Weise bietet der Körper der Psyche einen maßgeblichen Kompass, der sicherstellt, dass der Analytiker mitten in den chaotischen Manifestationen symmetrischer Übertragung nicht verloren geht. Zugleich hilft er ihm, eine verfrühte Forderung an den Patienten *nicht zu agieren*, vermittels systematischer Übertragungsdeutungen sein Anderssein und seine Getrenntheit anzuerkennen.

Diese Aspekte der präsymbolischen Bearbeitungsebene sind niemals losgelöst von den reiferen Ebenen der Psyche, dergestalt, dass sie auch ständig darauf abzielen, *einen funktionierenden verbalen Dialog* in der analytischen Beziehung *aufrechtzuerhalten*. Dieser Dialog bildet eine Interaktion mit dem nicht-psychotischen Persönlichkeitsbereich des Patienten (Bion 1957), wobei der Analytiker zu jeder Zeit, selbst in den schwersten Fällen von Denkstörung, z. B. in akut psychotischen Episoden, eine irgendwie sinnvolle verbale Antwort vom Analysanden als Basis für die weitere Arbeit erwartet (Bion 1955). Der Analytiker ist daher dauernd mit einer schweren Aufgabe beschäftigt, er muss ständig zwischen sinnlicher Aufnahmebereitschaft und symbolischem Verständnis, zwischen Konkretisierung und Abstraktion hin und her wechseln und zugleich keine Gelegenheit auslassen, den Fokus auf eine abstrakte Verarbeitung zu richten und sie durch den Aufbau *gedanklicher Modelle* zu ermöglichen, die die bereitliegenden Fähigkeiten des Patienten zur Selbstbeobachtung (Bion 1962; Lombardi 2003b) stimulieren können. Was die verbalen Äußerungen des Analytikers zu seinem Patienten in der Anfangsphase der Analyse angeht, so bestehen wie gesagt die technischen Voraussetzungen hauptsächlich in der Konzentration auf die *Deutung des sich entfaltenden, nicht verdrängten Unbewussten* – um den lähmenden Einfluss exzessiver Symmetrie zu mindern – und auf die Analyse der *Psyche-Körper-Verbindung* und die vom Analysanden verwendeten *Modalitäten und Formen geistiger Disposition* (Lombardi 2003a, 2003b, 2005, 2007) statt auf die Beziehungsaspekte, die für die Übertragungsdeutung kennzeichnend sind.

Ein Hauptproblem bei jeder adoleszenten psychotischen Erkrankung ist die Prognose. Daher kann, wie bei Laufer (1986) erwähnt, Psychose im Jugendlichenalter eine Prognose und nicht eine Diagnose sein. Somit erscheint es wichtig, Symptome geistiger Desorganisation, wie etwa Wahnvorstellungen und Halluzinationen, im Kontext der spezifischen Besonderheit zu betrachten, wie Jugendliche in ihrer geistigen Aktivität und in ihren Beziehungen funktionieren, und insbesondere eine Form psychoanalytischer Behandlung anzuwenden, die schon zu Beginn der Psychose und bei ihren frühesten Anzeichen eingreifen kann. So wird es durch die psychoanalytische Erfahrung möglich, die Gestaltung einer autonomen Gedanken- und Gefühlswelt [mind] im Patienten anzustoßen und vom *Vorgriff auf die Zukunft* Gebrauch zu machen, die sich in den Phasen der Destabilisierung zeigt, wo alte, verfestigte Parameter, die von der explosiven Katastrophe hinweggefegt wurden, im Licht der neu auftauchenden Erkenntnisse über das Selbst und die Welt überdacht werden. Daher besteht die Aufgabe in der psychoanalytischen Behandlung einer akuten adoleszenten Krise an erster Stelle darin, *die Voraussetzungen für eine Bereitschaft zur Veränderung, die in der Krise enthalten sind, zu erarbeiten* und eine *Verstärkung der dissoziativen Tendenz zu vermeiden*, die in der Folge einen hoch komplexen und längeren analytischen Prozess erforderlich machen würde.

Wenn katastrophische Veränderung, wie wir gesehen haben, als eine strukturelle Grundgegebenheit des menschlichen Geistes und seiner Funktionsweise in dessen tiefsten und höchst symmetrischen Schichten (Bion 1974; Lombardi 2009c; Matte Blanco 1975) gelten kann, dann werden wir zuversichtlicher an die psychoanalytische Behandlung der schwersten adoleszenten Störungen wie in der folgenden Fallgeschichte herangehen. Diese ist in Form eines persönlichen Erfahrungsberichts geschrieben und zeigt, dass die psychotische Explosion aufgepfropft ist auf eine Situation arretierten Wachstums, die einen entscheidenden Beitrag leisten kann, wenn die explosive Phase angemessen behandelt wird: Das Wachstum wird mithilfe des dicht geknüpften Gewebes an Erkenntnissen, die in der Katastrophe auftauchen, wieder aufgenommen. Auf diese Weise begleitet eine Psychoanalyse die Mobilisierung, die von der Krise in Gang gesetzt wurde, macht sie erträglich [containable] und macht Gebrauch von ihrem positiven Potenzial, während zugleich die Gefahr chronisch abwehrender oder wahnhafter Manifestationen abgewendet wird.

Fallgeschichte

Anfängliche Schwierigkeiten

Zu Beginn der analytischen Begegnung zeigten sich bei Luca die typischen Manifestationen einer akuten Psychose: geistige Verwirrung, Verfolgungswahn, Halluzinationen, wahnhafte Beziehungsideen, unhaltbare Ängste und Schlaflosigkeit. Seine Denkstörung gehörte zu einem Erscheinungsbild von Schwierigkeiten, die sich bis in seine frühe Kindheit zurückverfolgen ließen. Wir werden uns hier aber nicht weiter speziell mit diesem Punkt beschäftigen – aus offensichtlichen Gründen der Diskretion und weil wir uns in diesem Beitrag auf die Modalitäten und Formen inneren Funktionierens (Bion 1962) konzentrieren möchten, sodass die Berücksichtigung des historisch/anamnestischen und rekonstruktiven Aspekts weniger ins Gewicht fällt.

Der Patient war ein paar Tage nach Ausbruch der wahnhaften Symptome zunächst in einigen Konsultationsgesprächen von einem von uns (Lombardi) gesehen worden. Um eine Krankenhauseinweisung zu vermeiden, wurde der Patient zur psychoanalytischen Behandlung an die Mitautorin (Pola) überwiesen, die dann die Analyse eigenverantwortlich unter Mitwirkung eines Teams von zwei Kollegen aufnahm, einem Psychoanalytiker, der für die Verbindung zur Familie verantwortlich war, und einem psychoanalytisch ausgebildeten Psychiater für die Verordnung der Medikamente.

Der Psychiater diagnostizierte eine schizophreniforme Störung und verschrieb eine mittlere bis geringe Tagesdosis Olanzapine 7,5 mg in der akuten

Phase.[1] Psychosen weisen körperbezogene biochemische Faktoren auf, die vom Analytiker nicht vernachlässigt werden dürfen, da dynamische Vorgänge in der Psyche eine unleugbare biologische Analogie aufweisen. Was jene Elemente angeht, die in engerem Sinne zur Psyche [mind] gehören, so kann nur eine analytische Behandlung die konflikthaften und die Krise beherrschenden Aspekte verarbeiten, die Ressourcen des durch Fixierungen lahmgelegten Ich mobilisieren, der Verleugnung einer psychotischen Episode begegnen, die häufig nach der Remission der akuten Symptomatologie das Bild beherrscht, dem Rückfall in neue akute Phänomene vorbeugen und das Schicksal einer Chronifizierung verhindern.

Von jetzt an wird die klinische Entwicklung des Patienten von der Mitautorin berichtet, die die psychoanalytische Behandlung durchgeführt hat.

Luca war 17 Jahre alt und das ältere von zwei Kindern. Vor der Krise war sein Charakter augenscheinlich sehr sanft, er war intelligent, zeigte sowohl in den akademischen Fächern wie im Sport hervorragende Leistungen, hatte allerdings eine Tendenz zu Isolation und übermäßiger Abhängigkeit von seinen Eltern. Ein paar Monate vor dem Ausbruch der Psychose waren Angstsymptome, Gefühlsschwankungen, Schlafstörungen, Anorexie und Gedächtnisstörungen aufgetreten, die schnell in einem Zusammenbruch gipfelten. Die Symptome traten unmittelbar nach seiner ersten Klassenreise ins Ausland auf, die auch seine erste Trennung von der Familie war.

Bei meinem ersten Zusammentreffen mit Luca fiel mir der starre Ausdruck entsetzlicher Angst in seinem Gesicht auf. Nachdem er mich ein paar Sekunden lang angeblickt hatte, drehte er sich zur Seite; sein Gesicht war ausdruckslos und seinem mageren Körper fehlte es an Muskeltonus. Er betrat den Raum in Begleitung seiner Eltern und ging wie ein Roboter. Seine Stimme war schwach, kaum hörbar, und er beantwortete meine Fragen einsilbig.

Seine erste Mitteilung, als ich ihn bat, mir zu erzählen, was mit ihm geschehen sei, lautete: »Ich bin arrogant und anmaßend. Ich war ein Besserwisser, ich dachte, ich könnte anderen Leuten helfen, aber ich weiß überhaupt nichts.« Ich schlug Luca vor, dass wir seine Entdeckung, dass er überhaupt nichts wisse, als Ausgangspunkt für einen Dialog zwischen uns nehmen könnten. Dann verschloss er sich in einem längeren Schweigen und in vollkommener körperlicher Unbeweglichkeit und Starre, die sich ab und zu löste, indem er seinen Kopf berührte und die Hände fest gegen seine Schläfen presste, so als

---

[1] Wir möchten Dr. Guiseppe Martini, Psychiater und Psychoanalytiker, für seine unverzichtbare Unterstützung bei der Behandlung dieses Falls danken.

werde er von unerträglichen, ängstigenden Gedanken überfallen. Ich fasste das in Worte, indem ich ihn direkt fragte, wovor er Angst habe. Er hob seinen Kopf, schaute mich an und antwortete, indem er wieder und wieder dasselbe Wort wiederholte: »Angst, Angst, Angst …« Dann fiel er wieder zurück in seinen verschlossenen Zustand, während seine Augen irgendwohin schweiften – dasselbe galt für seinen psychischen Zustand, denn jeder Versuch, die Situation zu kommentieren, oder jede Bitte, diesen Ängsten einen Namen zu geben, fiel ins Leere. Plötzlich aber sprach er:

P: Sie sind eine Frau.
A: Ja, und du bist ein Mann.
P: Ich bin nichts.

Ich war bestürzt über Lucas drastisch negative Art, über sich zu sprechen. Konfrontiert mit einem sexuellen Identitätsunterschied wurde er zu ›nichts‹ und beschleunigte den Zusammenbruch des Denkens durch sein Verschwinden. Von den allerersten Wortwechseln an schien meine Gegenübertragungsreaktion auf die Beziehung zu diesem Patienten dramatisch zu verlaufen: Am Stundenende wurde mir ein tief sitzendes Gefühl physischer und geistiger Erschöpfung bewusst; mein Körper fühlte sich wie gelähmt an, und innerlich war ich erschüttert, als wäre ich bombardiert worden.

In der ersten Woche unserer Arbeit kam Luca in Begleitung seiner Eltern in die Stunden. Er wirkte vollkommen abgeschottet, schweigsam, bewegte sich wie ein Automat und war innerlich vollständig abwesend. Ich hatte einen Traum, der mir half, einen Ort in mir selbst für die anfängliche Erfahrung mit diesem Analysanden zu finden. In dem Traum *standen Luca und ich neben einer Mauer und konnten jenseits von ihr ein offenes Gelände mit einem Feld sehen, das teilweise völlig unbewachsen und teilweise begrünt war. Zu unseren Füßen standen ein paar ordentlich hergerichtete Körbe, in denen neugeborene Babys lagen. Luca war schweigsam und ruhig. Ich sprach zu ihm, aber er war innerlich weit weg. Dann, in einem plötzlichen Anfall, schnappte er sich einen der Körbe mit einem Neugeborenen darin und schleuderte es auf den Boden.* Mit einem lauten Schrei wachte ich voller Entsetzen auf und konnte nicht wieder einschlafen.

Der Traum vermittelte mir beinahe greifbar den Hass, die Hilflosigkeit und die Todesangst Lucas und deutete auf eine mögliche Suizidgefahr. Als mir die Gefahren dieser ausweglosen Situation klar wurden, beschloss ich, in den folgenden Stunden eine aktivere Rolle einzunehmen. Zum Beispiel kommentierte ich angesichts seines hartnäckigen Schweigens in einer Stunde:

A: Nicht zu sprechen, ist deine Art zu sagen: ›Ich existiere nicht.‹ Dein Hass bringt dich dazu, abzulehnen, was dir passiert. Aber wenn du alles zunichte machst, dann kannst du nicht auf dich selbst Acht geben … (Dann, als sein Schweigen anhielt:) Noch nicht einmal ein Analytiker kann sehr viel tun, wenn er sich in einer so schwierigen Situation befindet, wo die Mitarbeit fehlt … (Luca reagierte mit einer Geste, bei der er an seinem Kopf zog und mir traurige Blicke zuwarf; dann rollten Tränen aus seinem rechten Auge, während sein linkes Auge trocken blieb. Ich merkte, dass eine emotionale Beteiligung in der Stunde sichtbar wurde, und versuchte, Worte für seine nonverbale Sprache zu finden:) Wenn du in diesen Sitzungen deine Gefühle zulässt, so wie jetzt, dann kann dein Schmerz herauskommen und sich in deinen Tränen zeigen.

Luca hörte mir zu, seine Augen schienen für ein paar Sekunden lebendig zu werden; dann senkte er den Kopf und verschloss sich wieder. In den nächsten paar Sitzungen machte ich den Versuch, eine Form des Denkens auf der Grundlage seiner Körpersprache zu aktivieren, indem ich seine Gesten, seine Haltung und Bewegungen kommentierte, insbesondere die, von denen ich glaubte, dass sie winzige Anzeichen für Offenheit und Kommunikation sein könnten. Ich sagte zum Beispiel: »Die Starre deines Körpers kostet dich enorme Anstrengung und muss eine große Belastung für dich sein; du bist wie Samson, der die Säulen des Tempels einreißt und sich selbst unter den Trümmern begräbt.« Als Antwort streckte Luca seine Arme in die Luft, knackte mit den Fingergelenken, fiel aber dann in den verschlossenen Zustand von Unbeweglichkeit und Schweigen zurück.

In einer der folgenden Stunden kam mir der Gedanke, dass Luca sich selbst behandelte wie eine verloren gegangene Datei auf einem Computer: Er war nicht imstande, sich selbst zu finden, obwohl er wusste, dass er dort irgendwo war. Wohl wissend, dass das nur eine Phantasie von mir war, machte ich den Versuch, diese Metapher einzuführen:

A: Eine Datei kann manchmal verloren gehen, aber selbst dann kann sie wiederhergestellt werden. Nun bist du weder ein Computer noch eine Datei, aber du behandelst dich, als hättest du deine Daten verloren. (Als Antwort auf diese Bemerkung erhob sich Luca völlig unerwartet, stand vor mir und sah mir in die Augen.)

P: Ja, genauso fühle ich mich. Wie haben Sie das denn gemerkt? Ich habe meine Daten verloren; ich kann mich noch nicht mal mehr an meine

Stimme erinnern. Aber wenn ich so weitermache, werde ich vergessen, dass ich je eine Stimme gehabt habe. Alles in mir ist konfus geworden; alles in mir ist auf der Klassenreise damals durcheinander geraten; ich bin nicht mehr hungrig oder durstig; ich kann nichts mehr riechen oder schmecken. Wenn ich mich nicht bewege, dann werde ich nicht hungrig oder durstig.

A (Ich bin beeindruckt von der Tatsache, dass sich Luca durch den Hinweis auf ein mechanisches Objekt angesprochen fühlte, von einem Bild, das offenbar seinem Gefühl entsprach, ein Automat zu sein. An dieser Stelle fing aber der Automat an zu merken, dass ihm sein Körper abhanden gekommen war und ihm dessen Signale fehlten. Deshalb sagte ich:) Du verlierst deine Beziehung zu deinen Bedürfnissen, so als ob du keinen Körper hättest.

P: Ja, ich vergesse sogar zu pinkeln.

Nach ein paar Tagen fing er an, eine kleine Wasserflasche mit in die Stunden zu bringen, nippte hin und wieder daran und erzählte mir, er sei nicht wirklich durstig, ihm sei aber gesagt worden, dass er dehydriert werden könnte; daher versuche er zu trinken. Nach 14 Tagen fast vollkommener Schlaflosigkeit, trotz regelmäßiger Einnahme eines Sedativums, begann er wieder zu schlafen. Aber das Aufwachen war für ihn immer mit großer Angst verbunden. Die folgende Sequenz zeigt, dass ich entsprechend der Funktionsebene des Patienten zum damaligen Zeitpunkt eine einfache Sprache verwendete, um einen Kommunikationsweg zu ihm offen zu halten.

P: Ich habe geschlafen, aber ich bin immer wieder aufgewacht und wusste nicht, was los ist, wo ich war oder wer ich war. Alles hat sich verändert, es ist so, als wäre ich jemand anders und würde mich nicht erkennen, keinen Ort erkennen, nicht wissen, was ich machen soll und was passiert ist. Wie lange bin ich so gewesen?

A: Ein paar Tage lang hattest du so entsetzliche Angst, dass du jeden Kontakt zu dir selbst und zur Welt abgebrochen hast. Es war Horror, der dich dazu gebracht hat, das zu tun. Jetzt fängst du gerade an, dich selbst wieder zu bemerken.

P: Ja, es ist, als wäre alles verschwunden. Jetzt habe ich Durst. Vielleicht habe ich auch Hunger.

A: Was würdest du gerne essen?

P: Ich weiß nicht.

A: Was magst du?
P: Alles und nichts; ich habe keine Leidenschaften. Es ist wie in der Schule: Ich bin in allem gut, aber ich weiß nicht, was ich wirklich mag. (Dann plötzlich, als kehre er ins Leben zurück:) Wissen Sie, wovor ich Angst habe? Erwachsen zu werden. Kann das sein? Früher habe ich mir selbst keine Fragen gestellt, ich hab einfach weitergemacht und das war's.

Die Reaktivierung der biologischen Bedürfnisse Schlaf und Hunger ging Hand in Hand mit der Erkenntnis, dass es ihm an Interessen und Leidenschaften fehlte, und gleichzeitig mit der Angst, erwachsen zu werden. In dieser ganzen ersten Zeit der Behandlung war mir Luca innerlich stets präsent. Ich verstand das als Zeichen meiner Verwicklung in seinen katastrophischen Zustand und ich spürte sein Bedürfnis, im Inneren eines anderen Menschen ein *Containment* zu finden.

Am Ende des ersten Analysemonats zeigte Luca, dass seine sensorische Kapazität wiederhergestellt war, sodass er seinen Körper deutlich fühlen und anschauen und das in die Stunde einbringen konnte.

P: Ich habe mich nie sehr viel angeschaut, aber heute habe ich gemerkt, dass ich sehr dünn bin. Ich habe mich im Spiegel gesehen und meine Hose ist mir runtergerutscht. Ich habe zehn Kilo abgenommen; ich hatte aufgehört zu essen.
A: Du hattest deinen Körper ausgelöscht.
P: Wenn ich etwas nicht mag, dann werf ich es weg und setze mich nicht damit auseinander.

Vom falschen Sein zum echten Sein

Nach ein paar weiteren Wochen Arbeit zeigte Luca Zeichen der Besserung; zum Beispiel konnte er nun den Lift selbstständig benutzen und musste nicht mehr bis zur Tür des Sprechzimmers begleitet werden. Er hatte den Plan, zu seinen Stunden allein auf seinem Moped zu kommen, hatte aber immer noch Angst vor dem Verkehr.

In den Stunden, in denen Luca am meisten in Kontakt mit sich war, konnte er darüber sprechen, was er seine »verrückten Gedanken« nannte. Das folgende Material bezieht sich auf diesen Bereich.

P: Alles hat sich verändert, *der Zustand der Straßen hat sich verändert*, von einem Tag auf den anderen verändert sich alles.

A: Du erzählst mir davon, was deinem Gefühl nach mit dir geschehen ist – von den *Veränderungen* im Zusammenhang mit deinem Erwachsenwerden – und dass deine alten Orientierungspunkte sich verändert haben, weil du gewachsen bist, und dass du neue finden musst.

P: Es ist sehr schwer für mich, irgendeine Initiative zu ergreifen. *Ich sage immer ja*, um andere Leute nicht zu enttäuschen, und ich weiß nie, was ich will, also bleibe ich stehen und warte.

A: Was bedeutet es, ›nein‹ zu sagen?

P: Wenn ich andere Leute enttäusche, dann denken die, ich bin ein böser Junge, eine Fälschung [fake].

A: Die einzige Möglichkeit, keine Fälschung zu sein, besteht für dich darin, *Verantwortung* zu übernehmen für das, was du bist und was du möchtest.

P: Das ist es genau: Ich habe mich immer wie eine Fälschung empfunden. Ich habe immer alles getan, was meine Familie mir gesagt hat. (Er unterbricht für einen Moment, dann fügt er hinzu:) Sehen Sie, jetzt bin ich auch noch undankbar, ich kritisiere sie. Sie haben alles für mich getan.

A (Als ich mir der Gefahr bewusst werde, dass seine Tendenz zur Imitation durch Schuldgefühle verstärkt werden könnte, versuche ich, ihn wieder mit sich selbst zu konfrontieren:) Mir scheint, was zählt, ist, was du für dich selbst tun kannst, indem du verstehst, was du für Überzeugungen und Interessen hast.

Die Sequenz zeigt, dass Luca *beim Gedanken an Veränderung desorientiert und geängstigt* ist. Schließlich würde eine adoleszente Veränderung Luca nötigen, in ungewohnter Weise persönliche Überzeugungen ins Spiel zu bringen, nachdem er bisher immer die Meinungen und die Angebote seiner Familie akzeptiert hatte. Luca hatte sich nie die Freiheit genommen, ›nein‹ zu sagen – *Verneinung* (Freud 1925) – und das als Instrument der Selbstdefinition anderen gegenüber einzusetzen. Die persekutorische Angst, man könnte ihn für eine ›Fälschung‹ halten, erinnerte an den Einsatz von ›Fälschung‹ und Lügen (Bion 1963), um durch das Kopieren eines anderen der Verantwortung für subjektive, eigene Entwicklung enthoben zu sein. Trotz der offensichtlichen Schwierigkeiten des Analysanden zeigt die Sequenz das Bemühen Lucas um eine rudimentäre Form der Selbstreflexion und seine Suche, ein eigenes ›beobachtendes Ich‹ zu installieren. Meine Kommentare hatten zum

Ziel, ihm eine Beziehung zu sich selbst zu ermöglichen, wobei dem Diktat eines primitiven Über-Ichs Einhalt geboten werden sollte.

Luca war nun in der Lage, mit mir über die Tage, in denen er so abgeschottet war, und über das Erlebnis seines Wahns zu sprechen.

P: Ich war schließlich wahnsinnig geworden. Es fing alles damit an, dass ich meinen Computer hochfuhr und die Familienfotos verschwunden waren. Ich dachte, jemand steuere mich aus der Ferne nur durch Denken und dass sie *meine Familie ermordet hatten.* Das Fernsehen sprach über mich, und ich schaltete es nicht mehr ein. Ich konnte das Haus nicht mehr verlassen, weil mir draußen nachspioniert wurde. Ich musste nur zwinkern und die Ampeln schalteten um, *woraufhin der Verkehr verrückt spielte. Überall waren Observierungskameras,* sogar in Ihrem Sprechzimmer. Ich war überzeugt, dass ich für *die Schuld, all die Leute umgebracht zu haben, büßen musste.* Jeder wusste von meinen Verbrechen. Also blieb ich still und wartete ab.

A: Hast du meine Worte in den Stunden gehört?

P: Ja, als Sie über meine Qual und meine Angst sprachen, sind die Stimmen in meinem Kopf einen Moment lang verstummt. Dann haben Sie eines Tages *etwas von Schmerz gesagt, und ich fühlte ihn stark in meinem Herzen.* Vielleicht haben Sie gesagt, ›Du bist lebendig, du bist ein Mensch, kein Computer, und du kannst äußern, was du fühlst‹, und dann öffnete sich etwas.

Indem er sich die dramatischen Momente der psychotischen Explosion noch einmal vor Augen führte, konnte Luca beginnen, die paranoiden Ängste, den Tod seiner Familie verursacht zu haben, und die persekutorischen Ängste angesichts seiner phantasierten Morde zu durchdenken und seine bis dahin verleugneten Hassgefühle weiter bearbeiten. Es war der Hass, der dazu beigetragen hatte, den inneren Verkehr verrücktspielen zu lassen, und der so zur Potenzierung seiner Ängste vor Veränderung (die in einer früheren Sitzung erwähnte ›Veränderung im Straßenzustand‹) geführt hatte. Interessant ist, dass er, als ich (durch Reverie) seinen Schmerz begriffen und ihn darauf aufmerksam gemacht hatte, ihn zu seinem eigenen machen und auch körperlich spüren konnte (»ich spürte ihn stark in meinem Herzen«). Er konnte also tatsächlich seinen Körper psychisch wieder besetzen [»re-mind the body«] (Ogden 2001). Sobald er von mir dazu angeregt wurde, konnte Luca in seiner Bearbeitung weiter fortfahren und sagte mir am Ende der Stunde:

P: Ich bin nicht mehr das perfekte Kind. Ich habe jeden enttäuscht und ich habe Angst, sie könnten meinetwegen alle sterben. Das haben sie nicht verdient. Wir sind immer eine glückliche, perfekte Familie gewesen, und ich habe alles hingeschmissen und zerstört.

Luca akzeptierte den *Schmerz, den er in seinem Körper spürte*, und hatte offenbar gleichzeitig die Tendenz, *die Angst, die hinter dem Zwang zur Perfektion* stand und die ihn in einen nicht-menschlichen Roboter (das perfekte Kind) verwandelt hatte, *aufzugeben*.
Als Luca zu einer der nächsten Stunden erschien, bemerkte ich den undurchdringlichen, verlorenen Ausdruck in seinen Augen. Er belebte sich aber wieder in unserer Stunde, als wir an den ›bizarren Gedanken‹ arbeiten konnten, die ihm Entsetzen einjagten.

P: Ich habe auf dem Weg noch eine kleine Flasche Wasser gekauft, weil ich Durst hatte. Während ich daran nippte, habe ich plötzlich alles abgeschaltet, weil ich das Gefühl hatte, als ob der Verkäufer einen *mörderischen Ausdruck* im Gesicht hätte und seine Stimme *mir sagen würde, dass ich nicht trinken soll*. Dann habe ich mich auch an die Tage erinnert, als ich aufgehört hatte zu trinken, weil eine Stimme mir gesagt hat, dass ich allen anderen in der Welt das Wasser wegnähme. Was für eine blöde Idee, als ob ich schuld wäre, dass alle am Verdursten sind!
A (in der Vorstellung, dass Themen an die Oberfläche kamen, die mit seiner früheren, gefährlichen Anorexie zusammenhingen): Wofür brauchen wir Wasser?
P: Der Körper braucht Wasser zum Leben.
A: Wenn du also deinem Körper kein Wasser gibst, behandelst du ihn in Wirklichkeit so, als würdest du nicht existieren. Indem du deinen Körper austrocknen lässt, greifst du deinen Körper und dich selbst auf zerstörerische Weise an, um deine realen menschlichen Bedürfnisse auszulöschen.
P: Ja, ich war eine Gefahr für mich selbst. Ich erinnere mich, dass jedes Elektrogerät, das ich sah, mir wie eine Bombe vorkam, die explodieren könnte. Ich empfand mich selber wie ein Elektrogerät. Wenn ich sprechen würde, könnte ich Zerstörung auslösen. Wenn ich also *essen, trinken, schlafen würde, könnte ich zerstört werden*. Jetzt weiß ich, dass das alles Wahnsinn ist.

Ausgehend von der wahnhaften, persekutorischen Wahrnehmung eines mörderischen Blicks konnte Luca zu einer tieferen Kenntnis seiner verrückten

Welt kommen (»Jetzt weiß ich, dass das alles Wahnsinn ist«). Die wahnhafte Vorstellung vom mörderischen Hass im Gesicht des Verkäufers veranschaulicht, dass Lucas anorektische Symptome im *Hass auf einen Körper wurzelten, der trinken musste* – einem Körper, der anscheinend dafür verantwortlich war, dass er sich Grenzen ausgesetzt sah, die durch physische Bedürfnisse und die Realität (Freud 1911) gezogen sind. Die Angst, mit der Luca nichts zu tun haben wollte, drehte sich um Ohnmacht und Unsicherheit (vgl. Freud 1926) im Zusammenhang mit seiner körperlichen Existenz. Die Verleugnung des Hasses hatte ihn zu einem unbelebten Elektrogerät werden lassen, das dennoch angefüllt war mit seinem explosiven Hass. Ein wenig später fügte er hinzu:

P: Aber vielleicht war ich sogar schon vor der Reise krank. Ich wollte nicht mehr lernen. Ich vergeudete meine Zeit und hatte *Angst, dass die Zeit verging.* Damals [als er den psychotischen Zusammenbruch hatte] *hatte ich das Gefühl, in einem anderen Zeitalter zu leben,* ich war jemand anders. (Längere Pause.) Ich hatte einen *Traum,* in dem ich mit einem langen Bart aufwachte und ein alter Mann war.

A (Ich war beeindruckt von der Zeitlosigkeit, in der Augenblicke zu Jahren werden und er ein alter Mann war, wo er doch kaum erst begonnen hatte zu wachsen. Ich versuchte etwas zu sagen, das ihn vielleicht näher an die Realität heranführte:) Die Erkenntnis, dass du erwachsen wirst und dass Zeit vergeht, macht dir sehr viel Angst, du könntest auf der Stelle als alter Mann enden. Du vergisst also, dass Zeit langsam vergeht und dass sie die Bedingung für das Leben ist.

Den Hass auf einen Körper, der mit physischen Bedürfnissen angefüllt ist, assoziierte er mit einem Hass auf die Zeit. Lucas Angst und Hass auf die Zeit führten dazu, dass er nicht nur seinen Körper, sondern auch die Zeit umbringen wollte (Kernberg 2008; Lombardi 2003c), weil sie als Urheberin unerträglicher Begrenzungen empfunden wurde. Weil ihm ein zeitlicher Bezugspunkt oder eine ›Symmetrisierung‹ von Zeit (Matte Blanco 1975) fehlte, verfiel er in eine Depersonalisierung – »hatte ich das Gefühl, in einem anderen Zeitalter zu leben« oder alt zu werden. Meine Intervention zielte darauf, eine *logische, asymmetrische Unterscheidung von Zeit* einzuführen und ihm damit zu zeigen, dass Tage keine Jahrzehnte sind und dass Zeit ihre eigene reale, historische Dauer hat.

In einer späteren Stunde zeigte sich bei ihm immer noch eine zeitliche

Desorganisation. Er sagte: »Alles in mir ist noch nicht ganz an seinem Platz; es fällt mir nicht leicht, das, was früher passiert ist, mit dem zusammen zu bringen, was gerade jetzt passiert, wo es mir besser geht.« Obwohl er Angst habe, dass alles durcheinander gerät, sagte ich, sei das Sprechen darüber auch eine Art, es zu verdauen und es ein für allemal zu begraben. Er antwortete, er habe Angst davor, dass alles auseinanderfiele so wie in *V für Vendetta*, einem Science-Fiction-Film, in dem eine maskierte männliche Gestalt destruktive Kräfte hat und alle beherrscht, einschließlich einer schönen Frau. Die roboterähnliche Gestalt wurde letztendlich zum Opfer ihrer eigenen Destruktivität und starb. Ich kommentierte, wenn er sich selbst nicht als reale Person anerkenne und sich mit der Maske der Falschheit tarne, dann werde er zum Opfer seines unerkannten Hasses. Auf diese Weise versuchte ich, ihm die Befreiung von der Camouflage eines falschen Selbst (Winnicott 1949) zu erleichtern, um näher an das echte Selbst heranzukommen. Die Verleugnung des wirklichen Selbst, das im Körper wurzelt, lieferte ihn uneingeschränkt der Gnade eines sadistischen Über-Ichs und dessen Verführungen aus, wovor es kein Entrinnen gab (Rosenfeld 1952, 1965).

In einer der folgenden Stunden wich Luca plötzlich von dem ab, was er gerade sagte, und fragte mich:

P: Kann ich Ihnen eine Phantasie erzählen, die ich habe? Ich möchte gern auf eine Insel gehen, so eine wie *Peter Pans Insel, die es nicht gibt*. Es ist lächerlich, ich weiß.

A: Und du möchtest *für den Rest deiner Tage klein bleiben und den Lauf der Zeit anhalten.*

P: Mein lächerlicher Wunsch ist, die Zeit anzuhalten, klein zu bleiben und *niemals zu sterben*. (Und indem er sich zu mir umdrehte:) Wir haben noch einen weiten Weg vor uns!

Die Insel, »*die es nicht gibt*«, erinnert an Lucas Tendenz, »nicht zu existieren«, sich hinter der Maske eines »ich bin nichts« (wie in der ersten Äußerung in seiner Analyse) zu verstecken, um seine menschlichen Bedürfnisse und Begrenzungen unter Kontrolle zu halten, sich zugleich ein ›Peter Pan-Syndrom‹ zu eigen zu machen und damit Zeit und Wachstum auszuschließen. Zeit, Veränderung und Endlichkeit wurden zu einem wiederkehrenden Thema, wodurch nach dem Zusammenbruch seiner Omnipotenz Ohnmacht und wahnhaft eingefärbter persekutorischer Hass fühlbar werden konnten. Als die Analyse voranschritt, gewann Luca allmählich die Fähigkeit zu erkennen, wann seine Gedanken verrückt oder, in seinen Worten, ›bizarr‹ oder ›unverbunden‹ waren.

Das Offenwerden für Körperempfindungen und Gefühle

In einer anderen Stunde erzählte Luca, dass er, als er sein Moped aus der Garage holte, um zur Analyse zu fahren, dachte, der Hausmeister sei wütend auf ihn. Ich fragte ihn, weshalb der hätte wütend sein sollen. Er antwortete: »Ohne Grund, es ist eine Erfindung in meinem Kopf, ein unverbundener Gedanke.« Ich meinte, was er einen unverbundenen Gedanken nenne, sei tatsächlich eine Möglichkeit, *sich dem Hass anzunähern,* der in ihm sei und den er in anderen Menschen unterbringe, nachdem er ihn früher unablässig ausgemerzt habe. Interessant zu erwähnen ist, dass der *Hass* jetzt nicht mehr ›unverbunden‹ war, sondern durch die analytische Reverie ›*verbunden mit dem System psychischer Repräsentanzen*‹. Diese Mitteilungen, in denen der Hass zum Vorschein kam, wurden nicht im Sinne der Übertragungsbeziehung zu seiner Analytikerin gedeutet, die Betonung lag vielmehr auf der Bearbeitung des Hasses ohne jeden Versuch, den Patienten in Bezug auf seine Ängste zu beruhigen.

Nach der Bearbeitung des Hasses war Luca in der Lage, sich seine Enttäuschung an seiner Familie einzugestehen und deren Mitglieder allmählich realistischer wahrzunehmen. »Aber merken Sie, dass ich das perfekte Gleichgewicht meiner Familie gestört habe? Wir waren immer ›eine glückliche Durchschnittsfamilie‹.« In den folgenden Stunden griff Luca das Thema seiner ›glücklichen Durchschnittsfamilie‹ wieder auf, die er jetzt als Scheingebilde auf einem Fundament der Verleugnung von Hass ansah: »Die ›glückliche Durchschnittsfamilie‹ ist eine Fiktion ... Sie sind alle total gestresst. Wenn sie sich streiten, dann mit einem Lächeln. Aber das ist lächerlich. Alles ist perfekt, aber nichts ist wahr. Wenn du wütend bist, dann bist du wütend und sonst gar nichts; du lächelst doch nicht!«

So beschrieb Luca ein Familiensystem, das auf einer Maskierung durch Äußerlichkeiten und Verleugnungen beruhte. Diese Erarbeitung erlaubte es Luca, selbstsicherer und autonomer zu werden, und von da an kam er selbstständig auf seinem Moped zu seinen Stunden: »Ich habe meine Mutter in einem Zustand völliger Auflösung zurückgelassen. Es ist ihre Angst, aber sie wird lernen müssen, damit umzugehen, so wie ich es hier mit Ihnen tue.« In einer späteren Stunde sagte er: »Ich bin wütend auf meine Familie, aber auch auf mich selbst. Ich hasse meine Mutter, die mit diesem kleinen Lächeln, das sie immer hat, sagt: ›Du kannst nicht gehen, du bist so krank gewesen seit dieser Reise, dass du zu Hause bleiben musst.‹« Dank der progressiven klinischen Besserung aufgrund der intensiven psychoanalytischen Behandlung war Luca tatsächlich imstande, eine kurze Reise zu planen, die dann ohne Zwischenfall verlief.

Die Bearbeitung der Geschehnisse um die akut psychotische Explosion herum ermöglichte es uns, noch dichter an die Beziehung Psyche–Körper heranzukommen, wie sich an den folgenden Auszügen veranschaulichen lässt:

P: Ich bin froh, weil ich eine gute Tennisstunde hatte. Der Trainer sagte, ich hätte eine gute Koordination in meinen Bewegungen.
A: Und was hältst du selbst von deinem Erlebnis?
P: Ich empfand Freude im Körper, Freude, dass ich meinen Körper spürte, und Freude an der Bewegung. Als ich krank war, konnte ich mich nicht bewegen; meine Bewegungen waren langsam, aber jetzt will ich mich richtig bewegen. (Er berührte sein Gesicht und fuhr fort:) Allmählich fange ich an, *meinen Bart* zu mögen, obwohl er nicht sehr üppig wächst. An manchen Stellen ist er da, an anderen Stellen nicht. Es war ein Schock, *meine Stimme* zu hören, als ich krank war. Das war nicht meine, sie klang metallisch, die Stimme eines Mörders, die Stimme des Mannes in *V für Vendetta*. Jetzt ist sie nicht mehr metallisch, ich fange an, meine Stimme zu mögen. Jetzt kann ich mich selbst im Spiegel erkennen. Als ich krank war, *sah ich mich im Spiegel an und erkannte mich nicht*. Ich war jemand anders! Ich hatte mein Gedächtnis und mein Zeitgefühl verloren. Und dann hatte ich eine Menge seltsamer Empfindungen mit fürchterlichen Gerüchen.
A: Was für Gerüche?
P: Von Tod und fauligen Sachen. Sie hätten mich umbringen können – mich vergiften. Und wenn das meine eigenen Schöpfungen waren, dann war ich derjenige, der umbrachte. In meinem Schädel war alles riesig und durcheinander.

Die obige Sequenz zeigt, wie Luca beginnt, seinen Körper zu akzeptieren (»*Ich empfand Freude im Körper, Freude, dass ich meinen Körper spürte, und Freude an der Bewegung*«), und damit verband sich die Befreiung von dem Gefühl, ein Computer oder eine Maschine zu sein, und eine beginnende Akzeptanz seiner adoleszenten körperlichen Veränderungen (der Bart, der »an manchen Stellen da ist, an anderen Stellen nicht«). Die Belebung seines Körpers und der Beginn einer realistischen Beziehung zur Zeit machten es Luca möglich, aus der Dissoziation herauszukommen (»Ich war jemand anders«) und sich selbst im Spiegel zu erkennen.

Er erzählte dann einen Alptraum, den er zur Zeit seines psychotischen Zusammenbruchs hatte: »Ich träumte, dass *ein Außerirdischer, eine böse Gestalt, ins Haus eindrang. Ich bemerkte die Gefahr, konnte aber nicht aufwachen.*« Ich fragte ihn, was für eine Gefahr er befürchtet habe. Er erzählte mir dann von einem wiederkehrenden *Alptraum*, in dem *unsichtbare Kreaturen zuerst ins Haus eindrangen, dann in seinen Körper; es waren außerirdische Kreaturen, über die er keine Kontrolle hatte und die entsetzliche Dinge anrichten konnten, wenn sie herauskamen.* »Ich weiß nicht, ob es Einbildung oder ein Alptraum war, aber einmal«, erzählte er weiter, »kam ich nach Hause und sah die zerstückelten Körper meiner Familie auf dem Boden – verstreute Körperteile und Gestalten, die durch das Fenster entflohen.«

Wir konnten dieses Material als Ausgangspunkt für die Bearbeitung seines *mörderischen Hasses auf seine Familie* verwenden. Deshalb meinte ich, er habe Angst, dass er womöglich nicht in der Lage sei, seinen Hass zu kontrollieren, und dass er ihn dann unbewusst ausagieren könnte. Luca schien davon nicht sonderlich beunruhigt, war aber sichtlich *beruhigt durch die Entdeckung seines Hasses*. Jetzt konnte er endlich einen Weg aus einem Alptraum finden, aus dem er bis dahin nicht aufwachen konnte. In der Tat bestand ein zentraler Aspekt seiner Bearbeitung offensichtlich darin, dass er sich selbst davon frei machte, aus Alpträumen nicht aufwachen und das *Träumen vom Wachzustand* (Bion 1992) nicht unterscheiden zu können – Phantasie von der Realität. Die Einführung einer Unterscheidung in diesen Bereichen ermöglichte es ihm, einen Ort für seinen mörderischen Hass zu finden, indem er ihn als real anerkannte und sich zugleich seine Fähigkeit zunutze machte, ihn mithilfe seiner Phantasie zum Ausdruck bringen zu können. Davon zu träumen, dass er seine Familie in Stücke riss, bedeutete daher eine neue Fähigkeit, seinen Hass darzustellen, und das war etwas ganz anderes als ihn im realen Leben zu agieren. In diesem Sinne sorgte der Gebrauch, den er von der *Existenz seines Körpers* machte, für einen *stabilen Realitätsbezug*, den er logisch mit der Dimension Phantasie vergleichen konnte.

Mit der progressiven Bearbeitung dieses Materials wurde mir zunehmend bewusst, dass Hass nicht nur in Lucas Innerem präsent war, sondern auch im Sprechzimmer: Es war eine Präsenz, die ich in höchst konkreter Form von Anfang an bemerkt hatte, die aber jetzt endlich symbolische Züge und im eigentlichen Sinne kommunikative und verbale Substanz annahm. Die Präsenz von Hass kündigte zugleich die Entwicklung der Übertragung an, die allmählich zunehmend klar umrissen und affektiv facettenreich wurde. Angesichts des Andrängens verwirrender Elemente und der ausgeprägten Tendenz zum konkreten Denken in dieser Phase hatte ich das Gefühl, die Einführung von Übertragungsdeutungen würde lediglich die Gefahr mit sich bringen, auf unerträgliche Weise in das immer noch fragile Netzwerk einzudringen, das wir gerade mühsam aufbauten.

In der nächsten Stunde kam er auf das Thema Körperempfindungen zurück:

P: Ich bin schwimmen gewesen. *Ich bin müde, ich kann meinen Körper spüren.* Er fühlt sich gekräftigt an, stark – ein herrliches Gefühl.

A: Deinen Körper zu spüren gibt dir das Gefühl, ihn zu beherrschen, du selbst zu sein.

P: Ja, *ein voller Körper.* Als ich krank war, war er leer, der bloße Anblick eines Skeletts. Ich war nicht Herr meines Körpers, und mein Kopf war völlig verkorkst. Ich habe alles viel zu stark aufgenommen und alles war durcheinander.

A: Wie du siehst, kann der Kopf die Empfindungen aufnehmen, die aus dem Körper kommen, und das führt dazu, dass du deinen Körper als real wahrnimmst.

P: Ja, jetzt kann ich *fühlen, ohne dass alles in mir durcheinander gerät,* und ich kann *einem anderen in die Augen sehen,* so wie ich es hier mit Ihnen tue.

Interessant ist, dass in der psychotischen Krise das Fühlen extrem verwirrende, überwältigende Eigenschaften angenommen hatte. Es erinnert an das von Freud (1930) beschriebene ozeanische Gefühl. Die analytische Beziehung katalysierte den Beginn *einer Beziehung des Analysanden zu seinem Körper* und *lenkte* zugleich Lucas *Aufmerksamkeit und Wahrnehmung* (Freud 1911) *auf innere Empfindungen,* sodass er zwischen verschiedenen Gefühlen in seinem Erleben unterscheiden konnte (»jetzt kann ich fühlen, ohne dass alles in mir durcheinander gerät«) (vgl. Matte Blanco 1988). Weil Luca im Rahmen der analytischen Arbeit Unterstützung darin bekam, mit seinem Körper in Beziehung zu treten, hatte die Analyse eine *sensorische Wahrnehmung aktiviert,* die es ihm ermöglichte, im formlosen Magma seiner Empfindungen und Gefühle Unterscheidungen vorzunehmen. Die Turbulenzen in seinem Körper konnten allmählich in den Hintergrund treten, da er eine innere mentale Funktion entwickelt hatte, etwas zu erfassen und zu containen (Ferrari 2004).

Die Entwicklung der Affekte und der Beginn einer Denkfähigkeit

In einer späteren Stunde setzte er seine Bearbeitung, ausgehend von einer Körperempfindung, weiter fort: Er hatte rote Augen und eine juckende Nase.

P: Haben Sie vielleicht bemerkt, dass meine Augen ganz rot sind? Ich habe eine Allergie; meine Nase juckt und meine Augen tun mir weh.
A: Achtest du mehr auf das, was in deinem Körper vor sich geht?
P: Früher habe ich schweigend hingenommen, was ich gefühlt habe, und versucht, nicht daran zu denken. Jetzt merke ich sehr viel deutlicher, was ich fühle.

Es ist interessant zu sehen, wie der Körper und sensorische Daten in den Mitteilungen Lucas auftauchen, während er von früheren Zeiten sagt: »Ich habe schweigend hingenommen, was ich gefühlt habe, und versucht, nicht daran zu denken.« Auf diese Weise hatte der Patient das sensorische und körperliche Element aus seiner gedanklichen Aktivität verbannt und so die Ressourcen dieser Funktion zum Containment deaktiviert (Freud 1911). Wir entdeckten im Verlauf der Stunde, dass die Allergie mit der tiefen Traurigkeit zusammenhing, die Luca empfand, als er seinen Großvater nach einer langen Pause wiedergesehen und bemerkt hatte, dass er allmählich sein Gedächtnis verlor.

P: Mein Großvater erinnert sich an nichts mehr. Es ist so schrecklich, so traurig ... Das Gehirn, der Verstand – sie spielen einem so fürchterliche Streiche. (Dann sprach er von sich selbst und dem Erlebnis seiner psychotischen Krise:) Ich weiß selber, was für eine Tragödie das ist, wenn der Verstand nicht richtig funktioniert. Jetzt ist mein Großvater, glaube ich, nicht nur alt, sondern auch depressiv, und ich denke, dass er nicht mehr weiterleben will, weil er keine Zukunft hat.

Er gab nun zu, dass er sich wie gelähmt gefühlt hatte und voller Angst war, als er sah, in welchem Zustand sich sein Großvater befand. Er habe das aber dann bemerkt und unbeschwert mit ihm gescherzt. Das führte zu neuen Assoziationen über seinen psychotischen Zusammenbruch und insbesondere darüber, wie er sich selbst in Schweigen abgeschottet hatte.

P: Wenn ich gesprochen hätte, hätte ich mein Todesurteil unterschrieben. Als Sie versucht haben, mich zum Sprechen zu bringen, dachte ich, eine Katastrophe würde hereinbrechen, wenn ich tatsächlich gesprochen hätte. Jetzt weiß ich, dass mein kranker Kopf an allem schuld war.

A: Jetzt kannst du akzeptieren, dass du traurig bist über schwierige Situationen, die anderen Menschen widerfahren, ohne das als tödliche Bedrohung zu erleben.

P: Eine andere lächerliche Sache war, dass ich mich nicht waschen wollte, weil ich dachte, mir würden die Haare am Körper und auf dem Kopf ausgehen. Ich dachte, dass Berlusconi mir nach seiner verlorenen Wahl dieses Shampoo geschickt hat, um mich umzubringen.

A: Beim Waschen kannst du deinen Körper wahrnehmen. Einen Körper zu haben, war für dich schon wie eine tödliche Bedrohung.

P: Wenn ich mich gewaschen habe, dann habe ich die Tür offen gelassen, weil ich wollte, dass die Putzfrau sah, dass ich für meine Schuld sühnte, ich wollte meine Schuld abwaschen, weil sie das ganze Blut von meinen Leichen mit einem Lappen aufgewischt hatte. Und als meine Mutter mich aufforderte, die Tür zu schließen, dachte ich: »Jetzt ersticken sie mich!« Mittlerweile denke ich, dass die arme Putzfrau weinte, weil sie mich in diesem Zustand sah.

Am Ende dieses dramatischen Berichts sagte er:

P: Ich hatte furchtbare Schmerzen, das hat so wehgetan, aber erst jetzt bin ich in der Lage, es zu fühlen. (Dabei berührte er sein Herz und weinte lange.) Als das passierte, wollte ich, dass mein Vater mich tötet, und ich habe ihn gebeten, das zu tun, weil das, was ich fühlte, so unerträglich war; es ist unbeschreiblich, alles war absurd.

An meinem schmerzhaft klopfenden Herzen merkte ich, dass ich seine Gefühle intensiv miterlebte. Das hielt auch nach dem Ende der Stunde an und hinterließ bei mir einige Tage lang eine tief empfundene Schwäche. Analytische Reverie (Bion 1962) ermöglichte die Katalyse von Lucas Mentalisierungsprozess an der Grenze zwischen Psyche und Körper; das Einsetzen von Schmerzen im Brustkorb wies auf einen Integrationsprozess zwischen Psyche und Körper hin. Reifere Formen der Verbindung zwischen Empfindungen und Gedanken, wie etwa Gefühle, waren im Entstehen (Damasio 1999).

Kurz danach hatte Luca einen *Traum*, der den Verarbeitungsprozess, der zu seiner Befreiung von der Psychose führen sollte, weiter vorantrieb. *Luca befindet sich mit Onkel, Tante und Cousin am Meer. Gemeinsam suchen sie nach Muscheln am Strand. Beim Graben im Sand findet er einen Leuchter. Er säubert ihn und entdeckt eine Inschrift auf Altgriechisch, die inzwischen so gut wie weggewischt und unleserlich ist. Sein Onkel sagt, sie müsse wohl einen Wunsch ausdrücken, und er denkt bei sich: »Mein Wunsch ist es, gesund zu sein, meinen Verstand nicht zu verlieren, mich lebendig zu fühlen. Ich möchte jetzt, wo ich 18 Jahre alt bin, gesund sein; ich möchte mich wie 18 fühlen.«*

Wie mit Luca in der Stunde besprochen, zeugte der Traum davon, dass er aus dem Ozean von Aufruhr und geistiger Verwirrtheit auftauchte. Indem er aus dem Meer der Psychose auftauchte, fand sich der Analysand am Strand wieder, wo er ein Licht tragendes Objekt – den Leuchter – fand, das für seine Fähigkeit stand, sich selbst mithilfe von Gedanken zu begreifen. Aus dem Sumpf der Psychose aufzutauchen, vermittelte ihm ein wohliges Gefühl, lebendig zu sein und seinen Platz in der realen Zeit seiner 18 Jahre einzunehmen. Der Traum war daher eine Verdichtung des fortschreitenden analytischen Prozesses bis zu jenem Punkt, an dem Luca sich mit der nahezu unbegreiflichen Sprache seines Körpers (der Leuchter am Strand mit der altgriechischen Inschrift) konfrontiert sah, sodass er nunmehr seinen Platz in den Grenzen einer eigenen, realen Raum-Zeit und in einem spezifischen Alter akzeptieren und somit seine infantile Omnipotenz und Dissoziation von der Realität überwinden konnte.

Die Progression des Patienten zu mentalen Phänomenen und einer beginnenden Psyche-Körper-Integration hatte ihr Gegenstück in mir selbst, in einer Entspannung des heftigen, undifferenzierten sensorischen Drucks, dem ich mich von Anfang an in der Behandlung ausgesetzt sah – einer Manifestation der *somatischen Gegenübertragung*, die, wie im ersten Teil dieses Aufsatzes ausgeführt, weiter reichende und stärker anhaltende Auswirkungen auf mein Lebensgefühl hatte als die normaleren Phänomene der Gegenübertragung, denen man in der alltäglichen psychoanalytischen Praxis begegnet. Zu Beginn unserer Arbeit, als Luca vollständig abgeschottet war, sein Geist fernab und sein Körper wie ein Roboter, fühlte ich manchmal, dass mein Körper und seine Empfindungen unheimlich und fast fremdartig waren. In den Stunden hörte ich manchmal meine Stimme, als sei sie im Begriff, sich von mir unabhängig zu machen. Bei anderen Gelegenheiten stürmten plötzlich thermische Empfindungen auf mich ein, mir war abwechselnd heiß und kalt. Wenn ich bemerkte, dass der Patient dabei war, sich in eine Art schwarzes Loch davonzumachen, hörte ich mich manchmal schneller atmen, während ich zugleich das Gefühl hatte, dass diese merkwürdige somatische Beschleunigung mir half, auf seinen verschlossenen Zustand zu reagieren und ihn davon abzuhalten, in die Isolation zu verfallen – zum Beispiel, indem ich ihn etwa direkt danach fragte, was er fühlte, als er mir sagte, er sei ein Roboter. Am Stundenende spürte ich oft eine enorme körperliche Schwäche und Muskelschmerzen in Armen und Beinen, so wie jemand, der eine ungeheure körperliche Leistung an der äußersten Grenze seiner Kräfte und seiner Belastbarkeit zu erbringen hatte.

Einmal, am Ende einer dramatischen Stunde, kam mir ein Bild oder eine Assoziation in den Sinn, die meinem Gefühl körperlicher Erschöpfung entsprach: Ich fühlte mich, als hielte ich mich an der Pinne eines kleinen Segelboots auf stürmischer See fest, von riesigen Wellen hin und her geschleudert. Hinzu kam, dass ich in der gesamten Zeit der akuten Phase des Analysanden regelmäßig das Bedürfnis hatte, Zeit für mich allein zu verbringen, um die außerordentliche Bürde, die auf mir lastete, verarbeiten zu können. Ich gewöhnte mir daher an, am Ende eines Arbeitstages langsamen Schrittes spazieren zu gehen, obgleich dieses Schritttempo für mich normalerweise ziemlich ungewöhnlich ist. In dieser Zeit stieß ich auch in der Kirche San Luigi dei Francesi in Rom auf die Gemälde Caravaggios, und in der Betrachtung dieser Kunstwerke fand ich inneren Frieden und Befreiung von meinem Zustand geistiger Fragmentierung und körperlicher Erschöpfung. Vielleicht nicht von ungefähr begegnete mir hier ein genialer Künstler, der seine Meisterwerke schuf, indem er seinem eigenen gewalttätigen und unbeherrschbaren inneren Gefühlschaos ästhetische Form verlieh. Es war, als versetzten mich diese Werke Caravaggios in eine Art Reverie, die mir half, eine unübersetzbare sensorische Erfahrung zu visualisieren, weil ich durch das intensive Mitfühlen der Erlebnisse meines Analysanden in Kontakt mit dem zutiefst Unbewussten gekommen war. Ich glaube daher, dass meine Ruhe und meine Zugänglichkeit in Beziehungen nicht zufällig wiederhergestellt waren, sobald der Analysand in dieser Phase die hier beschriebenen Zeichen einer beginnenden Integration und der Fähigkeit, sich selbst zu containen, zeigte.

Bevor ich schließe, möchte ich noch auf das wichtige Stadium zu sprechen kommen, in dem die Akzeptanz von linearer Zeit Luca bei der zunehmenden Überwindung der Psychose half.

Die Vergänglichkeit von Zeit wird bearbeitet

Als es darum ging, die Erfahrung zu akzeptieren, dass man sich als Jugendlicher verändert und wächst, hat sich das Thema Zeit als besonders bedeutsam erwiesen, ein Thema, das auf unterschiedliche Weise deutlich wurde. Hier ein paar Beispiele:

Eines Tages kam Luca völlig außer Atem in seine Stunde am späten Nachmittag. Mir fiel sein lebhafter, glücklicher Gesichtsausdruck auf. Noch im Stehen sagte er:

P: Auf meinem Weg hierher sah ich einen *phantastischen Sonnenuntergang*, einen Feuerball, der so lebendig war, dass er ganz und gar in mich hinein fuhr.

A (Seine Beschreibung bewegte mich sehr.): Jetzt wendest du dich deinen Gefühlen aufmerksam zu, lässt dich auf sie ein und bist sogar von einem Sonnenuntergang begeistert. Da bekommen selbst Erfahrungen, die dich mit einem Verlust konfrontieren, etwas Lebendiges.

P (Beim Zuhören schaute er mich schweigend und etwas erstaunt an.): Ja, das ist etwas Neues, heute habe ich mich über den Sonnenuntergang gefreut und er hat mich nicht geängstigt. Jetzt denke ich, dass ich ihn immer gesehen habe, aber doch nicht sah; heute sah ich ihn und er fuhr in mich hinein. Ich spürte die Ahnung von etwas Großem und Schönem. Der Sonnenuntergang war Leben, das in mich einströmte.

A: Ja, es geht darum, in deinem Leben zu sein und es tatsächlich zu leben, es in die Hand zu nehmen und es nicht durcheinander zu bringen oder Angst davor zu haben, wie früher.

P: Sonnenuntergang bedeutet, dass ein Tag zu Ende geht, dass die Zeit vergeht. Ich hatte immer Angst vor der Zeit, ich versuchte, die Zeit anzuhalten.

A: Aber indem du an der Illusion festgehalten hast, dass du die Zeit anhalten kannst, hast du lediglich erreicht, dass deine Seele Schaden genommen hat.

P: Wenn ich meinen Blick gesenkt habe, mit allem aufgehört und nicht gelebt habe – dann war ich ein Toter und habe das getan, um den Sonnenuntergang nicht zu bemerken.

A: Wenn du Empfindungen und Gefühle zunichte machst, dann machst du nicht nur die Zeit zunichte, sondern auch das Leben.

P: Erinnern Sie sich, als ich krank war und zu Ihnen sagte, dass *die Zeit uns ausraubt und wir die Zeit ausrauben*? Inzwischen habe ich aber *verstan-*

den, dass wir, wenn wir die Zeit erleben, etwas von ihr bekommen: Selbst wenn die Zeit vergeht, verliere ich nicht alles, weil ich immer noch die Erinnerungen an meine Erlebnisse habe. Jetzt verstehe ich, dass ich, ehe ich krank wurde, das Leben eines Toten gelebt habe, wie ein Zombie in einem Horrorfilm. Und wenn ich das Gefühl habe, ich möchte dahin zurück, dann ist das nicht möglich. Früher *hatte ich immer das Gefühl, als gebe es mich selbst und daneben auch noch ein anderes Ich getrennt von mir selbst*. Ich hatte nie das Gefühl, *vollständig ich selbst zu sein*, ehe ich krank wurde. Ich habe alles anders erlebt als heute.

In dieser Sequenz kam dem Analysanden die tief greifende Veränderung zu Bewusstsein, die seit der psychotischen Katastrophe in ihm vor sich gegangen war. Der dissoziierte Zustand hatte aufgehört, in dem Luca nie vollständig er selbst war, sondern sich irgendwie getrennt von sich selbst empfand. Lucas Dissoziation kam in Begleitung seines ›Zeitdiebs‹, sodass er zeitlichen Begrenzungen oder Verlusten nie unterworfen war. Das Erlebnis des Sonnenuntergangs offenbarte Lucas Fähigkeit, sich mit Verlusten auszusöhnen (Klein 1936) und sich damit zugleich einer neuen ästhetischen Dimension zu öffnen, wie sie uns Maler vermitteln, die das unbeschreibliche Erlebnis der Endlichkeit in Impressionen eines Sonnenuntergangs zum Ausdruck bringen können.

Die durch die Analyse ermöglichte Verarbeitung der Vergänglichkeit von Zeit gab Luca die Freiheit, eine andere Beziehung zu Veränderungen und zur Vergänglichkeit seiner eigenen Lebensjahre aufzunehmen. Infolgedessen konnte er seinen nächsten Geburtstag feiern und vergnügt sein, so wie er es nie zuvor gekonnt hatte.

P: Ich habe mich richtig gefreut über diesen letzten Geburtstag, so wie es früher nie der Fall war. Die Jahre gehören mir; die Zeit, die vergeht, gehört mir; ich bewege mich in der Zeit und ich erlebe die Zeit. Ich bin ich selbst und ich bin bei mir. Ich bin hier bei Ihnen, so wie ich jetzt bei meinen Eltern bin oder meiner Freundin oder meinen neuen Freunden an der Universität. Es ist ein überwältigendes Gefühl, mit dem ich nicht leicht fertig werde. Ich möchte nicht das Risiko eingehen, wieder verrückt zu werden, aber jetzt existiere ich wirklich; davor habe ich nicht existiert.

Ich erwiderte, dass er nun, seit er wirkliche Gefühle empfinden könne, davon manchmal vielleicht überwältigt sei, aber das liege in der Natur von Gefühlen und nicht daran, dass er verrückt sei. Auf diese Weise versuchte ich ihm dabei zu helfen, zwischen dem intensiven psychophysischen Erleben von Gefühlen und drohender Verrücktheit besser unterscheiden zu können. Zur selben Zeit nahte die Trennung durch die Sommerferien und es gab ermutigende Anzeichen für eine Toleranz von Veränderungen. Das bestätigte der Analysand auch selbst.

P: Zum ersten Mal in meinem Leben freue ich mich auf die Ferien als etwas Positives. Ich genieße die Zeit, auch wenn ich mit schwierigen Trennungen zurechtkommen muss. Und die Trennungsangst kommt mir nicht so unerträglich vor wie in der Vergangenheit.

Die konstruktive Beziehung zur Zeit machte es dem Analysanden möglich, zu seinem Potenzial, Erfahrungen zu machen und zu leben, eine neue Haltung einzunehmen, auch um den Preis des Alleinseins und der Emanzipation. Das lieferte einen weiteren Beweis für sein inneres Wachstum und für den positiven Verlauf der analytischen Erfahrung.

Was das positive Ergebnis dieser Behandlung angeht, so ist der Wert eines mehrgleisigen Herangehens an das klinische Problem natürlich nicht zu unterschätzen: Daher spielte die medikamentöse Mitbehandlung auf ihrem speziellen Gebiet eine keineswegs zu vernachlässigende Rolle, während sich die extrem frühe psychoanalytische Intervention und die hohe Frequenz der Sitzungen von Anfang an ebenfalls als günstig erwiesen. Andere positive Faktoren waren die hohe Intelligenz des Patienten und die Tatsache, dass es vor dem Ausbruch der Krise beträchtliche Bereiche stabiler Ichfunktionen gegeben hatte. Obgleich nicht klar ist, in welchem Ausmaß jeder dieser einzelnen Faktoren in unserem klinischen Ansatz die akute Krise lösen half, so haben wir doch den Eindruck, dass unsere Entscheidung, sich auf die Bearbeitung der Psyche-Körper-Beziehung zu konzentrieren, die günstige Entwicklung dieses Patienten sehr gefördert hat, so wie wir es auch in vergleichbaren klinischen Situationen gesehen haben. Wir fanden es daher lohnend, anderen Kollegen unsere Erfahrung vorzutragen.

Wir möchten mit diesem Gefühl Lucas im Blick auf Veränderungen und mit seiner Freude über seinen Geburtstag schließen. Wegen der einschneidenden Veränderungen, die in den ersten beiden Jahren seiner Analyse erreicht wurden, ermöglichte der weitere Behandlungsverlauf die Konsolidierung seiner Fortschritte und machte den Weg für seelisches Wachstum dauerhaft frei.

Übersetzung aus dem Englischen von Barbara Strehlow

Literatur

Baranes, Jean-José (Hg.) (1991): La question psychotique à l'adolescence. Paris (Dunod).
Bion, Wilfred R. (1950): The imaginary twin. In: Second thoughts. London (Heinemann), 1967, S. 3–22.
Bion, Wilfred R. (1955): Language and the schizophrenic. In: Klein, Melanie; Heimann, Paula & Money-Kyrle, Roger (Hg.): New directions in psycho-analysis. London (Tavistock), S. 220–239.
Bion, Wilfred R. (1957): Differentiation of the psychotic from the non-psychotic personalities. In: Second thoughts. London (Heinemann), 1967, S. 43–64. Dt.: Zur Unterscheidung von psychotischen und nicht-psychotischen Persönlichkeiten. In: Bott Spillius, Elizabeth (Hg.) (1995): Melanie Klein Heute, Bd. 1. Übers. Elisabeth Vorspohl. Stuttgart (Intern. Psychoanalyse), S. 71–99.
Bion, Wilfred R. (1959): Attacks on linking. In: Second thoughts. London (Heinemann), 1967, S. 93–109. Dt.: Angriffe auf Verbindungen. In: Bott Spillius, Elizabeth (Hg.) (1995): Melanie Klein Heute, Bd. 1. Übers. Elisabeth Vorspohl. Stuttgart (Intern. Psychoanalyse), S. 110–129.
Bion, Wilfred R. (1962): Learning from experience. London (Heinemann). Dt.: Lernen durch Erfahrung. Übers. Erika Krejci. Frankfurt/M. (Suhrkamp), 2004.
Bion, Wilfred R. (1963): Elements of psycho-analysis. London (Heinemann). Dt.: Elemente der Psychoanalyse. Übers. Erika Krejci. Frankfurt/M (Suhrkamp), 2005.
Bion, Wilfred R. (1965): Transformations. London (Heinemann). Dt.: Transformationen. Übers. Erika Krejci. Frankfurt/M. (Suhrkamp), 1997.
Bion, Wilfred R. (1970): Attention and interpretation. London (Tavistock). Dt.: Aufmerksamkeit und Deutung. Übers. Elisabeth Vorspohl. Tübingen (edition diskord), 2006.
Bion, Wilfred R. (1974): Il cambiamento catastrofico [Catastrophic change]. Florence (Loescher). (Italian compilation.)
Bion, Wilfred R. (1979): Making the best of a bad job. In: Bion, Francesca (Hg.): Clinical seminars and other works. Abingdon (Fleetwood), 1987, S. 321–331.
Bion, Wilfred R. (1992): Cogitations. Hg. von Francesca Bion. London (Karnac).
Bria, Pietro (1989): Il cambiamento catastrofico come struttura astratta bi-logica. In: Il pensiero e l'infinito. Teda (Castrovillari).
Bria, Pietro & Lombardi, Riccardo (2008): The logic of turmoil: Some epistemological and clinical considerations on emotional experience and the infinite. I. J. Psycho-Anal. 89, 709–726.
Cahn, Raymond (1991): Adolescence et folie. Paris (PUF).
Damasio, Antonio (1999): The feeling of what happens: Body and emotion in the making of consciousness. New York, NY (Harcourt Brace). Dt.: Ich fühle, also bin ich: Die Entschlüsselung des Bewusstseins. Übers. Hainer Kober. München (List-Taschenbuch-Verlag), 8. Aufl. 2009.
Ferrari, Armando B. (2004): From the eclipse of the body to the dawn of thought. London (Free Association Books).
Freud, Sigmund mit Breuer, Josef (1893–95): Studien über Hysterie. GW I, S. 99–312.
Freud, Sigmund (1900a): Die Traumdeutung. GW II/III.
Freud, Sigmund (1911b): Formulierungen über die zwei Prinzipien des psychischen Geschehens. GW VIII, S. 229–238.
Freud, Sigmund (1914c): Zur Einführung des Narzissmus. GW X, S. 137–170.
Freud, Sigmund (1915a): Triebe und Triebschicksale. GW X, S. 210–232.
Freud, Sigmund (1915b): Das Unbewusste. GW X, S. 263–303.
Freud, Sigmund (1923b): Das Ich und das Es. GW XIII, S. 235–289.

Freud, Sigmund (1925h): Die Verneinung. GW XIV, S. 9–15.
Freud, Sigmund (1926d [1925]): Hemmung, Symptom und Angst. GW XIV, S. 111–205.
Freud, Sigmund (1930a [1929]): Das Unbehagen in der Kultur. GW XIV, S. 419–506.
Freud, Sigmund (1933a [1932]): Neue Folge der Vorlesungen zur Einführung in die Psychoanalyse. GW XV.
Freud, Sigmund (1940a [1938]): Abriss der Psychoanalyse. GW XVII, S. 63–138.
Gabbard, Glen O. (1995): Countertransference: The emerging common ground. I. J. Psycho-Anal. 76, 475–485. Dt. (1999): Gegenübertragung. Die Herausbildung einer gemeinsamen Grundlage. Psyche 53, 972–990.
Grotstein, James (2007): A beam of intense darkness. London (Karnac).
Kernberg, Otto F. (2008): The destruction of time in pathological narcissism. I. J. Psycho-Anal. 89, 299–312.
Klein, Melanie (1932): The psycho-analysis of children. London (Hogarth). Dt.: Die Psychoanalyse des Kindes. In: Cycon, Ruth (Hg.): Melanie Klein: Gesammelte Schriften, Bd. 2. Stuttgart (frommann-holzboog), 1997.
Klein, Melanie (1936): Weaning. In: Love, guilt and reparation and other works 1921–1945, S. 290–305. London (Hogarth), 1975. Dt.: Entwöhnung. In: Cycon, Ruth (Hg.): Melanie Klein: Gesammelte Schriften, Bd. 1, Teil 2. Stuttgart (frommann-holzboog), 1996, S. 77–100.
Laufer, M. Eglé (1996): The role of passivity in the relationship to the body during adolescence. Psychoanal. Study Child 51, 348–364.
Laufer, Moses (1986): Adolescence and psychosis. I. J. Psycho-Anal. 67, 367–372.
Lichtenberg, Joseph (1978): The testing of reality from the standpoint of the body self. J. Am. Psychoanal. Assoc. 26, 357–385.
Lombardi, Riccardo (2002): Primitive mental states and the body. I. J. Psycho-Anal. 83, 363–381.
Lombardi, Riccardo (2003a): Catalyzing the dialogue between the body and the mind in a psychotic analysand. Psa. Q. 72, 1017–1041.
Lombardi, Riccardo (2003b): Mental models and language registers in the psychoanalysis of psychosis. An overview of a thirteen-year analysis. I. J. Psycho-Anal. 84, 843–863.
Lombardi, Riccardo (2003c): Knowledge and experience of time in primitive mental states I. J. Psycho-Anal. 84, 1531–1549.
Lombardi, Riccardo (2005): On the psychoanalytic treatment of a psychotic breakdown. Psa. Q. 74, 1069–1099.
Lombardi, Riccardo (2007): Shame in relation to the body, sex, and death: a clinical exploration of the psychotic levels of shame. Psychoanal. Dial. 17, 385–399.
Lombardi, Riccardo (2008): Time, music, and reverie. J. Am. Psychoanal. Assoc. 56, 1191–1211.
Lombardi, Riccardo (2009a): Through the eye of the needle: The unfolding of the unconscious body. J. Am. Psychoanal. Assoc. 57, 61–94.
Lombardi, Riccardo (2009b): Body, affect, thought: Reflections on the work of Matte Blanco and Ferrari. Psa. Q. 78, 123–160.
Lombardi, Riccardo (2009c): Symmetric frenzy and catastrophic change: a consideration of primitive mental states in the wake of Bion and Matte Blanco. I. J. Psycho-Anal. 90, 529–549. Dt.: Biologische, symmetrische Verrücktheit und katastrophische Veränderung: Eine Untersuchung primitiver psychischer Zustände auf den Spuren von Bion und Matte Blanco. In: Mauss-Hanke, Angela (Hg.): Internationale Psychoanalyse 2010. Ausgewählte Beiträge aus dem International Journal of Psychoanalysis, Bd. 5. Gießen (Psychosozial-Verlag), 2010, S. 89–117.
Mahler, Margaret & McDevitt, John B. (1982): Thoughts on the emergence of self, with particular emphasis on the body self. J. Am. Psychoanal. Assoc. 33, 827–848.

Matte Blanco, Ignacio (1975): The unconscious as infinite sets. London (Karnac).
Matte Blanco, Ignacio (1988): Thinking, feeling, and being. London (Routledge).
Ogden, Thomas (2001): Conversations at the frontiers of dreaming. Northvale, NJ (Aronson).
Rosenfeld, Herbert A. (1952): Notes on the psycho-analysis of the superego conflict of an acute schizophrenic patient. In: Psychotic states. London (Hogarth), 1965, S. 63–103. Dt.: Bemerkungen zur Psychoanalyse des Über-Ich-Konfliktes bei einem akut schizophrenen Patienten. In: Zur Psychoanalyse psychotischer Zustände. Gießen (Psychosozial-Verlag), 2002, S. 72–119.
Rosenfeld, Herbert A. (1965): Psychotic states. London (Hogarth). Dt.: Zur Psychoanalyse psychotischer Zustände. Gießen (Psychosozial-Verlag), 2002.
Winnicott, Donald W. (1949): Mind and its relation to the psyche-soma. In: Through paediatrics to psychoanalysis. London (Tavistock), 1975, S. 243–254. Dt.: Die Beziehung zwischen dem Geist und dem Leibseelischen. In: Von der Kinderheilkunde zur Psychoanalyse. München (Kindler), 1976, S. 161–178.

Die Austreibung des Bösen und seine Wiederkehr

Eine unbewusste Phantasie im Kontext eines Falles von Massenhysterie bei Adoleszenten

Nashyiela Loa-Zavala

Die offizielle Erforschung der Hysterie begann mit der Psychoanalyse, die den Weg für die Untersuchung des Unbewussten frei machte. Allerdings findet sich in der Literatur keine psychoanalytische oder psychiatrische Abhandlung über hysterische Epidemien wie die hier beschriebene, von der Hunderte adoleszenter Mädchen über mehrere Monate erfasst waren. Diese Epidemie ereignete sich in einer religiösen Internatsschule in einer ländlichen Region Mexikos. Das Ziel unserer Studie war es, psychoanalytische und soziokulturelle Aspekte zu ermitteln, die zur Erklärung des Ausbruchs dieser Verhaltensepidemie beitragen könnten, bei der junge Mädchen nicht mehr normal gehen konnten, was zeitweilig dazu führte, dass die Alltagsaktivitäten der Internatsschule eingestellt wurden. Schlüsselfiguren wurden interviewt, darunter die ersten Fälle betroffener adoleszenter Mädchen und Nonnen. In den Interviews wurde nach der Lebensgeschichte der Schülerinnen und nach ihrem Leben im Internat vor und während der Epidemie gefragt. Wir fanden heraus, dass diese Internatsschule wie eine große Familie funktionierte, die infolge der Kommunikationsformen ihrer Mitglieder unter einer psychotischen Episode leidet. Dieser Artikel beschreibt das Phänomen und legt besonderes Augenmerk auf die beobachtete Kommunikation unter den Bewohnern und den Besuchern der Internatsschule zum Zeitpunkt des Ausbruches.

> Stille und Einsamkeit
> Vom Mond geleitet wie zwei kleine Tiere
> Trink aus diesen Augen
> Trink aus diesen Wassern.
> *Octavio Paz*[1]

---

1 Übersetzung von Lilli Gast.

Einleitung

In dieser Arbeit beschreibe ich das klinische Bild einer Massenhysterie bei Adoleszenten, die sich in einem konfessionellen Mädcheninternat in Lateinamerika abspielte. Als Beauftragte des Gesundheitsministeriums sollte ich im März 2007 die psychologisch-diagnostische Abklärung leiten und für die Beilegung der Epidemie sorgen. Dieses Projekt ist der Hintergrund für die Veröffentlichung des vorliegenden Artikels, der Folgendes beispielhaft verdeutlichen soll:
(1) die individual- und gruppenpsychoanalytischen Charakteristika, die diese Epidemie begünstigten, und
(2) die obwaltende psychische Verfassung sowohl der Gruppe als auch der Individuen während der Epidemie.

Ich begann mit der Befragung jener Jugendlicher, die als Erste betroffen waren, bei denen die Symptome am stärksten ausgeprägt und eindeutig konversionsneurotischer Art waren und die noch immer im Internat lebten, sowie mit der Mutter Oberin und anderen leitenden Schulschwestern[2]. Bei den Jugendlichen verwendeten wir halboffene Interviews[3] mit dem Ziel, sowohl die unbewussten Phantasien mithilfe der Semiotik des klinischen Bildes, der Traumerzählungen und der damit verknüpften Erinnerungen während des Massenphänomens als auch ihre Geschichte im Internat und ihre Lebensgeschichte ganz allgemein aufzudecken.

Hintergrund

Unbewusste Phantasie und Persönlichkeit in der Konversionshysterie

Von frühester Kindheit an durchziehen unbewusste Phantasien die menschliche Entwicklung. Sie beinhalten phylogenetische und ontogenetische Elemente,

---

2 Anm. d. Ü.: Im Original ist die Bezeichnung ›madres religiosas‹, in der englischen Übersetzung ›religious mothers‹. Ich wähle die Bezeichnung ›Schulschwester‹, die den religiösen (Ordens-) Hintergrund beinhaltet.
3 Die Interviews wurden auf verschiedene Weise dokumentiert: Es wurden während des Interviews oder danach Notizen angefertigt, einige wurden elektronisch aufgezeichnet, wenn eine mündliche Erlaubnis dazu vonseiten der Jugendlichen bzw., in ihrem eigenen Fall, von der Mutter Oberin erteilt worden war.

bilden unbewusste Erinnerungsspuren aus, die zunächst als Gefühle beginnen und sich später im Zuge der Beziehung zwischen Säugling und Mutter (Bion 1963; Winnicott 1965b) zu verschiedenen Symbolen (Isaacs 1948) ausdifferenzieren und verdichten. Deshalb sind sie aufs Engste mit der Persönlichkeitsentwicklung und der Interaktion mit der realen Welt verbunden (Segal 1994). Die Persönlichkeit resultiert aus einem langen Prozess; er beginnt, wenn Säuglinge geboren werden und die Unterstützung einer Umwelt erfahren, die hoffentlich gut genug ist, um ihr Ich zu einer Einheit zu integrieren und ihnen ein Lebensgefühl zu vermitteln, das ihnen ein Gefühl der Existenz, Spontaneität und Illusion verschafft – das, was Winnicott (1965b [2006]) das ›wahre Selbst‹ nennt. Seine Wurzel ist ein »wenig mehr als die Gesamtheit der sensomotorischen Lebendigkeit« (S. 194), und es entwickelt sich auf der Basis der Symbolisierung; diese besteht aus der Spontaneität oder den Halluzinationen des Säuglings und dem, was außen ist, was (von der Mutter) bereitgestellt und schließlich besetzt wird. Alles, was das Kind von diesem Objekt trennt statt mit ihm verbunden zu sein, hemmt die Symbolbildung. Je mehr sich die kindliche Innenwelt und die reale Welt spalten, desto tiefer wird das Kind in einer Psychose versinken.

Die überaus wichtige Rolle, die der Körper in der Hysterie spielt, verweist auf diese gestörte Fähigkeit zur Symbolisierung, die mit frühen Phantasien verknüpft ist: Die archaische Hysterie (Ferenczi 1926; McDougall 1989) versucht, den Körper für die Übersetzung unbewusster infantiler Ängste wie Furcht, Zorn oder Verlassenwerden, die die normale Abwehrfunktion überfordern und nicht abgefangen werden können, zu verwenden. Hier geht es nicht um den Versuch, das Geschlecht oder die Sexualität des Subjekts zu bewahren, sondern um den Erhalt des ganzen Körpers und damit des Lebens schlechthin. Bei vielen Formen der Hysterie sollte daher das Augenmerk eher auf ihren psychotischen Kern als auf ihre neurotischen Elemente gerichtet sein.

Gleichwohl wurden Konversionshysterien historisch gesehen mit neurotischen Konflikten in Verbindung gebracht, die das gegenwärtige oder das vergangene Sexualleben betreffen und in denen entweder ein sexueller Missbrauch in der Kindheit oder ein anderes passiv-sexuelles Ereignis in unbewussten Erinnerungen gespeichert ist (Breuer/Freud 1893). Konversion kann das Ergebnis eines Identifikationsvorganges mit Geschlechtsorganen sein, die auf einen anderen Teil des Körpers verschoben wurden (Fenichel 1948).

Bollas (2000) greift diese Vorstellung von Sexualität, Persönlichkeit und deren Verbindung mit der Konversion auf und überlegt, ob sich nicht während der Entstehung und Entwicklung der Hysterie eine Art empathischer Fähigkeit gebildet hat, die es dem Betreffenden erlaubt, die mütterliche Innenwelt aufzuspüren und in sie einzutreten, um dort bestimmte Objekte des mütterlichen Begehrens vorzufinden, mit denen er sich auf Kosten seines eigenen Selbst identifiziert:

> »Um zu überleben, verwandeln sich Hysteriker in das Vorbild, das die Eltern lieben […] perfekte kleine Frauen … das wahre Selbst wird aufgegeben, um das zu werden, was sie als das elterliche Begehren imaginieren … wobei sowohl sexuelle Neugierde als auch aggressive Einzelheiten aus dem Verhalten getilgt werden« (S. 75; Übersetzung LG).

Seiner Meinung nach kommt es zur Konversion, weil die Mutter ihre Genitalität abgespalten und stellvertretend einen anderen Teil ihres Körpers für diese Funktion eingesetzt hat; später wird sich ihre kleine konversionshysterische Tochter mit diesem Teil ihres Körpers identifizieren.

Die Diagnose ›Konversionshysterie‹ wurde unter die sogenannten Borderline-Persönlichkeitsstörungen subsumiert (Kernberg et al. 2000; Kernberg 2004), als deren Hauptmerkmale die Identitätsdiffusion sowie primitive Mechanismen wie Spaltung und projektive Identifizierung gelten. Diese Persönlichkeiten werden mit Müttern, deren Fürsorge sehr inkonsistent ist, in Verbindung gebracht sowie mit Vernachlässigung und psychischem, physischem oder sexuellem Missbrauch in der Kindheit.

Folglich können wir in der klinischen Arbeit unbewusste Phantasien als all das definieren, was – mittels Spiel, Träumen, Narrationen oder Symptomen – Aufschluss über den psychologischen Zustand des Innenlebens des Subjekts zu einem bestimmten Zeitpunkt in Verbindung mit externen Stimuli gibt. In Momenten, in denen die Realität für das Selbst sehr bedrohlich ist, können diese Phantasien als (reale) Eigenschaften und Qualitäten erlebt werden – als schmerzhafte oder lähmende Gefühle im Körper, die die drohende Möglichkeit der Vernichtung ankündigen. Im Fall der Konversionshysterie kann die Warnung einer unmittelbar bevorstehenden Vernichtung mit diesen Gefühlen beginnen, weil der sexuelle Körper in traumatischer Weise erotisiert wurde, was ihn besonders verletzlich macht.

Das klinische Bild jedoch, das wir hier beschreiben, ist sogar noch komplexer, handelt es sich doch um einen Fall von Massenhysterie, die einer Untersuchung der Funktionsweise von Gruppen bedarf.

Massenhysterie

Freud (1921) legt dar, dass menschliche Beziehungen als soziale Phänomene betrachtet werden müssen, und eröffnet damit deren Untersuchung aus einer psychologischen Perspektive. Er behauptet, dass sich Menschen um etwas Verbindendes herum organisieren: Eros, das Symbol der Liebe. Diese Liebe erlaubt eine gegenseitige Suggestion, und zwar auf dem Wege unbewusster Imitation und Identifizierung, die ein Gefühl des Zusammenhaltes erzeugen. In streng hierarchischen Organisationen wie Kirche oder Militär gibt es eine ›doppelt libidinöse Bindung‹ mit den Vorgesetzten und den Peers. In diesen Organisationen muss der Mangel an Liebe vonseiten der Vorgesetzten als hauptsächliche Quelle der Neurose betrachtet werden. Freud erwähnt auch noch den Umstand, dass sich die Gruppe zerreibt und ernstlich bedroht fühlt, wenn die Bindung an den Vorgesetzten reißt. Bei Bion (1961) finden wir eine Brücke zwischen der Gruppe und dem Einzelnen: Die Zerstörung eines als höchst omnipotent erlebten Führers, in den alle Hoffnung auf Sicherheit gelegt wurde, führt dazu, dass sich Individuen in Gruppen, die mit der Grundannahme der Abhängigkeit operieren, ernsthaft bedroht fühlen und folglich anfällig für Hysterien werden, weil sie befürchten, dass ihr Dasein und ihr Körper vernichtet werden könnten (McDougall 1989), und zwar insbesondere dann, wenn sie noch zusätzlich intensive Einsamkeits- und Entwertungsgefühle erleben (Winnicott 1965a).

Klinische Bilder von Hysterie finden sich innerhalb der Kirche seit dem Mittelalter (Balaratnasingam/Janca 2006). Die Bildung christlich-religiöser Ordensgemeinschaften mit strenger Disziplin zwischen dem 15. und 19. Jahrhundert und der ubiquitäre Glaube an Hexen und Dämonen entfesselte dutzende Ausbrüche von Hysterie bei Nonnen, die sich vom Teufel besessen wähnten. Diese Nonnen wurden in der Regel als Mädchen zum Eintritt in den religiösen Orden gezwungen und lebten, vom Rest der Gesellschaft isoliert, mit rigiden disziplinarischen Praktiken, die auch Freiheitsentzug sowie schwere körperliche Misshandlung für kleinere Regelverstöße umfassten. Nach Bollas (2000) begünstigt eine katholische Umgebung hysterische Epidemien bei Heranwachsenden in hohem Maße, und zwar wegen der Verfolgung der Sexualität und deren Assoziation mit dem Teufel.

Diese Form des klinischen Bildes wurde jedoch nicht nur in der Kirche, sondern auch in Industriegesellschaften während des 18., 19. und 20. Jahrhunderts beobachtet, nämlich überall dort, wo schwere und ungerechte Arbeitsbedingungen herrschten. Aufgrund solcher Bedingungen kam es zu Ausbrüchen von motorischen Hysterien in westlichen Fabriken. Diese in England, Frankreich, Deutschland, Italien und Russland dokumentierten Hysterien beinhalteten Konvulsionen, abnormale Bewegungen und neurologische Beschwerden. Das weitgehende Ausbleiben solcher Ausbrüche in westlichen Ländern während der zweiten Hälfte des 20. Jahrhunderts dürfte an den fortschrittlicheren Arbeitsbedingungen und den Gewerkschaften liegen (Bartholomew/Wessely 2002). In letzter Zeit wurde in der wissenschaftlichen Literatur über einige Fälle von kollektiver Hysterie berichtet, wobei jedoch die Art der Umgebung und die damit einhergehende individuelle Situation nicht untersucht wurden (Sirois 1974; Small/Borus 1983; Small/Nicholi 1982; Small et al. 1991).

In sozialer Hinsicht betont Decker (1991) die Rolle, die die Ungewissheit und Unsicherheit bezüglich des Lebens schlechthin für die Hysterie spielt. Er stellt eine erhöhte Vulnerabilität für diese Störungen in Gruppen fest, die in hohem Maße Situationen ausgesetzt sind, in denen sie die Kontrolle über ihr Leben verlieren können, also etwa Soldaten im Krieg. Im ersten Weltkrieg zum Beispiel wurden Fälle von Hysterie häufig bei Männern beobachtet, deren Arbeit gefährlich war, sowie bei Frauen, die als Krankenschwestern arbeiteten.

Ich beschreibe das Phänomen einer Massenhysterie bei Adoleszenten, die ich aus nächster Nähe beobachten konnte, weil ich für die diagnostische Einschätzung der Situation verantwortlich war. Dieses sehr komplexe Phänomen wird aus unterschiedlichen, vom Allgemeinen zum Besonderen reichenden Perspektiven geschildert, um die oben genannten Faktoren diskutieren zu können.

Klinisches Material

Beschreibung des Phänomens

Zwischen Oktober 2006 und Juni 2007 ereignete sich an einem lateinamerikanischen Internat für heranwachsende Mädchen ein epidemischer Ausbruch von Konversionshysterie. Nach amtlichen Angaben waren einige der Schulschwestern (die Anzahl der Fälle konnte nicht eindeutig ermittelt werden), ein Laienlehrer und 512 Jugendliche betroffen. Obgleich der Ausbruch bei den Schülerinnen im dritten Jahr der Oberstufe begann, konnten in den folgenden Monaten zunehmend mehr Fälle beobachtet werden. Sie alle zeigten deutliche Übereinstimmungen im Muster; die größte Fallzahl wurde im Februar und März 2007 erreicht. Die kranken Schülerinnen zeigten eine erhöhte Körpertemperatur mit nicht näher quantifizierten fieberähnlichen Symptomen sowie Durchfall, Übelkeit, überwiegend frontal betonten Kopfschmerz, des Weiteren Schmerzen beim Gehen, hauptsächlich in den Knien, die ›knirschten‹ und ›pochten‹ und unkontrolliert einknickten, sodass die Betroffenen liefen, indem sie ›die Knie versteiften‹; der Schmerz zeigte sich zuweilen auch in den Fußgelenken oder der Hüfte sowie in den Muskeln im Beckenbereich und beeinträchtigte den Gang in unübersehbarer Weise. Sie alle zeigten ein übereinstimmendes charakteristisches Bild, nämlich eine offenkundige Schwäche in den Beugemuskeln der Hüfte verbunden mit der Propulsion[4] eines Beines, jedoch ohne Verlust der Fähigkeit zu stehen. Einige waren aufgrund einer erheblichen Verringerung der Muskelkraft außerstande zu gehen und mussten sich auf ihre Klassenkameraden stützen, was das klinische Bild umso rätselhafter erscheinen ließ. Die Schwere dieser Symptome rangierte zwischen Krankenhauseinweisung und Unauffälligkeit; manchmal verschwanden Symptome ganz plötzlich, und einige Mädchen zeigten sie nur ein einziges Mal, während andere mehrere Rückfälle erlebten.

Als die Massenmedien davon erfuhren, geriet die Situation schnell in die Schlagzeilen. Von da an mischten sich viele Kreise ein. Deren Interventionen reichten von der Gabe von Placebos und der Isolierung der hysterischen Jugendlichen bis zu exorzistischen Praktiken, asiatischen Kuren und Versuchen, die Schulschwestern zu lynchen. Alle normalen Schulaktivitäten wurden abgesagt, und viele beunruhigte Eltern holten ihre Töchter ab. Fernsehkameras und Aufnahmegeräte von Journalisten übertrugen physische Angriffe auf die Schulschwestern.

Niemand hatte eine Ahnung, was hier vor sich ging (Massenmedien, Lehrer, Kirche und die Gesundheitsbehörden), es herrschte komplette Verwirrung.

Beschreibung der realen und der eingebildeten Mitwirkenden

Die Jugendliche Maria, Gott und der Teufel

In diesem Internat spielt ein Sport aufgrund der Leidenschaftlichkeit, die er in einigen Adoleszenten und Lehrern entfacht, eine besonders wichtige Rolle: Basketball. Die Lehrer trainieren die Schülerinnen und veranstalten Turniere, die die Schülerinnen in harten Wettkämpfen untereinander austragen und die sie als besonders aufregend beschreiben. Während des Basketballturniers Mitte 2006 spielte Maria[5], ein 15-jähriges, bei ihren Klassenka-

---

4 Anm. d. Ü.: Nach vorn schießende, krampfartige Bewegung.
5 Alle Namen wurden geändert.

meradinnen ziemlich namhaftes Mädchen, ein anderes Spiel: Ouija[6]. Maria wollte, dass das Team ihrer besten Freundin gewinnen möge, was bedeutete, dass ihr Team verlöre; genau dies trat dann ein. Das ärgerte viele der Jugendlichen, weil sie fanden: »Das war nicht fair, denn da war Betrug im Spiel ... sie hat Ouija gespielt und deshalb haben die anderen gewonnen.« Sie waren so wütend, dass sie immer wieder und beharrlich mehreren Schulschwestern gegenüber Bemerkungen fallen ließen, die schließlich auch der Mutter Oberin zur Kenntnis gelangten. Da diese asiatischer Abstammung war, fragte sie ihre Mitschwestern: »Was ist ein Ouija?« Diese erwiderten, es sei »ein Instrument des Teufels und imstande, die Seele der Menschen so zu verändern, dass diese böse Dinge tun«, woraufhin Maria der Schule verwiesen wurde. Die Schulschwester erläuterte: »Im Haus Gottes können derlei Spiele nicht zugelassen werden.« Wie mir diejenigen, die sie kannten, berichteten, wollte das Mädchen bleiben; für sie war die Fortsetzung ihrer Ausbildung von großer Wichtigkeit, denn ihr war klar, dass ihr das außerhalb dieser Schule nicht gelänge. Sie leugnete, Ouija gespielt zu haben, doch das Brett wurde unter ihren persönlichen Sachen gefunden. Maria fand ihre Relegation ziemlich unfair, »weil viele andere Mädchen es dauernd gespielt« hätten. Ehe man sie in ihre Gemeinde zurückbrachte, wurde sie – wie in solchen Fällen üblich – von ihren Klassenkameradinnen isoliert. Doch während dieser Wartezeit schlug ein Luftzug unglücklicherweise die Tür zu, sie klemmte sich dabei ihren Finger und quetschte ihn sich so, dass er sehr stark blutete. »Dann bemerkte ich, dass da überall Blut war, auf der Treppe und in der Halle«, sagt mir die sie betreuende Schulschwester. Maria erzählte niemandem davon, und die anderen berichten mir, dass »sie einen Teil ihres Fingers verloren« habe. Als sie wegging, sprach sie einen Fluch aus: »Die Mädchen, die mich beschuldigt haben [einige Mädchen und Schulschwestern erinnern sich, dass sie ›alle Mädchen ihres Jahrganges‹ ansprach], werden an den Beinen erkranken, sie werden nicht laufen können« (wie es einem anderen Mädchen einige Monate zuvor geschehen war). Kurz darauf traten bei Schülerinnen aus ihrem Umfeld, die Ouija gespielt hatten, nach und nach die ersten Fälle von Ganganomalien auf.

---

6 Das Ouija ist ein für gewöhnlich aus Holz gefertigtes Spielbrett, das gleichzeitig von mehreren Personen benutzt wird. Auf dem mit den Worten ›Ja‹, ›Nein‹ und ›Vielleicht‹ beschrifteten Brett befindet sich ein umgedrehtes Glas. Jede Person legt die überkreuzten Mittel- und Zeigefinger einer Hand auf das Glas, und nach einer Weile beginnt es sich zu bewegen. Es werden Fragen gestellt und die Antworten aufgeschrieben. Traditionellerweise wird es als eine Kommunikation mit dem Teufel erachtet.

Sie berichten mir über Maria: »Sie machte einen sanftmütigen und unschuldigen Eindruck, sehr hübsch, sie kam aus einer sehr armen Familie«, aus einer kaputten Familie ohne Vater. Ihre Mutter arbeitete als Kellnerin und war in ihrem Heimatdorf als Teufelsanbeterin verschrien, ihr wurden Hexenkräfte nachgesagt. Nach dem Schulverweis erschien Maria vielen Mädchen ihres Schlafsaales in einem Traum, aus dem sie schreiend erwachten: »Maria stand in Flammen, sie war umgeben von Feuer und sagte lachend zu uns, wir wären die nächsten, denn alles sei unsere Schuld, weil wir sie beschuldigt hätten.« Die Schulschwestern bestätigen dies. Immer mehr Jugendliche werden nun krank: »Ich habe nicht gesagt, dass all dies wegen Marias Rache geschieht, denn hier glaubt uns ja niemand«, sagt Soledad zu mir.

Das Böse kehrt zurück und ist hochgradig ansteckend

Obgleich sich die ersten Fälle in jener Gruppe von Mädchen ereigneten, die Ouija gespielt hatten, waren eine nach der anderen alle aus Marias Jahrgang betroffen. Erst erkrankten alle Mädchen eines Stockwerks, dann aus den angrenzenden Etagen, bis das gesamte Gebäude in Mitleidenschaft gezogen war, woraufhin dann auch noch andere ›infiziert‹ wurden. Ab einem gewissen Zeitpunkt legte dieses Muster die Idee nahe, dass ein infektiöser Krankheitserreger die Ursache war. »Wir verwendeten sogar Atemschutzmasken«, kommentierte die Mutter Oberin. Die erkrankten Schülerinnen wurden beim ersten Anzeichen in einem speziellen ›Sammelgebäude‹ isoliert, ihre Schuluniformen wurden weggenommen und durch Trainingsanzüge ersetzt; die Mädchen blieben von den normalen Aktivitäten ausgeschlossen und bildeten so eine neue, homogene Gruppe von Kranken. Ein Mädchen, Zitlali, erinnert sich:

> »Sie brachten mich dorthin, weil ich Schmerzen in meinen Knien bekam, aber ich konnte gut laufen. Zunächst fühlte ich mich sehr unwohl, denn es sah aus wie in einem Krankenhaus, und die Mädchen liefen wie Betrunkene herum ... Dann begann auch ich, nicht mehr richtig zu laufen. Sie schimpften mich, als sie das bemerkten, weil ich doch vorher nicht so lief ... Einige Zeit verging, und dann sagten sie, dass es nicht ansteckend sei und dass es nur in meinem Kopf geschähe ... psychisch ... Aber ich weiß nicht ... Vielleicht ist es ein klein wenig in meinem Kopf, aber es kann genauso gut auch eine Krankheit sein, weil sie das Ouija mit uns gemacht haben ... Ouija spielen ist wie mit dem Teufel verbunden sein.«

Viele Lehrer sind offensichtlich erschrocken, voller Angst, sich anzustecken und ihre Familien zu infizieren. Sie versuchen, sich von den Mädchen und auch von der Schule fernzuhalten; sie haben das Gefühl, die Schulschwestern »vertuschen das Problem und kümmern sich nicht darum«. Schließlich filmen einige von ihnen die Mädchen mit ihren Handys und informieren die Massenmedien. Die Mutter Oberin beschließt, um Hilfe zu bitten, und als die Epidemie bereits Hunderte erfasst hat, trifft ein vom Gesundheitsminister eingesetztes Team von Epidemiologen ein. Im Februar 2007 hat der Ausbruch alle Klassen der Schule erfasst, und viele Theorien kursierten, die das Geschehen erklären wollten: Die Lehrer sagten den Schülerinnen, dass ihre Krankheit von verdorbenem Essen herrühre, das die Schulschwestern ihnen gegeben hätten, und einige der Schülerinnen, die in diesem Monat erstmals erkrankten, geben an, sie hätten von den Schulschwestern ein Pulver verabreicht bekommen. »Sie gaben uns dieses Pulver, damit wir nicht menstruieren; viele von uns haben über Monate keine Menstruation, was uns draußen, zu Hause, nie passierte; aber dieses Mal, glauben wir, sind sie mit dem Pulver zu weit gegangen, es ging hinunter in unsere Beine, und deshalb können wir nicht richtig laufen«, sagt ein Mädchen zu mir. Und Soledad meint, dass einige der Stoffpuppen, die sie ursprünglich für sich gemacht hat, damit diese ihr Gesellschaft leisten, in Voodoopuppen mit Nadeln in den Beinen verwandelt worden sind.

Zunächst suchten die Ärzte nach Viren, Bakterien oder toxischen Erregern. Nachdem einige der Jugendlichen untersucht worden waren, konnte von den Spezialisten des Gesundheitsamtes sowie den hinzugezogenen Pädiatern, Infektiologen und Neurologen das Essen und die Betriebsanlagen der Schule sowie infektiöse und toxische Gründe ausgeschlossen werden.

In der kollektiven Phantasie ging es jedoch weiterhin darum, dass das Böse im Ouija, den Voodoopuppen, den Pulvern, Viren, dem Essen, den Lehrern, den Nonnen, den Körpern und in Maria vermutet wurde.

Da keine Maßnahme geeignet schien, Abhilfe zu schaffen, entschloss sich die Mutter Oberin, Maria zu bitten, zurückzukommen und den Fluch aufzuheben, doch diese weigerte sich. Daraufhin wandte sie sich an Priester mit der Bitte um Exorzismus und Gebet. Die Zahl der Fälle stieg jedoch weiter an. »Viele Mädchen wurden nur deswegen krank, damit sie bei ihrer ›Großen Schwester‹[7] sein konnten und diese sich um sie kümmern würde; andere machten sich über

---

7 Anm. d. Ü.: Ältere Schülerinnen, die jüngere Schülerinnen als Mentorinnen unter ihre Fittiche nehmen.

ihre Klassenkameradinnen lustig und imitierten sie, nur um herauszufinden, wie die Beschwerden sich anfühlten, wurden dann aber wirklich krank«, erzählt mir ein Mädchen. Suggestion scheint der Hauptmechanismus der Ansteckung zu sein: »Ich hatte das Gefühl, jeden Moment krank zu werden, weil alle krank wurden. Eines Tages knirschte mein Knie, während ich in der Kapelle betete. Ich fragte das Mädchen neben mir, ob es mit Knirschen in den Knien begänne, sie sagte ja, und ich wusste, dass nun auch ich erkrankt war; ich konnte schon nicht mehr richtig gehen«, berichtet ein anderes Mädchen.

Doch welche überlieferten Geschichten mögen es sein, die den Hintergrund für diese Geschehnisse bildeten?

Eine Internatsschule voller Geister

Diese Internatsschule gehört zu einem katholischen Orden, der 1991 gegründet wurde. Ein äußerst bedeutsames Ereignis in der Schulgeschichte dieser Ordensgemeinschaft ist der Tod des Gründungspaters, der just in dem Moment starb, als das erste der vier Gebäude fertiggestellt war. Er starb an einer chronischen Krankheit, in deren Verlauf er eine Lähmung entwickelt hatte. Vor seinem Tod soll der Pater gesagt haben: »Dies wird meine letzte große Sonate sein.«

Die Zahl der neu aufgenommenen Schülerinnen wuchs ständig, bis die Internatsschule die größte ihres Ordens in Amerika war. Zu Zeiten der Epidemie waren dort fast viertausend Mädchen im Alter zwischen elf und 19 Jahren untergebracht, von denen die meisten aus entlegenen Landesteilen stammten. Die Jugendlichen leben räumlich immer zusammen und schlafen auf eng beieinander stehenden Stockbetten, in denen sie auch ihre gesamte persönliche Habe aufbewahren. Im Schlafsaal befindet sich ein kleines Esszimmer, das sie ebenfalls miteinander teilen. Gleich nebenan ist ihr Klassenzimmer sowie ein Duschraum, in dem sich immer zwei Mädchen gleichzeitig waschen. Bei Schuleintritt sind sie zwischen elf und 13 Jahren alt, in das erste Jahr der Oberschule werden sie nach bestandener Aufnahmeprüfung zugelassen. Ziel ihres Aufenthaltes im Internat ist ihre schulische Ausbildung, es wird jedoch erwartet, dass einige der Mädchen gleich nach Abschluss der Oberschule Nonnen werden. Ihr Stundenplan ist ausgefüllt mit religiösen Aktivitäten wie Gottesdiensten, katholischen Filmen, Bibelstunden und Bußübungen, die mit stundenlangem Knien beim Gebet verbunden sind, was zuweilen zu Entzündungen führt. Wenn sie in die Schule eintreten, werden sie in einheitliche, von ihren eigenen Schulkameradinnen genähte Uniformen eingekleidet; wenn sie der Schule verwiesen werden, nimmt man sie ihnen wieder weg, »weil sie sich als unwürdige Töchter erwiesen haben«. Was das Ärzteteam anfangs am meisten schockierte, war, dass die Jugendlichen sich alle so glichen: Alle trugen identische Blusen und den gleichen langen Rock, alle hatten den gleichen asiatischen Haarschnitt und keinerlei Schmuck, sodass sie schwer voneinander zu unterscheiden waren; sie machten den Eindruck einer undifferenzierten Masse.

Doch nicht nur die Mädchen waren nahezu identisch; alles unterliegt einer Gleichmacherei: Sie essen das gleiche Essen, wobei sie jedoch keines der Gerichte von zu Hause kennen, was regelmäßig zu Essstörungen führt. Alle feiern ihren Geburtstag am gleichen Tag, nämlich am Tag der Schulgründung.

Ihr Leben innerhalb der Schulmauern verläuft sehr monoton: »immer das Gleiche«. Sie dürfen nicht fernsehen, keine Zeitungen oder Zeitschriften lesen oder Radio hören. Sie dürfen sich innerhalb des Internats nicht frei bewegen »oder sich nach Mädchen aus ihrem Heimatdorf umsehen«, sondern müssen in einem bestimmten, ihnen zugewiesenen Bereich bleiben.

Neben den Schülerinnen leben etwa vierzig Schulschwestern im Alter zwischen 17 und 35 Jahren im Internat, die meisten mit lokalem lateinamerikanischen Hintergrund und in der Regel Absolventinnen der Schule sowie einige Schwestern asiatischer Abstammung. Da sie ihre Familien aufgegeben haben, sehen sie diese nur höchst selten, manchmal jahrelang nicht.

Es gibt 90 mexikanische weltliche Lehrer, die meisten von ihnen schlecht ausgebildet und sehr jung, »weshalb sie nur allzu willig sind, das zu tun, was ihnen die Schulschwestern sagen«. Sie unterrichten Fächer, die auf die Oberschule und das College vorbereiten sollen, und lassen alles aus, was mit Sexualität zu tun hat. Den Lehrern ist es strengstens untersagt, sich in der Nähe von Schülerinnen aufzuhalten, und sie müssen einen Abstand von mindestens zwei Metern wahren, weil – wie die Mutter Oberin mir berichtet – »sich einige Schülerinnen einbilden, in ihre Lehrer verliebt zu sein, und ihnen zu unserer großen Besorgnis Briefe schreiben«. Ferner sind ein Allgemeinarzt sowie ein Zahnarzt vor Ort, jedoch kein Psychologe.

Die Jugendlichen sehen ihre Familien recht unregelmäßig: nur in den Sommer- und in den Weihnachtsferien; jeder Urlaub dauert zwei Wochen. Die Eltern dürfen einmal jährlich für einen sechsstündigen Besuch in die Schule kommen. Die Mädchen dürfen keine Briefe schreiben, aber welche erhalten. Die Schulschwestern öffnen und lesen die Briefe an die Mädchen und entscheiden, ob sie ihnen ausgehändigt werden oder nicht. So können für viele Schülerinnen lange Monate ohne jede Nachricht von Eltern oder Geschwistern ins Land gehen.

Die neuen ›Familien‹, die sich in der Internatsschule bilden, bestehen aus einer verantwortlichen Ordens- bzw. Schulschwester, einer ›Großen Schwester‹ und einer Gruppe von Schülerinnen. Große Schwestern sind Jugendliche, die von der verantwortlichen Schulschwester ausgewählt wurden, um auf ihre Schulkameradinnen aufzupassen. Diesen ›Familien‹ wird der Name eines oder einer Heiligen gegeben, eine Schulschwester kann für bis zu 105 Schülerinnen zuständig sein – so viele, dass sie die Namen der Mädchen niemals behalten kann. Die Schule ist nach einem streng hierarchischen System organisiert, an dessen Spitze sich die Mutter Oberin befindet, gefolgt von den Schulschwestern und den Großen Schwestern. Die Schulordnung verlangt »Gehorsam, Disziplin, Sittlichkeit, keinen Streit untereinander, keinen Diebstahl, keine Lügen« sowie »Dankbarkeit für alles Empfangene ohne Klagen und Beschwerden«; der Verstoß gegen diese Regeln führt zur Relegation, die oftmals ohne jegliche Vorwarnung und infolge ganz verschiedener unvorhersehbarer und unerwarteter Umstände, wie etwa das Spielen von Ouija, ausgesprochen werden kann. Es herrscht ein allgegenwärtiges Gefühl der Unsicherheit und der Angst vor Bezichtigungen seitens der Schulkameradinnen, der Großen Schwestern oder der verantwortlichen Schulschwestern, aufgrund derer, wie ihnen bereits vor ihrer Abreise von zu Hause als Möglichkeit angedroht wurde, ein Schulverweis erfolgen kann.

Das Leben in der Schule beinhaltet lange Schweigeperioden; »denn es gibt so viele, und wenn sie alle sprächen, könnten wir niemals irgendetwas hören«, wie dies von einer der Schulschwestern begründet wurde. Sie lehren die Mädchen, »einander oder eine der Ordensschwestern niemals lieb zu gewinnen«, denn »die Schwestern werden oft ganz unerwartet in eine andere Internatsschule versetzt, um sich anderer Mädchen anzunehmen, und ihre Schulkameradinnen könnten sie im Stich lassen«. Grundsätzlich fällt auf, wie sehr die Jugendlichen um die Aufmerksamkeit der für sie verantwortlichen Schulschwester oder der Großen Schwester buhlen und wie sie versuchen, sich bei ihnen einzuschmeicheln: »Wenn ein Mädchen etwas Verbotenes tut, wird sie von den anderen verpetzt«; zugleich aber passen sie auf, dass sie nicht als ›Liebling‹ gesehen werden, denn dies würde große Angst und Argwohn hervorrufen: Mädchen, die ständig in der Nähe einer Ordensschwester gesehen werden, werden sofort der Schule verwiesen, und auch die Schulschwestern werden hart gemaßregelt und laufen Gefahr, aus dem Orden ausgeschlossen zu werden, sollte ihre Zuneigung zu einem bestimmten Mädchen erkennbar werden.

Inmitten dieses Schweigens, dieser Ängste und dieses Mangels sind Geister für viele Mädchen vertraute Gefährten. Auf der Grundlage meiner Interviews mit Dutzenden Mädchen konnte ich folgende Geschichte rekonstruieren:

> »In den frühen Gründungsjahren der Internatsschule lebte dort ein 12-jähriges Mädchen, das an einer Krankheit starb, bei der sie aus dem Mund blutete [wahrscheinlich Tuberkulose]. Seitdem wurde dieses Mädchen an verschiedenen Orten gesehen, und jetzt, seit die Mädchen an ihren Beinen erkrankten, erscheint sie sogar noch öfter, weiß gekleidet rennt sie über ein Feld, oder sie erscheint ganz plötzlich auf der Treppe, manchmal mit blutverschmiertem Gesicht, und sie erscheint im Bad oder in den Schlafsälen, sogar im Spiegel, wenn sich die Mädchen die Haare kämmen; sie ängstigt sie, denn sie haben Angst, dass sie kommen wird, um sie zu holen.«

Die Glaubensvorstellungen der Mädchen und der Schwestern werden nicht offen ausgesprochen; ebenso wenig nimmt man Beeinträchtigungen ihrer psychischen Verfassung zur Kenntnis, und infolgedessen werden auch die häufigen Suizidversuche übergangen und durch den Schulverweis der Mädchen erledigt, wie mir mehrere Mädchen berichteten: »Einige Mädchen gehen in den sechsten Stock hinauf und wollen sich hinunterstürzen; die Ordensschwestern werfen sie von der Schule.«

Im Folgenden stelle ich, stellvertretend für viele andere, drei Fallgeschichten vor, die die Persönlichkeitszüge der Mädchen vor dem Hintergrund des allgemeinen psychologischen Zustands während der Epidemie illustrieren.

Geister aus der Vergangenheit

Guadalupe und die Jungfrau

Guadalupe war das erste Mädchen, das im Mai 2006 erkrankte. Sie ist 16 Jahre alt, hat einen weißen Teint, während des Interviews errötet sie häufig. Sie sieht mich kaum an und lässt den Kopf hängen. Ihre Antworten sind kurz, und die meiste Zeit schweigt sie. Sie macht einen extrem schüchternen und ängstlichen Eindruck, zuweilen scheint sie in tiefes Nachdenken versunken. Sie erzählt mir, sie sei die jüngste von fünf Geschwistern und, wie sie anfügt, der Liebling, das ›Hätschelkind‹ (pet) gewesen. Als sie klein war, das Alter erwähnt sie nicht, wurde sie beim Spiel auf der Schaukel von einem Hund in den Fuß gebissen; seither leide sie an einer Hundephobie. Ihre Mutter wurde zur Witwe, als sie sehr klein war, daher habe sie keine Erinnerung an ihren Vater. Ihre Geschwister seien schon in jungen Jahren arbeiten gegangen; ihr Vater sei eines tragischen Todes gestorben, anscheinend war es ein Unfall, doch darum rankt sich offenbar ein Geheimnis, von dem Guadalupe nichts weiß. Während sie mir dies erzählt, rinnen ihr Tränen über das Gesicht, obgleich ich keine Gefühle erkennen kann, und sie berichtet, dass es bei ihrer Mutter genauso sei, wenn diese von ihrem toten Vater spreche. Guadalupe besucht die Internatsschule auf eigenen Wunsch, denn sie wollte schon immer Nonne werden, und außerdem scheut sie die Gefahren der Welt draußen: »Einmal vergewaltigte ein Mann ein Mädchen ganz in der Nähe meines Hauses.« In ihrem zweiten Jahr an der Schule hörte sie einmal die Stimme der Jungfrau, die ihr mitteilte, dass »etwas Böses geschehen werde« und dass es da »ein böses und ein gutes Mädchen« gebe. Unter dem Siegel der Verschwiegenheit erzählt sie mir, dass sie »von den anderen sehr beneidet« werde, weil die für sie zuständigen Schulschwestern sie sehr schätzten:

> »Ich bin ruhig, und ich versuche zu gehorchen und in allem mein Bestes zu geben … Aber es gab einige Mädchen, die mich nicht mochten, vor allem eine namens Magdalena, sie sah mich mit roten Augen an. Vielleicht beneidete sie mich, weil die Schulschwester mich immer als gutes Beispiel anführte. Sie verschluderte meine Sachen und erzählte den anderen Mädchen, ich sei der Liebling [pet], und dann schauten sie mich böse an. Sie erzählten schlimme Dinge über mich. Dann konnte ich nicht schlafen. Ich dachte: Was, wenn sie mir etwas antun, während ich schlafe, und ich schützte mein Gesicht mit meinem Kissen.«

Magdalena spielte regelmäßig Ouija, und Guadalupe erinnert sich, wie plötzlich eines Tages im Mai 2006 Folgendes geschah:

> »Meine Füße taten weh, sie rollten sich ein. Ich merkte, wie ich fiel. Ich dachte, es läge am kalten Wetter, denn sie wurden dann immer blau. Außerdem fühlte ich eine kalte Flüssigkeit zwischen meinen Beinen. Ich fühlte mich auch schwach, ich konnte nicht laufen. Es fühlte sich an, als steckten meine Füße fest.«

Man brachte sie zum Arzt, der nichts feststellen konnte. Sie betete und hoffte auf ein Wunder der Jungfrau; sie verfasste ein Gebet und brachte ihr einen Strauß Blumen dar, und nach eineinhalb Monaten war sie wieder gesund. Während dieser Zeit war sie vor Schmerzen nicht in der Lage zu knien oder zu rennen und wurde deshalb vom Putzen freigestellt. Wegen der Fürsorge, die sie erfuhr, verdoppelte sich der »Neid« ihrer Schulkameradinnen, doch sie »schämte sich dafür, wie sie lief«. Nun fühlt sie sich schuldig, weil sie als Erste krank wurde; die Jungfrau hat ihr mit einer klaren Stimme, die sie außerhalb ihres Kopfes hören kann, gesagt, sie müsse schwer kämpfen, um das böse Mädchen niederzuringen; sie weiß, dass »die Gefahr besteht, dass die Schule geschlossen werden muss«. Auf meine Frage, ob sie irgendwelche Träume hat, antwortet sie:

> »Als ich krank wurde, hatte ich einen Traum. Ich träumte von *vielen roten Rosen, mittendrin war eine weiße Rose mit viel Licht.* [Mit ihren Händen gestikuliert sie und zeigt, wie das Licht von der weißen Rose ausstrahlte.] Einmal träumte ich auch von der *Jungfrau, die zu mir sagte, ich solle mich nicht vor ihr fürchten.*«

Soledad, Ouija und Voodoo

Soledad ist eine 16-jährige Jugendliche aus einer Provinz, in der Voodoo praktiziert wird. Während des Interviews ändert sich ihre Stimmung häufig: Einmal macht sie einen lebhaften Eindruck, ein andermal scheint sie ganz in sich selbst versunken. Sie klagt, dass sie nicht weinen könne, während sie zuvor häufig geweint habe. Auffällig bei diesem Interview war für mich, dass es ihr anscheinend schwerfiel, sich von mir zu verabschieden, und dass sie versuchte, länger mit mir zusammenzubleiben. Soledad lebte bis zu ihrem zehnten Lebensjahr bei ihren Eltern und vier Geschwistern, bis ihr Vater zum Arbeiten in die USA ging. Seither hat sie ihn nicht mehr gesehen. Sie kann sich nicht erinnern, traurig gewesen zu sein, aber um ihre Mutter habe sie sich »Sorgen gemacht«. Sie erinnert sich, dass diese »mich immer mit einem Elektrokabel oder mit ihren Schuhen geschlagen hat, einmal bis ich blutete ... Ich war das schwarze Schaf der Familie.« Sie fügt hinzu, sie sei wie ihre Mutter, beide hätten sie »Männer gesehen, ganz in Schwarz, die Ketten hinter sich herschleppten«. Sie kann sich den Grund für diese Visionen nicht erklären, aber sie hat sie, seit ihr Vater sie verließ. Als sie 13 war, entschied ihre Mutter, sie auf das Internat zu schicken, damit sie dort ihre Schulausbildung fortsetzen konnte: »Zu Hause habe ich auf meine Schwestern aufgepasst, und ich bin hierher gekommen, damit sie ein wenig mehr zu essen haben und es nicht für mich aufwenden müssen.« Doch sie wollte nicht ins Internat geschickt werden. Soledad erzählt mir, dass sie sich ihr ganzes Leben eher schuldig gefühlt habe und dass sie schnell wütend oder nervös werde.

> »Keiner mag mich so, wie ich bin, deshalb hält auch jeder Abstand zu mir; sie lieben mich nicht und behandeln mich schlecht, sie schubsen mich im Vorübergehen ... Ich weiß, dass da irgendetwas Schlechtes an mir ist, aber mir wär lieber, sie würden mich nicht so behandeln.«

Soledad denkt,

> »jetzt bin ich hier besser aufgehoben. In meinen Träumen sagte mir Maria, dass mir hier nichts passieren könne, doch dass mir etwas sehr Schlimmes widerfahre, wenn ich von hier wegginge: Ich könnte sterben ... Als Maria hinausgeworfen wurde, fühlte ich mich merkwürdig, fremd, andauernd verfluchte ich alle, ich mochte nicht beten und tat andere merkwürdige Dinge. Eines Tages wollte ich unbedingt zwei ganz kleine Stoffpuppen machen, mit denen ich schlief ... weil ich mich so einsam fühlte ... [Ich verlor sie, aber] sie tauchten wieder auf ... Nadeln steckten in ihren Beinen.«

Manchmal habe sie sterben wollen, doch hätte sie nie versucht, sich selbst zu verletzen, außer als sie das Gefühl hatte, die Schulschwester mache ihr zum Vorwurf, »das erste Mädchen zu sein, das krank wurde«. Da wollte sie vom Dach springen, was sie nicht tat, weil ihre Schulkameradinnen sie daran hinderten. Als sie einige Tage nach Marias Fluch erkrankte, fühlte sie

> »zunächst eine Art Müdigkeit in meinen Beinen und stechende Schmerzen hier hinten. [Sie zeigt auf die Kniekehle.] Dann konnte ich nicht mehr richtig laufen ... Sie machten eine orientalische Kur. Auf diese Weise behandeln uns die Schwestern hier. Sie markierten verschiedene Punkte mit einem Filzstift, dann streuten sie getrocknete Kräuter darauf, zündeten sie an, zerstießen sie und gingen dann zum nächsten Punkt über.«

[Während sie dies erklärt, zeigt sie mir ihr Knie, und ich stelle mehrere Narben von ca. einem Millimeter Durchmesser fest, alles in allem fast 15 dieser Male auf und um ihr Knie herum.] Soledad jedoch wusste, dass dies wegen Maria geschah, und dachte:

> »Wenn dies Maria ist, die Rache nimmt, dann kann mir das nichts anhaben. Eine Woche später ging es weg. Ich hüpfte und rannte und machte Übungen, damit es mir nicht noch einmal passierte. Ich sagte nichts. Ich sagte nicht, dass all dies wegen Marias Rache geschah, denn niemand glaubt uns hier. Dann kam der Dezemberurlaub, und ich fuhr nach Hause.«

Zitlali und die Körper der Babys

Sie ist ein zwölfjähriges Mädchen aus der Küstenregion des Landes; sie ist sehr dünn und ihre Stimme ist zu Beginn des Interviews schwach, aber ganz allmählich kann sie lauter sprechen. Zum Zeitpunkt des Interviews war sie nicht in der Lage zu laufen und wurde von ihren Schulkameradinnen hereingetragen:

> »Wenn ich laufe, fehlt mir die Kraft stehenzubleiben; ich empfinde keine Kraft in meinen Knien und mein Rücken tut weh. Ich bin ein paar Mal gefallen, weil meine Schulkameradinnen mich nicht tragen konnten ... oder weil die Schulschwester ihnen sagt, ich müsse das allein können. Beim Duschen lehne ich mich an die Wand; mein Rücken und meine Knie geben nach. [Sie erzählt mir, sie sei] ganz weinerlich [geworden], ich finde, ich nerve alle nur, ich bin zu nichts zu gebrauchen ...; ein Mädchen sagte zu mir, dass ich vielleicht gelähmt bleiben würde.«

Sie meint, früher sei sie »glücklich« gewesen und habe »Sachen schnell kapiert«, doch nun sei sie sehr traurig, schlafe schlecht, und manchmal sehe sie »schwarze Schatten und höre Geräusche«, die sie aufregen und verstören. Sie müsse dann lange beten, um sich wieder zu beruhigen.

Als sie zwei Jahre alt war, trennten sich ihre Eltern, sie sah ihren Vater nie wieder. Sie weiß, dass ihr Vater Alkoholiker war, keinerlei finanzielle Unterstützung leistete und in einem Verschlag aus Pappkartons hauste. Bei ihrer Geburt hatte sie Windpocken; sie war sehr krank, trug aber keine Folgeerkrankungen davon. Sie hat einen 13 Jahre alten Bruder und eine kleine neunjährige Schwester, die die Tochter ihres ersten Stiefvaters ist, mit dem sie einige Zeit zusammenlebte. Häufig schlug er sie mit einem Schuh oder einem Gürtel, was sie ihm »übel nimmt«. Sie kann sich auch an körperliche Auseinandersetzungen zwischen ihrer Mutter und ihrem Stiefvater erinnern, in denen sie sich gegenseitig mit scharfen Waffen verletzten, bis die Polizei dazwischen ging. In der Folge trennte sich ihre Mutter von ihm, und sie zogen zu ihrer Großmutter mütterlicherseits und den Tanten. Allerdings tauchten die Schwierigkeiten erneut auf, als ihre Mutter »uns fragte, ob wir damit einverstanden wären, dass sie wieder mit jemanden zusammenzog; wir dachten darüber nach und fanden, dass ihr Glück wichtiger ist als unseres, und sagten ja«. So lebten sie mit einem neuen Stiefvater zusammen:

> »Zuerst war er nett zu uns, dann nicht mehr ... Er setzte mich unter Druck, ließ mich nicht mit anderen zusammen sein ... Er hat böse Gedanken, seine Seele

ist verdorben, ich darf mich nur dicht bei ihm aufhalten, und er befiehlt mir, in seiner Nähe zu bleiben ... und er verbietet mir, mit meinen Cousins und meinem kleinen Bruder zu spielen.«

Ihr Stiefvater möchte, dass sie Röcke trägt, und manchmal filmt er sie mit einer Kamera, »er drängt sich viel zu nah von hinten heran«. Sie sagt, sie mache sich Sorgen, dass »er ihrer kleinen Schwester etwas antun könnte, jetzt, wo ich hier bin«. Mit ihrer Mutter spricht sie nicht über ihre Befürchtungen, denn

>ich möchte nicht an einer Trennung Schuld sein, und wegen all dem war es für mich besser, hierher zu kommen ... Ich wollte schon immer in ein Internat, denn weil meine Mutter arbeitet, war ich dort immer alleine auf der Straße, aber ich dachte, dass es hier anders sein würde und dass ich meine Familie an den Wochenenden besuchen könnte.«

Neulich in der Schule fiel ihr Folgendes auf:

»Einige Mädchen sind merkwürdig, nicht normal; sie sehen den anderen Mädchen beim Duschen zu. Wir müssen vorsichtig sein mit unseren Augen, denn mit unseren Augen können wir in die Hölle kommen. Die Schulschwester sagt, dass der Teufel uns am meisten in Versuchung führt, wenn wir beten, und dass Dinge, die wir uns zu Unrecht angesehen haben, erscheinen ... Manchmal (während ich wach bin) sehe ich auch Babys, die noch ihre Nabelschnur wie Föten haben, manchmal sind sie sehr hässlich, blutig und mit roten Augen und runzeligem Gesicht. Sie jagen mir große Angst ein; ein andermal sind sie hübsch, wie kleine Engel. Das letzte Baby, das ich sah, war gesichtslos, nur so, lediglich die Umrisse seines Körpers. Ich konnte nicht erkennen, was innen drin war. Es befand sich neben dem Herrn.«

Diskussion

Bei diesem psychologischen Phänomen wird deutlich, dass die Epidemie durch das Auftauchen von Symbolen ausgelöst wurde, die mit magischen Kräften wie Ouija und dem Teufel assoziiert waren.

Hexerei als Ausdruck der Fragmentierung eines Kollektivs und des Individuums

Magie gehört wahrscheinlich zu jenen psychischen Bereichen, die aufgrund sehr tiefer unbewusster Faktoren aufs Engste mit kulturellen Symbolen und Körperregionen verknüpft sind. Sie fungiert als schnell zugängliches Bindeglied zwischen Körper, Psyche, Kultur und Kosmos. Das erklärt ihre machtvolle Wirkung, die in weitgehend vorsprachlichen und prälogischen Entwicklungsstufen verankert ist.

De Martino (2004) weist darauf hin, dass in Gemeinschaften, in denen Magie verbreitet ist, das Leben der Menschen aus einer permanenten Suche nach dem Sinn ihres ›(Da-)Seins‹ besteht, den zu finden jedoch, vor allem aufgrund der dort vorherrschenden tatsächlichen Lebensbedingungen, alles andere als gewiss ist. Magie mittels Omnipotenz ermöglicht ein gewisses Maß an Vertrauen und Sicherheit in einer chaotischen Welt. Wenn jedoch schwerwiegende Vulnerabilitätsmomente in der Lebenswelt auftreten, die man als ›kritische Momente des In-der-Welt-Seins‹ bezeichnen könnte, dann machen sich böse Geister aus der magischen Welt die Situation zunutze und werden gefährlich. Einsamkeit, Finsternis und Unwetter stehen beispielhaft für solche Momente, und wenn Dämonen erscheinen, dann können diese sogar den Tod bringen. Dies zeigt, wie Menschen, die sich unter dem Einfluss magischer Kräfte wähnen, auch tatsächlich einem echten Risiko ausgesetzt sein können. Aus psychoanalytischer Perspektive verstehe ich das so, dass solch ein ›kritischer Moment des In-der-Welt-Seins‹ mit »[sekundäre[n] Formationen] einer äußerst frühen Urszene« korrespondiert, »die auf der Ebene der Beziehungen zu Teilobjekten auftreten und verbunden sind mit psychotischer Angst und Mechanismen der Abspaltung und der projektiven Identifikation« (Bion 1961 [2001], S. 120). Die Kirche ist anfällig für solche Momente, weil sie im Register des Realitätsprinzips mit der Kraft des Guten gegen das Böse arbeitet. Wenn jedoch das Realitätsprinzip abhanden kommt wie bei der Mutter Oberin und ihren Mitschwestern, als sie wirklich glaubten, Maria habe den Teufel mit dem Ouija herbeigerufen, dann setzt sich dies in Handlung um: Sie werfen Maria hinaus, ›weil sie eine Hexe ist‹. An diesem Punkt entstand Vernichtungsangst, die dann in jenen, die sich selbst als verhext erlebten und primitive Phantasien und Abwehrmechanismen entwickelten, kulturelle Repräsentanz erlangten.

Ich werde nun Situationen beschreiben, die diesen Bruch mit der Realität begünstigen und bösen Geistern Einlass gewähren.

Verlassenheit und Tod

Man kann die Verlassenheit dieser Jugendlichen in der Internatsschule auf mehreren Ebenen betrachten – sozial, familiär und hinsichtlich ihres Umfelds. Auf sozialer Ebene gehören sie einer sehr prekären Bevölkerungsgruppe an, die in tief greifende ökonomische Probleme verstrickt ist, vor allem aufgrund einer unzureichenden Versorgung so elementarer Grundbedürfnisse wie Gesundheit, Obdach, Ernährung und Erziehung. Laut WHO (1995) gelten diese Armutsfolgen weltweit als Haupttodesursache und außerdem als Auslöser für andere Probleme, wie etwa Emigration. In vielen Fällen sind die Ursprungsfamilien dieser Mädchen zerbrochen und ohne Vater. Viele haben in sehr jungen Jahren den Verlust von geliebten Angehörigen erlebt, was sie besonders sensibel auf weitere Erfahrungen mit ungenügenden, deformierten oder diskontinuierlichen Beziehungen reagieren lässt (Islas 2003; Rothenberg 1979). All dies ist Ergebnis eines in ihren Herkunftsfamilien erlittenen psychischen, physischen und sexuellen Missbrauchs, der die pathologischen Einsamkeitsgefühle noch intensiviert (Rodríguez 1997; Winnicott 1965a). Nicht genug damit: Mit dem Eintritt in das Internat verschwindet ihre Familie nun für viele Monate, ohne dass diese eine Verbindung mit ihren Töchtern, etwa durch Briefe, häufigere Besuche oder Telefongespräche, etablieren könnte. Diese Verlassenheit verstärkt Phantasien, dass ihre Angehörigen gestorben sein oder sie ihrerseits für tot halten könnten. Hinzu kommt, dass die Schulschwestern, auf die die Jugendlichen nun ihre frühe Beziehung zu den Eltern übertragen, ihnen jegliche Zuneigung unter Androhung von Zurückweisung und Ahndung durch Schulverweis untersagen, sodass sie gerade dann, wenn sie der Zuneigung bedürfen, zum Objekt ständigen Misstrauens und noch strikterer Verfolgung werden. Dies verwehrt ihnen den Aufbau sicherer Beziehungen an einem Punkt ihres Lebens, an dem eine korrigierende Neuordnung, eine Umstrukturierung möglich wäre (Blos 1979). Abgesehen davon müssen sich so wenige Schulschwestern um so viele Mädchen kümmern, dass sie niemals alle wahrgenommen werden können! Ihre Sehnsucht nach menschlicher Zuwendung zeigt sich auf nonverbalem Wege: Man sieht den Neid, der sie erfasst, wenn es einer von ihnen gelingt, ein bisschen mehr Aufmerksamkeit oder Beachtung von der Schulschwester auf sich zu ziehen, und wie dieser sofort vorgeworfen wird, sie habe ›Lieblinge‹. Viele Mädchen wurden auch krank, sobald sie merkten, dass ihnen dadurch Zuwendung oder doch zumindest Beachtung zuteil würde.

Ein psychiatrischer Kollege bemerkte dazu: »Mich schauderte, als ich sah, wie viele Mädchen auf uns zugingen. Es waren so viele, dass wir gar nicht mehr weitergehen konnten … Alle sagten, sie wollten sterben.«[8]

---

8 Mündliche Mitteilung eines Mitglieds des psychiatrischen Teams während der diagnostischen Phase.

Das Gefühl des Verlassenseins macht hoch empfindlich. Es wird als traumatisches Ereignis erfahren, das Gefühle der Schutzlosigkeit hervorbringt und Todesgefühle heraufbeschwört, in denen ihre Namen, Erinnerungen und sogar sie selbst als Individuen verloren gehen. Dies entspricht einer drohenden Vernichtung (Winnicott 1958).

Fusion und die Drohung der Vernichtung des wahren Selbst

In dieser Internatsschule ist Liebe nur in Form einer fusionären Verschmelzung mit der Gruppe erlaubt: Hunderte Adoleszenter scheinen ein Gesicht, ein Körper und eine Seele zu sein. Der Anblick Tausender gleich gekleideter hispanischer Jugendlicher mit asiatischen Frisuren, die auf identische Weise denken, sprechen und laufen, ist schockierend. Sämtliche Unterschiede, all ihre kulturelle und individuelle Vielfalt, wurden ausgelöscht.

Diese Fusion ist ein Symbol der Liebe, die nur einer Seinsform, einem (Da-)*Sein* gilt. Zugleich ist sie auch eine Abwehr der durch Differenzierung und Individuation hervorgerufenen Vernichtungsgefühle (Mahler et al. 1975). Der um diese Seinsform, um dieses *Sein* zentrierte Zusammenhalt der Gruppe beruht auf dem, was Bion (1961) die Gruppenmentalität nennt, die in diesem Fall einem Gruppengefühl von Liebe für eine Art Großer Mutter entspricht, die zu sagen scheint: Ich schenke dir meine Liebe und akzeptiere dich, so lange du genau so bist, wie ich dich haben möchte.

Die Jugendlichen dieser Internatsschule müssen viele Emotionen wie Traurigkeit und Aggression, Hass und Liebe für andere Menschen unterdrücken; all diese Gefühle sind verboten. Wenn sie sie offen zeigen, können sie sofort der Schule verwiesen werden, was in ihnen Erinnerungen an frühere, leidvolle Verlassenheitserfahrungen wachruft. Sie müssen diesem *Wesen* gefällig sein, dieser Großen Mutter, d. h., alle Freude und Liebe gelten *Einem Wesen*, dessen Spiegelbild sie sein sollen. In einer Lebensphase wie der Adoleszenz, in der es um die Suche nach der individuellen Identität geht (Blos 1979; Erikson 1993), stellt dies ein beträchtliches Problem für eine gesunde Entwicklung dar.

So wird die Entwicklung einer hysterischen Persönlichkeit begünstigt, die sich um ihres Überlebens willen unterwerfen und opfern muss (Bollas 2000).

Daher gleicht das wahre Selbst dem toten, einsamen Mädchen, das manchmal als Gespenst an verschiedenen Orten herumgeistert oder als Reflex im Spiegel zu sehen ist; sie erkennen es nicht mehr und fürchten sich vor ihm.

Diese Zerstörung ihres Selbst geht einher mit der Furcht vor der Zerstörung ihres Körpers und ihrer Sexualität.

Spaltung und Dissoziation

Die Leitfigur, um die herum sich die Gruppe vereinigt, ist ein omnipotentes *Wesen*, das als Große Mutter fungiert und zwischen dem Guten, gleichbedeutend mit ›Moral, Disziplin, Gehorsam, Freude und Dankbarkeit ohne Klagen‹, und dem Bösen, also der Aggression, Traurigkeit, Einsamkeit, Zuneigung für Gleichaltrige, Männer, Sexualität und der adoleszenten Masturbation, gespalten ist. Gut und Böse sind in diesem Internat in permanente Kämpfe verstrickt und völlig unintegrierbar. Aus diesem Grund gibt es ›gute Mädchen‹ und ›böse Mädchen‹, wobei letztere eine grundsätzliche Ablehnung erfahren oder einfach hinausgeworfen werden, als seien sie »verfaulte Äpfel, die entfernt werden müssten, da sie andernfalls den Rest ansteckten«, wie die Schulschwestern erklären. Männer werden grundsätzlich nicht geduldet oder mit teuflischen Gestalten in Verbindung gebracht, die in der Erfahrungswelt der Mädchen sie im Stich lassen, vergewaltigen oder schlagen. So wie sich Spaltungsmechanismen auf der Gruppenebene zeigen, sind sie auch auf der Ebene des Individuums zu beobachten, beispielsweise in Guadalupes Traum, in dem sie eine weiße, mit dem Guten assoziierte Blume inmitten roter Blumen sieht, die die Farbe des Teufels tragen. Dies taucht auch in Zitalis Halluzinationen auf, in denen ihr hässliche, blutige Föten als *Gegensatz* zu lieblichen Engeln erscheinen. Die Dissoziation dieser Mädchen wird auch bei Guadalupe offenkundig, wenn sie den Tod ihres Vaters beweint, aber nichts dabei empfindet; nur ihre Tränen sind zu sehen. Auch Zitlali beschreibt viele schmerzliche und traumatische Ereignisse auf indifferente Weise, wobei ihre ganze Konzentration auf ihren Körper gerichtet ist. Die für Konversionen anfälligsten Mädchen sind jene, die zu solchen Abwehrmechanismen Zuflucht nehmen (Bollas 2000; Breuer/Freud 1893; Kernberg 2004).

Bruch und Verfolgung

Wenn sich in einem solchen Kontext eine Gruppe Jugendlicher in magische Spiele flüchtet, dann wollen sie bestehende Unterschiede transformieren, voneinander abgrenzen und sich ihrer vergewissern, indem sie – sowohl in der psychischen als auch in der realen Welt – Gefühle und Symbole in einer altersgemäßen Weise auszudrücken versuchen, wenn auch ganz anders, als ihnen zugestanden wird. Im Spiel stellen sie ihre Omnipotenz wieder her, damit sie einander vertrauen können. Die Rivalität der Mädchen um die Aufmerksamkeit und Beachtung ihrer Betreuerinnen jedoch ist so heftig, dass sie einander sehr schnell anschwärzen und beschuldigen. Ich glaube, Maria verflucht die Körper ihrer Schulkameradinnen, weil sie wütend ist und sich von jenen Mädchen ›betrogen‹ fühlt, die ihr ›Gutsein‹ mit Verpetzen erkaufen. Möglicherweise findet Maria sie in Wirklichkeit genauso ›böse‹ wie die Mutter Oberin, die sie ohne auch nur einen Anflug von Verständnis der Schule verweist. Indem Maria sie verflucht, bringt sie das Böse, das sich im Internat verborgen hält, nämlich die Verlassenheit, die Einsamkeit, die Zerstörung des wahren Selbst und die Förderung eines falschen Selbst (Winnicott 1994), zum Vorschein. Da nun das Böse offen zutage liegt, finden die konversionsneurotischen Adoleszenten unbewusst Zugang zu dem ›bösen‹ Gefühl, das ihr Leiden verursacht, oder sie können mit ihm in Verbindung treten. Es wird entsprechend dem, was sie unbewusst als ihre eigene ›Schlechtigkeit‹ erachten – etwa ihre heftigen Neid-, Eifersuchts- und Rivalitätsgefühle sowie ihre Zuneigung für ihre Klassenkameradinnen, ihren Hass auf ihre Eltern und die Schulschwestern, die Schrecken des Verlassenwerdens und die Sehnsucht nach vertrauenswürdigen Mitmenschen – in intensive Vernichtungsangst umgewandelt, steht aber auch für all das Böse, das sie wegen der durch den Missbrauch erlittenen Pein vermeintlich in seiner Macht hat. Unfähig, diese Gefühle auszuhalten, stoßen sie diese aus ihrer Psyche aus und verankern sie in ihrem Körper sowie in projektiven Identifizierungen, die dem Bösen auf magische und unauffällige Art beikommen. Dies geschieht so, weil in einem Umfeld, in dem ein so hohes Maß an Verlassenheit, so ein Mangel an Warmherzigkeit und in der Folge an hinreichend guten Objekten (Winnicott 1994) herrscht, die plötzliche und unerwartete Integration von Gut und Böse nicht lange ausgehalten werden kann. Äußere und innere Welten werden dann hochgradig verfolgend: Das Böse lauert bar jeder Wortvorstellung im Körper, und die Mutter Oberin und ihre Mitschwestern halten diese Mädchen für den Teufel und holen Exorzisten zu Hilfe. All dies spricht für ›eine nicht hinreichend gute Mutter‹ in der Lebensgeschichte der Mädchen und für ›ein nicht hinreichend gutes Umfeld‹ bei der Gruppe derer, die sich ›um die Mädchen kümmern‹ sollten. Schließlich ist nichts in der äußeren sozialen Umgebung in der Lage, die Intensität dieser Ängste aufzufangen, zu ›containen‹, sodass die Hysterie auch die Massenmedien erfasst. Der akut paranoische Zustand, der sich hier eingestellt hat, sorgt für einen Grabenkampf zwischen den Schulschwestern und den Lehrern sowie der Presse. Gleichzeitig fragmentiert das Böse in immer mehr Teile, die der Teufel als Pulver oder mikroskopisch kleine Erreger aussondert, welche die Körper befallen, sodass sie nicht mehr gehen können, sie aber auch psychisch angreifen und am Denken hindern. Weil diese Fragmente nicht integriert werden können, werden sie auf dem Weg projektiver Identifizierungen von der Persönlichkeit dissoziiert (Bion 1967).

Hysterie und Paranoia

Die hysterischen Jugendlichen verlegten diese von ihren Betreuungspersonen ausgeschiedenen bösen und bedrohlichen Fragmente in ihre Körper. So wird deutlich, wie Paranoia und Hysterie das Objekt spalten: Bei ersterem wird das böse Objekt ausgestoßen und bei letzterem wird es aus dem Bewusstsein ausgeschlossen und im Körper verortet. Fairbairn (1952) zufolge verweist eine solche Situation auf eine, wie er es nennt, »Identifikation mit dem bösen Objekt«. Missbrauchte Kinder neigen dazu, eher sich für ›böse‹ zu halten als ihre sie körperlich, psychisch oder sexuell missbrauchenden Eltern oder Betreuer. Dieses Empfinden, ›böse und schlecht‹ zu sein, begleitet missbrauchte Kinder ihr ganzes Leben lang, und es ist sehr schwer für diese Menschen, sich davon zu befreien. Im konkreten Fall von Marias Schulverweis mit der Begründung, sie sei eine ›Hexe‹, identifizieren sich die konversionsneurotischen Jugendlichen mit ihr und durchleben jene Schrecken des Verlassenwerdens, die sie zuvor selbst zu Hause erfahren hatten, unbewusst erneut. Sie halten sich selbst für böse, anstatt zu erkennen, wie unzulänglich sie von ihren leiblichen Eltern oder den Schulschwestern versorgt wurden. Hier ist es Soledad, die glaubt, dass etwas ›Böses‹ an ihr sei – eine Vorstellung, die ihr zu verstehen hilft, warum ihr Vater sie verließ, warum ihre Mutter sie auf ein Internat schickte und warum die Mutter Oberin sie nun dafür verantwortlich macht, dass das Böse die Schule in Gestalt ihrer erkrankten Beine heimsucht und warum sie also von den anderen ferngehalten werden muss. Lieber glauben die Mädchen, es sei etwas ›Böses‹ an ihnen und ihren Klassenkameradinnen und ›dass das Ouija über sie kam‹, als denken zu müssen, dass ihren Eltern jeder Sinn für Verantwortung und Fürsorge fehlte, die sie als kleine Mädchen gebraucht hätten. Stattdessen wurden sie beschädigt, indem sie verlassen, geschlagen oder sexuell missbraucht wurden – so wie nun auch die Schulschwestern unfähig sind, ihnen die Zuneigung und das Verständnis entgegenzubringen, die sie für ihre Entwicklung brauchen, sie aber ihren

Klischeevorstellungen unterwerfen und ihnen selbst die Schuld an ihrer Erkrankung geben. Daher können sie nicht denken: ›Meine Mutter beschützt mich nicht; vielmehr verlässt und zerstört sie mich.‹ Diese Zerstörung zielt in erster Linie auf die Kontinuität des eigenen Seinsgefühls und folglich auf die Fähigkeit, sich eigene Vorstellungen zu machen, was schließlich Vernichtungsängste heraufbeschwört (Winnicott 1994).

Die Bezugspersonen (Eltern, Lehrer und Schulschwestern) sind ihrerseits außerstande zu erkennen, wie unzulänglich ihre Betreuung ihrer Töchter und Schülerinnen ist, weil sie diese Unzulänglichkeit als eine narzisstische Beschädigung und folglich als etwas ›Schlechtes, Böses‹ in sich selbst erleben, das sie aufgrund der Strenge ihres Ich-Ideals peinigt und quält. Deshalb schließen sie diese eigenen Gefühle auf einer unbewussten Ebene lieber aus und verlagern sie in die adoleszenten Mädchen. Die Folge ist, dass die Betreuer als äußere Objekte für die Mädchen nun nicht mehr als ›Spiegel, Container und Hilfs-Ich‹ (Green 2001) zur Verfügung stehen.

Je mehr diese Einheit aufbricht (Winnicott 1994), desto mehr verarmt der Prozess der Symbolisierung und erzeugt Erinnerungen an vorangegangene Abbrüche. Die gesprochene Sprache reduziert sich auf Exorzismen: »Satan, ich gebiete und befehle dir, mich in Ruhe zu lassen«, und die Schulschwestern betrachten einander mit anfänglichem Misstrauen und geben keine Auskunft, wenn sie gefragt werden, ob auch eine von ihnen an den Beinen erkrankt sei.

Die Verfolgung ist derart massiv, dass das medizinisch-psychiatrische Team in der Gegenübertragung das Gefühl hat, während der Interviews mit den Mädchen seien versteckte Mikrofone im Spiel gewesen, was zugleich eine Kategorie von Information darstellt, die äußerst schwierig zu integrieren und zu ›bedenken‹ ist. Dieser Bestandteil der Gegenübertragung ist mit dem Terror verbunden, der aufgrund all des Bösen im Leben dieser Mädchen, in ihrem Zuhause und im Internat in der Luft liegt, der weder herausgeschrien noch mitgeteilt oder in Worte gefasst werden kann, weil er aus jeder möglichen Wortvorstellung ausgeschlossen und unter Verbot gestellt wurde. Allerdings wurde er irgendwie doch durch ›versteckte Mikrofone‹ aufgezeichnet. Diese Gegenübertragungsaspekte werden in einer anderen Publikation en detail diskutiert werden.

Ambivalenz

Ambivalenz ist bei den erkrankten Adoleszenten ein vorherrschender Affekt und gilt ursprünglich ihren Eltern, die sie lieben, weil diese ihre erste Bindung an die Welt darstellen, und die sie gleichzeitig unter anderem deshalb hassen, weil diese sie fortgeschickt haben; keines dieser Gefühle kann verbalisiert werden. Sie können nicht sagen, dass sie ihre Familie vermissen, denn dann gelten sie als ›schwach und undankbar‹, doch wenn sie versuchen, ihre Liebe auf die Schulschwestern zu übertragen, werden sie verstoßen und verfolgt. Auch die Schulschwestern sind ihnen gegenüber sehr ambivalent: Sie nehmen sie ebenso leicht in der Schule auf wie sie sie hinauswerfen. Während der Epidemie gab es Schwestern, die ›schimpften und Vorwürfe machten‹, und andere, die ›Mut zusprachen und nette Dinge sagten‹. Zudem wurde die ambivalente Haltung gegenüber den hysterischen Adoleszenten im Verlauf der Epidemie immer heftiger: Entweder verwies man sie mit der Begründung, ihr Körper sei vom Bösen besessen, der Schule und sonderte sie aus, oder man nahm sich ihrer als Leidende und Kranke an.

Der Körper

In diesem Kontext ist der Körper ähnlich wie in Träumen ein Ort der Darstellung oder die Bühne aller Konfliktpunkte dieser Internatsschule.

Verborgen unter einer Uniform, die infantilisieren und das wirkliche Lebensalter sowie die Sexualität verschleiern soll, wird ein Teil des wahren Selbst ausgelöscht, denn insbesondere während der Adoleszenz kommt dem Körper eine maßgebliche Bedeutung in der Suche nach einem Gefühl für die eigene Existenz zu. Jugendliche verwenden ihren Köper, um Kontakt zum anderen Geschlecht aufzunehmen, um sich mit den gleichaltrigen Geschlechtsgenoss(inn)en zu vergleichen oder um sich selbst im Spiegel zu betrachten und sich in ihrem neuen Dasein wahrzunehmen. In diesem Fall aber unterliegen die Adoleszenten einem Regime, in dem sie unbeachtet, ›ungesehen‹ bleiben und gerade in jenen Jahren nicht wachsen dürfen, in denen Körper und Seele sich natürlich entwickeln sollten.

Ihre Körper werden nun krank, irrlichtern zwischen etwas ›Diabolischem‹ und ›Erkranktem‹, das ›isoliert und ausgesondert‹ werden muss. Sie bilden eine homogene Masse, die auf den Betrachter unheimlich wirkt, und zwar zum Teil deshalb, weil der Körper die Spaltung der inneren Welt dieser Mädchen und Schulschwestern, aufgrund derer sie sich selbst als ›verhext‹ oder ›von fremden und merkwürdigen Mächten durchdrungen‹ begreifen, umgesetzt hat.

Noch mehr Mädchen erkranken, wenn sie mitbekommen, dass sie dadurch die mütterliche Fürsorge der ›Großen Schwestern‹ oder der Schulschwestern erhalten. Endlich dürfen sie sich aneinander anlehnen und beieinander sein, doch der Preis dafür ist das Stigma, ›die Verrückte‹, ›die Kranke‹, ›die Schuldige‹, ›die Schwache‹, ›die Lügnerin‹ oder ›die vom Teufel Ergriffene‹ zu sein. Folglich ist auch die Fürsorge und Behandlung, die dem Körper gilt, recht ambivalent: »Die Mädchen konnten mich nicht tragen, sie ließen mich fallen und ich verletzte mir den Fuß.« Die Schulschwestern holen den Arzt, damit er die Mädchen heilt, und fügten ihnen während der Moxibustion schließlich doch Brandwunden zu.[9]

In all dem spielt die Erotisierung des heranwachsenden, jugendlichen Körpers ebenfalls eine Rolle. Im »Steifmachen, das Versteifen der Beine, sodass sie nicht einknicken«, könnte man zwei Bilder sehen:

➤ *Ihre Beine sehen aus wie ein Penis, hart und dann schlaff.*[10] Der konversionsneurotische Träger in der Hysterie ist das erotisierte Objekt der Mutter, begehrt und doch verboten (Bollas 2000). Als Guadalupe krank wird, ist sie in der Lage, erotische Gefühle zu entwickeln, die sie mit etwas Unheimlichem in Verbindung bringt: Kalte Flüssigkeit rinnt zwischen ihren Beinen. Gleichzeitig ist der schlaffe Penis – so wie die Pulver, die eine Befruchtung verhüten – ein steriler, unfruchtbarer Penis.

➤ *Die Beine sind die Mädchen selbst.* Um in der Internatsschule überleben zu können, müssen sie ›hart‹ sein: Sie können ihre Gefühle nicht offen zeigen. Doch wenn sie ›einknicken‹, bringen sie ihre Schwäche zum Ausdruck und versuchen – so verlassen, wie sie sind, und/oder von Kindheit an physisch oder sexuell verwundet –, auf das Niveau physischer Abhängigkeit und Angewiesenheit auf körperliche Pflege und Fürsorge zu regredieren.

Feuer im Körper ist ein anderes Bild, das in zwei Szenen auftaucht:
(1) ein gemeinsamer Traum, in dem sie die *brennende Maria* sehen und wissen, dass sie die nächsten sein werden, und
(2) die durch die falsche Anwendung der Chinesischen Medizin verursachten *Brandmale an ihren Beinen.*

---

9 Moxibustion ist eine Therapiemethode der Traditionellen Chinesischen Medizin, die eine Krankheit durch das Einführen von Nadeln in bestimmte Körperregionen oder mittels Hitze, die von einem pflanzlichen Pulver namens Moxa (artemisa vulgaris) erzeugt wird, behandelt. Dieses Pulver wird entzündet und ein Brand entfacht. Wenn die Moxibustion korrekt durchgeführt wird, hinterlässt sie keine Brandmale, da die Hitze niemals direkt mit der Haut in Berührung kommt.
10 Mündliche Mitteilungen der Mitglieder des medizinisch-psychiatrischen Teams während der diagnostischen Phase.

In unserer kollektiven Bilderwelt werden hier Erinnerungen an die Vernichtung von Hexen wachgerufen, die, weil sie ›böse‹ und angeblich unempfindlich für Schmerzen waren, bei lebendigem Leib den Verbrennungstod starben und in die Hölle geschickt wurden, die klassischerweise durch Flammen dargestellt wurde. Sexuelles Begehren wird ebenfalls mit Feuer assoziiert, und in diesem Fall bedeutet das verbotene Begehren die Hölle.

Beim Gehen sehen sie aus wie Frauen kurz vor der Niederkunft.[11] Auch ihre Fruchtbarkeit ist bedrohlich; daher greifen sie zu Pulvern, die die Mädchen von der Menstruation befreien sollen, doch »diese gingen zu weit«, nämlich hinunter in ihre Beine. Vor diesem Hintergrund wird das Menstruationsblut als Erinnerungszeichen einer möglichen Befruchtung mit ›bösen‹ oder ›schmutzigen‹ Dingen verknüpft, die wiederum auf bedrohliche Weise mit ›blutigen Gesichtern und Föten‹, ›roten Augen‹ und dem Mädchen, das starb und aus dessen ›Mund Blut heraus kam‹, durcheinander gebracht werden. Die Psyche dieser Mädchen bewahrt unbewusste traumatische Erinnerungen an Beschädigungen des Körpers auf. Es ist bekannt, dass körperlich oder sexuell angegriffene Kinder diese traumatischen Ereignisse dissoziieren und dass diese dann auf einer unbewussten Ebene in Erinnerung bleiben (Adolphs et al. 1995; Brenneis 1996; Breuer/Freud 1893). Mit einem frischen bedrohlichen Reiz, wie etwa ein mit dem Teufel verknüpfter Fluch, in einem gespaltenen katholischen Umfeld und unter der Bedingung solcher Vernachlässigungen und Ausgrenzungen, kann ein dem Körper geltender Fluch die unbewusste Körpererinnerung an diese infantilen Beschädigungen reaktivieren. So wird die Wiederkehr dieser traumatischen Erinnerung auf der Ebene körperlicher Empfindungen begünstigt, wo sie sich in dissoziiertem Zustand hartnäckig hält und das klinische Bild einer Konversionsneurose hervorbringt. Die oben vorgestellten drei Fallvignetten gingen mit körperlichen, eine noch zusätzlich mit sexuellen Beschädigungen einher.

Somit wird deutlich, dass das Ziel der Vernichtungsdrohung die Sexualität sowie ganz allgemein der Körper ist, aber auch, wie dargelegt, ebenso das Leben selbst. Dies mag der Grund dafür sein, dass Zitlali von inhaltsleeren und lediglich in Umrissen vorhandenen Babys halluzinierte. Um sich selbst vor der Hölle zu bewahren, muss sie ein Engel ohne Körperinhalt sein: ohne Aggression oder Sexualität. Obgleich erotische Elemente auftauchen können, sind diese doch tief in präödipalen Phantasien eingeschlossen.

---

11 Mündliche Mitteilungen der Mitglieder des medizinisch-psychiatrischen Teams während der diagnostischen Phase.

Das Hervortreten des Konversionssymptoms und die Schwere des klinischen Bildes der Konversion korreliert möglicherweise mit der Intensität der Bedrohung, die zugleich auch vom realen Moment ihres Erlebens sowie von zuvor erlittenen und im Gedächtnis gespeicherten Beschädigungen und den im Verlauf des Lebens der Jugendlichen gebildeten guten inneren Objekten abhängt.

Die Internatsschule: Eine kalte Gebärmutter voller Gespenster

Das Internat wirkt wie ein Uterus, in dem die Zeit vergeht, ohne dass sich etwas verändert. Es erscheint kalt und steril wie eine tote Mutter, die zu lieben behauptet, einen jedoch nie ansieht, und wenn doch, dann nur, um einen zu vertreiben oder zu verfluchen. Es ist wie ein Spiegel, der nichts anderes als Geister reflektiert. In dem Bemühen, psychisch zu überleben und, wo immer es möglich ist, diese unbehauste Welt mit Leben zu füllen, will der Fluch der Jugendlichen die ›tote Mädchen-Mutter‹ in eine ›Hexen-Mädchen-Mutter‹ verwandeln. In Gestalt eines Spiegelbildes nehmen die Mutter Oberin und Maria die Rolle zweier Jahrtausende alter Symbole ein, die es seit Beginn der Menschheit gibt: Gott und der Teufel. Das Ergebnis ist recht überraschend und lässt erkennen, wie schmerzlich es ist, in diesem gespaltenen Umfeld aufzuwachsen: Wir sehen Hunderte von Beinen in Form bizarrer Objekte (Bion 1961) und diabolisch aufgeladen, die zu sagen scheinen:

> ›Ich krümme mich, weil ich den Schmerz nicht aushalten kann, den mir das Wissen verursacht, dass ich lebendig tot, von allen verlassen und von Gefühlen besessen bin, die ich nicht verstehe, wie Flüche, in denen ich das Gefühl habe, in die Hölle oder ins Nichts zu fallen, und ich kann nur mit meinem verfolgten Körper empfinden und kommunizieren.‹

Maria überrascht uns, deponiert sie doch Myriaden projektiver Identifizierungen wie infektiöse Partikel oder böse, in der Luft umherschwirrende Geister in die Beine ihrer Schulkameradinnen. Diese Partikel bedurften eines Ortes, an dem sie untergebracht und ansatzweise symbolisiert werden können, doch die Magie der Verwünschung reicht nicht aus, um sie zu integrieren und vollständig umzuwandeln, damit sie gefühlt und gedacht werden können. So kommt es, dass das gesamte Umfeld dumpf und konfus wird.

Schlussfolgerung

Die Massenhysterie an dieser Internatsschule wird als eine Verflechtung zwischen realen und inneren Welten verstanden. Sehr konkrete und reale Zustände im Internat verhindern eine gesunde Entwicklung der Adoleszenten, und zwar aufgrund der emotionalen Vernachlässigung, der sie ausgesetzt sind, und wegen der extrem verfolgenden Kontrollmechanismen, welche die für das ›Seinsgefühl und Denken‹ so notwendige Fähigkeit zur Gemeinschaft und Symbolisierung permanent unterbrechen und massiv behindern. Ein anderer Faktor ist die traumatische Kindheit mit fortgesetzten Erfahrungen des Verlassenwerdens sowie physischem und sexuellem Missbrauch, die die konversionsneurotischen Mädchen in ihren Herkunftsfamilien durchlebten, was zur Folge hat, dass sie mit eingeschränkten Ichfunktionen und einem unterentwickelten wahren Selbst in ihre Adoleszenz eintreten. Auch die soziale Lage ihres Landes weist Defizite in Bezug auf die elementare Versorgung im Bereich von Gesundheit und Bildung auf. All dies erzeugt eine in der psychischen Innenwelt latent stets gegenwärtige Vernichtungsangst von unterschiedlicher Intensität, die möglicherweise proportional zur Schwere der Konversionssymptome ist. Freigesetzt wird die Vernichtungsangst durch einen Fluch auf die so gefährdeten, verletzbaren, in bereits traumatischer Weise erotisierten Körper dieser Adoleszenten.

Fälle wie diese erinnern uns an die Bedeutung von Umweltfaktoren in ihrer Eigenschaft als Modulatoren unserer Phantasien, was Affekte, Gedanken und Verhalten einschließt. Deren Modifikation könnte das Ausmaß von Psychopathologien insbesondere bei Kindern und Adoleszenten mindern. Daher ist es wichtig, präventive Programme für Kinder in Schulen sowie in anderen öffentlichen Einrichtungen aufzulegen.

Aus dem Englischen von Lilli Gast

Literatur

Adolphs, Ralph; Tranel Daniel; Damasio, Hanna & Damasio, Antonio R. (1995): Fear and the human amygdala. J. Neurosci. 15, 5879–5891.

Balaratnasingam, Sivasankaran & Janca, Aleksandar (2006): Mass hysteria revisited. Curr. Opin. Psychiatry 19, 171–174.

Bartholomew, Robert & Wessely, Simon (2002): Protean nature of mass sociogenic illness, from possessed nuns to chemical and biological terrorism fears. Br. J. Psychiatry 180, 300–306.

Bion, Wilfred R. (1961): Experiences in groups and other papers. London (Tavistock). Dt.: Erfahrungen in Gruppen und andere Schriften. Übers. H. O. Rieble. Stuttgart (Klett-Cotta), 3. Aufl. 2001.
Bion, Wilfred R. (1963): Learning from experience. London (Heinemann). Dt.: Lernen durch Erfahrung. Übers. Erika Krejci. Frankfurt/M. (Suhrkamp), 2004.
Bion, Wilfred R. (1967): Second thoughts: Selected papers on psychoanalysis. London (Heinemann).
Blos, Peter (1979): The adolescent passage: Developmental issues. New York, NY (International UP).
Bollas, Christopher (2000): Hysteria. London/New York, NY (Routledge).
Brenneis, C. Brooks (1996): Memory systems and the psychoanalytic retrieval of memories of trauma. Psychoanal. Assoc. 44, 1165–1187.
Breuer, Josef & Freud, Sigmund (1893): Studien über Hysterie. GW I.
De Martino, Ernesto (2004): El mundo mágico. Buenos Aires (Libros de la Araucaria).
Decker, Hannal S. (1991): Freud, Dora and Vienna 1900. New York, NY (Free Press).
Erikson, Erik (1993): Childhood and society. New York, NY (Norton). Dt.: Kindheit und Gesellschaft. Stuttgart (Klett-Cotta), 1999.
Fairbairn, William Ronald D. (1952): Psychoanalytic studies of the personality. London (Tavistock).
Fenichel, Otto (1948): The psychoanalytic theory of neurosis. New York, NY (Norton). Dt.: Psychoanalytische Neurosenlehre. Gießen (Psychosozial-Verlag).
Ferenczi, Sándor (1926): Further contributions to the theory and technique of psycho-analysis. London (Hogarth).
Freud, Sigmund (1921): Massenpsychologie und Ich-Analyse. GW XIII, S. 71–161.
Green, André (2001): Life narcissism, death narcissism. London (Free Association Books).
Isaacs, Susan (1948): The nature and function of phantasy. I. J. Psycho-Anal. 29, 73–97.
Islas, José E. (2003): El nino ante la muerte de un progenitor. Cuadernos de Psicoanalisis 35, 84–90.
Kernberg, Otto (2004): Aggression in personality disorders and perversions. New Haven, CT (Yale UP), S. 93–147. Dt.: Wut und Hass. Über die Bedeutung von Aggression bei Persönlichkeitsstörungen und sexuellen Perversionen. Stuttgart (Klett-Cotta), 2000.
Kernberg, Paulina; Weiner, Alan & Bardenstein, Karen (2000): Personality disorders in children and adolescents. New York, NY (Basic Books), S. 50–58. Dt.: Persönlichkeitsstörungen bei Kindern und Jugendlichen. Stuttgart (Klett-Cotta), 2001.
McDougall, Joyce (1989): Theatres of the body: Psychoanalytic approach to psychosomatic illness. London (Free Association Books). Dt.: Theater des Körpers. Ein psychoanalytischer Ansatz für die psychosomatische Erkrankung. Stuttgart (Klett-Cotta), 1992.
Mahler, Margaret S.; Pine, Fred & Bergman, Anni (1975): The psychological birth of the human infant. New York, NY (Basic Books). Dt.: Die psychische Geburt des Menschen. Symbiose und Individuation. Frankfurt/M. (Fischer-Tb-Verlag), 18. Aufl. 2003.
Paz, Octavio (1990): Obra poética. Mexico D. F. (Planeta).
Rodríguez, S. (1997): El sentimiento de soledad en ninos con familias substitutas. Vol. 1: Actualización psicoanalítica teoría y práctica. Mexico: (Sociedad de Psicoanalisis y Psicoterapia).
Rothenberg, M. (1979): The dying child. In: Noshpitz, Joseph D. (Hg): Basic handbook of child psychiatry. New York, NY (Basic Books), S. 477–482.
Segal, Hanna (1994): Phantasy and reality. I. J. Psycho-Anal. 75, 395–401.
Sirois, Francois (1974): Epidemic hysteria. Acta Psychiatrica Scandinava 252 (Suppl), 1–44.
Small, Gary W. & Borus, J. F. (1983): Outbreak of illness in a school chorus: Toxic poisoning or mass hysteria? New England J. Medicine 308, 632–635.

Small, Gary W. & Nicholi, Armand M. Jr. (1982): Mass hysteria among school children: Early loss as a predisposing factor. Arch. Gen. Psychiatry 39, 721–724.
Small, Gary W.; Propper, M.W.; Randolph, E.T. & Eth, S. (1991): Mass hysteria among student performers: Social relationship as a symptom predictor. Am. J. Psychiatry 148, 1200–1205.
WHO [World Health Organization] (1995): The world health report: Bridging the gaps.
Winnicott, Donald W. (1958): Psychoses and child care. In: Collected papers. Through paediatrics to psycho-analysis, S. 219–228. New York, NY (Basic Books). Dt.: Psychosen und Kinderpflege. In: Von der Kinderheilkunde zur Psychoanalyse. Gießen (Psychosozial-Verlag), 2008, S. 97–108.
Winnicott, Donald W. (1965a): The capacity to be alone. In: The maturational processes and the facilitating environment: Studies in the theory of emotional development. London (Hogarth), S. 29–36. Dt.: Die Fähigkeit zum Alleinsein. In: Reifungsprozesse und fördernde Umwelt. Gießen (Psychosozial-Verlag), 2. Aufl. 2006, S. 36–46.
Winnicott, Donald W. (1965b): Ego distortion in terms of true and false self. In: The maturational processes and the facilitating environment: Studies in the theory of emotional development. London (Hogarth), S. 140–152. Dt.: Ich-Verzerrung in Form des Wahren und des Falschen Selbst. In: Reifungsprozesse und fördernde Umwelt. Gießen (Psychosozial-Verlag), 2. Aufl. 2006, S. 182–199.
Winnicott, Donald W. (1994): Psychoanalytic explorations. Cambridge, MA (Harvard UP).

IV Schriften zur Didaktik

Produktive und störende Turbulenzen im Feld der Supervision

Germano Vollmer jr. & Antonio Carlos J. Pires

Inspiriert vom Konzept der analytischen Bastion (Baranger et al. 1983), beschreiben die Autoren einen speziellen Typus der unbewussten Kollusion zwischen Supervisor und Supervisand. Sie dient dazu, den Kontakt mit den Ängsten zu vermeiden, die im analytischen Feld aufkommen und in das supervisorische Feld eindringen können, wenn sie unbearbeitet bleiben. Diese emotionale Erfahrung der Supervisor/Supervisand-Dyade kann in vorübergehender und moderater Ausprägung lediglich eine Verlangsamung des Prozesses bewirken – was, wenigstens gelegentlich, in jeder Supervision geschieht –, oder sie nimmt eine kristalline, intensivere Form an, die zum Stillstand und zur Auflösung des supervisorischen Prozesses führt. Erstere Erfahrung bezeichnen wir als »harmlose Störung des supervisorischen Feldes«, letztere als »schädliche Störung des supervisorischen Feldes«. Beide Situationen werden mit Material aus Supervisionen illustriert, um sie zu erkennen, zu verstehen und mit ihnen umzugehen.

Einleitung

Psychoanalytisches Denken, das die Intersubjektivität der Beziehung zwischen Analytiker und Analysand anerkennt, hat das Verständnis des analytischen Prozesses und mit ihm auch der psychoanalytischen Supervision nachhaltig verändert. Ermöglicht wurde dies durch die Arbeiten von Heimann (1950) und Racker (1953), die die Gegenübertragung als Grundelement des Verständnisses der emotionalen Erfahrung in der analytischen Dyade hervorheben.

Die Rolle der projektiven Identifikation als Kommunikation lässt sich seit den Arbeiten von Bion (1959, 1961) sowie von Grinbergs Beiträgen zur projektiven Gegenidentifikation (1979) sehr viel besser verstehen. Hinzu kommen Rackers Konzepte der komplementären und konkordanten Gegenübertragung (1960), mit deren Hilfe wir beobachten können, wie ein Gegenübertragungsphänomen beim Analysanden neue Übertragungsreaktionen hervorrufen kann, die sein Analytiker ausgelöst hat. In der Folge hat auch die psychoanalytische Supervision begonnen, eine intersubjektive Perspektive in Betracht zu ziehen, d. h. die von Analytiker und Analysand geteilten emotionalen Erfahrungen im analytischen Prozess.

Ogden (2005) zufolge hat die Psychoanalyse zwei Beziehungsformen hervorgebracht: die analytische und die supervisorische. Die supervisorische Beziehung stellt nach Ogden ein unentbehrliches Medium zur Weitergabe psychoanalytischen Wissens an die nächste Analytikergeneration dar. In der Tradition von Bion betrachtet Ogden das Träumen als psychische Arbeit, um im Wachen oder im Schlaf die eigenen emotionalen Erfahrungen zu verarbeiten:

> »So betrachtet ist die Supervisionserfahrung eine Erfahrung, bei der der Supervisor dem Supervisanden zu helfen versucht, jene Elemente seiner Erfahrung mit dem Patienten zu träumen, die er bis dahin nur teilweise (seine ›unterbrochenen Träume‹ [Ogden 2004]) oder fast gar nicht (seine ›ungeträumten Träume‹ [Ogden 2004]) zu träumen in der Lage war« (Ogden 2005 [2006], S. 198).

Der Analytiker kann die Fähigkeit zu »träumen« ganz oder teilweise verlieren, wenn er diese unbewusste psychische Arbeit in der lebendigen emotionalen Erfahrung der Analyse seines Patienten nicht mehr leisten kann, weil sie durch Gefühle und Gedanken innerhalb der Sitzung selbst unterbrochen wird.

Wir sehen die wesentliche Funktion des Supervisors in der analytischen Ausbildung darin, künftigen Analytikern ein professionelles Identifikationsmodell zu vermitteln. Daher beschränkt sich diese Form des Unterrichts nicht auf die Weitergabe theoretisch-technischer Konzepte der psychoanalytischen Methode. Die Aufgabe besteht über die kognitiven Aspekte hinaus auch darin, auf die emotionalen Elemente zu achten, die den Supervisor ebenso wie den Supervisanden betreffen.

Ein anderes Thema, das Ogden für bedeutsam hält, ist die Art des Berichts, den der Supervisand dem Supervisor präsentiert. Der Analysand, der in der Supervision vorgestellt wird, ist die Person, die der Analytiker im Umgang mit seinem Patienten erlebt.

Die unbewusste Beziehung zwischen Supervisor und Supervisand kompliziert die Supervision, sie verlangt vom Supervisor Bescheidenheit gegenüber den

Ideen und dem Verständnis des Analytikers in Bezug auf seinen Analysanden. In diesem Sinne lehnte Bion es ab, zu »supervidieren« (zit. nach Grotstein 2007), und bot lediglich eine »zweite Meinung« an. Fragen zur Supervision beantwortete er damit, dass er im ersten Weltkrieg schmerzlich habe erfahren müssen, dass das weitab von der Front gelegene Hauptquartier falsche Befehle ausgab, da es aufgrund seiner Entfernung vom Schlachtfeld schlecht unterrichtet war. Jeder Therapeut, sei er auch unerfahren, weiß mehr über seinen Patienten als sein Supervisor, der keinen realen Kontakt mit diesem Patienten hat. Die beiden von Bion beschriebenen Szenen, die Vorgänge an der Front und das Geschehen im Hauptquartier, erinnern an bestimmte Szenen im psychoanalytischen Feld (nach Baranger et al. 1983) bzw. im supervisorischen Feld, wie Vollmer et al. (2007) es fassen: »Im Prozess der psychoanalytischen Supervision entsteht ein Feld, das wir ›supervisorisches Feld‹ nennen, mit ähnlichen Charakteristika wie in dem Feld zwischen Analytiker und Analysand« (S. 681).

Dementsprechend weist das supervisorische Feld ein »Wechselspiel von projektiven Identifizierungen und aus der inneren Welt des Patienten auftauchenden Objekten auf, die sich in der analytischen Beziehung aktualisieren und in das supervisorische Feld übermitteln« (ebd., S. 682).[1] Die Situation erinnert an das »Spiel im Spiel«, das Shakespeare gelegentlich verwendet, um Kritik, Klagen und Satiren über reale Verhältnisse in seine Stücke einzuflechten. Mit dem *Mord an Gonzaga* etwa setzt Shakespeare im *Hamlet* den Mord am Vater des dänischen Prinzen in Szene. In ähnlicher Form rekonstruiert sich in der supervisorischen Begegnung die in der analytischen Beziehung erlebte emotionale Situation. Der Supervisor wird zum Teilnehmer/Beobachter eines Stücks, das ein anderes Stück imitiert – oder, in Hamlets eigenen Worten:

»Ich hab gehört, daß schuldige Geschöpfe,
   Bei einem Schauspiel sitzend, durch die Kunst
   Der Bühne so getroffen worden sind
   Im innersten Gemüt, daß sie sogleich
   Zu ihren Missetaten sich bekannt,
   Denn Mord, hat er schon keine Zunge, spricht
   Mit wundervollen Stimmen. Sie sollen was
   Wie die Ermordung meines Vaters spielen«
(Shakespeare, *Hamlet*, 2. Akt, 2. Szene, übers. Schlegel/Tieck).

---

1 In diesem Sinn haben Ekstein und Wallerstein (1958) bei der Beschreibung des »Parallelprozesses«, einem später von Arlow (1963, 1976) und anderen Autoren weiterentwickelten Konzept, emotionale Beziehungen hervorgehoben, die im Dreieck Analysand – Analytiker – Supervisor erlebt werden.

Die »Schauspieler« (inneren Objekte), die vom Supervisanden aus dem analytischen ins supervisorische Feld mitgebracht werden, stellen das »Verbrechen« dar, die unbekannte innere Welt. Um zu kommunizieren, benutzen sie eine »andere Stimme«, die in der projektiven Identifizierung als Kommunikationsmittel enthaltene Stimme des Gefühls. Der Supervisor als »Zuschauer« bzw. »Schauspieler« des »Spiels« (der analytischen Sitzung) innerhalb des »Spiels« (der Supervisionssitzung) muss die emotionale Situation durchleben, die von den im supervisorischen Feld enthaltenen »Schauspielern« (inneren Objekten) übertragen wird; indem er seine ›negative Kapazität‹ (Bion) und seine Fähigkeit zu träumen einsetzt, muss er der unbekannten Realität gewahr werden und diese in eine nunmehr bekannte überführen.

Supervision wird heute, so Bermann (2000), als äußerst persönlicher Lernprozess für Supervisor und Supervisand gesehen, und ihr emotionales Klima gilt als entscheidender Faktor, um einen Übergangsraum zu entwickeln und neue Bedeutungen zu generieren.

In der vorliegenden Arbeit widmen wir uns der Untersuchung der beiden Phänomene, die im supervisorischen Feld auftreten können und, wenn sie nicht bemerkt, nicht verstanden und vom Supervisor schlecht gehandhabt werden, zu einer vorübergehenden oder sogar endgültigen Lähmung des Supervisionsprozesses führen können. Hierzu bedienen wir uns des von Baranger et al. (1983) vorgeschlagenen Konzepts der Bastion; sie definieren diese als

> »unbeweglich gewordene Struktur innerhalb des analytischen Feldes, die den Prozess verlangsamt oder lähmt. [...] Sie erscheint niemals direkt im Bewusstsein eines der beiden Beteiligten, sondern zeigt sich nur durch indirekte Auswirkungen: Schweigend und unbewusst entsteht sie aus einer Komplizenschaft der beiden Protagonisten, um eine Kollusion aufrechtzuerhalten, die nicht aufgedeckt werden soll. Das führt zu einer partiellen Kristallisierung des Feldes, einer um eine Gruppe geteilter Phantasien errichtete Neubildung, die wichtige Bereiche der persönlichen Lebensgeschichte beider Beteiligten enthält und jedem der beiden eine stereotype imaginäre Rolle zuweist.
> Manchmal bleibt die Bastion ein statisches fremdes Objekt, während der Prozess scheinbar fortschreitet. In anderen Situationen überschwemmt sie das Feld zur Gänze, raubt dem Prozess jede Funktionstüchtigkeit und verwandelt das gesamte Feld in ein pathologisches Feld« (Baranger et al. 1983, S. 2).

Im supervisorischen Feld kann etwas Ähnliches geschehen, wenn etwa Supervisor und Supervisand eine unbewusste Kollusion entwickeln, um den Kontakt mit den im analytischen Feld aufkommenden und unverarbeitet in die supervisorische Begegnung eingebrachten Ängsten zu vermeiden. Die emotionale Erfahrung der Supervisor-Supervisand-Dyade kann vorübergehend und in moderater Ausprägung auftreten, jedoch den Prozess verlangsamen. Dies kann, wenigstens gelegentlich, in jeder Supervision vorkommen. Sie kann aber auch eine kristallisierte, intensivere Form annehmen, die zum Stillstand und zur Auflösung des supervisorischen Prozesses führt. Erstere Erfahrung bezeichnen wir als »harmlose Störung des supervisorischen Feldes«, letztere als »schädliche Störung des supervisorischen Feldes«. Beide Situationen werden mit Material aus Supervisionen illustriert, um sie zu erkennen, zu verstehen und mit ihnen umzugehen.

Harmlose Störungen des supervisorischen Feldes: Ein Beispiel

Eine Supervisorin berichtete einem auf diesem Gebiet erfahreneren Kollegen die folgende Szene. Es handelte sich um die Supervision einer analytisch orientierten Psychotherapie mit zwei Wochenstunden; die vorgestellte Sitzung war die erste Begegnung von Supervisor und Supervisand nach den Ferien.

Der Supervisorin zufolge war die erwähnte Supervisandin, die wir Sandra nennen wollen, seit einem Jahr in Supervision. Es handelt sich um eine 30-jährige Frau mit geringer klinischer Erfahrung, die jedoch mit relativ gutem Erfolg in ihrer Praxis arbeitete. Sie zeigte sich zufrieden mit ihrer Arbeit und schien zur Durchführung analytisch orientierter Psychotherapien befähigt.

Den Fallbericht für den Senior-Supervisor begann die Supervisorin mit den Worten:

> »Ich bemerke jetzt, dass meine Supervisandin mich schon seit den Theorieseminaren, die ich im Institut X gehalten habe, beeindruckt hat. Ihr Intellekt hatte meine Bewunderung erregt, und zugleich beneidete ich sie um ihre Selbstsicherheit. Sie hatte eine Art Führungsrolle in der Seminargruppe inne. Ich erinnere mich, dass ich mich geschmeichelt fühlte, als sie wegen eines Supervisionstermins auf mich zukam, wohl umso mehr, da sie mir anspruchsvoller vorkam als ihre Kollegen. Damals hatte ihr früherer Supervisor, den ich fachlich sehr schätze, das Institut verlassen, und die Kandidatin sprach von seinem Ausscheiden mit großer Betrübnis, aber auch einem gewissen Ärger.
>
> In unserer ersten Supervisionssitzung war ich angespannt und mehr als gewöhnlich bemüht, mich gut zu präsentieren. Ich erinnere mich, dass ich mich in dieser Sitzung bei dem Gedanken ertappte, wie sehr sie die

theoretische Ausrichtung ihres Ex-Supervisors bewunderte, die sich von meiner unterscheidet. Also teilte ich ihr mit, dass ich mir Sorgen machte wegen ihres Supervisor-Wechsels, und setzte so etwas hinzu wie: ›Ich weiß nicht, ob Sie wirklich wollen werden.‹ Sandra antwortete höflich, aber recht selbstbewusst, ja mit einer Attitüde der Überlegenheit, dass es ihr nicht um einen Ersatz für ihren früheren Supervisor gehe, sondern sie mich aufgesucht habe, weil sie meine Arbeit als Supervisorin kenne. – Diese ›Deutung‹ machte mich etwas verlegen«,

fügte die Supervisorin hinzu und fuhr fort:
»Sandra ist außerdem eine hübsche junge Frau und anscheinend glücklich mit Mann und Kindern. Sie weiß, dass ich geschieden bin und keine Kinder habe, und spricht öfter mit mir, als müsste sie mich trösten, indem sie meine Kandidaten und Supervisanden als ›Ihre Kinder dort im Institut X‹ bezeichnet.«

Zunächst konnte gezeigt werden, dass dies das Gegenteil von dem war, was gewöhnlich in einer Supervision geschieht, wenn der Supervisand sich unsicher fühlt und deshalb dem Supervisor gefallen zu müssen glaubt. Es schien, als habe die Supervisorin – vielleicht wegen ihrer relativen Unerfahrenheit oder ihrer eigenen Geschichte – ihre Angst vor Zurückweisung durch die Supervisandin nicht selbst containen können; bis hin zu der Aussage: »Ich weiß nicht, ob Sie [mich] wirklich wollen werden.« Von Anfang an war wohl in diesem supervisorischen Feld ein infantiles Objekt mit wenig Selbstvertrauen enthalten, das nach Liebe und Anerkennung strebte, wobei dieses Bedürfnis mehr in der Supervisorin aktualisiert war. Das typische Muster einer Supervisionsbeziehung schien auf den Kopf gestellt. Für diese Deutung sprach auch der Neid, den die Supervisorin sich eingestehen konnte: auf die Schönheit und das Ehe- und Kinderglück ihrer Schülerin, während sie selbst geschieden und kinderlos war. Diese Atmosphäre schwachen Selbstvertrauens aufseiten der Supervisorin könnte ihre Supervisandin dazu veranlasst haben, sie trösten zu wollen, als sie ihre Kandidaten und Supervisanden als »Ihre Kinder dort im Institut X« bezeichnete. Die äußere Realität war hier von der intersubjektiven Beziehung der Dyade überwältigt. Diese Beziehung kam in der unbewussten Phantasie zum Ausdruck, die beide Frauen konstruierten, und zwar in Gestalt eines hilflosen und entwerteten infantilen Objekts, das Sicherheit sucht – als ein Basiselement dieses supervisorischen Feldes. Eine solche Situation erinnert an ein Kind, das seine Hilflosigkeit auf die Mutter projiziert, jedoch bei ihr keine Reverie auslöst, sodass es schließlich zur Zielscheibe der projektiven Gegenidentifizierungen einer unglücklichen Mutter wird.

Weiter im Bericht der Supervisorin:

»Obwohl Sandra freundlich und sehr kommunikativ ist, bleibt sie im Allgemeinen zurückhaltend mit ihren Gefühlen. Von Anfang an schien sie weniger an meiner Unterstützung, sondern vielmehr daran interessiert, sich als meine ›beste Studentin‹ zu erweisen. Mittlerweile scheint mir jedoch etwas zu überwiegen, was man als typisches Verhalten eines jungen Mädchens sehen kann, das jemanden sucht, den es bewundern und dem es folgen kann. Vor Kurzem sprach sie von meiner ›Fürsorge‹, als ich mich über ihre berufliche Entwicklung besorgt gezeigt hatte: Ich war wohl gelegentlich wie eine Mutter für sie.«

Dieses Material legt nahe, dass die Beziehung sich mit dem Fortschreiten der Supervision und mit der wachsenden Einsicht, dass sie ihre Supervisorin brauchte und sich auf sie verlassen konnte, in Richtung des normalen Paradigmas bewegte, in dem der stärker auf Hilfe angewiesene Teil des Paares wieder vom Supervisanden repräsentiert wird. Möglicherweise wurde diese Wende dadurch begünstigt, dass die Supervisorin, eine Psychoanalytikerin und Psychotherapeutin, mehr Wissen und Erfahrung als die Supervisandin hatte.

Die Supervisorin fuhr fort: »Eines Tages wurde mir klar, dass Sandra bei einem mir nahestehenden Kollegen in Analyse war. In mir entstand die Phantasie, von Sandras Analytiker aus der Entfernung beobachtet zu werden.« Diese Angaben weisen darauf hin, dass die Supervisorin es weiterhin mit einem entwerteten und bedürftigen Objekt zu tun hatte und sogar glaubte, dem Analytiker der Supervisandin als dem Vertreter eines verfolgenden Überichs ›gefallen‹ zu müssen, obwohl es inzwischen wieder klar war, dass es die Supervisandin war, die auf Hilfe angewiesen war.

Weiter in der Erzählung der Supervisorin:

»Unsere Begegnungen, immer am gleichen Wochentag zur vereinbarten Stunde, waren sehr angenehm. Heute denke ich, dass ich mich vor allem von Sandra in der neuen Rolle gefordert fühlte, die ich vor knapp zwei Jahren übernommen hatte. Im Allgemeinen bin ich auch ganz zufrieden und freue mich über ihre positive Entwicklung als Psychotherapeutin. Sie ist sehr wissbegierig und lernfähig. Sie ist neugierig und bereit, ihre Arbeitsweise zu ändern, wann immer wir bemerken, dass etwas nicht gut läuft.«

Schritt für Schritt wurde die Phantasie, dass die Supervisorin die Bedürftigere von beiden war, durch die Realität zurechtgerückt.

Das folgende wörtliche Transkript einer Supervisionssitzung soll das emotionale Wechselspiel in dieser Dyade aus Supervisorin und Supervisandin aufzeigen, mit der Absicht, die im supervisorischen Feld auftretenden Phänomene besser zu verstehen.

SUPERVISANDIN: »Sie sind braun geworden in den Ferien! Und schlanker! (Kurzes Schweigen.) Wie schön! Jetzt sehen wir uns ähnlicher.« (Sandra, die schlank ist und schon vor den Ferien braungebrannt war, machte es offensichtlich verlegen, dass sie in besserer Verfassung war als ihre Supervisorin.)

SUPERVISORIN: »Nett, dass Sie bemerken, dass ich schlanker geworden bin. Aber es fehlen noch etliche Kilo bis zur Ballerina, oder?« (Sandra tanzt Ballett und beschwert sich oft darüber, wie schlank sie bleiben muss, um tanzen zu können. Dies scheint darauf hinzudeuten, dass die Supervisorin dankbar war für den Versuch der Supervisandin, ihr Gefühl von Wertlosigkeit zu beschwichtigen.)

SUPERVISANDIN: »Oh! – Aber bevor wir beginnen: Mir fällt gerade ein, vor ein paar Tagen habe ich meine Tochter zu Frau Dr. Y. gebracht. Sie kennen sie. Sie sagte, sie war Ihre Professorin, oder?«

SUPERVISORIN: »Ja, das war sie.«

SUPERVISANDIN: »Viele Grüße von ihr. Es fiel mir gerade ein, weil wir von unserer Bräune sprachen. Sie scherzte mit meiner Tochter, sie solle mir die Ohren langziehen, weil ich meine Haut so vernachlässige. (Sie lacht.) Sie hat eine Haut wie Samt! Sie sagt, sie lasse keine Sonne an ihr Gesicht (lacht). Und wir beide, was? Na ja, sie ist nicht wie wir. Sie ist es nicht gewohnt, sich tagelang zu sonnen.« (Beide lachen.)

Dieses Material zeigt deutlich, wie beide unbewusst versuchen, ihr schwaches Selbstwertgefühl durch Verführung zu bewältigen, indem sie ein Klima gegenseitiger Bewunderung zu erzeugen suchen, um das Gefühl der Hilflosigkeit und Bedürftigkeit zu überdecken, das beide empfinden. Man bemerkt, wie ein idealisiertes Objekt im supervisorischen Feld als Gegengewicht zum bedürftigen infantilen Objekt auftritt. Auf diese Weise werden schlanke und sonnengebräunte Körper narzisstisch überschätzt zu Lasten der von Dr. Y. symbolisierten Fähigkeit, die Realität klar zu benennen.

SUPERVISORIN: »Sehr wahr. Gehen wir an die Arbeit. (Sie greift lachend nach dem Sitzungsprotokoll, das Sandra mitgebracht hat.) Aber diese Patientin, die Sie mir da bringen, ist ja neu!«

Vielleicht unter dem Druck des die Realität symbolisierenden Objekts, das als Dr. Y. im Feld aufgetreten war, versucht die Supervisorin, zu ihrer Supervisorenrolle zurückzukehren. Sie wirkt, als suche sie in diesem Moment den Übergang aus einem traumartigen Zustand in wache Kritikfähigkeit. Ihre Bemerkung – »Sehr wahr. Gehen wir an die Arbeit.« – können wir als eine Art Aufruf zur Realität verstehen, als einen Versuch, die Phantasie zu korrigieren, die sich des supervisorischen Feldes zu bemächtigen begann und die offensichtlich den Kontakt zum klinischen Material blockieren sollte, das die Supervisandin gerade präsentieren sollte.

SUPERVISANDIN: »Ja, das ist eine neue Patientin. Sie ist die einzige von allen meinen Patienten, die schon wieder [aus den Ferien] zurück ist. Ich habe sie auch gebracht, weil ich denke, ich werde dieses Material für meine Arbeit Ende des Jahres benutzen. Sie werden meine Arbeit betreuen, oder? Ich habe mich schon für Sie entschieden (lacht).«

An dieser Stelle scheint die Supervisandin durch eine verführerische Haltung (als habe sie gesagt: »Ich weiß, dass nur Sie in der Lage sind, diese Arbeit zu betreuen, und deshalb gestehe ich Ihnen dieses Privileg zu«) das traumartige Klima der Idealisierung wiederherstellen zu wollen, das sich in der Beziehung der beiden zu etablieren versuchte.

SUPERVISORIN: »Mache ich ...«

Geschmeichelt stimmt die Supervisorin der Kandidatin zu – vielleicht fühlt sie noch immer das Bedürfnis, ihr Selbstwertgefühl zu heben. Zugleich erfährt die Supervisorin im gemeinsamen Traum eine Bestätigung ihrer Arbeitsfähigkeit (»Sie sagt mir, dass sie meine Arbeit schätzt«), und die Supervisandin kann sich hinsichtlich ihrer Befürchtung beruhigen, nicht gut zu arbeiten (»Schon weil ich bei ihr bin, habe ich die Garantie, dass meine Arbeit gut ist und meine Supervision akzeptiert wird«).

SUPERVISANDIN: »Nächste Woche fährt diese Patientin für einen Monat in Urlaub. In dieser Zeit würde ich gerne mit Ihnen über meine theoretische Arbeit sprechen, an der ich gerade sitze, bevor wir wieder zu der anderen Patientin kommen.«

Da die Arbeit mit dem klinischen Material ängstigender und quälender ist, scheinen beide den Umweg in theoretische Diskussionen vorzuziehen. Auf diese Weise suchen sie Distanz zu den schmerzlichen emotionalen Erfahrungen von Trauer und Verlassenheit, die im Narrativ enthalten sind und sich im supervisorischen Feld melden.

SUPERVISORIN: »Gut. Ach, gerade fällt mir ein: Ich habe dieses Buch gefunden, von dem ich Ihnen erzählt habe, wo Freuds Sexualtheorie gut dargestellt ist.« (Das ist das Thema der Supervisandin für ihr Projekt. Die Supervisorin steht auf und holt ihr das Buch.)

Wiederum sind die unbewussten Versuche auffällig, durch Intellektualisierung die depressiven Ängste abzuwehren, die im supervisorischen Feld aufgetreten sind. Andererseits bringt die Supervisorin durch ihre Geste, der Supervisandin ein Buch anzubieten, das Bedürfnis zum Ausdruck, die Situation durch Wissen aufzulösen. Man könnte darin eine etwas elaboriertere Form des Umgehens mit der im Feld präsenten depressiven Angst sehen. Darüber hinaus führt die Reaktion der Supervisorin den ödipalen Konflikt in das supervisorische Feld ein, wie der Titel der Freud'schen Schrift belegt, die sie der Supervisandin empfiehlt. Dies erinnert an Fairbairns Bemerkung (zitiert nach Grotstein 2007 [1994]), der Ödipuskomplex sei teilweise eine Externalisierung einer ursprünglich ambivalenten dyadischen Objektbeziehung mit der Mutter.

SUPERVISANDIN: »Wow, das ist ja toll! (Sie blättert im Buch.) Haben Sie es eilig damit, dass ich es zurückbringe?«
SUPERVISORIN: »Absolut nicht. Ich denke, es ist genau das, was Sie gesucht haben.«
SUPERVISANDIN: »Okay, dann lese ich jetzt vor, was ich für die heutige Supervision aufgeschrieben habe. Die Patientin ist 23 Jahre alt, verheiratet, hat einen Sekundarschulabschluss und arbeitet bei einer bestimmten Firma. Sie wurde mir von einem meiner früheren Professoren überwiesen« (den beide kennen und der der Supervisandin schon andere Patienten geschickt hat).
SUPERVISORIN: »Noch eine Patientin, wie?« (Sie sagt das mit anerkennendem Lachen.)

SUPERVISANDIN: »Ja – ich bin sehr erfreut. Ich glaube, er [der Ex-Professor] schätzt mich. (Sie macht eine Pause.) Die Patientin sagt, sie sei sehr depressiv, habe keinen Antrieb zu arbeiten, bis hin zu häufigen Suizidgedanken; sie weine oft ohne ersichtlichen Grund. Sie habe das Leben satt, das sie führe, fühle sich von anderen nur missverstanden und verletzt. In diesen ›Trauermomenten‹ hat die Patientin auch Panikattacken.«

Diese Beschreibung zeigt, dass in diesem Moment intensive Gefühle von Traurigkeit im supervisorischen Feld entstanden waren, die ihren Ausdruck im von starker Depression und Selbstmordgedanken geprägten emotionalen Zustand der Patientin fanden. Unbewusst versuchte die Supervisorin, als sie dieses schmerzliche Klima von Traurigkeit empfand, jeden Kontakt mit dieser psychischen Realität zu vermeiden.

Die Supervisorin dachte bei sich:
»Aus Sandras Bericht wurde klar, dass sie ihre Patientin als eine Person mit depressiver Persönlichkeit betrachtete. Dennoch dachte ich mir beim Zuhören, es könnte sich um jemanden handeln, der traurig ist und leidet, aber dennoch eine eher hysterische Persönlichkeitsstruktur hat und von irgendetwas sehr bedrückt ist, das bisher noch nicht benannt ist. Ohne es zu bemerken, scheint Sandra beim Vorlesen die von ihr erlebte überschwängliche Ausdrucksweise der Patientin in der Sitzung zu imitieren. Ich denke: Könnte das ein hysterisches Duo sein, eine Hysterikerin getriggert von der anderen? Das fühlt sich an, als hätte ich mit jemandem zu tun, der affektiert und theatralisch wirkt, eher larmoyant als mit Schuldgefühlen beladen. Später in der Supervision stellten wir fest, dass die berichteten Panikattacken stets nach einer Frustration auftraten.«

Dieser Bericht legt nahe, dass die Wahrnehmung der Supervisorin verzerrt war, weil primitive depressive Ängste sich schmerzhaft des supervisorischen Feldes zu bemächtigen drohten. Sie konnte nicht warten und das noch Unbekannte und seine Beziehung zu dem, was sich im supervisorischen Feld ereignete, containen. Vielmehr versuchte sie, sich durch Negation und Intellektualisierung vom Kontakt mit diesem Leiden abzugrenzen, indem sie anfing, die Diagnose zu diskutieren. Die Diagnose fungierte als beruhigende ›Deutung‹ für die Supervisor-Supervisand-Dyade – und zeigte zugleich an, dass etwas sehr schwer zu Verstehendes im Raum stand.

SUPERVISANDIN: »Die Patientin berichtete, dass sie sich vor ihrem Mann ekle, der Sex von ihr verlange, auch wenn sie traurig sei. Sie berichtet weiter, dass sie unkontrollierbare Wut auf ihre adoleszente Stieftochter empfinde, die viel Platz im Haus beanspruche und bei ihren Besuchen ihre Unterwäsche überall verstreue. (Die Supervisorin hält die Schilderungen mancher Alltagsbegebenheiten, die die Patientin gibt, für erotisiert.) Sie sagt dann, dass sie den Verdacht hege, ein Nachbar, der zugleich ein Arbeitskollege sei, Magie [Macumba] betreibe und absichtlich genau dann bei ihr anrufe, wenn sie gerade Sex mit ihrem Mann haben wolle, und zwar, um sich in diese Beziehung hineinzudrängen.«

Das Material weist darauf hin, dass die Supervisorin, als sie in Kontakt mit den traurigen Gefühlen kam, die sich im supervisorischen Feld ausbreiteten, ihren Blick auf die Erotisierung richtet – eine Emotion, die leichter zu ertragen und mit Worten und Bildern zu kommunizieren ist. Auch bei der Therapeutin zeigte sich die emotionale Belastung durch die ins therapeutische Feld eingedrungenen intensiven depressiven Ängste; auch sie versuchte sich in der berichteten Sitzung in einem Abwehrmanöver mit der Patientin zu verbünden. Es scheint also klar, dass es sowohl für die Patientin wie für die Supervisandin und die Supervisorin weniger angsterregend ist, sich mit ödipaler Sexualität zu beschäftigen, die Leben hervorbringen kann, als mit frühen depressiven Ängsten.

SUPERVISORIN: (Als Sandra, nachdem sie ihren Bericht über die Patientin beendet hat, die Sitzung vorzulesen beginnt, unterbreche ich sie und sage, dass wir ein wenig innehalten sollten.) »Lassen Sie uns etwas nachdenken. Halten Sie sie wirklich für depressiv?«
SUPERVISANDIN: »Ja, wegen der Medikation. Sie nimmt Das-und-das. Das ist ein Antidepressivum, nicht?«
SUPERVISORIN: »Ja, ist es – und wie wirkt sie so? Wie, denken Sie, ist diese Frau? Wie finden Sie sie?«
SUPERVISANDIN: »Ich wusste, dass Sie mich das fragen würden (lacht). Schon beim Lesen habe ich Sie angesehen und gedacht, Sie würden das jetzt fragen. Sie meinen hinsichtlich ihres Charakters?«
SUPERVISORIN: »Ja – wie fühlen Sie sich mit ihr?«
SUPERVISANDIN: »Sie nervt ein bisschen. Nicht ›ein bisschen‹, sondern ziemlich! (Sie lacht.) Ich finde es schlimm, das zu sagen, aber ich fühle

mich nicht sehr offen für sie. Als sie ging, hat sie mich sogar umarmt und sich sehr bedankt, aber ich merkte, dass mir das nicht gefiel.«

SUPERVISORIN: »Haben Sie eine Idee, warum es Ihnen so ging?« (Wir erörtern, ausgehend von Sandras Gefühlen, einige Hypothesen über das Wesen der Patientin, die sich noch weiterer Einzelheiten entsinnt: über die Terminvereinbarung, das Weinen der Patientin und ihr Beharren darauf, als Notfall behandelt zu werden, all dies, noch bevor die Therapeutin ihre Praxis wieder aufnehmen wollte. Wir sprachen darüber, dass dies möglicherweise eine Patientin mit erheblichen hysterischen Zügen sei und wie sich diese in der therapeutischen Beziehung auswirken könnten; und auch, wie schwierig es sei, mit dieser Eigenart der Patientin tolerant und nicht kritisch umzugehen.)

Deutlich wird, wie die Supervisorin die emotionalen Aspekte des supervisorischen Feldes anzusprechen versucht. Sie fragt Sandra: »Haben Sie eine Idee, warum es Ihnen so ging?« Unmittelbar danach jedoch lenkt sie die Aufmerksamkeit der Dyade auf äußere Phänomene, weg von den Gefühlen, die beim Bericht der Patientin entstanden waren. Beide scheinen unbewusst den affektiven Kontakt mit der im Feld spürbaren, tiefen Traurigkeit der Patientin vermeiden zu wollen.

SUPERVISANDIN: »Meinen Sie, ich sollte ihr aufzeigen, wie sie mit anderen umgeht, und dass sie das nicht sieht?«

SUPERVISORIN: »Und wie ginge das? Was würden Sie ihr sagen? (Sandra umreißt einige Konfrontationen.) Meinen Sie nicht, dass es ein wenig zu früh dafür ist? Wenn man ihr das aufzeigt, wird sie sich dann nicht noch verletzter fühlen, noch mehr von der Welt missverstanden?« (Sie skizzieren Möglichkeiten, die Patientin zu fragen, wie sie sich in der Sitzung gefühlt habe. Hatte sie Angst, nicht verstanden zu werden? Abgelehnt? Sie versuchen zu beschreiben, was die Patientin nach Sandras Meinung empfindet und was sie motiviert haben könnte, in einer Weise zu handeln, die die Therapeutin als ›klebrig und aufdringlich‹ empfunden hatte. Die Supervisorin weist dann darauf hin, dass ebenso wichtig, wenn auch weniger greifbar, der erotische Charakter sei, den die Patientin vielen der genannten Ereignisse zuschreibe, zum Beispiel immer von allen Männern begehrt zu werden.)

SUPERVISANDIN: »Ja, genau. Ich lese Ihnen jetzt die Stunde vor. Es ist genau so! Genau wie Sie sagen ...«

SUPERVISORIN (ZU SICH): »Ich merke, wie begeistert sie in der Supervision aufgeht, und fühle mich geschmeichelt. Ich fühle mich ruhiger jetzt, gelöster.«

Dieses Klima offenkundiger Aufregung mit seinen hypomanischen Kennzeichen scheint ein unbewusstes gegenseitiges Verführungsmanöver des Supervisor-Supervisand-Paares darzustellen. Es dient der Vermeidung des Kontakts mit den depressiven Ängsten im psychotherapeutischen Feld, die ins supervisorische Feld eindringen. In dieser Weise wird der Konflikt im psychotherapeutischen Feld (die Bastion, die die Patient-Therapeut-Dyade errichtet hat) in die Beziehung zwischen Supervisandin und Supervisorin überführt. Andererseits könnte sich hier wieder das Bedürfnis der Supervisorin zeigen, von der Supervisandin bezüglich ihrer Fähigkeiten beruhigt und akzeptiert zu werden.

SUPERVISANDIN: »Sie ist die einzige Tochter und hat vier Brüder. Daher war das Haus immer voller Männer, und sie fühlte sich unwohl in ihrer Rolle als einzige Frau.« (Sandra lacht ironisch bei dieser Bemerkung.)
SUPERVISORIN: »Aber es könnte auch sein, dass wir uns manchmal genieren, die eigene Erregung wahrzunehmen.«
SUPERVISANDIN: »Das ist wahr. Das eine schließt das andere nicht aus.«
SUPERVISORIN: »Ja.«
SUPERVISANDIN: »Die Patientin hat bisher noch gar nichts über ihre Kindheit gesagt, außer zwei Situationen, die sie als Vergewaltigungen bezeichnete: die erste mit acht Jahren mit einer Hausangestellten, die zweite mit 14 durch einen ehemaligen Freund.«

Die Supervisorin berichtet:
»Ich bitte Sandra, mir ohne ihre Notizen zu erzählen, wie diese Vergewaltigungssituationen berichtet wurden. Daraufhin beschrieb sie, dass die erste vorgefallen sein muss, als das Dienstmädchen auf Wunsch der Mutter dem Kind half, ein vom Kinderarzt verschriebenes Sitzbad zu nehmen. Diese Episode wurde von der Patientin mit unzähligen Details und so theatralisch erzählt, dass ich mir dachte, es müsse in der Psychotherapiesitzung eine Atmosphäre der Verführung geherrscht haben. Ich stellte mir das vor aufgrund der Gefühle, die ich selbst beim Anhören der Geschichte hatte.«

In diesem Moment scheint die Supervisorin eine bewusstseinsnähere Wahrnehmung der defensiven Erotisierung im supervisorischen Feld gehabt zu haben. Es scheint sich um eine Inszenierung in der psychotherapeutischen Sitzung zu handeln, die durch projektive Identifizierung im supervisorischen Feld wiederholt wurde. Zugleich verriet diese Re-Inszenierung die Anwesenheit untransformierter Betaelemente[2], die sich, ähnlich der Traumbildung, anschickten, mithilfe der Alphafunktion[3] bedeutungsvoll zu werden. Andererseits scheint die (reale oder phantasierte) Erfahrung der Vergewaltigung ein konstituierendes Element in einer unbewussten Gleichsetzung von Sexualität und Aggression zu sein.

Die Supervisorin berichtet wieder:
»Ich frage Sandra, wie sie sich in dieser Sitzung gefühlt habe. Da sie nicht zu verstehen schien, teilte ich ihr meinen Eindruck mit, dass die Patientin versucht haben könnte, während des Erzählens ein Klima der Verführung entstehen zu lassen. Wir sprachen dann darüber, wie solche verführerischen Stimmungen in der Sitzung ebenso wie andere verwendet werden können, um die zirkulierenden unbewussten Phantasien zu verstehen.«

Die Supervisorin hat jetzt das defensive verführerische Klima in der Sitzung klar erkannt. Freilich wird diese erotisierte Atmosphäre nur in der Beziehung zwischen Patientin und Psychotherapeutin bemerkt, nicht zwischen Supervisandin und Supervisorin.

SUPERVISANDIN: »Das Schlimmste (lachend) war, wie die Patientin ihr Kindermädchen als groß, schlank, mit blondem glattem Haar und ausländischem Akzent beschrieb. (Sandra ist groß, schlank, hat blondes glattes Haar und einen leichten ausländischen Akzent). Ich hatte Gänsehaut, als sie das sagte.«

SUPERVISORIN: »Wenigstens sagte sie nicht, dass der Akzent des Kindermädchens Ihrem oder meinem ähnelte (lachend).« (Auch die Supervisorin hat einen leichten ausländischen Akzent.)

Dieses Material (das Lachen) weist darauf hin, dass die Supervisandin erleichtert war, weil sie die im psychotherapeutischen Feld nicht bearbeiteten

---

2 Nach Bion (1962) sind das Sinneseindrücke, die Teil des protomentalen Systems sind; sie können nicht transformiert werden und enthalten unverdaute Objekte aus »Dingen an sich«, d. h. ohne symbolische Repräsentation.
3 Ein Terminus von Bion (1990); er beschreibt eine mentale Funktion, die Betaelemente in Alphaelemente umwandeln und dem Denken dadurch ermöglichen kann, von der konkreten zur symbolischen Form überzugehen.

Betaelemente in der Supervision deponieren konnte. Auch die Supervisorin war nicht in der Lage, die im supervisorischen Feld vorhandene Angst zu containen oder das Unerkannte auszuhalten. Sie verleugnete den psychischen Schmerz, der von den Mitteilungen der Patientin ebenso wie von jenen der Supervisandin ausging.

Weiter im Bericht der Supervisorin:

»Wir betrachteten weiter das Material. Mir schien, dass Sandra die Dynamik des Falles versteht und richtig interpretiert. Gleichzeitig bemerke ich, dass sie sich allgemein eher von ihren Patienten abgrenzt, mit einer leicht arroganten Haltung, ähnlich wie sie sich mir gegenüber während der ersten Monate der Supervision verhalten hatte.

Ohne während der Supervision viel darüber nachzudenken, versuchte ich, mich etwas informeller zu geben, ihr deutlicher als üblich zu zeigen, was ich während ihres Berichts empfinde. So verwende ich z. B. oft Ausrufe wie ›Armes Ding‹, wenn ich Bedauern empfinde, oder ›Wie gut, dass sie da nicht mitgemacht hat‹, oder ›Was für ein Schatz‹. Ich bemerke, dass ich mich, wenn ich alternative Deutungen vorschlage, um empathische und/oder humorvolle Formulierungen bemühe und selten Erklärungen vorschlage. Einmal vertraute Sandra mir lachend an, sie hätte ihrem Analytiker gesagt, sie hätte das Gefühl, dass sie lockerer werde. Sie bemerke, dass sie ›weniger streng‹ in ihren Behandlungen geworden sei.«

Diese Mitteilung machte zunächst wenig Sinn und schien darauf hinzuweisen, dass das, was sich im Feld von Patient und Therapeut ereignete, nicht allein in der Supervision gehandhabt werden konnte, sondern auch in der Analyse der Supervisandin besprochen werden musste. Dies scheint die Annahme nahezulegen, dass Gefühle und Phantasien in das supervisorische Feld eingedrungen waren, die von der Supervisorin nicht gehalten und bearbeitet werden konnten; sie wurde von der Supervisandin in diesem Moment als eine etwas zerbrechliche Person wahrgenommen, die infantile Ausdrücke wie ›Armes Ding‹ oder ›Schatz‹ verwendete. Diese Situation erinnert an Bion (1977), der den Analysanden für den besten Kollegen des Analytikers hält[4]; nur dass in diesem Fall die Supervisandin sich als beste Kollegin der Supervisorin herausstellte.

SUPERVISANDIN: »Ich mache Ihnen ein bisschen Mühe, oder?«

---

4 »Der beste und kompetenteste Mitarbeiter, den wir in der Analyse haben, ist der Patient« (Bion 1977 [2007], S. 14).

Die Supervisorin berichtet:
> »Wir beenden die Sitzung, weil es an der Türe klingelt. Es war der Hausmeister, der berichtete, Sandras Auto sei von einem Möbelwagen gestreift worden. Wir gehen zusammen hinunter zu ihrem Auto und verabschieden uns.«

Angesichts dieses Fallberichts versuchte der Senior-Supervisor, jedenfalls anfänglich, nur die von der Supervisorin nicht verarbeiteten Ängste zu containen. Je wohler sich diese mit ihrem Bericht fühlte, je selbstsicherer sie wurde, umso mehr gab der Senior-Supervisor diese haltende Beziehung auf zugunsten einer aktiveren Haltung. Er lud sie ein, über das präsentierte Material nachzudenken, um die Proto-Emotionen in bedeutungsvolle Elemente zu transformieren. Schrittweise konnte die Supervisorin wahrnehmen, wie unsicher und entwertet sie und ihre Supervisandin sich angesichts des vor ihnen liegenden Unbekannten gefühlt und versucht hatten, mit diesem Gefühl der Hilflosigkeit dadurch fertig zu werden, dass sie ›Bastionen‹ aus gegenseitiger Idealisierung und Intellektualisierungen errichteten. Nach und nach konnte sie aussprechen, dass das supervisorische Paar angesichts der Bedrohung durch intensives Leid und durch das Eindringen depressiver Ängste in das supervisorische Feld versucht hatte, diesen psychischen Schmerz durch einen weiteren Typ von unbewusster Kollusion, nämlich der Verleugnung, Intellektualisierung und Erotisierung des Materials der Patientin, abzuwehren. Der Senior-Supervisor versuchte, die Überlegungen der Supervisorin aufmerksam zu begleiten und nur zu intervenieren, wenn es notwendig war, um etwas zu ergänzen, was die Supervisorin jetzt verstehen konnte. Die unmittelbare Folge dieses Ansatzes war, dass die Triade aus Patientin, Supervisandin und Supervisorin sich jetzt der Bearbeitung des zuvor vermiedenen depressiven Kerns zuwenden konnte. Sowohl die Behandlung als auch die Supervision machten Fortschritte.

Anzeichen für schädliche Störungen des supervisorischen Feldes

Das oben berichtete Material veranschaulicht eine im supervisorischen Feld häufig vorkommende Situation, die wir eine »harmlose Störung im supervisorischen Feld« nennen. Wenn sie weder aufgedeckt noch verstanden wird, kann sie zu einer kristallisierten, intensiveren Form werden, gekennzeichnet durch eine Stagnation und Unterbrechung des Supervisionsprozesses. Statt lernen zu ermöglichen, entsteht Widerstand. Die Dyade aus Supervisor und Supervisand bildet eine Kollusion (Bastion), die im Wesentlichen dazu dient, den Kontakt mit unerträglichen und schmerzlichen Affekten zu vermeiden. Daher liegt die Verantwortung für das Aufdecken und Verstehen dieses Widerstandes vor allem beim Supervisor, von dem erwartet wird, dass er erfahren genug ist, um solche Konflikte direkt ansprechen zu können.

Diese beiden Typen des supervisorischen Feldes entstehen oft aus dem analytischen Feld durch projektive Identifizierungen, die vom Analytiker weder bemerkt noch verarbeitet werden, ihn aber weiter beeinflussen. Während einer Supervision können solche unbewussten Elemente, die nicht aufgelöst worden sind, im supervisorischen Feld wiederbelebt werden.

Es gibt eine Reihe von objektiven und subjektiven Signalen, die auf harmlose und schädliche Störungen des supervisorischen Feldes hinweisen können. So kann zum Beispiel die Haltung des Supervisanden objektiv Anzeichen von projektiven Identifizierungen aufweisen, die im analytischen Feld nicht geklärt werden konnten und sich daher unbearbeitet ins supervisorische Feld übertragen. Wir meinen damit Probleme wie pünktliches Erscheinen zur Supervision; Wünsche nach zusätzlicher Supervision; Modulationen des stimmlichen Ausdrucks; stereotype Gesten; auffällige Blicke und Mimik; Schwierigkeiten, schriftliche Aufzeichnungen zu machen und das Material zu präsentieren; häufiges Ansprechen anderer Themen nebenbei (sowie die Auswahl dieser Themen); der dringende Wunsch, schnelle und auch definitive Antworten zu bekommen; die Hemmung, dem Supervisor Fragen zu stellen, und so fort.

Diese unerkannten Elemente können subjektiv auch durch die im analytischen Feld entstandenen, vom Analytiker aber nicht wahrgenommenen Emotionen bemerkt werden, die im supervisorischen Feld eine Neuauflage erfahren. Dazu gehören Trauer, Angst, Freude, Ärger, ein gewisses Misstrauen, Schuld, Ambivalenz usw. beim Supervisanden.

Es gibt auch Reaktionen des Supervisors, und zwar sowohl objektive als auch subjektive. Sie unterscheiden sich nicht wesentlich von denen des Supervisanden. Einige Beispiele: Beenden der Supervision vor dem vereinbarten Zeitpunkt, Unterstützen des Ausweichens auf andere Themen, häufiger Wechsel von Zeit und Ort, häufige Absage von Supervisionsstunden, Unaufmerksamkeit, Gespräche über zum Fall passende Theorien als Abwehr des vom analytischen und supervisorischen Feld ausgehenden Affekts (letzteres scheint eines der häufigsten Anzeichen zu sein) und so weiter.

Wenn deutlich wird, dass solche Symptome sich wiederholen, meist begleitet vom Ausbleiben neuer Einsichten in der Supervision, so bietet sich als Lösung das Einholen einer »Zweiten Meinung«[5] an, in der Supervision der Supervision – sei es mit einem erfahreneren Kollegen oder mit sich selbst nach der Supervisionssitzung.

Schädliche Störung des supervisorischen Feldes: Ein Beispiel

Ein Analytiker berichtete seiner Supervisorin den Fall einer jungen verheirateten Patientin, die seit drei Jahren in einer vierstündigen Analyse war. Sie war von einer Psychiaterin wegen wiederholter Verfolgungsideen zur Analyse überwiesen worden. Sie fürchtete, in ihrem Haus von Einbrechern überfallen, beraubt und vergewaltigt zu werden. Die Analysandin konnte diese Ideen allerdings relativieren. Die junge Frau, die wir Lydia nennen wollen, hatte einen College-Abschluss, war jedoch noch nie berufstätig gewesen. Ihr Vater war ein reicher Geschäftsmann gewesen, der schließlich aufgrund irgendwelcher dunkler Geschäfte beruflich ruiniert war. Infolgedessen musste ihre Familie ihren hohen Lebensstandard aufgeben und sich nach und nach in eine bescheidene Existenz fügen. Lydia heiratete schließlich einen reichen Mann und hegte die Phantasie, den früheren Lebensstandard wiederzuerlangen.

Bei der Vereinbarung des Stundenhonorars hatte ihr Analytiker ein überhöhtes Honorar verlangt. In der Übertragung war dies nie bearbeitet worden, obwohl Lydia in den Sitzungen über Banden assoziierte, die einen Einbruch in ihr Haus planten. Auch in der Supervision kam diese Tatsache nicht zur Sprache. Immer, wenn Lydias Einbruchsphantasien aufblühten, deutete der Analytiker dies als Ausdruck ihrer Gier und betonte ihre projektive Abwehr.

Zu Beginn der Analyse wurde Lydia ohne ersichtlichen Anlass schwanger. Sie entwickelte erschreckende Phantasien und fürchtete, nicht mit dem Baby umgehen zu können, sodass es schließlich sterben würde. Diese Phantasien deutete der Analytiker als Wunsch der Analysandin, das Kind loszuwerden, was allerdings die Angst der Patientin noch verstärkte. Nach der Geburt des

---

5 Wenn der Prozess stagniert, ist es nach Baranger et al. (1983) die Aufgabe des Analytikers, einen gewissen Abstand zum analytischen Feld zu gewinnen und es zu untersuchen, als sei er, wenigstens momentan, nicht Teil des Feldes. Dies ist der Versuch, darüber nachzudenken, wie die analytische Dyade in diesem Moment interagiert, um dann zu verstehen, was zur Lähmung des Prozesses geführt hat.

Kindes berichtete sie Phantasien, dass giftige Spinnen ihre Familienmitglieder angreifen würden.

Als der Fall in der Supervision vorgestellt wurde, zeigte er bereits Zeichen von Stagnation. Schon seit einiger Zeit deutete nichts mehr auf einen progressiven analytischen Prozess hin. Im Gegenteil, Lydias Sitzungen waren redundant, vorhersagbar und ergebnislos. Es schien ihr schlechter zu gehen, sie benötigte sogar eine psychiatrische Medikation, was den Analytiker veranlasste, die Sitzungsfrequenz auf fünf pro Woche zu erhöhen und ihr stützende Ratschläge zu erteilen. Die Patientin wurde noch ängstlicher, rief den Analytiker häufig an und bat um Zusatzstunden, auch an den Wochenenden.

Nach einem Jahr Supervision war die Situation unverändert, hatte sich sogar verschlimmert, woraufhin die Supervisorin einen Senior-Supervisor aufsuchte, um den Fall zu besprechen. Zu diesem Zeitpunkt sah die Situation folgendermaßen aus: Einerseits hatte die Analysandin begonnen, über einen Analytikerwechsel zu sprechen, und der Analytiker fürchtete, die Patientin und das mit ihr verbundene Einkommen zu verlieren. Auf der anderen Seite hatte auch die Supervisorin, die ebenfalls ein überhöhtes Honorar vom Supervisanden verlangte, die Phantasie, der Analytiker würde die Supervision wechseln, sodass auch sie schließlich sowohl das Geld als auch ihr Prestige als Supervisorin einbüßen würde.

Als dem Senior-Supervisor der Fall vorgestellt wurde, litt die Patientin unter Phantasien, beraubt und gefangen gehalten zu werden. Wiederholt bat sie den Analytiker um Extrastunden am Wochenende.

Im ersten Kontakt mit dem von der Supervisorin geschilderten klinischen Material fiel dem Senior-Supervisor auf, dass alle, die Analysandin, der Analytiker und die Supervisorin, offensichtlich nicht im Geringsten den Gedanken zulassen konnten, die Analysandin und ihr Ehemann könnten die aus dem Umgang mit ihrem Baby entspringenden Ängste vielleicht nicht ertragen. In den vorgestellten Sitzungen ging es ständig um Phantasien der Hilflosigkeit, der Verlassenheit und Entwertung.

Der Senior-Supervisor stellte fest, dass die formale Struktur des Settings nicht mehr gegeben war: Zum einen konnte die Analysandin kein Container für ihre eigene gegenwärtige Situation sein, auf der anderen Seite war der Analytiker nicht in der Lage, zu denken und die Ängste der Patientin aufzunehmen und zu halten (Bion 1959). Er war gegenidentifiziert mit einem bedürftigen Objekt, das diese Situation durch seine (hab-)gierige Haltung abwehrt. Auch die Supervisorin war mit diesem Objekt identifiziert und konnte nicht als denkendes Objekt für ihren Supervisanden zur Verfügung stehen. Das analytische Feld war von einem »bedürftigen und gierigen Objekt« besetzt worden, das sich, ähnlich wie in der Lebensgeschichte der Analysandin, durch projektive Identifizierung in den Beziehungen der Patientin zu ihrem Vater und zu ihrem Ehemann, aber darüber hinaus auch in der Übertragungs-Gegenübertragungsbeziehung und schließlich auch im supervisorischen Feld manifestierte.

Die Supervisorin hatte den Senior-Supervisor ursprünglich gebeten, sie öfter als einmal pro Woche zu supervidieren. Der Senior-Supervisor war aufgrund des zusätzlichen Verdienstes versucht, zuzustimmen. Er bemerkte jedoch, dass er sich mit diesem Arrangement unwohl fühlte, und beschloss, zunächst nachzudenken, bevor er irgendwelche Vereinbarungen über Sitzungsfrequenz und Honorare treffen würde. Schließlich wurde ihm klar, dass auch er den Bruch des supervisorischen Settings fortsetzen würde, wenn er diesen Vorschlag annähme. Diese Überlegung führte ihm vor Augen, was hier geschah: Das Setting war offenbar korrumpiert, sowohl was die Beziehung des Analytikers zur Analysandin betraf, als auch die des Supervisanden zur Supervisorin. Stimmte der Senior-Supervisor dem Vorschlag der Supervisorin zu, würde er lediglich wiederholen, was im analytischen und im supervisorischen Feld vorging, und jede Möglichkeit der Veränderung blockieren.

Der Senior-Supervisor fragte sich weiter: Wie kann man dieses im Wesentlichen parasitär strukturierte Feld so verändern, dass eine Transformation und Entwicklung möglich wird? Der Senior-Supervisor musste sich selbst als Modell zur Verfügung stellen, dessen Funktion es war, zu beobachten und die Gründe zu untersuchen, warum der Prozess so nachhaltig stagnierte. Dass der Vorschlag der Supervisorin unangemessen war, hatte er bereits bemerkt. Er wies daher auf die – jedenfalls für brasilianische Verhältnisse – überhöhte Sitzungsfrequenz der Behandlung hin, ebenso wie auf das erhöhte Honorar, das von der Patientin verlangt wurde. Zugleich fiel ihm eine eigene Erinnerung ein: Um vor einigen Jahren ein neues Auto kaufen zu können, musste er ein Agio[6] bezahlen. Zunächst schien diese Erinnerung keinen Sinn zu machen. Als er weiter darüber nachdachte, wurde ihm aber klar, dass diese Prämie etwas mit Bestechung zu tun hatte. Er hatte also bemerkt, dass er eine Prämie/Bestechung annehmen und lediglich zu einem weiteren Element in diesem Feld aus ausbeuterischen und nicht-analytischen Beziehungen werden würde, wenn er den Vorschlag der Supervisorin akzeptierte, mehr als einmal pro Woche zur Supervision zu kommen.

Vor dem Hintergrund dieser Überlegungen machte der Senior-Supervisor die Supervisorin in der nächsten Sitzung darauf aufmerksam, dass es zu einer

---

6 Anm. d. Ü.: In Brasilien zur Zeit der Wartelisten auf Neufahrzeuge ein Aufpreis für schnellere Lieferung; de facto ein Schmiergeld.

Deformation der analytischen und supervisorischen Beziehung gekommen war. Er zeigte auf, dass sowohl in der Analyse als auch in der Supervision zu viele Sitzungen abgehalten und deutlich überhöhte Honorare verlangt wurden. Damit waren die Grundbedingungen des analytischen und supervisorischen Settings verletzt. Er verdeutlichte auch, wie die Analytiker-Supervisor-Dyade dieses Vorgehen mit inadäquaten analytischen Regeln gerechtfertigt hatte, z. B.: »Man muss auf die Bedürfnisse des Patienten eingehen.« Dieses Arrangement verhinderte, dass sich ein analytischer bzw. supervisorischer Prozess etablieren konnte. Die Supervisorin konnte nun dieses Verständnis an den Supervisanden weitergeben. Dadurch wurde wiederum der Supervisand in die Lage versetzt, das beschädigte analytische Setting wiederherzustellen und die Patientin besser zu verstehen, anstatt nur ihre ständigen Bitten um Ratschläge zu erfüllen. Der Analytiker konnte der Patientin aufzeigen, dass diese Art von Hilfe – die nur ausgesehen hatte wie ein Holding – nur eine illusorische Sicherheit geben konnte, die sie in Wahrheit abhängiger, fragiler, ängstlicher, regressiver und unselbstständiger gemacht hatte. Lydia gefiel es zunächst gar nicht, dass sie die Macht verlor, ihren Analytiker bestechen zu können. Nachdem sie lange an diesem Widerstand gearbeitet hatten, konnte die Analysandin schrittweise verstehen, dass sie in der Beziehung zu ihrem Analytiker eine Situation ihrer Kindheit wiederholte. Danach konnte der analytische Prozess sich wieder auf die eigentlichen Aufgaben einer Analyse konzentrieren.

Nach einigen Monaten wurde die Supervision der Supervision beendet, weil die Supervisorin keine Hilfe mehr brauchte. Die Analyse wurde wieder mit einer Frequenz von vier Wochenstunden fortgesetzt, mit all den erwartbaren Fortschritten und Rückschlägen. Die Abbruchdrohungen hörten auf, und die Analyse konnte als reflexiver Raum genutzt werden. Es ging der Patientin nicht mehr wie früher um Ratschläge und unmittelbare Anerkennung.

Abschließende Überlegungen

Das supervisorische Feld enthält Elemente der persönlichen Lebensgeschichte, des theoretischen Bezugsrahmens sowie der inneren Welt des Supervisors und des Supervisanden einschließlich ihrer intrapsychischen Konflikte. Hinzu kommt die frühere Beziehung zwischen Supervisor und Supervisand sowie natürlich die persönliche Geschichte des Analysanden.

Das wesentliche Ziel der Supervisionserfahrung ist es, dem Analytiker/Supervisanden in einer tragfähigen und nachhaltigen Weise zu helfen, die emotionale Erfahrung in der analytischen Sitzung zu begreifen. Das befähigt ihn, das Seelenleben des Analysanden zu containen und sein analytisches Zuhören zu entwickeln. Andererseits sind auch die Analysanden selbst Teil des supervisorischen Unterfangens, da es dazu beiträgt, ihre inneren Konflikte zu verstehen und ihre Ängste zu lindern.

Der Supervisand kommt, wie angehende Analytiker des Öfteren, mit »Bastionen« in die Supervision, die sein Patient und er in der Behandlung errichtet haben. Wenn es dem Supervisor nicht gelingt, ein Container für die im analytischen Feld nicht verarbeiteten und ins supervisorische Feld übertragenen Ängste zu sein – Ängste, die aus frühen Objektbeziehungen stammen –, und er vorschnell theoretische Erklärungen für das Geschehen in einer Sitzung anbietet, begünstigt er die Errichtung einer weiteren »Bastion«, diesmal im supervisorischen Feld. Wenn dies in gemilderter Intensität und vorübergehend der Fall ist, lediglich zu einer leichten Verlangsamung des Supervisionsprozesses führt und es dem Supervisor möglich ist, eine ausreichende Containerfunktion wiederherzustellen, um dieses Phänomen zu bemerken, darüber nachzudenken und das Unerkannte zu ertragen, haben wir es mit einer *harmlosen Störung des supervisorischen Feldes* zu tun. Wenn diese Kollusion jedoch eine kristallisierte Form annimmt, sehr intensiv ist und den supervisorischen Prozess lähmt oder zerstört, sprechen wir von einer *schädlichen Störung des supervisorischen Feldes*. Um diesen Zustand aufzulösen, bedarf es immer einer Supervision der Supervision. Das Endergebnis beider Situationen wäre eine benigne oder zerstörerische Stagnation des supervisorischen Feldes, die Transformationen unterbindet und zu fruchtlosen Wiederholungen führt.

Wann immer man es mit einer benignen oder schädlichen Störung des supervisorischen Feldes zu tun hat, müssen die kognitiven Aspekte der Supervision in den Hintergrund treten. Diese Elemente sind für Supervisanden nur dann nützlich, wenn sie sich emotional entwickeln und ihre Angst vor dem Unbekannten aushalten können, ihre Unsicherheit über die Zukunft und die Ängste, die im analytischen Feld entstehen.

Als Modell des Unterrichts durch Supervision erinnern wir an Bion (1977 [2007]), der feststellt:

> »Meiner Meinung nach sollten wir der Verlockung, der Versuchung, widerstehen, an unsere eigene Allmacht und Allwissenheit zu glauben. Daß wir weder omnipotent noch allwissend sind, wird uns immer wieder vor Augen geführt – nicht einmal die einfachsten Dinge wollen uns gelingen. Unsere Reaktion darauf, daß wir dauernd daran erinnert werden, daß wir weder omnipotent sind noch allwissend, ist fast immer ein Schwenk in die diametral entgegengesetzte Richtung.

Unserem Glauben an unsere Allmacht und Allwissenheit liegt nichts anderes zugrunde als unser Wissen, daß wir unwissend und inkompetent sind. Lassen Sie es mich auf eine nur scheinbar andere Weise formulieren: Wir nehmen unser Gefühl der Hilflosigkeit, der Unwissenheit, der Unfähigkeit wahr, weil unsere Allmacht und Allwissenheit ihm unmittelbar zugrunde liegen. Je überzeugter wir daran glauben, allmächtig und allwissend zu sein, desto nachdrücklicher wird uns klar gemacht werden, daß die Dinge in Wirklichkeit ganz anders aussehen; folglich schwanken wir zwischen beiden Einstellungen hin und her – wir sind ständig auf der Reise von A nach B und von B nach A« (ebd., S. 95f.).

Was also den Supervisor leiten sollte, ist die Anerkennung seiner eigenen Unwissenheit sowie der Begrenztheit der Psychoanalyse; denn dies ist der Weg, den die Analyse dem Supervisor, dem Supervisanden und dem Analysanden bietet, um ein omnipotentes Modell aufzugeben und ein Modell zu entwickeln, in dem die Realität regiert.

Übersetzung aus dem Englischen von Andreas Hamburger (mit Dank an Cornelia Mensak für Mitarbeit und Durchsicht anhand des portugiesischen Originals)

Literatur

Arlow, Jacob A. (1963): The supervisory situation. J. Am. Psychoanal. 11, 576–594.
Arlow, Jacob A. (1976): On parallel process in therapy and teaching. Psa. Q. 45, 394–415.
Baranger, Madeline; Baranger, Willy & Mom, Jorge (1983): Process and non-process in analytic work. I. J. Psycho-Anal. 64, 1–15.
Berman, Emanuel (2000): Psychoanalytic supervision: The intersubjective development. I. J. Psycho-Anal. 81, 273–290.
Bion, Wilfred R. (1959): Attacks on linking. I. J. Psycho-Anal. 40, 308–315. Dt.: Angriffe auf Verbindungen. In: Bott Spillius, Elizabeth (Hg.): Melanie Klein Heute, Bd. 1. Übers. Elisabeth Vorspohl. Stuttgart (Klett-Cotta), 1995, S. 110–129.
Bion, Wilfred R. (1961): Experiences in groups and other papers. London (Tavistock). Dt.: Erfahrungen in Gruppen und andere Schriften. Übers. H. O. Rieble. Stuttgart (Klett-Cotta), 3. Aufl. 2001.
Bion, Wilfred R. (1962): Learning from experience. London (Heinemann). Dt.: Lernen durch Erfahrung. Übers. Erika Krejci. Frankfurt/M. (Suhrkamp), 2004.
Bion, Wilfred R. (1977): The Italian seminars. London (Karnac), 2005. Dt.: Die italienischen Seminare. Tübingen (edition diskord), 2007.
Bion, Wilfred R. (1990): Cogitations. London (Karnac).
Ekstein, Rudolf & Wallerstein, Robert (1958): Supervisor and student – therapist and patient: The parallel process. In: The teaching and learning of psychotherapy. London (Imago), S. 177–196.

Grinberg, Leon (1979): Projective counter-identification. In: Epstein, Lawrence & Feiner, Arthur (Hg.): Countertransference. New York, NY (Aronson), S. 169–191.

Grotstein, James S. (2007 [1994]): Notes on Fairbairn's metapsychology. In: Grotstein, James S.: An introduction. A beam of intense darkness. Wilfred Bion's legacy to psychoanalysis. London (Karnac), S. 9–26.

Heimann, Paula (1950): On countertransference. I. J. Psycho-Anal. 31, 81–84. Dt.: Bemerkungen zur Gegenübertragung. Psyche 18, 483–493.

Ogden, Thomas (2005): On psychoanalytic supervision. I. J. Psycho-Anal. 86, 1265–1280. Dt.: Psychoanalytische Supervision. In: Junkers, Gabriele (Hg.): Verkehrte Liebe. Ausgewählte Beiträge aus dem International Journal of Psychoanalysis, Bd. 1. Tübingen (edition diskord), 2006, S. 197–220.

Racker, Heinrich (1953): A contribution to the problem of countertransference. I. J. Psycho-Anal. 34, 313–324. Dt.: Die Gegenübertragungsneurose. In: Übertragung und Gegenübertragung: Studien zur psychoanalytischen Technik. Übers. Gisela Krichhauff. München (Reinhardt), 5. Aufl. 1997, S. 121–142.

Racker, Heinrich (1960): La contratransferencia. In: Estudios sobre la técnica psicoanalítica. Buenos Aires (Paidos), S. 68–78. Dt.: Gegenübertragung. In: Übertragung und Gegenübertragung: Studien zur psychoanalytischen Technik. Übers. Gisela Krichhauff. München (Reinhardt), 5. Aufl. 1997, S. 69–80.

Shakespeare, William (1889 [1601]): Hamlet, Prinz von Dänemark. In: Shakespeares sämtliche dramatische Werke in neu revidierter Uebersetzung von Schlegel und Tieck, Bd. 3. Stuttgart (Cotta), S. 205–272.

Vollmer jr., Germano; Pires, Antonio C.; Berlim, Gerson J.; Hartke, Raul & Lewkowicz, Sergio (2007): The supervisory field and projective identification. I. J. Psycho-Anal 68, S. 681–689.

V Interdisziplinäre Studien

Zeitgenössische Kunst und Hanna Segals Überlegungen zur Ästhetik
Adela Abella

Bei der Betrachtung der Geschichte psychoanalytischer Ideen lässt sich eine bedeutende Veränderung des psychoanalytischen Verständnisses von Kunst und künstlerischem Schaffen beschreiben, ausgehend von Freuds Auffassung, Kunst sei eine Sublimierung sexueller Strebungen auf einem weitgehend objektalen Niveau, bis hin zu späteren Entwicklungen, die die Darstellung des Destruktiven und narzisstischer Konflikte in der Kunst betonen. Segals theoretischer Beitrag war ein Wendepunkt in dieser Entwicklung. In Anlehnung an Klein untersucht sie die Beziehung zwischen der Kunst und depressiven Ängsten sowie der Wiedergutmachung. Dabei gelangt sie zu dem Schluss, dass die künstlerische Tätigkeit als ein Versuch betrachtet werden kann, »das Liebesobjekt außerhalb und innerhalb des Ichs wiederherzustellen und wiederzuerschaffen«, wenn eine erfolgreiche, mit Symbolbildung einhergehende Trauerarbeit stattgefunden hat. Nach Segal werden diese Wiedergutmachungsprozesse durch formale Schönheit vermittelt, die den Sieg der Wiedergutmachung über die Zerstörung repräsentiert. Gleichwohl verlangt die zeitgenössische Kunst, dass wir uns mit dem Auftreten und der Darstellung primitiverer und wenig symbolisierter/sublimierter Prozesse – einschließlich eines oft primitiven, psychotischen oder perversen Agierens – auseinandersetzen. In diesem Beitrag geht es einerseits um Kontinuität und Unterschiede in Freuds und Segals Ideen und andererseits um die alternativen Überlegungen der Autorin zur Suche nach der Wahrheit und einem neuen Denken in der zeitgenössischen Kunst.

Antje Vaihinger

Diese Arbeit befasst sich mit den Stärken und Schwächen von Hanna Segals Überlegungen zur Ästhetik, wenn sie auf die zeitgenössische Kunst angewandt werden. Dabei geht es erstens um Segals Beiträge zum Verständnis des künstlerischen Schaffens im Allgemeinen und zweitens um die Frage, wie hilfreich ihre Überlegungen insbesondere in der Auseinandersetzung mit der zeitgenössischen Kunst sind. Ich möchte deshalb Hanna Segals Gedanken vor dem Hintergrund der Entwicklung des psychoanalytischen Denkens über Kunst und Kultur von Freuds Zeit bis heute betrachten. Dabei sollen einige der wichtigeren psychoanalytischen Theorien über Kunst genauer diskutiert werden, wie sie vor allem von Freud und Segal selbst entwickelt wurden. Nur so lässt sich meines Erachtens die Originalität von Segals Gedanken erfassen.

Darüber hinaus möchte ich die Relevanz ihrer Überlegungen für die Einschätzung der zeitgenössischen Kunst untersuchen. Bei diesem zweiten Thema geht es zunächst um die heikle Frage, was als zeitgenössische Kunst bezeichnet werden soll. Da das künstlerische Schaffen heutzutage so eklektisch und vielfältig ist, möchte ich die Beantwortung dieser Frage den kunsthistorischen Experten überlassen. Im Rahmen dieser Arbeit möchte ich eine weit gefasste heuristische Definition verwenden: Ich verstehe unter zeitgenössischer Kunst das ganze Spektrum der unterschiedlichen und vielgestaltigen Werke, die in den Museen für moderne Kunst oder bei internationalen Kunstausstellungen (wie in Europa beispielsweise in Venedig oder Kassel) gezeigt und in einflussreichen Kunstmagazinen wie *Parkett* diskutiert werden.

Ideengeschichtlich hat sich seit Freud, der in der Kunst eine Sublimierung sexueller Wünsche auf einem überwiegend objektalen Niveau sah, eine deutliche Verschiebung hin zu späteren psychoanalytischen Überlegungen vollzogen, in denen es vor allem um die Destruktivität und die narzisstischen Konflikte in der Kunst geht. Natürlich hat sich diese Verlagerung so allmählich vollzogen, dass Ansätze dazu oft schon in frühen Arbeiten Freuds zu finden sind. Ausgehend von dieser erstaunlichen Entwicklung möchte ich einige Unterschiede der größeren Klarheit wegen pointiert herausarbeiten.

Die Entwicklung von Freuds Überlegungen zum künstlerischen Schaffen

Als Freud schrieb, Kunst sei »fast immer harmlos und wohltätig, sie will nichts anderes sein als Illusion« (Freud 1933, S. 173), ging er von einer ziemlich optimistischen Sichtweise von Kunst und Kultur aus, der es um das Streben nach Schönheit und Allmacht gehe, indem sie das Lustprinzip und das Realitätsprinzip miteinander »versöhnt«. In seinen Schriften versteht Freud künstlerisches Schaffen vor allem als Sublimierung sexueller Wünsche. »Die sexuelle Neugierde«, schreibt er, kann »aber ins Künstlerische abgelenkt (›sublimiert‹) werden« (1905, S. 55). Die Enttäuschung sexueller Wünsche kann zum Motor künstlerischer Kreativität werden. Auch Freuds Begriff des Schönen liegt auf dieser Linie: »Es scheint mir unzweifelhaft, daß der Begriff des ›Schönen‹ auf dem Boden der Sexualerregung wurzelt« (ebd., S. 55, Anm.). Nach Freud bestimmen die attraktiven Aspekte des Sexualobjekts, was wir für schön halten: Die Lust am Sehen leitet sich aus der Lust am Tasten ab.

Dabei stellt sich die wichtige Frage, was eigentlich durch Kunst sublimiert werden kann. Meistens nennt Freud sowohl genitale Wünsche wie sexuelle Partialtriebe und schließt Exhibitionismus und Analität mit ein. Obwohl Freud an dieser grundsätzlichen Verknüpfung von Kunst und Sexualtrieben festhält, erweitert und differenziert er seine Gedankengänge später. Den sexuellen Wünschen, die durch die Kunst sublimiert werden können, fügt er 1912 narzisstische Komponenten hinzu: Kunst sei der einzige Bereich, in dem die Allmacht des Denkens bis in die Gegenwart aufrechterhalten werden könne. Magische Absichten gehörten, wie er meint, von Anfang an zu den Quellen der Kunst, und er betont besonders das Mitwirken der narzisstischen Allmacht. So »bildet die Kunst ein Zwischenreich zwischen der wunschversagenden Realität und der wunscherfüllenden Phantasiewelt, ein Gebiet, auf dem die Allmachtsstrebungen der primitiven Menschheit gleichsam in Kraft geblieben sind« (Freud 1913, S. 417).

Als Freud einige Jahre später über das Unheimliche (1919) in phantastischen Erzählungen schreibt, führt er die Überlegung ein, dass Aggression und Tod eine Rolle im künstlerischen Schaffen spielen. Auch zeigt er (1927), wie Kunst die Identifizierung mit der Gruppe ermöglicht und wie kulturelle Leistungen, die die besonderen Werte einer bestimmten Gesellschaft hervorheben, narzisstische Befriedigung verschaffen. Diese Ansätze sind in der Literatur nach Freud weiterentwickelt worden, insbesondere die Rollen des Narzissmus und der Aggression. Gleichwohl bleibt zu unterstreichen, dass Freud bis zuletzt an der Auffassung festhielt, mithilfe der Kunst ließen sich verdrängte infantile Sexualwünsche sublimieren. Die Rollen der narzisstischen Allmacht und der Aggression werden anerkannt, bleiben aber zweitrangig: Die künstlerische Aktivität wurzelt in der Sexualerregung und entstammt der Sublimierung.

Freuds Einstellung zu Kunst und Kunstschaffenden ist komplex und nicht ohne Ambivalenz. Es wurde schon oft darauf hingewiesen, dass sich Freud bei seiner Erforschung des Unbewussten auf die Literatur stützte. Freuds Bewunderung für das künstlerische Schaffen zeigt sich in seiner Bemerkung,

Kunst und Literatur zählten zu den »größten Monumenten der Zivilisation« (Freud/Bullitt 1967, S. 76). Für Freud ist die Kunst nicht nur ein hilfreiches Werkzeug für die Psychoanalyse, sondern sie gehört zu den Juwelen der Kultur. Künstlerische Betätigung, Kunstgenuss und das Betrachten der Schönheit in der Natur oder schöner Kunstwerke, schreibt er, könnten uns Befriedigung verschaffen (Freud 1930).

Allerdings scheint Freuds anfängliche Bewunderung und Wertschätzung von Kunstwerken später einer gewissen Ermüdung und Desillusionierung gewichen zu sein. Schon einige psychoanalytische Autoren haben auf diese pessimistische Entwicklung hingewiesen, die sich durch Freuds Denken zieht. Sie zeigt sich besonders deutlich in seiner Einstellung zu Künstlern, weniger zur Kunst insgesamt. In der ersten Hälfte seiner Werke äußert Freud seine Bewunderung für Dichter und Schriftsteller, die die tiefsten menschlichen Gefühle und Phantasien zum Ausdruck bringen können. Sein Ton ist 1907 enthusiastisch:

> »Wertvolle Bundesgenossen sind aber die Dichter und ihr Zeugnis ist hoch anzuschlagen, denn sie pflegen eine Menge von Dingen zwischen Himmel und Erde zu wissen, von denen sich unsere Schulweisheit noch nichts träumen läßt. In der Seelenkunde gar sind sie uns Alltagsmenschen weit voraus, weil sie da aus Quellen schöpfen, welche wir noch nicht für die Wissenschaft erschlossen haben« (Freud 1907, S. 33).

> »Er [der Dichter] war jederzeit der Vorläufer der Wissenschaft und so auch der wissenschaftlichen Psychologie« (ebd., S. 70).

Für Freud liegt die Begabung des Künstlers in seiner Fähigkeit, einen direkten Zugang zu seinem eigenen Unbewussten zu haben. Deshalb schreibt er, wenn er die Arbeit eines Psychoanalytikers mit der des Dichters vergleicht:

> »Unser Verfahren besteht in der bewußten Beobachtung der abnormen seelischen Vorgänge bei anderen, um deren Gesetze erraten und aussprechen zu können. Der Dichter geht wohl anders vor; er richtet seine Aufmerksamkeit auf das Unbewußte in seiner eigenen Seele, lauscht den Entwicklungsmöglichkeiten desselben und gestattet ihnen den künstlerischen Ausdruck, anstatt sie mit bewußter Kritik zu unterdrücken. So erfährt er aus sich, was wir [Psychoanalytiker] bei anderen erlernen, welchen Gesetzen die Betätigung dieses Unbewußten folgen muß« (ebd., S. 120f.).

Demnach sieht Freud im Künstler zunächst einen wertvollen Verbündeten und in der Kunst einen Vorläufer der Psychoanalyse, was seine begeisterte

Bewunderung weckt. Aber im Lauf der Zeit wird seine Einschätzung der künstlerischen Tätigkeit zurückhaltender. Dieses Misstrauen wird vor allem in seiner Einstellung zur bildenden Kunst deutlich, für die er viel weniger empfänglich war. So äußert er sich 1914 in einem Brief an Ernest Jones etwas abschätzig über Künstler: »Der Inhalt bedeutet diesen Leuten nicht viel, ihnen geht es nur um Linie, Form, Übereinstimmung der Konturen. Sie haben sich dem Lustprinzip ergeben. Ich bin lieber vorsichtig« (Freud/Jones 1993, 8. Februar 1914)[1]. Es wurde schon oft beschrieben, dass sich Freud vor allem, vielleicht sogar ausschließlich, für den ideellen Inhalt von Kunstwerken interessierte (Segal 1991a). Im selben Jahr erläutert er in *Der Moses des Michelangelo*:

> »Ich habe oft bemerkt, daß mich der Inhalt eines Kunstwerkes stärker anzieht als dessen formale und technische Eigenschaften, auf welche doch der Künstler in erster Linie Wert legt. Für viele Mittel und manche Wirkungen der Kunst fehlt mir eigentlich das richtige Verständnis« (Freud 1914, S. 172).

Man könnte auf die Idee kommen, Freuds Beharren darauf, dass »das Wesen der künstlerischen Leistung uns psychoanalytisch unzugänglich ist« (Freud 1910, S. 209), auf seine relative Gleichgültigkeit gegenüber formalen Aspekten zurückzuführen, die doch das Spezifische der Kunst ausmachen. Was für Freud zählt, sind die unbewussten Phantasien, die mit künstlerischen Mitteln ausgedrückt werden können. Die formalen ästhetischen Aspekte dagegen haben für ihn eher Abwehrcharakter. Das heißt, in dem durch die Kunst ermöglichten Kompromiss zwischen Lust- und Realitätsprinzip dienen die ästhetischen Aspekte dazu, die »moralische Abstoßung« (Freud 1908, S. 223) zu umgehen. Der Dichter, so schreibt er, »besticht uns durch rein formalen, d. h. ästhetischen Lustgewinn« (ebd., S. 223).

Freud vergleicht Kunst mit Träumen, kindlichem Spiel, hysterischen Phantasien, neurotischen Symptomen, Tagträumen und Masturbation. Darüber hinaus beruht diese »harmlos[e] und wohltätig[e] [...] Illusion« (Freud 1933, S. 173) weitgehend auf pathologischen Komponenten. In den *Drei Abhandlungen zur Sexualtheorie* (1905) schreibt er, dass »bei abnormer konstitutioneller Anlage«, zu der auch neurotische und perverse Elemente zählen, Sublimierung ein Ausweg und so »eine der Quellen der Kunstbetätigung« (Freud 1905, S. 140) werden kann. Hier zeigt sich noch ein anderer intuitiver Zugang, der von späteren Autoren weiterentwickelt wurde, wenn sie den Einfluss ungefilterter

---

[1] Diesen Brief hat Freud vermutlich auf Englisch verfasst. Übersetzung A. V.

und wenig symbolisierter/sublimierter Prozesse auf die Kunst beschreiben, zu denen sich oft noch ein primitives, psychotisches oder perverses Ausagieren gesellt (Abella 2007).

Aber diese intuitiven und für das psychoanalytische Denken so fruchtbaren Einsichten zeigen auch Freuds Ermattung und Desillusionierung im letzten Abschnitt seines Lebens. Im Lauf der Zeit verändert sich sein Ton. So bemerkt er: »Der Künstler ist im Ansatze auch ein Introvertierter, der es nicht weit zur Neurose hat« (Freud 1916–17, S. 390). Zehn Jahre später räumt er ein: »Das kommt daher, daß sich meine Geduld mit pathologischen Naturen in der Analyse erschöpft. In Kunst und Leben bin ich gegen sie intolerant« (Freud 1930 [1929], S. 669). Schließlich schreibt er 1933 in einem Brief an André Breton, seine Haltung zur Kunst sei sehr distanziert (Davis 1973, S. 130).

Hanna Segals Beiträge

In Hanna Segals Worten finden wir keine Spur von Desillusionierung. In all ihren Schriften ist ihre tiefe und unbedingte Liebe zur Kunst zu spüren. Sie interessiert sich nicht nur für die von der Kunst aufgedeckten unbewussten Phantasien; ganz im Gegenteil ist sie äußerst empfänglich für die ästhetischen Komponenten künstlerischen Schaffens. Ihre Lust, sich mit Kunst zu beschäftigen, ist ganz offensichtlich. Vielleicht waren es ihre hohe Sensibilität und Liebe zur Kunst, die sie so offen für die kreative und lebendige Untersuchung neuer Aspekte künstlerischen Schaffens sein ließen.

Hanna Segals Arbeiten sind ein Wendepunkt in der Entwicklung des psychoanalytischen Nachdenkens über Kunst. In ihrer wegweisenden Arbeit »Eine psychoanalytische Betrachtung der Ästhetik« (1952), die im Ansatz bereits die meisten der von ihr später weiterentwickelten Überlegungen enthält, stellt sie eine innovative und einflussreiche Konzeptualisierung von Kunst vor, die in Teilen mit Freuds Gedanken übereinstimmt und in anderen deutlich abweicht.

Vereinfacht zusammengefasst, geht es in ihren wichtigsten Beiträgen vor allem um zwei Themen. Zum einen unterstreicht sie die Rolle der Wiedergutmachungsprozesse, während Freud die Kunst mit der Sublimierung von Triebwünschen verknüpft hatte. Damit weist sie der Aggression im künstlerischen Schaffen eine zentrale Rolle zu, sowohl indirekt – als ein die Wiedergutmachung auslösendes Element – als auch direkt, worauf ich noch zurückkommen werde. Zum anderen sind ihr die formalen ästhetischen Aspekte und deren psychologische Bedeutung wichtig, während es Freud fast ausschließlich um den ideellen Gehalt eines Kunstwerks ging.

Damit stellt Hanna Segal zwei eng miteinander verknüpfte Fragen. Die eine zielt auf die spezifischen Faktoren, die einen Künstler befähigen, ein gelungenes Kunstwerk zu schaffen. Die zweite fragt nach dem ästhetischen Genuss der Betrachter und Zuhörer und den Gründen, warum das Publikum sich von bestimmten Kunstwerken berührt fühlt und von anderen weniger oder gar nicht. Oder anders gefragt: Wodurch unterscheiden sich gute und schlechte Kunst in der öffentlichen Wahrnehmung?

Was sich im Künstler und was sich im Publikum abspielt, möchte ich deshalb gesondert betrachten. Wir werden später sehen, dass für Hanna Segal beide Prozesse eng miteinander verknüpft sind.

Die im Künstler ablaufenden Prozesse: Kunst als Wiedergutmachung

Ausgehend von Klein schlägt Hanna Segal vor, Kunst im Zusammenhang mit depressiven Ängsten und Wiedergutmachung zu untersuchen. In der depressiven Position, fasst sie zusammen, bewirkt die Wiedervereinigung des guten und des bösen Objekts zu einem ganzen Objekt, dass die »vorherrschende Angst die vor dem Verlust des geliebten Objekts in der äußeren Welt und in seinem Innern« (Segal 1952, S. 235) ist. Das künstlerische Schaffen beruht demnach vor allem darauf, der Aggression etwas entgegenzusetzen: »Dieser Wunsch nach Wiederherstellung und Wiedererschaffung [des beschädigten Objekts] ist die Basis späterer Sublimierung und Kreativität« (ebd., S. 235).

Das künstlerische Bemühen ermöglicht eine Wiedergutmachung der dem geliebten Objekt zugefügten Beschädigung, da für Segal »alle Schöpfung eigentlich das Wiedererschaffen eines einst geliebten und ganzen, jetzt aber verlorenen und ruinierten Objekts ist, einer ruinierten inneren Welt und eines ruinierten Selbst« (ebd., S. 240). Demnach gälte das künstlerische Schaffen »dem Wunsch, das verlorene geliebte Objekt innerhalb und außerhalb des Ichs wieder zu erschaffen und wiederherzustellen« (ebd., S. 235), was auch eine erfolgreiche Trauerarbeit und die damit einhergehende Symbolbildung bedeutet. Von außen betrachtet bewirkt dieser Vorgang, dass »eine völlig neue Realität« (ebd., S. 237) in Form eines Kunstwerks erschaffen und gleichzeitig das Ich bereichert, reintegriert und lebendiger wird.

Segals Position unterscheidet sich hier deutlich von Freuds Auffassung.

Für ihn war der Wunsch, sexuelle Frustration zu bewältigen, der Auslöser für künstlerische Kreativität; das Spezifische der Kunst sah er darin, dass sie die Sublimierung lustvoll unterstützen konnte. Für Segal liegt der Auslöser für die künstlerische Betätigung in dem Bedürfnis, die überwältigenden Gefühle von innerer Verzweiflung und Tod angesichts der dem Liebesobjekt in der Phantasie durch die Destruktivität des Subjekts zugefügten Beschädigung zu überwinden. So lindert die Kunst durch eine Betätigung, die sowohl belebend wie als Wiedergutmachung empfunden wird, den inneren Schmerz. Wichtig ist hier, dass für Segal diese Erleichterung durch die Kunst gerade deshalb möglich ist, weil sie mit der lustvollen Erfahrung von Harmonie und formaler Schönheit einhergeht. Ich werde darauf noch zurückkommen.

Deshalb beruht die künstlerische Leistung vor allem auf der Fähigkeit des Künstlers, die »depressive Angst zu erkennen und zu überwinden« (ebd., S. 240). Kann das Ich diese depressive Angst ertragen, wird sie zum schöpferischen Stimulus. In dieser Fähigkeit, depressive Ängste auszuhalten, ohne bei manischer Abwehr Zuflucht zu suchen, sieht Segal den entscheidenden Unterschied zwischen guten und schlechten Künstlern. Darüber hinaus meint sie: »Ein Kunstwerk zu schaffen entspricht psychisch der Zeugung« (ebd., S. 242). Es ist eine genitale, bisexuelle Aktivität, die »eine gute Identifizierung mit dem Vater erfordert, der [...] gibt, und mit der Mutter, die [...] empfängt und trägt« (ebd., S. 242). Aber die Voraussetzung für diese Identifikation, sagt Segal, ist die Fähigkeit des Künstlers, mit der depressiven Position zurechtzukommen.

Dieser Gedankengang führt Segal zu wichtigen Überlegungen über das Verhältnis des Künstlers zur Realität. Freud hatte die Ähnlichkeit zwischen dem Künstler und dem Tagträumer hervorgehoben, die beide, wie er meint, dem Lustprinzip nachgeben und sich von der Realität abwenden. Aber er erkennt im Künstler auch eine gewisse Rückkehr zur Realität: »Er findet aber den Rückweg aus dieser Phantasiewelt zur Realität, indem er dank besonderer Begabungen seine Phantasien zu einer Art von Wirklichkeit gestaltet« (Freud 1911, S. 236).

Hanna Segal führt diesen Gedanken weiter und stellt fest, dass es für einen guten Künstler geradezu charakteristisch sei, auf zwei Ebenen »über einen ausgeprägten Realitätssinn« (Segal 1952, S. 248) zu verfügen: erstens hinsichtlich seiner inneren Welt und zweitens hinsichtlich des Materials für seine Kunst und deren technischer Aspekte. »Der wahre Künstler, seiner inneren Welt gewahr, die er zum Ausdruck bringen muß, und des äußeren Materials, mit dem er arbeitet, kann dieses Material in aller Bewußtheit einsetzen, um die Phantasie zum Ausdruck zu bringen« (Segal 1952, S. 248). Eben dadurch unterscheide er sich von einem schlechten Künstler. Segal unterstreicht nachdrücklich, dass dieser zweifache und intensive Realitätssinn eben gerade eine der Leistungen der depressiven Position ist und eine Folge der Fähigkeit, zwischen Subjekt und Objekt, zwischen Innerem und Äußerem zu unterscheiden. Noch bedeutsamer ist, dass für sie diese Fähigkeit den Unterschied zwischen künstlerischer Kreativität und Wahn ausmacht (Segal 1974).

Hier zeigt sich eine weitere wichtige Differenz zwischen Freud und Segal. Freud betont die Rolle der unbewussten Konflikte und Phantasien des Künstlers und vertritt die Auffassung, dass die künstlerische Betätigung einem verborgenen Triumph des Lustprinzips entspreche. So lässt sich auch Freuds Geringschätzung Künstlern gegenüber besser verstehen, wenn er deren Kunst für einen unreifen Rückzug aus der Wirklichkeit hält. Hanna Segal dagegen unterstreicht den Bezug des Künstlers zur Realität dank seiner Fähigkeit, depressive Ängste auszuhalten und zu überwinden. Sie meint sogar, dass die Unfähigkeit des Künstlers, diese depressiven Ängste auszuhalten und durchzuarbeiten, seine künstlerische Ausdrucksfähigkeit hemme.

Allerdings gewinnt man den Eindruck, dass Hanna Segal sich bei einer Reihe wichtiger Themen sehr darum bemüht, zwischen ihren und Freuds Gedanken eine ausdrückliche Kontinuität herzustellen. Diese Betonung der Kontinuität zwischen ihren eigenen und Freuds Theorien wirkt nicht immer ganz überzeugend. Sie scheint manchmal etwas gewaltsam die Ähnlichkeiten zwischen den Konzepten hervorzuheben und die Unterschiede zu übergehen. Man sollte sich daran erinnern, dass die Kleinianische Gruppe sich wegen der damals stattfindenden kontroversen Diskussionen zu dieser Strategie gezwungen fühlte, um schwerwiegende institutionelle Konflikte innerhalb der British Psychoanalytical Society zu vermeiden. Deshalb verknüpft Segal ihre Auffassung von Kunst als Wiedergutmachungsprozess mit Freuds Vorstellung, die künstlerische Betätigung sei vor allem eine Sublimierungsleistung. Diese Verknüpfung sieht sie in dem Verzicht, den sowohl Wiedergutmachung wie Sublimierung bedeuten: Bei der Sublimierung geht es darum, ein Triebziel aufzugeben, bei der Wiedergutmachung um einen Objektverlust. Demnach stellen Trauer und die Akzeptanz des Objektverlusts eine Verbindung zwischen Wiedergutmachung und Sublimierung her. Beide sind »die Wiederholung und gleichzeitig das Wiedererleben des Aufgebens der Brust« (Segal 1952, S. 247); beide erfordern Trauerarbeit; beide führen zur Symbolbildung. Folglich erfährt das Ich durch die Entwicklung und die Inkorporierung von Symbolen in beiden Prozessen – der Wiedergutmachung und der Sublimierung – eine Bereicherung, Stärkung und Belebung.

»Das Wesen der Kunst« bedeutet demnach für Segal »die Schaffung von Symbolen, die symbolische Herausarbeitung eines Themas« (ebd., S. 247). Durch seine Trauerarbeit kann der Künstler die schwierige Aufgabe bewältigen, das verlorene Objekt aufzugeben und durch eine symbolische Konstruktion in Form eines Kunstwerks zu ersetzen. Da die Getrenntheit des Objekts und der Unterschied zwischen innerer und äußerer Realität akzeptiert werden, wird das Kunstwerk als etwas vom Selbst Geschaffenes erlebt, das sich von ihm unterscheidet und worüber es frei verfügen kann (Segal 1978, S. 316). So gesehen liegt der Unterschied zwischen Kunst und Wahnvorstellung darin, dass der Künstler sowohl die psychische wie die äußere Wahrheit auf eine Weise akzeptiert hat, die das Kunstwerk als ein reales, eigenständiges und reifes Symbol erscheinen lässt: »Das Symbol wird benutzt, nicht um den Verlust zu verleugnen, sondern um ihn zu überwinden« (Segal 1957, S. 213). Da das Kunstwerk für das Ich etwas Äußeres ist, kann es öffentlich vorgestellt und damit zu einem Mittel der Kommunikation werden (Segal 1991c, S. 146).

Die Prozesse im Publikum: der ästhetische Genuss

Hanna Segal beginnt ihre Untersuchung der Frage, worin der ästhetische Genuss des Publikums bestehe, mit einem Zitat Freuds: Es soll »die psychische Konstellation, welche beim Künstler die Triebkraft zur Schöpfung abgab, bei uns wieder hervorgerufen werden« (1914, S. 173). Diesen Punkt sehen Freud und Segal ähnlich: Beide führen das Interesse des Publikums an einem Kunstwerk auf einen Identifikationsprozess zurück. Dennoch entwickeln sich aus dieser anfänglichen Übereinstimmung einige wichtige Unterschiede. Nach Freud identifiziert sich das Publikum mit den unbewussten sexuellen Phantasien und Allmachtsvorstellungen des Künstlers. Dagegen beruht die Identifikation nach Segal vor allem auf der Überwindung der depressiven Ängste und dem Vorgang der Wiedergutmachung.

Für Freud wie für Segal spielt die Art der unbewussten Phantasien eine herausragende Rolle. Aber für Segal ist dies keineswegs das einzige bedeutsame Element. Sie verweist darauf, dass schließlich dieselbe Phantasie durch gute oder schlechte Kunst ausgedrückt werden könne: Sowohl ein »Groschenroman« wie auch ein literarisches Meisterwerk können sich um dieselbe Phantasie drehen (Segal 1991a, S. 107). Man könnte also fragen: Warum hinterlässt gute

Kunst im Unterschied zu schlechter Kunst einen so starken und nachhaltigen Eindruck beim Publikum, obwohl es in beiden Fällen um denselben unbewussten Konflikt geht? Ausschlaggebend für diese Wirkung sind nach Segal die formalen und ästhetischen Aspekte eines Kunstwerks, also wie diese Phantasien zum Ausdruck gebracht werden. Noch genauer gesagt, entsteht diese Wirkung aus der psychologischen Bedeutung des Kunstwerks, die durch formale Aspekte vermittelt wird.

Deshalb fragt Hanna Segal nach den spezifischen ästhetischen Faktoren, die den Erfolg eines Kunstwerks erklären. Diese spezifischen Faktoren sollten getrennt von dem Genuss betrachtet werden, den eine bestimmte Szene oder Rolle dem Betrachter bereiten, weil sie für ihn eine besondere Bedeutung haben und er persönliche Erinnerungen oder Assoziationen mit ihnen verknüpft. Zusammengefasst enthält für Segal »jeder ästhetische Genuß das unbewußte Wiedererleben der Schöpfungserfahrung des Künstlers« und liegt »an unserer Identifizierung mit dem Kunstwerk als ganzem und mit der gesamten inneren Welt des Künstlers, wie sie durch sein Werk repräsentiert wird« (Segal 1952, S. 250).

Segal macht diese Vorgänge anhand der klassischen Tragödie deutlich. Die Wirkung und Anziehungskraft einer Tragödie beruhen auf zwei Elementen, die vorhanden sein müssen. Zum einen verlangt die Tragödie »die unerschrockene Schilderung des ganzen Entsetzens der depressiven Phantasie« (ebd., S. 251). »In der Tragödie begeht der Held ein Verbrechen: doch das Verbrechen ist Schicksal, es ist ein ›unschuldiges‹ Verbrechen, er wird dazu getrieben« (ebd., S. 250). Weil die Zuschauer sich mit dem Helden identifizieren, erleben sie die schreckliche Situation selbst. Andererseits aber steht die formale Schönheit der Tragödie »in völligem Gegensatz zu ihrem Inhalt«, weil sie eine »Empfindung von Ganzheit und Harmonie« (ebd., S. 251) hervorruft.

Das Destruktive des Inhalts wird also durch die Schönheit, Ganzheit und Harmonie der formalen Perfektion kompensiert und aufgehoben. Die Kunst beweist, dass »aus dem Chaos Ordnung entstehen kann« (ebd., S. 251), sodass die Zuhörer ihre depressiven Ängste durcharbeiten können.

> »Aus allem Chaos und aller Zerstörung heraus hat er [der Künstler] eine Welt geschaffen, die ganz, vollkommen und eins ist. […] Der Leser identifiziert sich durch das Medium Kunst mit dem Autor. Auf diese Weise erfährt er erneut seine eigenen frühen depressiven Ängste, und durch die Identifizierung mit dem Künstler durchlebt er eine erfolgreiche Trauer, etabliert erneut seine eigenen inneren Objekte und seine eigene innere Welt und fühlt sich dadurch reintegriert und bereichert (ebd., S. 251f.).

Demnach stammt der ästhetische Genuss des Publikums aus der Identifikation mit der inneren Welt des Künstlers und den Wiedergutmachungsprozessen, die in das Kunstwerk eingegangen sind. Der bedeutungsvolle Faktor ist nicht nur, auch nicht in erster Linie, die durch das Kunstwerk aufgedeckte unbewusste Phantasie, sondern deren dialektische Wechselwirkung mit dem formalen Aspekt, der dem eigentlichen Inhalt widerspricht. Der Schrecken des Inhalts wird durch die formale Schönheit kompensiert und aufgehoben. Segal meint sogar: »Ohne diese formale Harmonie würde die Depression des Publikums zwar geweckt, aber nicht gelöst werden« (ebd., S. 251). Aus diesen Überlegungen heraus stellt sie fest: »Ohne die perfekte Form kann es keine ästhetische Lust geben« (ebd., S. 251), was ich weiter unten im Zusammenhang mit zeitgenössischer Kunst diskutieren möchte.

Aber bevor ich Hanna Segals Werk im Zusammenhang mit der heutigen Kunst weiter untersuche, möchte ich noch auf eine wichtige theoretische Entwicklung bei ihr hinweisen, wenn sie nämlich die Auswirkungen des Todestriebs auf die künstlerische Tätigkeit untersucht. Segal wirft die wichtige Frage auf, wie »Schönes« und »Hässliches« beschaffen sind und in welchem Verhältnis sie zueinander stehen. Sie zitiert Ella Sharpe und Rickman und setzt das »Hässliche« mit dem Zerstörten, dem Unvollständigen und Unrhythmischen und allem, was mit einer unangenehmen Spannung einhergeht, gleich. Deshalb meint sie, »daß Häßlichkeit das ist, was den Zustand der inneren Welt in der Depression ausdrückt. Hier sind Spannung und Haß enthalten, und deren Ergebnis – sowohl die Zerstörung der guten und ganzen Objekte als auch ihre Veränderung in verfolgende Fragmente« (ebd., S. 252).

»Das Ganze, das Vollkommene und das Rhythmische« (ebd., S. 252) werden dagegen mit dem Schönen gleichgesetzt. Also müssen, um die Wiederherstellung des beschädigten Objekts darzustellen, »sowohl die Schönheit – im engen Sinn des Wortes – wie auch die Häßlichkeit vorhanden sein« (ebd., S. 253). Deshalb gibt es für Segal keine Kunst ohne formale Perfektion, aber gleichzeitig auch keine Kunst ohne Hässlichkeit, weil sie »eine äußerst wichtige und notwendige Komponente einer befriedigenden ästhetischen Erfahrung ist« (ebd., S. 252). Damit hängen ein Teil der Tiefe und Wahrheit eines Kunstwerks davon ab, dass es Destruktion mit einschließen kann. Diese Überlegung führt Segal 1974 noch klarer aus: »[I]n der Destruktivität hat insbesondere das Werk des Künstlers eine seiner Quellen« (S. 340), und noch einmal 1991: »Und es kann keine Kunst ohne Aggression geben« (1991b, S. 124).

In triebtheoretischen Begriffen formuliert, hält Segal schließlich fest: »Dann ist Häßlichkeit – Zerstörung – der Ausdruck des Todestriebs; Schönheit – der

Wunsch, sich in Rhythmen und Ganzheiten zu vereinen – der des Lebenstriebs. Die Leistung des Künstlers liegt darin, diesem Konflikt und der Vereinigung beider Triebrichtungen vollen Ausdruck zu verleihen« (Segal 1952, S. 256). Auf diese Weise, fügt sie hinzu, erkennt der Künstler den Tod an und überwindet ihn gleichzeitig, sodass die Kunst mehr als jede andere menschliche Tätigkeit der Unsterblichkeit nahekommt.

Es sollte allerdings festgehalten werden, dass für Segal Hässlichkeit und Destruktivität *nur und insoweit* notwendige Komponenten der Kunst sind, wie sie *in ein und demselben* Kunstwerk dialektisch mit Lebendigkeit und Schönheit einhergehen. Hässlichkeit und Aggression sind der Hintergrund, vor dem Schönheit und Lebendigkeit, die zugleich im selben Kunstwerk ausgedrückt werden, besonders zur Geltung kommen können. Im Gegensatz dazu finden sich in der zeitgenössischen Kunst viele Beispiele von Werken, in denen es *nur oder vor allem* um Destruktivität geht, während lebendige und wiedergutmachende Aspekte und die Möglichkeit eines Containens im umfassenderen sozialen Hintergrund des Kunstwerks *außerhalb* des Werkes untergebracht werden. Ich möchte diese Unterscheidung im nächsten Kapitel weiterentwickeln.

Segals Theoriebildung wird durch die zeitgenössische Kunst infrage gestellt

Segals schlüssiges, elegantes und überzeugendes Modell hatte und hat einen großen Einfluss auf das psychoanalytische Nachdenken über Kunst. Bei vielen Werken des zeitgenössischen Kunstschaffens bleibt die Frage allerdings offen, inwieweit ihre Gedanken zu deren Verständnis beitragen. Man könnte dies sicher auf unterschiedliche Weise untersuchen; mir sind zwei grundsätzliche Aspekte wichtig, die sich auf den ästhetischen Genuss des Publikums beziehen.

Der erste betrifft die Frage, *worin* dieser ästhetische Genuss besteht. Wir haben gesehen, dass er für Segal von der formalen Schönheit abhängt, die den Sieg der Wiedergutmachung über die Zerstörung bedeutet und darstellt: »Ohne die perfekte Form kann es keine ästhetische Lust geben« (Segal 1952, S. 251). Aber der zeitgenössischen Kunst kommt es nicht unbedingt auf klassische Werte wie Schönheit, Harmonie und Ausgewogenheit an. Ganz im Gegenteil kann es ihr darum gehen, etwas höchst intensiv, wirksam und nachhaltig durch formale Mittel auszudrücken, die oft entweder pure Hässlichkeit, Gewalttätigkeit und Regellosigkeit oder Bedeutungsloses, Zufälliges und Flüchtiges beinhalten.

Mein zweiter Punkt gilt der Frage nach den am ästhetischen Genuss *beteiligten psychischen Mechanismen*. Segals Konzeptualisierung der ästhetischen Erfahrung des Publikums beruht, ähnlich wie zuvor Freuds, vor allem auf der Identifikation mit dem Autor. Sie zitiert Freud und meint, dass »die psychische Konstellation, welche beim Künstler die Triebkraft zur Schöpfung abgab, bei uns wieder hervorgerufen werden« soll (Segal 1952, S. 250). Einige wichtige Strömungen in der zeitgenössischen Kunst betonen dagegen, dass ein bestimmtes Kunstwerk vielfältige, höchst persönliche und oft kreative Deutungen zulassen kann.

Man könnte sagen, dass die zeitgenössische Kunstszene durch Vielfalt und Eklektizismus ohne eine vorherrschende Ideologie und ohne eine Doktrin oder formale Einheit gekennzeichnet ist. Deshalb lassen sich die Intentionen moderner Künstler schlecht verallgemeinern. So beziehe ich mich auf einige unter zeitgenössischen Künstlern und Kunstamateuren verbreitete und weithin akzeptierte Ideen, ohne deren Allgemeingültigkeit zu diskutieren. Als Beispiele möchte ich einige einflussreiche und bekannte Künstler wie Marcel Duchamp, John Cage und Christian Boltanski heranziehen. Ihr weitgehend anerkannter Status sowie die Klarheit ihres Denkens und natürlich meine persönlichen Neigungen haben meine Auswahl bestimmt.

Marcel Duchamp (1887–1968) hat eine entschieden anti-ästhetische Position eingenommen und die »Schönheit der Indifferenz« gegen jede Form der »Tyrannei des Geschmacks« (Cabanne 1967 [1972]) durch Tradition oder künstlerische Autorität verteidigt. Für Duchamp ist der Geschmack kulturell determiniert; sich gesellschaftlich akzeptierten ästhetischen Wertvorstellungen zu unterwerfen, hält er für Verführung, also für eine Form der Entfremdung. Deshalb weigert sich Duchamp auch, ein neues Schönheitskonzept einzuführen, das später nur wieder durch ein noch neueres ersetzt werden würde. Er bestreitet schon die bloße Idee von Schönheit, die er abschätzig als »optischen Schauder« (ebd., S. 58) bezeichnet. Konsequent plädiert er deshalb für den Verzicht auf das »Physische« des Malens, auf die Lust am »Attraktiven«, »Gefälligen« und am »Appell an die Sinne«. All dies zählt für ihn zur »Atmosphäre des Animalischen«, wie er verächtlich anmerkt. Diese Kunstauffassung ist natürlich nicht mit einer Theorie zu vereinbaren, die, wie bei Segal, ein grundlegendes Element der künstlerischen Betätigung im Wiedergutmachungsaspekt von Harmonie, Ausgewogenheit und Schönheit sieht. Anders gesagt, geraten wir angesichts einer Kunst, die sich entschieden weigert, ihren Inhalt in formale Schönheit zu verpacken, in große Probleme, falls wir mit Segal davon ausgehen, dass die Dialektik zwischen einer destruktiven Phantasie und deren formaler Behandlung durch eine sie kompensierende Schönheit das Kennzeichen von Kunst ist.

Um auf Duchamp zurückzukommen: Wie kann der Künstler dem »Retinalen« und dem Sinnlichen entkommen? Duchamp propagiert eine entmaterialisierte Form der Kunst, deren Bedeutung »eher im intellektuellen [...] als im animalischen Ausdruck« liege. »Malerei«, sagt Duchamp, »sollte mit grauen Zellen zu tun haben, mit unserem Wunsch, etwas zu verstehen« (Duchamp 1973, S. 136).

Diese Ideen werden durch das Konzept der »Readymades« wunderbar veranschaulicht, die für Duchamp »gänzlich und strategisch unästhetisch« (Duchamp 1976, S. 9) sein sollten. Kurz zusammengefasst, verleiht Duchamp durch dieses provozierende und verwirrende Vorgehen alltäglichen Gegenständen wie einem Urinal – seiner berühmten »Fountain« –, dem Rad eines Fahrrads oder einem Kamm den Status eines Kunstwerks. Ziel dieses Vorgehens ist es, sich aus der Sklaverei eines stark durch die Erziehung bestimmten Geschmacks zu befreien, um sich für neue Wege des Wahrnehmens und Denkens zu öffnen.

Duchamp scheint in der Tat die übliche Hierarchie zwischen Idee und Objekt umkehren zu wollen. Statt ein Objekt zu schaffen, um eine Idee auszudrücken, schlägt Duchamp vor, für ein bereits vorhandenes Objekt eine neue Idee zu schaffen. Auf diese Weise »verschwindet dessen Gebrauchswert hinter einer neuen Bezeichnung und einer neuen Sichtweise« (Duchamp 1973, S. 122). Eine neue Sichtweise wird erschaffen: Was zählt, ist nicht die Erschaffung eines neuen Objekts, sondern die Erschaffung neuer Ideen. Für Duchamp ist Kunst nicht das Reich der Schönheit, Sinnlichkeit und der visuellen Lust, sondern ein Reich, das freies Denken und die Entdeckung neuer Wahrheiten ermöglicht.

Man könnte argumentieren, dass auch für Hanna Segal die Funktion der Kunst darin liegt, nach der Wahrheit zu suchen. Sie unterstreicht deshalb in einigen ihrer späteren Arbeiten die Suche nach der Wahrheit und den Wert des Durcharbeitens in der künstlerischen Betätigung (Segal 1991a, S. 109ff.; Segal 1991b, S. 126, 135). »Der Künstler [...] ist immer auf der Suche nach der psychischen Wahrheit« (Segal 1974, S. 343), und: »Die ästhetische Erfahrung hat auch beim Empfänger mit psychischer Arbeit zu tun. Das ist es, was sie von reiner Unterhaltung oder sinnlichem Vergnügen unterscheidet« (Segal 1991b, S. 126). Trotzdem hat in Segals Theorie der ästhetische Wert des freien Denkens noch eine weitere Bedeutung: Das Denken ist eine Komponente der psychischen Wiedergutmachungsarbeit. Man könnte in der Tat sagen, dass das freie Denken und die Suche nach der Wahrheit etwas Schönes haben. Allerdings sollte die Kluft zwischen diesen beiden Kunstauffassungen anerkannt und respektiert werden. Die Schönheit des freien Denkens liegt auf einer anderen Ebene als die von der klassischen Kunst angestrebte Schönheit. Diesen Unterschied außer Acht zu lassen, hieße, zu übergehen, dass Segals elegantes Modell sich auf klassische Schönheit in Form des sinnlichen Genusses, der Harmonie und der Ausgewogenheit bezieht, während Duchamp eine entmaterialisierte und konzeptuell unästhetische Position vertritt, die sich von den Zwängen des erebten Geschmacks und der Erziehung befreit hat.

Allerdings sei diese Freiheit keineswegs einfach zu erreichen, meint Duchamp. Es sei ungemein schwierig, so ein Objekt auszuwählen,

> »weil man es meist nach zwei Wochen entweder lieb gewinnt oder plötzlich satt hat. [...] Die Auswahl eines Readymade muß also von der visuellen Indifferenz und von dem völligen Fehlen eines guten oder schlechten Geschmacks ausgehen (Cabanne 1967 [1972], S. 67).

Und schließlich verlangt Duchamp diese Freiheit des Denkens nicht nur für den Künstler, sondern auch für das Publikum, wie auch sein berühmter Slogan, dass Kunst »im Auge des Betrachters« (ebd., S. 36) entstehe, aussagt. »Jedes Kunstwerk«, erklärt Duchamp, »ist ein zweipoliges Produkt, wobei der eine Pol derjenige ist, der es macht und der andere, der es betrachtet. Ich messe dem letzteren genausoviel Bedeutung bei wie dem ersteren« (ebd., S. 105). Eine radikale, aber stimmige Schlussfolgerung dieses Standpunkts ist es, dass Duchamp die Vorstellung zurückweist, der Künstler wolle dem Publikum etwas mitteilen. Für Duchamp geht der Wunsch nach Kommunikation mit der Gefahr der Beeinflussung und Entfremdung einher.

Diese Befürchtung einer Beeinflussung und Indoktrination ist keineswegs nur die persönliche Sorge Duchamps (Abella 2008). Vielmehr wird sie von einer Reihe von Künstlern aus anderen Epochen und mit anderer geografischer Herkunft geteilt. So beispielsweise von dem 1944 geborenen französischen Künstler Christian Boltanski:

> »Manche Bilder verlangen nichts anderes, als dass man vor ihnen betet und die Kommunion empfängt, andere stellen Fragen. Denen möchte ich näher sein. Ich fürchte mich vor Kunst, die sich anderen aufdrängt: Angesichts mancher Bilder fühle ich mich so verlegen, wie ich es bei der Begegnung mit einem Mystiker wäre, der andere zu bekehren sucht« (Gumpert 1992, S. 176).

Deshalb besteht für Boltanski die zentrale Herausforderung in der Frage, wie dem Publikum die größtmögliche Freiheit einzuräumen wäre: »Ich versuche, dem Betrachter eher Fragen zu stellen, als ihm eine Richtung vorzugeben« (ebd., S. 177).

Diese Befürchtung, das Publikum könnte durch den Künstler verführt und indoktriniert werden, stellt Segals Konzept infrage, dass das ästhetische Erleben von der Identifikation mit dem Wiedergutmachungswunsch des Künstlers getragen werde. Wenn wir Segal folgen und davon ausgehen, dass die Kunst immer und notwendigerweise einen heilsamen Wiedergutmachungsprozess und den Triumph des Lebens über den Tod zum Ausdruck bringt, ginge vom Künstler tatsächlich keine Gefahr der Indoktrination aus. Die Identifikation mit der Wiedergutmachungsleistung des Künstlers kann für das Publikum nur hilfreich und anregend sein. Wenn es dagegen um die Freiheit des Denkens und die Suche nach der persönlichen Wahrheit gehen soll, wächst bei einer Kunst, der vor allem an sinnlicher Schönheit und formaler Perfektion liegt, die Gefahr der Verführung und Suggestion beträchtlich. So gesehen kann eine Kunst, die im Betrachter eine Identifikation mit der Phantasie des Künstlers hervorrufen möchte, statt ihn nach seiner eigenen persönlichen Wahrheit suchen zu lassen, nur zu Entfremdung und damit Abstumpfung führen.

Vielleicht hat John Cage (1912–1992) solche Überlegungen am radikalsten weiterentwickelt. Sie lassen sich aber nicht nur auf die Musik anwenden, sondern auch auf visuelle Künste, insbesondere auf die als Happenings bezeichneten Kunstformen. Für Cage muss das Ziel von Musik und Kunst sein, eine Transformation des Selbst und seelisches Wachstum zu ermöglichen: »Ich möchte also die traditionelle Ansicht, daß Kunst ein Mittel der Selbstdarstellung ist, durch die Auffassung ersetzen, daß sie ein Weg zur Selbsterneuerung ist, und zwar ist das, was da erneuert wird, die geistige Einstellung« (Kostelanetz 1987 [1991], S. 159).

Wie zuvor Duchamp und später Boltanski beunruhigen Cage die Gefahren der Suggestion, Verführung und Entfremdung, die in jeder zwischenmenschlichen Beziehung, also auch in der Kunst, enthalten sind. Deshalb will er mit klassischer Musik nichts zu tun haben. Sie sei für ihn voll mit allen möglichen Ideen und persönlichen Gefühlsäußerungen, die er »aufdringlich« findet: »Sie beinhaltet genau das, was Herrschaft ausmacht: das Verlangen nach Kontrolle; und sie läßt mir keine Freiheit« (ebd., S. 175). Er fügt noch hinzu: »Beim Zuhören [mag ich] nicht gedrängt werden. Ich schätze Musik, die mir die Freiheit läßt, auf meine eigene Art und Weise zuzuhören« (ebd., S. 160).

Ähnlich wie Duchamp und Boltanski fordert Cage diese Freiheit nicht nur für den Künstler, sondern auch für das Publikum. Deshalb versucht er, Musik, Kunst oder einen Vortrag so zu gestalten, dass das Publikum dazu angeregt wird, selbst etwas beizutragen statt nur passiv aufzunehmen. Die meisten Zuhörer gingen »mit der Erwartung in ein Konzert, es werde etwas mit ihnen gemacht, anstatt sich selbst in einer aktiven Rolle zu sehen« (ebd., S. 165). Er dagegen möchte im Publikum eine aktive und kreative Einstellung hervorrufen, was zweierlei erfordert: Erstens macht er ein ungesättigtes Angebot, damit das Publikum offener wird und die Realität auf eine neue, tiefer gehende und persönlichere Weise *wahrnehmen* und *erleben* kann. Zweitens sollten die Zuhörer sich kulturellen Klischees entziehen können, um über ihr Erleben auf neue Weise *nachdenken* und es *verstehen* zu können. Es geht also um zwei wichtige Themen: einerseits Wahrnehmen und Erleben, andererseits Nachdenken und Verstehen.

Ein schönes Beispiel für seine Intentionen ist sein *Stilles Stück, 4'33"* (1952), das aus drei Sätzen besteht, in denen ... nichts zu hören ist. Die irritierte Reaktion der Zuhörer bei der Uraufführung kommentiert Cage so:

> »Die meisten Leute haben das Wesentliche nicht begriffen. Es gibt keine Stille. Das, was man als Stille empfand, war voller zufälliger Geräusche – was die Zuhörer nicht begriffen, weil sie kein Gehör dafür hatten. Während des ersten Satzes konnte man draußen den Wind heulen hören. Im zweiten Satz prasselte der Regen aufs Dach, und während des dritten machte das Publikum selbst allerhand interessante Geräusche, indem sie sich unterhielten oder hinausgingen« (Kostelanetz 1987 [1991], S. 63).

Damit plädiert Cage in Worten, die sehr an Bion erinnern, für Stille, Leere und negative Valenzen und vertritt die Auffassung, dass ein Kunstwerk so ungesättigt wie möglich sein sollte. Aber noch wichtiger ist, dass Cage und Bion aus denselben Gründen für diese negativen Valenzen eintreten: um sich für das Unbekannte zu öffnen und so die Voraussetzungen für Lernen und Entdeckungen zu schaffen. Damit werden Bions Gedanken über die Fähigkeit, von Neuem zu lernen, und über die herausragende Bedeutung der Selbst-Transformation genau an dem Punkt zu einem hilfreichen Werkzeug, an dem Segals Überlegungen sich angesichts der Hauptthemen einiger der einflussreichsten zeitgenössischen Künstler als unzureichend erweisen.

Wie aber kann der Künstler diese aktive und kreative Bereitschaft einem Musikstück oder Kunstwerk gegenüber unterstützen? Das Problem ist, dass unsere »Neigungen und Abneigungen« (ebd., S. 70) durch Erziehung und Tradition in einer Weise kulturell determiniert sind, die unsere Fähigkeit zur

Wahrnehmung der Realität abstumpfen und erstarren lassen kann. Deshalb stellt Cage ebenso provokant wie erfrischend fest: »Die Aufgabe der Komponisten bestehe darin, Schönheit zu verbergen. Das hat mit dem Öffnen unseres Bewußtseins zu tun, weil sich unser Begriff von Schönheit mit dem deckt, was wir akzeptieren« (ebd., S. 75). Deshalb bemüht sich Cage darum, dem Publikum offene, nicht vorherbestimmte künstlerische Erfahrungen zugänglich zu machen, die wie ein Netz sein sollen, um einen noch unbekannten Fisch zu fangen.

Diese Fähigkeit, etwas ganz neu zu erleben und wahrzunehmen, muss zu einer seelischen Transformation führen. Die Musik soll die Zuhörer psychisch so verändern, dass sie sich für eine neue Erfahrung öffnen.

> »Es handelt sich um einen Versuch, unser Bewußtsein um Möglichkeiten zu erweitern, die anders sind als die, die wir bereits kennen, und die, von denen wir bereits wissen, daß wir gut mit ihnen zurechtkommen. Es muß etwas getan werden, um uns und unser Gedächtnis von unseren Vorlieben zu befreien« (ebd., S. 104).

Die Musik sollte uns die Augen und Ohren öffnen für die Vielfalt und Komplexität des Lebens und alles vermeiden, was zu einfach ist und zu schnell zufriedenstellt. Auch hier erinnern Cages Worte an Bion: Jemand ist »lernunfähig [...], weil er befriedigt ist« (Bion 1959 [2006], S. 39). Eine letzte radikale Schlussfolgerung aus dieser Gedankenfolge ist für Cage, dass ein vielleicht nur mittelmäßiges, zeitgenössisches Stück, das die mitgebrachten Ideen des Publikums infrage zu stellen vermag, vielleicht »eine größere Bedeutung hat und sich mehr für das Theater eignet als ein noch so gutes literarisches Werk« (Kostelanetz 1987 [1991], S. 94).

Diese provozierende Behauptung stellt Segals Überlegungen über die Bedeutung der Unterscheidung zwischen guter und schlechter Kunst infrage. Für Segal ist, wie wir wissen, ›gute‹ Kunst jene, die das Publikum tief berührt und bestimmte Phantasien des Künstlers effizient transportiert. Deshalb ist leicht nachzuvollziehen, dass ein Künstler die bloße Kennzeichnung seines Werks als ›gute‹ Kunst wie eine Gefährdung der Freiheit des Publikums erlebt, wenn er verzweifelt jegliche Suggestion zu vermeiden sucht, um sein Werk für Interpretationen offen zu halten. Ähnlich gefährlich ist es, die Identifikation mit den Phantasien des Künstlers anzustreben, falls es nicht um die vom Künstler beabsichtigte Identifikation mit seiner inneren Freiheit geht, d.h. mit seiner Weigerung, gesellschaftlich akzeptierte Vorurteile zu übernehmen.

Man könnte also die Frage stellen: Eignen sich Hanna Segals Überlegungen noch zum Verständnis derjenigen Strömungen in der zeitgenössischen Kunst, in denen die formale Schönheit als wesentliches Kriterium eines Kunstwerks verworfen wird? Ich habe weiter oben die Ansicht vertreten, dass zwischen einem Kunstwerk und dem Kontext, in dem es gezeigt wird, unterschieden werden sollte. Es ist nicht dasselbe, ob man Duchamps Urinal im Ausstellungsraum eines Museums betrachtet oder in der Toilette desselben Museums. Der Kontext beeinflusst und bestimmt die Bedeutung, die wir einem vorgegebenen Objekt unwillkürlich zuschreiben. Im Ausstellungsraum des Museums wissen wir, dass wir die präsentierten Werke vor dem Hintergrund der Kunstgeschichte, zum Beispiel der westlichen Kunst, zu verstehen haben. Damit wird Segals dialektisches Wechselspiel zwischen dem destruktiven Inhalt und der formalen Schönheit eines Werks auf eine andere Ebene verlagert. In einigen besonders provozierenden zeitgenössischen Kunstwerken wird diese Dialektik ersetzt durch die Wechselwirkung zwischen einem extrem schockierenden oder trivialen Inhalt/Erscheinungsbild des Werks und der Tatsache, dass es im Rahmen einer anerkannten kulturellen Institution gezeigt wird. So können wir uns nachdenklich und ruhig mit Dingen beschäftigen, die wir in einem alltäglichen Zusammenhang nicht wahrnähmen oder unerträglich fänden. Kulturelle Institutionen werden idealisiert und stellen so einen haltenden Rahmen zur Verfügung. Damit verkörpern sie selbst die Wiedergutmachungsfunktion, die Segal der formalen Schönheit eines Kunstwerks zuschreibt. Nicht dank der formalen Schönheit, sondern mittels des Respekts vor der Institution überwinden wir die Destruktion: Wir können durch eine destruktive oder triviale künstlerische Erfahrung angeregt und bereichert werden, weil uns dieser besondere Kontext zu dieser Auseinandersetzung einlädt. In der Toilette ist ein Urinal trivial, mitten auf der Straße vor dem Museum kann es provozierend wirken, im Ausstellungsraum vermag es unser Denken über die Kunst und das Leben anzuregen.

Schlussfolgerungen

Zusammenfassend lässt sich feststellen, dass sowohl Duchamp wie Cage sich der gängigen Vorstellung verweigern, der Künstler strebe durch formale Mittel nach Schönheit und Kommunikation, weil er persönliche Phantasien oder Gefühle zum Ausdruck bringen wolle. Dieser Verweigerung liegt der Gedanke zugrunde, dass bestimmte Formen des künstlerischen Ausdrucks die große Gefahr von Beeinflussung, Verführung und Entfremdung beinhalten. Zudem liegt die größte Bedrohung nicht so sehr in einer propagandistischen Verwendung der Kunst – die eher ungefährlich, weil leicht zu identifizieren ist –, sondern in der Tatsache, dass die eigentlichen ästhetischen Werte aus Gewohnheit und Tradition entstanden sind. Sich vorgefertigten ästhetischen Wertvorstellungen zu unterwerfen, bedeutet demnach, nicht mehr offen für persönliche Erfahrungen zu sein und nicht über sie nachdenken zu können. Infolgedessen vertreten diese Künstler eine Kunstform, die im Künstler wie im Publikum den Wunsch und die Fähigkeit wieder lebendig werden lassen will, Neues zu entdecken. Anders ausgedrückt: Nicht die formale Schönheit zählt, sondern die Wahrheit. Daher soll der Künstler auf Schönheit verzichten oder sie sogar bekämpfen, wenn die Wahrheit in der Schönheit der Form untergehen könnte.

Mit Worten, die sehr an Bions Denken erinnern, wollen diese Künstler also die abstumpfende und sterile Wirkung eines bereits bekannten, aber unvollständigen Verstehens und irreführender, vorgefertigter Wahrheiten anprangern. Der Kunst geht es nicht länger um Schönheit und sinnlichen Genuss. Ihr Ziel ist es vielmehr, neue Realitätserfahrungen und Wege des Nachdenkens über sie zu eröffnen, damit die künstlerische Betätigung ständige mentale Transformation und seelisches Wachstum ermöglichen kann.

Deshalb besteht die Aufgabe des Künstlers darin, nach neuen Möglichkeiten der Wahrnehmung der Realität zu suchen, um eine kreative Transformation unseres Denkens und damit unserer Psyche zu bewirken. Im Motto der Biennale in Venedig 2007 – »Pensa con i sensi, senti con la mente« [»Denk mit den Sinnen, fühle mit dem Kopf«] – wird diese Form der künstlerischen Betätigung angesprochen, deren wichtigstes Ziel es ist, durch formale visuelle und sinnliche Mittel, wie sie der Kunst zur Verfügung stehen, ein neues Denken zu fördern. Die zeitgenössische Kunst lädt uns zum Denken und Fühlen ein, und sehr oft hat das Denken höchste Priorität.

Als Freud perverse und neurotische Charakterzüge bei Künstlern beschrieb, zeigte er auch, wie pathologische Dispositionen in der Kunst einen Ausweg finden können. Wenn die zeitgenössische Kunst zu Mitteln greift, die in manchmal unverblümter und kaum symbolisierter Weise perverse, narzisstische und höchst destruktive Phantasien auslösen, scheint sich seine Intuition zu bestätigen. Statt die pathologischen Charakterzüge von Künstlern hervorzuheben, möchte ich Freuds Gedanken etwas umformulieren, weil ich die Frage hilfreicher finde, wie es Künstlern gelingt, sehr archaische psychische Inhalte in ihr Werk einzubeziehen.

Man könnte fragen, wozu diese primitiven und oft schockierenden künstlerischen Aussagen gut sein sollen. Darauf sind verschiedene Antworten denkbar. Einerseits geht es sicher um etwas Expressives, Kathartisches und die Möglichkeit, etwas loszuwerden. Nach dieser Sichtweise läge das Spezifische von Kunst darin, mit einem bestimmten Kunstwerk sehr primitive Phantasien und Gefühle in einem haltenden und sicheren Rahmen ausdrücken zu können. In einer durch barbarische Gewalt und immer wieder auftretende unvorstellbare Destruktivität erschütterten Welt hat diese Möglichkeit, Destruktivität kulturell kontrolliert zum Ausdruck zu bringen, durchaus ihren Wert. So gesehen könnte die zeitgenössische Kunst als Container für primitive und destruktive Phantasien dienen, für die es sonst im Alltag kein Ventil gibt.

Für mich ist bei dieser Überlegung wichtig, dass dieses durch die zeitgenössische Kunst ermöglichte Ausleben primitiver Phantasien nicht unbedingt eine inadäquate oder abwegige Abfuhr ohne jeden konstruktiven psychologischen Wert ist, die man bestenfalls tolerieren kann. Bereits Freud wies darauf hin, dass künstlerische Betätigung die Identifikation mit einer Gruppe fördern und narzisstische Befriedigung gewähren kann. Wenn ich seiner Sicht folge, scheint mir das Ausleben dieser destruktiven Phantasien durch das kulturell so hoch bewertete und gesellschaftlich anerkannte Mittel der Kunst das Selbstwertgefühl und die Identifikation mit bestimmten kulturellen Werten stärken zu können. Die durch künstlerische Betätigung mögliche Abfuhr und Katharsis hätte demnach ein psychologisch nicht zu unterschätzendes Nebenprodukt.

Aber es geht um mehr als Katharsis und Abfuhr. Die Möglichkeit, innerhalb eines sicheren Rahmens ungefilterte Phantasien und Gefühle zuzulassen, macht uns diese oft abgespalteten und verleugneten primitiven Komponenten bewusst, die zu uns und unserer Welt gehören. Hier geht es nicht nur um Abfuhr, sondern um die Möglichkeit eigener Entdeckungen und neuen Lernens. Wir können also mithilfe der Kunst alte falsche und idealisierte Darstellungen der äußeren und inneren Realität spielerisch dekonstruieren und versuchen, sie durch wahrhaftigere zu ersetzen. Oder anders gesagt können wir so etwas mehr über uns und unsere Welt erfahren. Dieses neue Wissen enthält die Chance einer psychischen Transformation.

Nach dieser Sichtweise können die oft provozierenden (Bion hätte von pro- und evozierend gesprochen) und destabilisierenden Aussagen der zeitgenössischen Kunst als ein kraftvolles, reinigendes Aufbrechen alter hohler Wahrheiten und als Anreiz, neuere und wahrhaftigere zu entdecken, verstanden werden.

Man könnte argumentieren, dass alle möglichen klassischen wie zeitgenössischen künstlerischen Betätigungen zu kreativem Denken in diesem Sinn und zu persönlicher Transformation führen können. Das trifft sicher zu. Mir kommt es hier darauf an, dass den Künstlern in der zeitgenössischen Kunst viel mehr an dieser Suche nach Wahrheit und neuem Denken liegt als an Werten wie Selbstausdruck, Kommunikation oder Schönheit. Natürlich enthält die Kunst, sei es nun die klassische oder die zeitgenössische, alle diese Dimensionen. Trotzdem können in unterschiedlichen Perioden bestimmte Wertvorstellungen durch künstlerische Bemühungen mehr begünstigt werden als andere. Eine kleine Verschiebung des Gleichgewichts bewirkt manchmal sehr viel.

Dasselbe gilt für die damit einhergehende Vorstellung, dass es dem Betrachter überlassen bleibt, welchen Gebrauch er von einem Kunstwerk machen möchte. Hanna Segal wies darauf hin, dass »bestimmte Geschichten auf vielen Ebenen« gelesen werden könnten, und zeigte beispielsweise, wie ein Text sowohl psychoanalytisch wie politisch verstanden werden kann (Segal 1994, S. 612). Für das Publikum gilt diese Freiheit prinzipiell angesichts jeder Art von Kunst. Aber es ist, um es noch einmal zu sagen, ein deklariertes Ziel der zeitgenössischen Kunst, diese persönlichen und kreativen Interpretationen zu fördern, ein Ziel, dem sehr viel mehr Bedeutung eingeräumt wird als der Freude an formaler Schönheit oder der Identifikation mit den Phantasien des Künstlers.

Dieses nachdrückliche Beharren auf der Freiheit des Publikums spiegelt sich auch im Sprachgebrauch wider. Zeitgenössische Künstler sprechen immer seltener von Kunstwerken und immer häufiger davon, was ihre Kunst aussagt. Dieser Sprachgebrauch bringt durchaus Implikationen mit sich: Der Begriff ›künstlerische Aussage‹ beinhaltet die Idee einer offenen Aussage, die durch das Publikum aktualisiert werden muss, statt der Idee eines vom Künstler mehr oder weniger vollendeten Kunstwerks. Kurz zusammengefasst, geht es der zeitgenössischen Kunst oft nicht so sehr um ein schönes Objekt, sondern um eine potenziell kreative, fruchtbare und bereichernde Erfahrung.

Abschließend meine ich, dass meine Überlegungen Hanna Segals Gedanken nicht widersprechen, sondern sie im Gegenteil ergänzen. Man könnte sagen, dass Hanna Segal umfassend die einflussreiche Vorstellung der Kunst als einer Wiedergutmachung durch formale Schönheit entwickelt und gleichzeitig wertvolle Einblicke in eine Kunst ermöglicht hat, die nach der Wahrheit sucht. Dieses letztere Thema ist von anderen Analytikern wie beispielsweise Bion weiter vertieft worden. Deshalb sollten wir uns vielleicht an Bion halten, wenn sich die zeitgenössische Kunst scheinbar nicht mit Segals Überlegungen vereinbaren lässt. Will man sich mit der zeitgenössischen Kunst auseinandersetzen, bedarf es beider Konzepte – einem, das Schönheit und Wiedergutmachung unterstreicht, und einem, das Wahrheit und freies Denken fördert. Aber es sollte festgehalten werden, dass Bion uns hilfreiche Werkzeuge zur Verfügung gestellt hat, um Kunst als Lernen und Transformation zu verstehen, ohne selbst ein eigenes Konzept zu dieser Frage vorgestellt zu haben. Es ist Hanna Segals Verdienst, ein zusammenhängendes und elegantes Modell der Ästhetik entwickelt zu haben, das bis heute das psychoanalytische Denken zu inspirieren und stimulieren vermag.

Aus dem Englischen von Antje Vaihinger

Literatur

Abella, Adela (2007): Marcel Duchamp: On the fruitful use of narcissism and destructiveness in contemporary art. I. J. Psycho-Anal. 88, 1039–1060.
Abella, Adela (2008): Christian Boltanski: Un artiste contemporain vu et pensé par une psychanalyste. Rev. Franç. Psychanal. 4, 1113–1136.
Bion, Wilfred R. (1959): Attention and interpretation. London (Tavistock). Dt.: Aufmerksamkeit und Deutung. Übers. Elisabeth Vorspohl. Tübingen (edition diskord), 2006.
Cabanne, Pierre (1967): Entretiens avec Marcel Duchamp. Paris (Belfond). Dt.: Gespräche mit Marcel Duchamp. Übers. Harald Schmunck und Ursula Dreysse. Köln (Verlag Galerie Der Spiegel), 1972.
Davis, Frederick B. (1973): Three letters from Sigmund Freud to André Breton. J. Am. Psychoanal. Assoc. 21, 127–134.
Duchamp, Marcel (1973): Salt seller: The writings of Marcel Duchamp. Hg. von Sanouillet, Michel & Peterson, Elmer. New York, NY (Oxford UP). [(1989). The writings of Marcel Duchamp. Sanouillet, Michel & Peterson, Elmer (Hg.). New York, NY (Da Capo). (Unabridged republication.)]
Duchamp, Marcel (1976): Duchamp du signe [Duchamp of the sign]. Paris (Flammarion).
Freud, Sigmund (1905): Drei Abhandlungen zur Sexualtheorie. GW V, S. 27–145.
Freud, Sigmund (1907): Der Wahn und die Träume in W. Jensens Gradiva. GW VII, S. 29–122.
Freud, Sigmund (1908): Der Dichter und das Phantasieren. GW XII, S. 213–223.
Freud, Sigmund (1910): Eine Kindheitserinnerung des Leonardo da Vinci. GW VIII, S. 127–211.
Freud, Sigmund (1911): Formulierungen über die zwei Prinzipien des psychischen Geschehens. GW VIII, S. 230–238.
Freud, Sigmund (1913): Das Interesse an der Psychoanalyse. GW VIII, S. 389–420.
Freud, Sigmund (1914): Der Moses des Michelangelo. GW X, S. 172–201.
Freud, Sigmund (1916–17): Vorlesungen zur Einführung in die Psychoanalyse. GW XI.
Freud, Sigmund (1919): Das Unheimliche. GW XII, S. 227–268.
Freud, Sigmund (1927): Die Zukunft einer Illusion. GW XIV, S. 325–380.
Freud, Sigmund (1930 [1929]): Auszug eines Briefs an Theodor Reik. GW Nachtragsband, S. 668–669.
Freud, Sigmund (1930): Das Unbehagen in der Kultur. GW XIV, S. 419–506.
Freud, Sigmund (1933): Neue Folge der Vorlesungen zur Einführung in die Psychoanalyse. GW XV.

Freud, Sigmund & Bullitt, William C. (1967): Thomas Woodrow Wilson: Twenty-eighth president of the United States: A psychological study. London (Weidenfeld & Nicolson). Dt.: Wirth, Hans-Jürgen (Hg.): Thomas Woodrow Wilson – der 28. Präsident der Vereinigten Staaten von Amerika (1913–1921). Eine psychoanalytische Studie. Gießen (Psychosozial-Verlag), 2007.

Freud, Sigmund & Jones, Ernest (1993): The complete correspondence of Sigmund Freud and Ernest Jones: 1908–1939. Cambridge, MA (Belknap). Dt.: Paskanskas, R. Andrew (Hg.): Briefwechsel Sigmund Freud – Ernest Jones, 1908–1939. Originalwortlaut der in Deutsch verfaßten Briefe Freuds. Frankfurt (Fischer), 1993.

Gumpert, Lynn (1992): Christian Boltanski. Paris (Flammarion).

Kostelanetz, Richard (1987): Conversing with John Cage. New York, NY (Limelight). Dt.: John Cage im Gespräch: zu Musik, Kunst und geistigen Fragen unserer Zeit. Köln (DuMont), 1991.

Segal, Hanna (1952): A psycho-analytical approach to aesthetics. I. J. Psycho-Anal. 33, 196–207. Dt.: Eine psychoanalytische Betrachtung der Ästhetik. In: Wahnvorstellung und künstlerische Kreativität. Übers. Annegrete Lösch. Stuttgart (Klett-Cotta), 1992, S. 233–259.

Segal, Hanna (1957): Notes on symbol formation. I. J. Psycho-Anal. 38, 391–397. Dt.: Bemerkungen zur Symbolbildung. In: Bott Spillius, Elizabeth (Hg.): Melanie Klein Heute, Bd. 1. Übersetzung Elisabeth Vorspohl. München (Verlag Internationale Psychoanalyse), 1990, S. 202–224.

Segal, Hanna (1974): Delusion and artistic creativity: Some reflections on reading ›The spire‹ by William Golding. I. J. Psycho-Anal. 51, 135–141. Dt.: Wahn und künstlerische Kreativität: Betrachtungen über William Goldings Roman ›Der Turm der Kathedrale‹. In: Bott Spillius, Elizabeth (Hg.): Melanie Klein Heute, Bd. 2. Übersetzung Elisabeth Vorspohl. München (Verlag Internationale Psychoanalyse), 1990, S. 332–345.

Segal, Hanna (1978): On symbolism. I. J. Psycho-Anal. 59, 315–319.

Segal, Hanna (1991a): Freud and art. In: Dream, phantasy and art. New York, NY (Routledge), S. 74–84. Dt.: Freud und die Kunst. In: Traum, Phantasie und Kunst. Übers. Ursula von Goldacker. Stuttgart (Klett-Cotta), 1996, S. 102–114.

Segal, Hanna (1991b): Art and the depressive position. In: Dream, phantasy and art. New York, NY (Routledge), S. 85–100. Dt.: Kunst und die depressive Position. In: Traum, Phantasie und Kunst. Übers. Ursula von Goldacker. Stuttgart (Klett-Cotta), 1996, S. 115–135.

Segal, Hanna (1991c): Imagination, play and art. In: Dream, phantasy and art. New York, NY (Routledge), S. 101–109. Dt.: Vorstellungsvermögen, Spiel und Kunst. In: Traum, Phantasie und Kunst. Übers. Ursula von Goldacker. Stuttgart (Klett-Cotta), 1996, S. 136–146.

Segal, Hanna (1994): Salman Rushdie and the sea of stories: A not-so-simple fable about creativity. I. J. Psycho-Anal. 75, 611–618.

VI FILMESSAY

Liebe und Hass bei Demenz

Die depressive Position im Film *Iris*

Daniel Anderson

Einleitung

Filme spielen in der gegenwärtigen Gesellschaft eine tragende Rolle, indem sie uns häufig Einblicke in andere Welten und Lebensweisen ermöglichen, zu denen wir normalerweise keinen Zugang hätten. Sie können die öffentliche Meinung nachhaltig beeinflussen, und Regisseur, Autor und Schauspieler stehen vor der schwierigen Aufgabe, das richtige Gleichgewicht zu halten, um schädliche Folgen und einseitige Beeinflussungen zu verhindern. Es ist wichtig, dass der Film bei der Behandlung eines bestimmten Problems die Balance bewahrt, indem er es weder verwässert und unwichtig erscheinen lässt noch eine unrealistische Sensation daraus macht.

Der Film *Iris* (Regisseur: Richard Eyre, 2002, UK) befasst sich mit dem schwierigen Thema Demenz. Im Mittelpunkt dieses Films steht der Versuch eines Paares, ihre Beziehung an die sich ständig verändernden Anforderungen anzupassen, denen es aufgrund der Persönlichkeitsveränderungen und nachlassenden Fähigkeiten eines geliebten und an Demenz erkrankten Menschen gegenübersteht. Demenz ist ein weit verbreiteter und gegenwärtig unheilbarer Zustand, der auf grausame Weise die Erkrankten und ihre Angehörigen ihrer gemeinsamen Geschichte, ihrer Persönlichkeit, Liebe, Intimität und schließlich ihres Lebens beraubt. Von manchen wird sie – fälschlicherweise – als normaler Bestandteil des Alterungsprozesses angesehen. Und doch ist sie so verbreitet und verstörend, dass sich auf diese Weise die Not der zugrunde liegenden Pathologie und die Verzweiflung der Betroffenen ausblenden lässt. In gewisser Hinsicht eröffnet sie verstörende Einblicke in unsere primitivsten Ängste vor Selbstverlust und davor, hilflos und abhängig zu werden. Sie droht, unser Gefühl von einem einheitlichen Ich zu erschüttern und die Grenzen zwischen dem, was zum Selbst gehört, und dem, was zum Nicht-Selbst gehört, zu verwischen. Auch wenn die Demenz nicht einfach als Rückkehr zur frühesten Kindheit durch eine Umkehr der menschlichen Entwicklung angesehen werden sollte, so weist sie gleichwohl einige Ähnlichkeiten zu frühkindlichen Zuständen auf, was man insbesondere bedenken sollte, wenn es um fortgeschrittene Stadien der Erkrankung geht.

Die Stigmatisierung von Geisteskrankheiten wie der Demenz oder auch des Alterns *per se* kann heftige Reaktionen beim Zuschauer solcher Filme auslösen, die dann wiederum die Einstellung einer breiteren Öffentlichkeit beeinflussen können. Der Film *Iris* versucht sich diesem Problem zu stellen, indem er die Auswirkungen der Demenz auf die Betroffenen, ihre Beziehungen und ihre weitere Umgebung untersucht. Diese Störung kann derart starke und beunruhigende Reaktionen hervorrufen, dass durch diesen Film das Stigma, an Demenz zu erkranken, entweder zerstreut oder erst recht erzeugt werden kann.

Die Gegenübertragung bei Demenz

Es gab in den letzten Jahren verschiedene Ansätze, unsere Reaktionen auf Demenzkranke besser zu verstehen (Davenhill et al. 2003; Evans 2008), seit die emotionalen Bedürfnisse der Pflegepersonen stärker beachtet werden. In Großbritannien kümmern sich schätzungsweise sechs Millionen Pflegekräfte um Kranke oder Behinderte, von denen eine Million über 50 Wochenstunden im Einsatz sind (Balfour 2008). Übereinstimmend zeigen Studien, dass sich die Demenz nicht nur auf die Erkrankten selbst, sondern auch auf diesen Personenkreis auswirkt: Ohne angemessene Unterstützung kommt es bei den Pflegepersonen zu Stress, der zu einer Verschlechterung ihrer körperlichen und seelischen Gesundheit führt (Williamson 2008).

Demenzpatienten nehmen derartige Veränderungen an ihren Pflegern sensibel wahr und reagieren rasch auf Veränderungen im Ton oder der Körpersprache, selbst wenn sie kognitiv nicht verstehen können, warum ihre Pfleger ärgerlich oder gereizt reagieren. Die daraus resultierende Frustration kann bei den Demenzpatienten Verhaltensauffälligkeiten oder psychische Störungen auslösen, ihre Unterbringung gefährden und manchmal zum Einsatz psychotroper Medikamente führen (ebd.).

Die Pflegepersonen müssen Projektionen aushalten, ohne sich mit ihnen zu identifizieren. Dies ist eine nahezu unmögliche Aufgabe, die ohne angemessene Unterstützung kaum zu bewältigen ist. Solche Projektionen machen sich oft an Problemen fest, die der Pflegende nicht verarbeitet hat, und rufen möglicherweise ähnliche Gefühle gegenüber Eltern und Großeltern hervor (Martindale 1989). Solche Reaktionen auf Elternfiguren können alte ödipale Konflikte wieder aufflammen lassen (Wylie/Wylie 1985), was dazu führen kann, dass der Pfleger auf diese Weise unerledigte Konflikte seiner Vergangenheit ausagiert. Manchmal mag dies sowohl für den Patienten als auch für die Pflegekraft durchaus hilfreich sein, doch wenn es darum geht, extrem gefallen und nicht ›loslassen‹ zu wollen, kann es zu einer übermäßigen Abhängigkeit und malignen Regression aufseiten des Patienten kommen (Evans 2008). Evans (ebd.) beschreibt dies als »negative therapeutische Reaktion« – ein Phänomen, das Freud auf die Aggression des Todestriebes zurückgeführt hatte.

Der Therapeut oder Pfleger muss darin ausgebildet sein, Projektionen anzunehmen, in denen es um Verlustängste sowie um den Ärger geht, den das Älterwerden verursacht: das Nachlassen der körperlichen und geistigen Funktionen, die Schwächung des eigenen Selbst und andere schwierige Themen angesichts des nahenden Todes (Ardern et al. 1998). Martindale (1989) befasste sich mit der Angst von Therapeuten, bei älteren Patienten eine Abhängigkeit hervorzurufen, die den Therapeuten überwältigen und zu einer unnötigen Distanzierung vom Patient führen könnte. Eine andere Taktik, mit dieser Angst auf gesellschaftlicher Ebene umzugehen, kann darin bestehen, ältere Leute als Last anzusehen. Garner und Ardern (1998) haben beschrieben, was daraus folgt: »Indem den Älteren ein Gefühlsleben abgesprochen wird, können alle anderen bequem verleugnen, an die Schmerzen und Ängste des Alterwerdens und das Ende des Lebens denken zu müssen« (S. 93).

Manchmal können sich besonders aggressive Gegenübertragungsgefühle entwickeln und in Hass umschlagen. Winnicotts Überlegungen zu diesen Gefühlen stellen ein Modell zur Verfügung, um über die Herausforderungen in der Demenzpflege nachzudenken und die weniger angenehmen Aspekte des menschlichen Leidens auszuhalten (Winnicott 1947). Wenngleich es beschämend sein kann, solche Gefühle einzuräumen, so sind sie doch normal und müssen untersucht werden. Andernfalls besteht die Gefahr, dass die Qualität der Pflege unter diesen Emotionen leidet. Die Ungeduld mit den langsamen Bewegungen eines Patienten oder seinen sprachlichen Wiederholungen kann zu Wutausbrüchen beim Pfleger führen oder zu einer Abwehr ähnlich einer Reaktionsbildung, sodass die Langsamkeit des Patienten überkompensiert oder seine Wiederholungen schlicht ignoriert werden. All dies kann das Unglück des Patienten durch zusätzliche Schamgefühle und Demütigung noch verstärken und seine ohnehin eingeschränkten Fähigkeiten weiter verschlechtern (Evans 2008).

Bei der Gegenübertragung auf Ältere und insbesondere auf Demenzkranke fällt auf, wie extrem solche Reaktionen oft sind. Das Team und die einzelnen Pflegekräfte können Opfer eines »therapeutischen Nihilismus« werden »oder umgekehrt in ihren Behandlungen einem Heldentum aufsitzen, das Schmerz und Leid für alle Beteiligten verursacht« (Garner 2002, S. 213). Der Tendenz nach scheint es sich um eine Spaltung in unserer Haltung zu handeln. Entweder tut man, als existierten diese Menschen in Heimen oder sogar ihrem eigenen Zuhause gar nicht, oder man engagiert sich übermäßig für sie und wird emotional überwältigt.

Die besonderen Aspekte der Stigmatisierung und Demenz beinhalten viele der bereits genannten Punkte. Die Erfahrung von Patient und Pfleger ist häufig geprägt von Ausgeschlossensein und Verwirrung. Demenzpatienten sind bekannt für ihre Unberechenbarkeit, insbesondere in sozialen Situationen, in denen ein Übermaß an Reizen ihre Verarbeitungskapazität übersteigt. Patienten sozial auszuschließen, mag sie vor Verwirrung schützen, schützt aber auch uns vor unserer eigenen Verwirrung (Pointon 2004). Ihr Verhalten kann sozial weniger akzeptierbar und enthemmter werden und Ärger und Aggression in denjenigen auslösen, die diesem Verhalten ausgesetzt sind und die Krankheit nicht verstehen. Dieses Bedürfnis, den Patienten auszuschließen, kann auch noch bestehen, wenn er in einer Einrichtung untergebracht worden ist. Wir möchten weder der Erfahrung eines Pflegeheims ausgeliefert sein noch der psychischen Situation ihrer Bewohner, da sie uns an unsere eigene mögliche Zukunft erinnern.

Die Wirkung des Films auf den Betrachter

Der Film *Iris* beruht auf dem Bericht über ihre Erkrankung, den Iris' Ehemann John Bayley 1998 kurz vor ihrem Tod 1999 (Vassilas 2003) unter demselben Titel verfasste. Er zeigt, wie die weltbekannte Schriftstellerin Iris Murdoch in der Demenz versinkt. Dabei verwendet er eine Technik, die zwischen zwei Zeiträumen hin- und herwechselt – der Vergangenheit, als beide jung waren und ihre Beziehung begann, und der Gegenwart mit dem wachsenden Gewahrwerden ihres Gedächtnisverlustes und ihrer Reise mit der Demenz bis zu ihrem Tod.

Weitere wichtige Figuren im Film sind ihre enge Freundin Janet, die während der gezeigten Zeitspanne stirbt, und Maurice, ein früherer Liebhaber von Iris. Ihr Hausarzt und die Spezialklinik für Gedächtnisdiagnostik kommen als Teil ihrer Reise durch das Gesundheitssystem auf der Suche nach einer Diagnose vor. Gegen Ende spielt der Hausarzt eine Rolle, indem er John dabei hilft, Iris loszulassen, nachdem er sie so lange gehalten hatte – zulasten seiner eigenen Gesundheit, wie sich an dem heruntergekommenen und verschmutzten Haus zeigt. Am Ende des Films stirbt Iris, nachdem sie in einem Pflegeheim aufgenommen wurde.

Der Film nimmt den Zuschauer mit auf eine gefühlsbeladene Reise, die in dem Moment beginnt, wo Iris ihres Problems gewahr wird, und bis zu ihrem Tod führt. Zu Beginn meiner Reise durch diesen Film ging es mir ähnlich wie Iris – ich war neugierig und wusste nicht, was auf mich zukommen würde. Meine innere Welt war angefüllt mit den wechselvollen Ereignissen meines eigenen Lebens, die sich in Iris' Leben vor der Demenz widerspiegelten. Der Film erschien mir wie etwas Kurioses, das erkundet werden wollte. Mein Interesse als Gerontopsychiater ließ mich erwarten, dass der Film kaum eine heitere Geschichte, sondern wahrscheinlich erschütternd sein würde, so wie eben die Arbeit mit der Demenz ist. Ich hielt mich an der Phantasie fest, dass mir der Film Hoffnung im Umgang mit meinen Patienten geben könnte und dass Pfleger ihn gut finden und sich bestärkt fühlen könnten.

Zu Beginn des Films beschreibt eine Reihe von Szenen die innige Beziehung zwischen Iris und John, unter anderem ihr Kennenlernen auf einem Universitätsball und den Beginn ihrer sexuellen Beziehung. Auch ich fühlte mich eingeladen, an dieser Entwicklung teilzuhaben, eine wachsende Intimität mit ihrer Geschichte als Paar und meine eigene Beziehung zu den beiden entwickelnd. Dafür musste Iris ihre früheren Sexualpartner aufgeben und für John monogam werden, und auch ich fühlte mich genötigt, in meiner Aufmerksamkeit für sie monogam zu werden und die Welt um mich herum auszuschließen.

Weitere Szenen zeigen Iris' Widerstreben, John ihre gerade beendeten Romane lesen zu lassen. Schließlich lässt sie ihn doch – und damit auch uns – flüchtige Blicke auf ihr Werk werfen und gewährt uns so Einlass in ihre innere Welt, in die wir uns in der Vorstellung, etwas von ihrer Schöpferkraft zu erhaschen, zunehmend verlieben. Ich erinnere mich an dieses Gefühl, zu einem besonderen und intimen Ort zugelassen zu werden, als hätte mich Iris an einen Phantasieort mitgenommen. Ich hoffte, im Film könnte ein Wunder geschehen, Iris würde überleben, statt der Demenz zu erliegen. Als dann jedoch ihre Probleme begannen, konfrontierte auch mich der Film mit der Realität und stellte so meine eigene Realitätsverleugnung infrage. Genau wie

John musste auch ich loslassen, ihrem Tod ins Auge sehen und etwas von seiner Verzagtheit und Angst spüren. Wie er wollte auch ich an der Hoffnung festhalten, dass sie vielleicht doch davonkommen könnte, und genauso wie er wollte ich Iris vor all diesen Veränderungen beschützen.

Eine ganze Reihe von Szenen behandelt dieses Bedürfnis, Iris zu beschützen, insbesondere bei den ärztlichen Untersuchungen. John behauptet den Ärzten gegenüber, sie sei müde und sie sollten ihre Abklärungen beenden, oder auch, dass sie sehr wohl in der Lage wäre, die Demenz zu besiegen, selbst wenn die Ärzte sagen: »Die Krankheit wird gewinnen.« John bekräftigt, dass sie sich immer noch selbst an der Diagnostik und Behandlung beteiligen könne, so wenn er einem Arzt gegenüber erklärt, dass sie »immer noch eine Person« sei. Ich bemerkte, dass ich mich während solcher Momente ganz auf seine Seite schlug und die Art der Pflege, die ihr zuteil wurde, überaus kritisch betrachtete und viel zu brutal und direkt fand.

John versucht, Iris in ihrer Selbstbestimmung zu unterstützen, und ermutigt sie, weiter zu schreiben und ihre Fähigkeiten zu nutzen, als könnte dies irgendwie den demenziellen Prozess aufhalten oder umkehren. Obwohl dies als Verleugnung ihrer Probleme angesehen werden könnte, scheinen ihr seine Worte, von denen auch ich mich nur zu gern überzeugen lassen wollte, Hoffnung zu machen. John übernimmt hier die Rolle eines containenden Objekts für Iris' Ängste. Die Vorstellung, im Kampf gegen den Krankheitsverlauf unermüdlich weiterzumachen, gibt den beiden ebenso wie uns Hoffnung. Iris benutzt die Metaphern eines vernachlässigten Tieres oder verhungerten Hundes für sich und spricht davon, in die Dunkelheit zu segeln, um ihre Qual auszudrücken und den Verlust von Kontrolle, Würde und Menschlichkeit. Ich fand es verstörend, dass jemand mit ihrem großen Wissen und ihrer früheren Intelligenz von der Demenz genauso behandelt werden sollte wie jeder andere auch, obwohl mir dies natürlich klar war. Der Gedanke plagte mich, dass ich ebenso zu einem verhungernden Tier werden könnte, und das Bewusstsein meiner eigenen Begrenztheit, Verletzlichkeit und meines unausweichlichen Todes wühlte mich auf.

Während dieses Teils des Films verfinsterte sich meine Stimmung zunehmend, es fiel mir schwer, noch irgendeine Hoffnung in dem Film zu finden. Zeitweise fürchtete ich, mich darin zu verlieren, und hatte das Bedürfnis, mich zu distanzieren, um wieder zu mir zu kommen. Ich bemerkte, wie sich Iris' Niedergang in mir widerspiegelte, ich fürchtete, den Kontakt zu anderen Menschen zu verlieren. Ich rang um eine Möglichkeit, meine Erfahrung mit diesem Film anderen mitteilen zu können. Mir wurde bewusst, wie ich begonnen hatte, den Film abzulehnen, und wie ich seiner Düsternis entfliehen wollte.

Der mittlere Teil des Films handelt davon, wie Iris für John und andere immer unzugänglicher wird, wenngleich es sogar noch in späteren Stadien der Erkrankung immer wieder klare Momente gibt. Zum Beispiel liest John Iris etwas vor, womöglich aus einem schlechten Gewissen heraus, weil er sie in der vorangehenden Szene angeschrien hatte, dass sie nicht beständig seine Sätze wiederholen oder ihm im Haus hinterherlaufen solle. Iris bemerkt seinen Ärger und entschuldigt sich bei ihm. In diesem Moment erinnert sich Iris, dass sie einst selbst Bücher geschrieben hatte. John möchte wissen, was für Geheimnisse sie vielleicht noch vor ihm hat. Ich hingegen war mir nicht sicher, ob Iris überhaupt noch irgendwelche Geheimnisse mit John teilen könnte. Nach und nach schwindet Johns oder auch unsere Hoffnung, ihre Sprache noch rechtzeitig erlernen zu können, »bevor die Lichter ausgehen«. Iris' Verhalten wird zunehmend verwirrend und unvorhersehbar. Ihre gute Freundin Janet möchte von John wissen, ob sie sich noch an die Vergangenheit erinnern könnte, also auch an sie. Während einer wichtigen Vortragsszene spricht Iris davon, dass »jede menschliche Seele imstande sei, reine Formen wie Gerechtigkeit, Temperament, Schönheit und all die großartigen moralischen Eigenschaften zu erkennen, an denen wir festhalten. Wir wollen das Gute erreichen, weil wir uns undeutlich an diese Formen erinnern.« Die Vorstellung solcher »undeutlichen Erinnerungen« scheint hier wichtig zu sein, um zu zeigen, dass solche Erinnerungen an das Gute und die Liebe möglicherweise sogar noch in den späteren Stadien der Demenz erhalten bleiben könnten.

Im weiteren Fortgang der Geschichte wird Iris zunehmend bizarr und unzugänglich, und ähnlich geht es mir in meinen Reaktionen auf den Film. John kann seine liebevolle Haltung, in der er verzweifelt an der Hoffnung festgehalten hatte, nicht mehr aufrechterhalten. Ähnlich musste auch ich einen Weg finden, wie ich entgegen meinem Wunsch, fortzulaufen, bei dem Film bleiben konnte, der so viel Groll und Hass in mir auslöste. Meine extremen Reaktionen setzten in dem Moment ein, in dem John Iris anschnauzt, weil sie wiederholt sagt: »Es ist bloß der Postbote«, nachdem dieser gerade ihr neues Buch gebracht hatte. Ihre Angst in dieser relativ harmlosen Situation führt dazu, dass sie sich derart an ihn klammert, dass er das Geschirr fallen lässt und sie ärgerlich anfährt, dass es in der Tat bloß der Postbote gewesen sei.

Später wird sich diese Frustration weiter in Hass steigern. Nachdem Iris sich draußen verirrt hatte, wird sie von Maurice, ihrem früheren Liebhaber, nach Hause zurückgebracht. Dies scheint in John eine ganze Reihe von Erinnerungen an seinen früheren Ärger wachzurufen, als sie mit Maurice und anderen vor und noch während ihres Kennenlernens geschlafen hatte. Es wirkt, als würde John, indem er an die Vergangenheit denkt, seine Erinnerungen an Iris' frühere Liebhaber im Sinn einer Übertragung benutzen, um seinen gegenwärtigen Ärger auf Iris und ihre Diagnose zu verleugnen – und seine Wut darauf, sich um sie kümmern zu müssen. In einem gewissen Sinn ist die Alzheimer-Demenz wie ein neuer Liebhaber, auf den John eifersüchtig ist. Die Bedeutung der Übertragungsgefühle auf Iris' frühere Liebhaber und ihren jetzigen »Liebhaber Demenz«, durch die Johns gegenwärtiger Groll und Hass auf Iris zum Ausdruck kommen, wird noch deutlicher in einer Szene, in der er mit ihr im Bett liegt und es aus ihm herausbricht: Endlich kann er sagen, wie sehr er genug davon hat, sich um sie zu kümmern, und wie sehr wir – parallel dazu – genug davon haben, ihren Niedergang mit ansehen zu müssen.

Diesem Ausbruch zum Trotz zeigen andere Szenen, wie John an den Punkt kommt, an dem er ihrer Unterbringung in einem Pflegeheim zustimmen kann. Es scheint, als habe sich John bis hierhin immer dagegen gewehrt und die Rolle ihres Beschützers übernommen, der die Hoffnung nicht aufgab. Es scheint, als habe John vielleicht nicht mit seinen Schuldgefühlen fertig werden können, wenn er Iris in ein Pflegeheim gehen ließe oder sie dafür hasste, dass sie auf seine Pflege angewiesen war. Dieser Prozess des Loslassens, um ihr einen ›genügend guten‹ Tod zu ermöglichen, ermutigt uns zu einer ähnlichen Reise gegen Ende des Films. Auch ich musste dem Schmerz über ihren Tod ins Auge sehen und meine verzweifelte Hoffnung auf eine immerwährende Liebe überwinden, aber auch den Groll auf sie und ihren schrecklichen Zustand.

Die Szene nach Johns Ausbruch zeigt Janets Beerdigung. Durch Janets Beerdigung wird John klar, dass Iris und möglicherweise auch er ebenfalls bald sterben könnten. Dieser Beerdigung kommt eine Schlüsselrolle zu, die ihm und uns hilft, Iris loszulassen und seinen und unseren Hass wiedergutzumachen. Der Hass auf sie sollte nicht seine letzte Erinnerung an ihr Zusammensein sein, weder an sie als Paar noch an die Zeit, als sie noch lebte. Als ich mir meinen vorherigen Groll eingestand und begriff, was ihre Geschichte mit mir gemacht hatte, spürte auch ich das Bedürfnis nach einem Raum, in dem ambivalente Gedanken erlaubt wären, der mir aber auch erlauben würde, den Film zu verlassen und trotzdem noch empfindsam für das Leiden der Demenzkranken zu bleiben.

Dieser Moment der Wiedergutmachung kommt, als John mit Iris nach der Beerdigung nach Hause fährt. Iris ist noch sehr aufgewühlt und stürzt aus dem fahrenden Auto, als sie nach dem Türgriff greift. John sucht nach ihr im Gestrüpp. Dabei erschrickt er wegen einer Autohupe und fällt ebenfalls in den Graben. Dort, am Grund des Grabens, findet er sie neben sich – laut auflachend. Sie kämpft mit der Sprache, schafft es aber doch, ein paar Worte zu artikulieren: »Ich liebe dich.« Sogar in diesem fortgeschrittenen Stadium ist ein Augenblick möglich, wo wir Zugang zur alten Iris bekommen. Sie teilt ihre Liebe mit ihm, versichert ihm vielleicht, dass ihre Beziehung auch noch die vorangegangene Szene überleben könnte, in der er seinem Hass Luft gemacht hatte.

Dies gab auch mir die Sicherheit, dass meine Beziehung zu ihr, zum Film und zur Demenz selbst überleben könnte und sich etwas Hoffnungsspendendes in der Verzweiflung finden ließe. Bei ihrem Sturz hatte Iris auch ihren Ring verloren, den John am Boden wiederfindet. Der Ring, obgleich mittlerweile abgetragen, symbolisierte ihre Ehe. Sie hat überlebt und kann, im Sinne des symbolischen Wiederfindens nach diesem wichtigen Moment, nicht nur das gerade erfahrene Trauma überstehen, sondern auch Iris' traumatische Situation der Demenz ebenso wie Johns und unser Trauma wegen der Hassgefühle ihr gegenüber. Iris' Versicherung, dass sie ihn liebt, gibt Hoffnung, dass sie überleben können und überlebt haben, und dass auch wir überleben und für die Bedürfnisse der Demenzkranken offen bleiben können.

Der Weg des Zuschauers zur depressiven Position

Iris' Zerfall, der sich im Zuschauer widerspiegelt, lässt sich als Borderline-Prozess mit zwei extremen Lösungen auffassen: entweder niedergeschlagen und überwältigt zu sein oder emotional unbeteiligt. Beides kann gefährlich werden: durch den emotionalen Burn-out des Überwältigtwerdens oder durch Ignorieren und Zurückweisen der Notlage der Betroffenen. Möglicherweise könnten die Zuschauer Iris etwas von ihrer Verzweiflung abnehmen und sich mit ihr identifizieren, was sie anregen könnte, Demenzkranken zu helfen oder wenigstens eine größere Aufmerksamkeit für ihre Bedürfnisse zu entwickeln. Was man von ihr übernimmt, könnte jedoch schwierige und bedrückende Fragen in der Erinnerung an hilfsbedürftige frühere Freunde oder Familienmitglieder aufwerfen. Desgleichen kann mit der Not dieses Films auch auf einer eher unbewussten und abgewehrten Ebene umgegangen werden, sodass mittels Verleugnung oder Verdrängung des Stoffes die Bedürfnisse von Demenzkranken übergangen oder sogar zurückgewiesen werden.

Besonders Iris' Verfall löst solche Spaltungsprozesse aus. Zunächst hat sie volle Kontrolle über sich und ist mit ihrem Leben und ihrer Beziehung zu

John zufrieden. Aber als die Schwierigkeiten mit ihrem Gedächtnis beginnen, beeinträchtigt dies nicht nur ihre geistigen Fähigkeiten und ihre Beziehung, sondern auch uns, wenn wir diese Entwicklung betrachten. Sie gerät in ihre eigene paranoid-schizoide Position und nimmt die Welt als potenziell bedrohlich für ihr Wohlbefinden wahr, stellvertretend für die Bedrohung, die die Demenz für die Stabilität ihrer Welt bedeutet. Relativ geringfügige Anlässe wie der Kampf zwischen einem Fuchs und einer Katze zeigen auf symbolische Weise, wie wenig sie nur noch von der Welt um sie herum, aber auch von ihrer Innenwelt versteht. Diese polarisierten Reaktionen werden allerdings schwächer, je weiter die Demenz von ihr Besitz ergreift und die verbliebenen introjizierten Objekte in ihr zerstört werden, sodass sie für alle, die sie beobachten und mit ihr zu kommunizieren versuchen, in einem Zustand scheinbarer Leere zurückbleibt. Im Film gibt es hier und da Zweifel, ob dem so ist, wenn angedeutet wird, dass ihr Verhalten auch als eine Kommunikation von Erinnerungen verstanden werden könnte, wenn sich nur eine gemeinsame Sprache finden ließe, bevor es zu spät ist.

John stellt sich der schwierigen Aufgabe, Iris' abgespaltene und projizierte Ängste zu containen. Er schafft dies nur um den Preis seiner eigenen körperlichen und seelischen Gesundheit. Er befindet sich zunächst in einem Zustand der Verleugnung, indem er als eine Art Hilfs-Abwehr-Ich für Iris fungiert und die Hoffnung auf eine wundersame Besserung aufrechterhält. Diese Haltung wird aber fortwährend durch ihren immer unzugänglicher werdenden Geisteszustand infrage gestellt, durch ihre bizarren Verhaltensweisen und die schonungslosen Bemerkungen verschiedener Ärzte, dass »die Demenz gewinnen« werde. Die für die Aufrechterhaltung dieser Hoffnung nötige Energie ist so groß, dass John ein dramatisches Burn-out erleidet und in seine eigene paranoide Welt hineingerät, überzeugt, dass Iris eine Affäre mit einem früheren Liebhaber haben könnte. Doch durch diese Übertragung auf die Vergangenheit kann er endlich seinen Hass auf Iris sowie auf all das, was sie ihm zumutet, zum Ausdruck bringen. Und dadurch wiederum wird es ihm möglich, sich zu erinnern und eine ambivalentere depressive Position einzunehmen, die nun die ganze Bandbreite der Gefühle ihr gegenüber beinhalten kann, ohne von Schuldgefühlen überwältigt zu werden. Letztendlich erlaubt ihm dies, sie loszulassen, sodass sowohl sie als auch er eine angemessene Betreuung bekommen können und sie schließlich einen genügend guten Tod findet, wozu auch gehört, dass andere einen Teil seiner Last tragen.

Die Wirkung dieses Films in Hinsicht auf das Problem der Stigmatisierung der Demenz hat mit der Frage zu tun, ob der Zuschauer beim Betrachten des

Films eine depressive ambivalente Position finden kann. John gelingt dies während der Beerdigung Janets, als er sich über die Bedeutung dieser engen Freundin für ihre Beziehung Gedanken macht. Er erhält eine Art ›Erlaubnis‹, Iris zu hassen, als sie ihm ›vergibt‹ und sagt »ich liebe dich«, nachdem sie nach der Beerdigung aus dem Auto gefallen war. Nachdem er hier wahrnehmen kann, wie Liebe und Hass in Iris Platz haben, ist er selbst besser in der Lage, sie los- und in ein Pflegeheim gehen zu lassen, ohne sich selbst als jemanden erleben zu müssen, der sie massiv zurückweist oder überwältigt. Obwohl Iris in dieser Pflegeeinrichtung stirbt, hatte ich das Gefühl, dass dies für beide die richtige und fürsorglichste Lösung war. Johns Weg zu einer depressiven Position gestattet ihm, sie gehen zu lassen, ermöglicht Iris einen friedlicheren Tod und uns paradoxerweise etwas noch Hoffnungsvolleres, nämlich mitzuerleben, dass so etwas wie Frieden vor und nach dem Tod erreicht werden kann.

Die Frage lautet, ob der Film den Zuschauer tatsächlich auf solch einen Weg mitnimmt. Der Film erlaubt uns in der Tat, etwas von unserem Groll und unserer Abneigung auszudrücken, wenn wir mit ansehen müssen, wie jemand der Demenz erliegt. Entscheidend ist aber, dass er uns darüber hinaus führt – an einen Punkt, wo dies auf eine positive, kreative Weise nutzbar wird. Ich selbst konnte zu dieser Kreativität erst finden, nachdem ich den Film mehrmals gesehen hatte, wenngleich dies auch mit meiner Geschichte als jemand, der professionell mit Demenzkranken arbeitet, zu tun haben mag. Gleichwohl schafft es der Film auf schöne und empfindsame Weise, sowohl auf liebevolle wie auch hasserfüllte Gefühle im Zusammenhang mit Demenz einzugehen, sodass es uns möglich wird, John auf seinem entsprechenden Weg zu begleiten.

Abschließende Bemerkungen

Sollte dieser Film die Stigmatisierung infrage stellen können, müsste er die ganze Bandbreite von Gefühlen aufgreifen, die wir gegenüber Demenzkranken haben. Stigmatisierung setzt ähnlich wie projektive Identifizierung häufig einen Spaltungsvorgang voraus. Das passt zu unserem Bedürfnis, unsere Umwelt abzugrenzen und durch eine ›Die-und-wir‹-Haltung zu ordnen. Wir teilen die Welt in schwarz und weiß, Einheimische und Fremde, krank und gesund, verrückt und normal (Porter 2004). Erst eine ambivalente Sichtweise hieße anzuerkennen, dass wir beide Seiten in uns haben. Wenn wir diese Seiten bei uns selbst erkennen bzw. die Möglichkeit, so zu werden – also zu jenem unliebsamen Teil, den wir verleugnen und in jemand anderem unterbringen –, kann sich die Stigmatisierung verändern. Bei der klinischen Arbeit heißt dies, dem Patienten mit seinen Erfahrungen zuzuhören und über das Gehörte mit ihm zu kommunizieren (Mitchison 2004). Vor allem verlangt dies eine wechselseitige Zusammenarbeit statt des traditionellen autoritativen Vorgehens.

In seiner Funktion als Medium kann das Kino auf seine Weise die Demenz selbst wie auch Hilfsmöglichkeiten und die dazugehörigen Menschen zeigen. Es kann die öffentliche Meinung und Erwartungen erheblich beeinflussen. Obwohl psychiatrische Störungen heute insgesamt wohlwollender als früher dargestellt werden, gelten sie nach wie vor als gefährlich oder unerwünscht (Byrne 2004). Das Kino kann gesellschaftlichen Wandel erzeugen und die öffentliche Meinung verändern, und ich persönlich denke, dass es mutig von den Filmemachern war, bei ihrer Darstellung von der persönlichen Erfahrung Betroffener auszugehen. Der Film bleibt hinsichtlich der zugrundeliegenden Psychopathologie bei der Wahrheit, sowohl in einem deskriptiven als auch im psychoanalytischen Sinn. Zum Wesen dieser Störung gehört der Rückfall in paranoid-schizoide Denkweisen, und im Betrachter kann der Film solche Spaltungen erzeugen, aber vielleicht auch überwinden helfen.

Der Film gibt sich große Mühe, dass John seine depressive Position aufrechterhalten kann, und versucht, andere Figuren und uns in eine ähnliche Position gelangen zu lassen. Ich habe meine Zweifel, dass dies allen möglich sein wird, die sich entschließen, diesen Film zu sehen, und natürlich richtet sich der Film gerade an die Menschen, die ihn sich aufgrund ihrer Abneigung und Angst vor Demenz überhaupt nicht ansehen würden. Dann gibt es noch diejenigen, die sich, wie ich, den Film aufgrund ihres persönlichen oder beruflichen Interesses aktiv aussuchen, die aber wiederum in eine polarisierte Sichtweise fallen könnten, weil sie meinen, einfach schon zu viel dergleichen gesehen zu haben, um noch irgendetwas zu empfinden, oder die durch den Anblick des Elends von Kummer überwältigt werden. Vielleicht kommt meine Analyse hier an ihre Grenze, aber zugleich mag es ihr größter Vorzug sein, dass ich durch diese besondere Einsicht in mögliche polarisierte Sichtweisen zu ihrem Verständnis beitragen kann.

Gleichviel – denjenigen, die noch nicht so vertraut mit Demenz sind, aber offen genug, um einen realistischen Blick darauf zu werfen, wie sie sich auswirken mag, kann dieser Film eine Menge bieten. Das gilt sowohl für die Anerkennung und Akzeptanz unangenehmer Gefühle gegenüber der Demenz als auch für das Verständnis der inneren Welt von Demenzkranken, was sich sowohl für die Erkrankten als auch für das Pflegepersonal als hilfreich erweisen kann. Der Film bietet genügend Erschreckendes, um Schock und Hassgefühle hervorzurufen, jedoch ebenso Empathie, Hoffnung, Akzeptanz und den Wunsch zu helfen. In dieser Hinsicht vermittelt der Film dem Zuschauer – durch Johns entschlossene Fähigkeit, Iris als Person zu erhalten und sowohl seine Liebe als auch seinen Hass ihr gegenüber auszudrücken – eine wirklich ehrliche Darstellung der Demenz.

Aus dem Englischen von Philipp Soldt

Literatur

Ardern, Mark; Garner, Jane & Porter, Ruth (1998): Curious bedfellows: Psychoanalytic understanding and old age psychiatry. Psychoanal. Psychother. 12, 47–56.
Balfour, Andrew (2008): Psychoanalytic contributions to dementia care. In: Davenhill, Rachael (Hg.): Looking into later life: A psychoanalytic approach to depression and dementia in old age. London (Karnac), S. 222–247.
Byrne, Peter (2004): Imagining the nineties: Mental illness stigma in contemporary cinema. In: Crisp, Arthur (Hg.): Every family in the land: Understanding prejudice and discrimination against people with mental illness. London (Royal Society of Medicine), S. 110–112.
Davenhill, Rachael; Balfour, Andrew; Rustin, Margaret; Blanchard, Martin & Tress, Kate (2003): Looking into later life: Psychoanalytic observation and old age. Psychoanal. Psychother. 17, 253–266.
Evans, Sandra (2008): »Beyond forgetfulness«: How psychoanalytic ideas can help us to understand the experience of patients with dementia. Psychoanal. Psychother. 22, 155–176.
Garner, Jane (2002): Psychodynamic work and older adults. Advances in psychiatric treatment 8, 128–137.
Garner, Jane & Ardern, Mark (1998): Reflections on old age. Aging Ment. Health 2, 92–93.
Martindale, Brian (1989): Becoming dependent again: The fears of some elderly persons and their younger therapists. Psychoanal. Psychother. 4, 67–75.
Mitchison, Sally (2004): The destigmatising effect of listening to the patient. In: Crisp, Arthur (Hg.): Every family in the land: Understanding prejudice and discrimination against people with mental illness. London (Royal Society of Medicine), S. 339–343.
Pointon, Barbara (2004): Stigmatization of dementia. In: Crisp, Arthur (Hg.): Every family in the land: Understanding prejudice and discrimination against people with mental illness. London (Royal Society of Medicine), S. 44–45.
Porter, Roy (2004): Is mental illness inevitably stigmatizing? In: Crisp, Arthur (Hg.): Every family in the land: Understanding prejudice and discrimination against people with mental illness. London (Royal Society of Medicine), S. 3–13.
Vassilas, Christopher (2003): Dementia in literature. Advances in Psychiatric Treatment 9, 439–445.
Williamson, Toby (2008): Dementia out of the shadows. Report published by the Alzheimer's Society, London.
Winnicott, Donald (1947): Hate in the countertransference. I. J. Psycho-Anal. 30, 69–74. Dt.: Haß in der Gegenübertragung. In: Von der Kinderheilkunde zur Psychoanalyse. München (Kindler), 1976, S. 75–88.
Wylie, Harold & Wylie, Mavis (1985): The older analysand: Countertransference issues in psychoanalysis. In: Junkers, Gabriele (Hg.): Is it too late? Key Papers on Psychoanalysis and Ageing. London (Karnac), S. 111–129.

ANHANG

Autorinnen und Autoren

ADELA ABELLA, Fachärztin für Psychiatrie sowie für Kinder- und Jugendpsychiatrie, Lehranalytikerin der Schweizer Psychoanalytischen Gesellschaft, Vorsitzende des Centre de Psychanalyse de la Suisse Romande, Mitglied des IPA-Komitees für Psychoanalyse und Kultur. Intensive Beschäftigung mit zeitgenössischer Kunst, Veröffentlichungen über Marcel Duchamp, Christian Boltanski und John Cage. Ihr besonderes Interesse gilt den verschiedenen Paradigmen in der psychoanalytischen Auseinandersetzung mit Künstlern und ihren Werken.

MARILIA AISENSTEIN ist Lehranalytikerin der griechischen und der Pariser psychoanalytischen Gesellschaft, deren Vorsitz sie zweimal innehatte. Sie war Herausgeberin der *Revue Française de Psychosomatique* und Vorsitzende des »Institut de Psychosomatique de Paris«, Mitglied im IPA Board und Vorsitzende des International New Groups IPA Committee. 1992 erhielt sie den Bouvet Award. Aisenstein veröffentlichte viele Arbeiten insbesondere zur Psychosomatik, zuletzt *Psychosomatics Today* (2010).

DANIEL ANDERSON ist niedergelassener Psychiater, Psychoanalytiker und Gruppenanalytiker mit dem Schwerpunkt Gerontopsychiatrie sowie Leiter einer Tagesklinik für ältere Menschen in Denbighshire, Wales. Sein spezielles Interesse gilt der psychoanalytischen Psychotherapie. Die von ihm geleitete Tagesklinik arbeitet mit gruppenanalytischen Methoden und »therapeutischen Gemeinschaften«.

DANA BIRKSTED-BREEN, PhD, Lehr- und Kontrollanalytikerin der British Psychoanalytical Society und niedergelassen in eigener Praxis. Zahlreiche Veröffentlichungen, u.a. »The Gender Conundrum, Phallus, Penis and Mental space« (*I. J. Psychoanalysis* 1996), wofür sie 1995 den Sacerdoti Prize erhielt, und »›Reverberation Time‹, dreaming and the capacity to Dream« (*I. J. Psychoanalysis* 2009; dt. »›Widerhall-Zeit‹, träumen und die Fähigkeit zu träumen« in *Internationale Psychoanalyse 2010*). Von 2000 bis 2010 Herausgeberin der Reihe *New Library of Psychoanalysis* (Routledge). Seit 2008 Mitherausgeberin des *International Journal of Psychoanalysis*.

NASHYIELA LOA-ZAVALA, Psychiaterin und Psychoanalytikerin der Mexikanischen Psychoanalytischen Gesellschaft, niedergelassen in eigener Praxis als Psychoanalytikerin. Arbeitete acht Jahre lang am Nationalen Institut für Psychiatrie und am Psychiatrischen Krankenhaus Fray Bernardino Álvarez. Ferner leitete sie verschiedene Projekte im Auftrag des mexikanischen Gesundheitsministeriums.

DR. MED. RICCARDO LOMBARDI, Psychiater und Psychoanalytiker, Lehranalytiker der Italienischen Psychoanalytischen Vereinigung und ordentliches Mitglied der IPA, niedergelassen in eigener Praxis in Rom. Zahlreiche Veröffentlichungen über die Körper-Seele-Verbindung, Zeit, Psychosen und andere schwere Denkstörungen in den wichtigsten internationalen psychoanalytischen Zeitschriften. Mitautor des Buchs *Emotion as infinite experience* (2007).

ANTONIO CARLOS J. PIRES, Studium der Medizin und Fachausbildung in Psychiatrie sowie Professor des Supervisionskurses Psychoanalytische Psychotherapie an der Federal University of Rio Grande do Sul State. Gastprofessor und Supervisor an der Abteilung für Psychiatrie des Medizinischen Kollegs der Federal University von Rio Grande do Sul State sowie Ordentliches Mitglied und Lehranalytiker der Porto Alegre Psychoanalytischen Gesellschaft.

MARISA POLA ist Psychoanalytikerin und Ordentliches Mitglied der Società Psicoanalitica Italiana und der IPA. Sie war Wissenschaftlerin an der medizinischen Fakultät der Universität Sassari und an der psychologischen Fakultät der römischen Universität »La Sapienza«. Zahlreiche Veröffentlichungen auf dem Gebiet von Schwangerschaft, Mutterschaft und Adoleszenz.

CLAUDE SMADJA, Mitglied und Dozent an der Société Psychanalytique de Paris, medizinischer Leiter des Institut de Psychosomatique de Paris, Präsident der Association Internationale de Psychosomatique Pierre Marty.

LUIGI SOLANO ist Ordentliches Mitglied der Italienischen Psychoanalytischen Gesellschaft, Honorarprofessor an der Abteilung für Dynamische und Klinische Psychologie der Universität »Sapienza« in Rom, Autor vieler wissenschaftlicher Aufsätze. Solano ist Mitglied einer Gruppe von Psychoanalytikern, die im Romanischen Zentrum für Psychoanalyse, einer Sektion der Italienischen Psychoanalytischen Gesellschaft, an der Formulierung einer klinisch basierten psychosomatischen Theorie arbeiten.

RICHARD TUCH, Lehr- und Kontrollanalytiker am New Center for Psychoanalysis, Los Angeles, Lehranalytiker und Supervisor am Psychoanalytic Center of California, Assistant Clinical Professor of Psychiatry am Neuropsychiatric Institute der University of California, Los Angeles.

GERMANO VOLLMER JR., Studium der Medizin und Fachausbildung in Psychiatrie sowie Professor des Supervisionskurses Psychoanalytische Psychotherapie an der Federal University von Rio Grande do Sul State. Ordentliches Mitglied der Porto Alegre Psychoanalytical Society; Lehranalytiker, Professor und Supervisor am Institut für Psychoanalyse der Porto Alegre Psychoanalytischen Gesellschaft.

Herausgeberbeirat

MICHAEL DIERCKS, ordentliches Mitglied und Lehranalytiker der Wiener Psychoanalytischen Vereinigung und der IPV, arbeitet in freier Praxis in Wien. Zuvor wissenschaftlicher Mitarbeiter an der Poliklinik für Kinder- und Jugendpsychotherapie der Technischen Universität München, von 1989 bis 2001 Leiter des Instituts für Erziehungshilfe in Wien-Heiligenstadt.

LILLI GAST, Professorin für Theoretische Psychoanalyse, psychoanalytische Subjekt- und Kulturtheorie und Vizepräsidentin an der International Psychoanalytic University Berlin sowie apl. Professorin an der Leibniz Universität Hannover. Veröffentlichungen zur Subjekttheorie und Theoriegeschichte der Psychoanalyse.

ANDREAS HAMBURGER, Professor für Klinische Psychologie an der International Psychoanalytic University, Berlin, Privatdozent an der Universität Kassel, Psychoanalytiker (DPG), Lehranalytiker und Supervisor an der Akademie für Psychoanalyse und Psychotherapie München (DGPT) und Gastwissenschaftler am Sigmund-Freud-Institut Frankfurt/M. Veröffentlichungen zu Traum und Psychoanalyse, Narrativ und Gedächtnis, Literaturpsychoanalyse.

UTA KARACAOGLAN, Psychiaterin, niedergelassene Psychoanalytikerin (DPV, IPA) in eigener Praxis in Köln. 2007 Förderpreis der DPV. Dozentin bei der Psychoanalytischen Arbeitsgemeinschaft Köln-Düsseldorf e.V. (DPV).

ANGELA MAUSS-HANKE, Psychoanalytikerin für Erwachsene, Kinder und Gruppen in eigener Praxis bei München, Lehr- und Kontrollanalytikerin für Erwachsene (DPV) und Gruppen (DAGG), Weiterbildungsleiterin für Gruppenanalyse an der Akademie für Psychoanalyse und Psychotherapie München (DGPT), Lehrbeauftragte an der Ludwig-Maximilians-Universität München, Mitglied im Europäischen Herausgeberbeirat des *International Journal of Psychoanalysis*.

VERA MÜLLER, niedergelassene Psychoanalytikerin (DPG) in Berlin. Studium der Kunsttherapie an der New York University. Psychoanalytische Ausbildung am Institut für Psychoanalyse, Psychosomatik und Psychotherapie (IPB) in Berlin; heute Dozentin am IPB. Interessenschwerpunkte: Psychoanalytische Ansätze zum Verständnis von Kunst und ästhetischem Empfinden.

BARBARA STREHLOW, Analytische Kinder- und Jugendlichenpsychotherapeutin in eigener Praxis in Berlin. Mitglied VaKJP und DPV. Übersetzerin zahlreicher Artikel und Bücher aus dem Englischen. Herausgeberin der Buchreihe *Kinder- und Jugendlichenanalyse. Europäische Texte* (edition diskord, jetzt bei Brandes & Apsel).

Inhaltsverzeichnis des *International Journal of Psychoanalysis*, Jahrgang 91, Ausgaben 1–6

EDITORIAL
Editorial
D. BIRKSTED-BREEN, B. MICHELS   1–3

LETTERS FROM …
Letter from London
J. FABRICIUS   5–14

PSYCHOANALYTIC CONTROVERSIES
HOW DOES PSYCHOANALYTIC PRACTICE DIFFER FROM PSYCHOTHERAPY? THE IMPLICATIONS OF THE DIFFERENCE FOR THE DEVELOPMENT OF PSYCHOANALYTIC TRAINIG AND PRACTICE
An Introduction to "Distinguishing Psychoanalysis from Psychotherapy"
R. B. BLASS   15–21

Distinguishing Psychoanalysis from Psychotherapy
F. BUSCH   23–34

Distinguishing Psychoanalysis from Psychotherapy
H. KÄCHELE   35–43

Distinguishing Psychoanalysis from Psychotherapy
D. WIDLÖCHER   45–50

Fred Busch's response to H. Kächele and D. Widlöcher   51–54
Horst Kächele's response to F. Busch and D. Widlöcher   55–57
Daniel Widlöcher's response to F. Busch and H. Kächele   59–61

PSYCHOANALYTIC THEORY AND TECHNIQUE
An interruption in unconscious communication in the analytic couple
H. M. FEUERHAKE, M. LEBRERO   63–80

Affirming 'That's not psycho-analysis!' On the value of the politically incorrect act of attempting to define the limits of our field
R. B. BLASS   81–99

Why read Fairbairn?
T. H. OGDEN   101–118

Phallic and seminal masculinity: A theoretical and clinical confusion
K. FIGLIO   119–139

Murder on the mind: Tyranical power and other points along the perverse spectrum
R. TUCH   141–162

INTERDISCIPLINARY STUDIES
Contemporary art and Hanna Segal's thinking on aesthetics
A. ABELLA   163–181

Dante's *Comedy*: Precursors of psychoanalytic technique and psyche
N. M. SZAJNBERG   183–197

LETTERS TO THE EDITORS
On: A confusion of tongues between psychoanalysis and philosophy
E. GANN   199–200

On: The comments of Erik Gann
G. TAUB   200–201

FILM ESSAY
The strange case of Dr Mantle and Dr
Mantle: David Cronenberg's *Dead Ringers*
J. CAÑIZARES   203–218

BOOK REVIEWS
Loving Psychoanalysis: Technique and
Theory in the Therapeutic Relationship *by
Susan S. Levine*
G. S. KANWAL   219–222

Alter ego *by Michel Neyraut*
D. BOURDIN   222–230

Envy and Gratitude Revisited *edited by Priscilla Roth and Alessandra Lemma*
G. GRAUSO   231–236

Searching for the Perfect Woman: The Story
of a Complete Psychoanalysis *by Vamik D.
Volkan*
A. TUTTER   236–241

Handbook of Evidence-Based Psychodynamic Psychotherapy: Bridging the Gap
Between Science and Practice *edited by
Raymond A. Levy, J. Stuart Ablon*
E. CALIGOR   241–244

Dictionnaire freudien [Freudian Dictionary]
by Claude Le Guen
H. PARAT   244–248

THE ANALYST AT WORK
Stumbling towards termination
M. SUBRIN   251–261

A commentary on Mayer Subrin's paper
'Stumbling towards termination'
I. KOGAN   263–271

Some thoughts on Mayer Subrin's 'Stumbling
towards termination'
N. PARADA FRANCH   273–277

Stumbling towards termination in clinical and
theoretical psychoanalysis: A commentary on
'Stumbling Towards Termination'
A. GARELLA   279–286

PSYCHOANALYTIC THEORY AND TECHNIQUE
The analyst in action: An individual account
of what Jungians do and why they do it
W. COLMAN   287–303

Winnicott's foundation for the basic concepts
of Freud's metapsychology?
M. GIRARD   305–324

Some thoughts on the concept of the internal
parental couple
S. FRISCH, C. FRISCH-DESMAREZ   325–342

KEY PAPER: THE NARCISSISTIC DIFFICULTIES PRESENTED TO THE OBSERVER BY THE PSYCHOSOMATIC PROBLEM
Introduction to the paper by Pierre Marty:
The narcissistic difficulties presented to the observer by the psychosomatic problem
M. AISENSTEIN, C. SMADJA   343–346

The narcissistic difficulties presented to the
observer by the psychosomatic problem
P. MARTY   347–363

Commentary on Pierre Marty's *The narcissistic difficulties presented to the observer by the psychosomatic problem*
R. M. GOTTLIEB   365–370

PANEL REPORTS
46TH CONGRESS OF THE INTERNATIONAL
PSYCHOANALYTIC ASSOCIATION CHICAGO 29
JULY–1 AUGUST 2009 PSYCHOANALYTIC PRACTICE: CONVERGENCES AND DIVERGENCES
Analytic practice: Convergences and divergences
C. L. EIZIRIK   371–375

The Kleinian problematic of narcissism
I. NEWSTADT   376–379

Perversion
F. J. GONZALEZ   380–383

Psychoanalytic treatment
for severely disturbed adolescents
V. SPRINZ MONDRZAK   384–386

The past as resistance, the past as constructed
H. MARKMAN   387–390

Comparative perspectives on the unconscious
in clinical work
R. SPIELMAN   391–394

Convergences and divergences in treatments
of so-called ADHD children
A. SUGARMAN   395–398

The analyst's response to the effects of the
transference: On Lacan and Bion
L. ETCHEGOYEN   399–401

LETTERS TO THE EDITORS
On: Transference
A. L. DUARTE, A. B. LEWKOWICZ, A. L. KAUFF-
MANN, E. IANKILEVICH, G. BRODACZ, G. A. DA
P. SOARES, L. E. CABRAL PELLANDA, V. S. MON-
DRZAK   403–405

On: Realism and research in psychoanalysis,
by D. Bell and R. Wallerstein
R. EPSTEIN   405–407

On: Response to letter from Epstein
D. BELL   407

FILM ESSAYS
The Shining: All work and no play …
N. HESS   409–414

BOOK REVIEWS ESSAY
The work of confluence: Listening and
interpreting in the psychoanalytic field by
Madeleine and Willy Baranger *(Edited by
Leticia Glocer Fiorini)*
A. FERRO   415–429

BOOK REVIEWS

Traum, Wahn und Mikrowelten. Affektregulierung in Neurose und Psychose und die Generierung von Bildern [Dreams, Delusions and Micro-worlds: Affect Regulation in Neurosis and Psychosis and the Creation of Images] *by Ulrich Moser*
J. F. DANCKWARDT   431–433

Philosophy, Psychoanalysis and the A-Rational Mind *by Linda A. W. Brakel*
E. L. JURIST   433–437

Freudian Unconscious and Cognitive Neuroscience: From Unconscious Fantasies to Neural Algorithms *by Vesa Talvitie*
J. LEHTONEN   437–440

Listening to Hanna Segal: Her Contribution to Psychoanalysis *by Jean-Michel Quinodoz*
R. STRAMER   440–448

La tentation psychotique [The Psychotic Temptation] *by Liliane Abensour*
B. CHERVET   448–453

Psychanalyse et Psychose no. 9, 2009: 'L énigme de la réalité' [Psychoanalysis and Psychosis: 'The Enigma of Reality']
B. SERVANT   454–461

Letter from ...

Letter from Paris
M. Aisenstein   463–468

The Analyst at Work

La vita nuova
I. M. Geerken   469–483

Commentary
L. Caldwell   485–494

Commentary on the material presented by Ingrid M. Geerken: A new discourse, a new love
C. E. Barredo   495–503

Psychoanalytic Theory and Technique

Notes on the beating fantasy
F. J. Sirois   505–519

From Freud's dream-work to Bion's work of dreaming: The changing conception of dreaming in psychoanalytic theory
J. A. Schneider   521–540

The Italian Red Brigades and the structure and dynamics of terrorist groups
C. B. Tarantelli   541–560

One-person and two-person conceptions of attachment and their implications for psychoanalytic thought
P. L. Wachtel   561–581

Two modalities of manic defences: Their function in adolescent breakdown
C. Bronstein   583–600

Some observations on the process of mourning
O. Kernberg   601–619

Conceptual framework from the Paris Psychosomatic School: A clinical psychoanalytic approach to oncology
M. Aisenstein, C. Smadja   621–640

Letter to the Editor

On: The concept of death drive and aggression
N. D. Kapusta   641–642

Film Essay

The Curious Case of Benjamin Button: Regression and the angel of death
S. Fenster   643–650

Book Reviews

L'Annuel de l'APF 2009: Quelle guérison? Mal, malaise, maladie
B. Colin   651–659

Rinsho Seishin Igaku no Hoho [The Method of Clinical Psychiatry] by Takeo Doi
N. Fujiyama   659–663

The Work of Psychoanalysts in the Public Health Sector edited by Mary Brownescombe Heller, Sheena Pollet
J. Schachter   663–667

L'Esprit du mal [The Spirit of Evil] by Nathalie Zaltzman
F. Villa, E. Weil   667–674

Making a Difference in Patients' Lives: Emotional Experience in the Therapeutic Setting by Sandra Buechler
D. Colombo   674–680

Emotion and the Psychodynamics of the Cerebellum: A Neuro-Psychoanalytic Analysis and Synthesis edited by Fred M. Levin
C. P. Fisher   680–685

SPECIAL ISSUE: PAPERS ON TRANSLATION
Editorial
D. BIRKSTED-BREEN 687–694

How translations of Freud's writings have influenced French psychoanalytic thinking
J.-M. QUINODOZ 695–716

Relative motion:Translation and therapy
G. CRAIG 717–725

The two time vectors of *Nachträglichkeit* in the development of ego organization: Significance of the concept for the symbolization of nameless traumas and anxieties
G. DAHL 727–744

Coincidences in analysis: Sigmund Freud and the strange case of Dr Forsyth and Herr von Vorsicht
M. PIERRI 745–772

Narcissism lost: On translating and being translated
M. I. N. E. CARNEIRO, A. BRAKEL 773–784

Representante-representativo, représentant-représentation, ideational representative: Which one is a Freudian concept? On the translation of *Vorstellungsrepräsentanz* in Spanish, French and English
M. HERRERA 785–809

Notes on 'Bemächtigungstrieb' and Strachey's translation as 'instinct for mastery'
K. WHITE 811–820

PSYCHOANALYTIC THEORY AND TECHNIQUE
The deconstruction of primary narcissism
R. ROUSSILLON 821–837

Hidden gifts of love: A clinical application of object relations theory
N. STEINBERG 839–858

Levels of analytic work and levels of pathology: The work of calibration
A. ALVAREZ 859–878

HISTORY OF PSYCHOANALYSIS
Marie Bonaparte, her first two patients and the literary world
R. AMOUROUX 879–894

EDUCATION AND PROFESSIONAL ISSUES
Benign and disruptive disturbances of the supervisory field
G. VOLLMER JR., A. C. J. PIRES 895–913

INTERDISCIPLINARY STUDIES
Reading minds: Mentalization, irony and literary engagement
E. GALGUT 915–935

The evolved function of the oedipal conflict
L. JOSEPHS 937–958

PANEL REPORTS
Ending analysis: Comparative views
P. PLOPA 959–962

Collateral damage: Grief and recovery after losing a training analyst due to an ethical violation
E. WALLACE 963–965

Psychoanalysts translating psychoanalysts today
E. BISHARA 966–968

Battling the life and death forces of sadomasochism
E. SINKMAN 969–972

Object relations in clinical psychoanalysis
H. P. BLUM 973–976

Kohut today
J. FISCH 977–980

Child/adolescent analysts at work in the present space
E. TUTERS 981–984

Psychoanalysis and virtual reality
S. VINOCUR FISCHBEIN 985–988

Telephone analysis
J. SAVEGE SCHARFF 989–992

Three regional approaches to the worldwide problem of the decrease in the number of patients and trainees
L. D. BRAUER 993–996

Psychosis and regression
L. ABENSOUR 997–999

Letters to the Editors

On: Fairbairn and dynamic structure
G. S. Clarke, P. Finnegan   1001–1002

On: The comments of Dr. Graham Clarke
and Dr. Paul Finnegan
T. H. Ogden   1002–1003

Film Essay

Do cyborgs dream? Post-human landscapes
in Shinya Tsukamoto's *Nightmare Detective*
(2006)
G. Civitarese   1005–1016

Book Reviews

Rosenfeld in Retrospect *edited by John
Steiner*
H. F. Smith   1017–1022

La mente estatica [The Ecstatic Mind] *by
Elvio Fachinelli*
C. Cimino   1022–1025

Das Labyrinth der Borderline-Kommunikation. Klinische Zugänge zum Erleben von
Raum und Zeit [The Labyrinth of Borderline
Communication: Clinical Access to the Experience of Space and Time] *by Heinz Weiss*
G. Dammann   1026–1028

What You Don't Know You Know: Our
Hidden Motives in Life, Business and Everything Else *by Kenneth Eisold*
M. G. Rudden   1028–1033

Mad and Divine: Spirit and Psyche in the
Modern World *by Sudhir Kakar*
J. A. Winer   1034–1037

Partners in Thought: Working With Unformulated Experience, Dissociation, and Enactment *by Donnel B. Stern*
L. LaFarge   1037–1042

PSYCHOANALYTIC THEORY AND TECHNIQUE
Penultimate interpretation
Y. Neuman 1043–1054

The life instinct
N. Abel-Hirsch 1055–1071

The dual aspect of fantasy: Flight from reality or imaginative realm? Considerations and hypotheses from clinical psychoanalysis
L. Colombi 1073–1091

Reflection in psychoanalysis: On symbols and metaphors
H. Enckell 1093–1114

Self-criticism and unconscious grandiosity: Transference–countertransference dimensions
S. H. Cooper 1115–1136

HISTORY OF PSYCHOANALYSIS
Freud and the Hammerschlag family: A formative relationship
G. Fichtner 1137–1156

INTERDISCIPLINARY STUDIES
The expulsion of evil and its return: An unconscious fantasy associated with a case of mass hysteria in adolescents
N. Loa-Zavala 1157–1178

EDUCATIONAL AND PROFESSIONAL ISSUES
The French model at work: Indication and the Jean Favreau Centre for Consultation and Treatment
E. A. Sparer 1179–1199

PANEL REPORTS
Castration and intolerance
M. Charles 1201–1203

Is the transference interpretation still central to analytic work?
M.-F. Dispaux 1204–1205

Migration and identity: Different perspectives
I. Kogan 1206–1208

Current analytical practice and the analyst's position
P. Marion 1209–1212

Clinical treatment of psychosomatic symptoms
M. Aisenstein 1213–1215

Prejudice, transgenerational transmission, and neutrality
F. Blanck-Cereijido, M. G. Robinson 1216–1219

A clinical view on the directions of time: Here and now, the past in the present, from the present to the past
M. I. Good 1220–1223

Sándor Ferenczi's *Clinical Diary* in our current psychoanalytic practice
A. R. N. Pontes 1224–1226

The Medea fantasy: An inevitable burden during prenatal diagnostics?
M. Leuzinger-Bohleber, N. Pfenning 1227–1230

'There is a remedy for everything but death': To bear witness, to recover and transform psychic experiences of annihilation
R. Jaffè 1231–1235

Women analyzing women: The difficult patient
T. Flores 1236–1238

The soldiers project: A psychoanalytically-informed free clinic for military service members and their families
K. Schechter 1239–1241

Psychoanalysis in a 'shame culture': Japanese psychoanalytic insights
M. H. Etezady 1242–1245

Independent traditions and middle groups in contemporary psychoanalysis
V. Laabs-Siemon 1246–1249

Shuttle analysis in the Han-Prakken Psychoanalytic Institute for Eastern Europe (PIEE)
G. Diatkine 1250–1253

Psychoanalytic theories of creativity: Clinical applications
N. L. Thompson 1254–1257

A community of schools: Psychoanalytic influences on peaceful and academically strong schools in USA, Australia, New Zealand and Jamaica
S. W. Twemlow 1258–1260

Can the analyst think while enacting?
D. Moss 1261–1263

Internal and external reality
C. C. Mion 1264–1267

The use of the alpha function in analytical construction
A. Lombardozzi 1268–1271

Corrective emotional experience revisited
M. E. McCarthy 1272–1275

Clinical approaches to dreams
O. Bonard 1276–1278

Letters to the Editors

On: Responding to Rachel Blass' article 'Affirming "That's not psycho-analysis!" On the value of the politically incorrect act of attempting to define the limits of our field'
L. Aron 1279–1280

On: Response to Rachel B. Blass' paper about the value of attempting to define the limits of psychoanalysis
Y. Hazan 1280–1281

On: 'Affirming "That's not psycho-analysis!"'
E. Berman 1281–1282

On: 'Affirming "That's not psychoanalysis!"' by R. Blass
S. Stern 1283–1284

On: The comments of Emanuel Berman, Lewis Aron, Yoram Hazan and Steven Stern
R. B. Blass 1285–1287

Film Essay

Love and hate in dementia: The depressive position in the film *Iris*
D. Anderson 1289–1297

Book Reviews

Spontaneity: A Psychoanalytic Inquiry *by Gemma Corradi Fiumara*
M. Cavell 1299–1303

Il bambino e le sue relazioni. Attaccamento e individualità tra teoria e osservazione [The Child and His Relationships: Attachment and Individuality Between Theory and Observation] *by Cristina Riva Crugnola*
G. Civitarese 1303–1310

L'intima stanza. Teoria e tecnica del campo analitico [The Intimate Room: Theory and Technique of the Analytic Field] *by Giuseppe Civitarese*
G. Di Chiara 1310–1314

Nainen Ja Viha [Woman and Hatred] *by Elina Reenkola*
M. Häkinnen 1314–1316

Difesa e psicosi. Studio su Freud [Defence and Psychosis: A Study of Freud] *by Stefania Nicasi*
M. Manica 1316–1319

Itinerari e figure della passione [Itineraries and Figures of Passion] *by Giorgio Sassanelli*
G. Monniello 1319–1324

REVIEWERS FOR 2010   1325–1327

LETTER FROM JERUSALEM

Letter from Jerusalem
H. S. ERLICH   1329–1335

PSYCHOANALYTIC THEORY AND TECHNIQUE

Mourning and psychosis: A psychoanalytic perspective [Duelo y psicosis: Una perspectiva psicoanalitica]
J. L. TIZÓN   1337–1361

Shifting the perspective after the patient's response to an interpretation
A. PERÄKYLÄ   1363–1384

Creating analysts, creating analytic patients
H. B. LEVINE   1385–1404

Working through and its various models
R. ROUSSILLON   1405–1417

The body, adolescence, and psychosis
R. LOMBARDI, M. POLA   1419–1444

Some thoughts between body and mind in the light of Wilma Bucci's multiple code theory
L. SOLANO   1445–1464

INTERDISCIPLINARY STUDIES

Universal fantasy in latency: Separation, attachment and sexuality in Julio Cortázar's *Bestiary*
E. SHUSTOROVICH, L. WEINSTEIN   1465–1482

"Till destruction sicken": The catastrophe of mind in *Macbeth*
C. B. TARANTELLI   1483–1501

Curse and consequence: King Lear's destructive narcissism
R. SCHAFER   1503–1521

LETTER TO THE EDITORS

On: The possibly narcissistic difficulties among scientific cultures: a response to Marty's 1952 key paper
N. SZAJNBERG   1523–1524

On: Memory in a labile state: Therapeutic application
H. BLEICHMAR   1524–1526

On: Contemporary art and Hanna Segal's thinking on aesthetics by Adela Abella
M. SHOHAM   1526–1527

BOOK REVIEWS

But At the Same Time and Another Level: Vol. 1: Psychoanalytic Theory and Technique in the Kleinian/Bionian Mode. Vol. 2: Clinical Applications in the Kleinian/Bionian Mode *by James S. Grotstein*
L. J. BROWN   1529–1535

Melanie Klein in Berlin *by Claudia Frank*
R. BRITTON   1535–1539

The Very Thought of Education: Psychoanalysis and the Impossible Professions *by Deborah P. Britzman*
J. G. TILLMAN   1539–1543

Autism in Childhood and Autistic Features in Adults *edited by Kate Barrows*
B. TRUCKLE   1543–1546

Pourquoi l'antisémitisme? Et si Freud s'était trompé ... Freud, la question paternelle et l'antisémitisme [Why Anti-Semitism? And What if Freud Were Wrong ... Freud, the Father Question and Anti-Semitism] *by Jean-Claude Stoloff*
G. PRAGIER   1546–1550

Destini delle Identita [Fates of Identities] *by Lucio Russo*
M. BRECCIA   1550–1557

AUTHOR INDEX   1559–1560

EXPANDED KEYWORD INDEX   1561–1562

Hinweise für Autoren des *International Journal of Psychoanalysis*[1]

Eingereicht werden können Originalbeiträge (d. h. Beiträge, die zuvor weder in gedruckter noch in elektronischer Form veröffentlicht wurden) zu allen psychoanalytischen Themen. Informationen zu Beiträgen, die bereits in einer anderen als der englischen Sprache publiziert wurden, erhalten Sie weiter unten.

Für die Einholung und Finanzierung aller notwendigen Genehmigungen zum Wiederabdruck anderer Werke in seinem angenommenen Manuskript ist allein der Autor verantwortlich. Stellen Sie bitte sicher, dass Sie die Genehmigung zum Wiederabdruck unmittelbar nach Manuskriptannahme einholen, um Verzögerungen der Publikation zu vermeiden.

Sämtliche Beiträge müssen über eine Zusammenfassung in englischer Sprache verfügen. Es ist erforderlich, dass die Autoren der Zusammenfassung besondere Aufmerksamkeit widmen; sie soll die zentrale These und die Art ihrer Begründung vorstellen und wird für den Evaluationsprozess herangezogen. Deshalb muss die Zusammenfassung dem Beitrag gerecht werden. Ihre Übersetzung sollte auf höchstmöglichem Niveau erfolgen und, falls erforderlich, durch einen professionellen Übersetzer vorgenommen werden. Die Zusammenfassung sollte 150 bis 200 Wörter umfassen; sie ist dem Artikel auf einer separaten Seite voranzustellen. Werden Beiträge zur Publikation empfohlen, die nicht in englischer Sprache verfasst wurden, übernimmt das *IJP* die Übersetzungskosten.

Alle Beiträge sind mit einem separaten Deckblatt zu versehen, das folgende

---

[1] Der folgende Text ist ein Auszug aus den vollständigen Hinweisen für Autoren des *International Journal of Psychoanalysis*, die sich unter http://www.wiley.com/bw/submit.asp?ref=0020-7578&site=1 finden.

Angaben enthält: (a) den Titel, (b) Name(n) des Autors/der Autoren sowie den Ort, wo die Arbeit fertiggestellt wurde, (c) einen abgekürzten Kolumnentitel, der inkl. Leerzeichen nicht mehr als 35 Anschläge umfasst, (d) den Namen, die vollständige Postanschrift, Emailadresse, Telefon- und Faxnummer des Autors, an den die Korrespondenz gerichtet und die Korrekturfahnen nach einer Annahme zur Publikation geschickt werden sollen, und (e) die Schlüsselwörter.

Sämtliche Beiträge werden zur anonymen Beurteilung an Kollegen übergeben. Wenn irgend möglich, erhalten die Autoren ungeachtet der letztlich getroffenen Entscheidung eine ausführliche Rückmeldung. Es ist durchaus üblich, dass um die Überarbeitung eines Beitrags gebeten wird, der zur Publikation angenommen wurde.

Beiträge, die zuvor in einem Bulletin, einer Fachzeitschrift oder einem anderen Publikationsmedium veröffentlicht wurden, das von einer psychoanalytischen Gesellschaft, Föderation, Vereinigung oder ähnlichen Organisation produziert und vorwiegend unter den jeweiligen Mitgliedern verteilt wird, gelten nicht als bereits veröffentlicht. Sofern der Verfasser das Copyright besitzt (oder es von dem anderen Publikationsmedium erhält), können solche Beiträge beim *IJP* eingereicht werden.

Beiträge, die zuvor in einer anderen Sprache als dem Englischen publiziert wurden, werden berücksichtigt, sofern sie in einer publikationsfähigen englischen Übersetzung eingereicht werden.

Autoren, die einen Beitrag einreichen, müssen bestätigen,

i. dass die Arbeit oder deren zentrale These und wesentlicher Inhalt zuvor weder vollständig noch teilweise an anderer Stelle veröffentlicht wurden und weder die ganze Arbeit noch Auszüge daraus andernorts für eine Publikation geprüft werden;
ii. dass die verschiedenen Möglichkeiten zum Schutz der Privatsphäre des Patienten berücksichtigt wurden und die gewählte Methode erläutert wird;
iii. dass die Arbeit keine potenziellen Verleumdungen enthält;
iv. dass der Artikel keinen Verstoß gegen das Copyright enthält und
v. dass der Autor bereit ist, ein ›Copyright Assignment‹-Formular zu unterzeichnen, falls die Arbeit angenommen wird.

Der Autor sollte nach Möglichkeit angeben, in welchen Teilen des *IJP* sein Beitrag am besten platziert wäre: psychoanalytische Theorie und Technik; Geschichte der Psychoanalyse; klinische Mitteilungen; Forschung; Ausbildungs- und Berufsfragen; psychoanalytische Psychotherapie; interdisziplinäre Studien. Artikel für die Rubriken ›The analyst at work‹ und ›Psychoanalytic controversies‹ werden normalerweise angefordert, aber auch Vorschläge sind willkommen. Bitte nehmen Sie Kontakt zu den Herausgebern auf, bevor Sie mit der Arbeit an solchen Beiträgen beginnen.

Englischsprachige Manuskripte sollten die Obergrenze von 10.000 Wörtern nicht übersteigen. Bei Artikeln in anderen Sprachen sind 1.500 Wörter zusätzlich erlaubt. Zusammenfassung und Bibliografie sind in diesen Angaben nicht enthalten. Abbildungen oder Tabellen zählen jeweils als 250 Wörter, wenn sie eine halbe Seite beanspruchen, bzw. als 500 Wörter, wenn sie eine ganze Seite beanspruchen. Bitte geben Sie die Anzahl der Wörter an, wenn Sie Ihr Manuskript einreichen.

Die Zusammenfassungen aller Beiträge werden in französischer, deutscher, spanischer und italienischer Sprache abgedruckt. Mehrsprachige Kollegen werden gebeten, Zusammenfassungen in allen ihnen geläufigen Sprachen einzureichen.

Autoren von Beiträgen, die Fallgeschichten enthalten, werden gebeten, in ihrem Begleitschreiben darzulegen, welche Methode sie gewählt haben, um die Anonymität des Patienten zu schützen (Gabbard, 2000, Int J Psychoanal, 81: 1071–1086). Zum Schutze ihres Zweckes muss diese Information außerhalb des zu publizierenden Textes mitgeteilt werden. Sofern eine Einwilligung seitens des Patienten gegeben wurde, sollten die Autoren in ihrem Deckblatt erwähnen, ob die schriftliche Einwilligung ggf. einsehbar ist.

Die Autoren sind dafür verantwortlich, das Recht zum Wiederabdruck von Material (einschließlich Zitate, Lyrik, Liedtexte und Bilder), das sie in ihrem Manuskript zitieren wollen und das zuvor bereits veröffentlicht wurde, bei den Copyright-Inhabern einzuholen. Die Abdruckgenehmigung ist der endgültig akzeptierten Fassung des Artikels beizufügen. Autoren, die ihr Manuskript, das publiziertes Material enthält, online einreichen, werden auf der Webseite aufgefordert, durch Anklicken eines Kästchens zu bestätigen, dass sie sämtliche Abdruckgenehmigungen in schriftlicher Form von den Inhabern der Rechte eingeholt haben. Wenn das Manuskript angenommen wird, sind diese Genehmigungen vor der Publikation vorzulegen.

Vorbereitung des Manuskripts

Zulässig ist sowohl amerikanisches als auch britisches Englisch, vorausgesetzt, dass Orthografie und Interpunktion einheitlich gehandhabt werden und den englischsprachigen Standardwörterbüchern, beispielsweise dem *Oxford* oder *Webster*, folgen.

Bei elektronischer Übermittlung des Beitrags darf die erste Seite des Manuskripts lediglich den Namen und die Adresse des Verfassers sowie den Titel der Arbeit enthalten. Der Name des Autors darf auf keiner der folgenden Seiten angegeben sein. Die Anonymität des Peer-Gutachterverfahrens ist nur dann zu gewährleisten, wenn der Beitrag die Identität des Autors nicht verrät. Beachten Sie bitte, dass bei elektronischer Übermittlung die Angaben zum Autor sowie die Zusammenfassung nicht zusammen mit dem Beitrag, sondern in einer separaten Datei abgespeichert sind. Die Datei mit dem Beitrag darf keinerlei Hinweise auf den Autor/die Autoren enthalten.

[...]

Einreichen und Annahme von Manuskripten

Das *International Journal of Psychoanalysis* bittet alle Autoren, ihre Manuskripte im Word- oder RTF-Format auf elektronischem Weg bei ScholarOne Manuscripts einzureichen. Nur Filmessays senden Sie zur Begutachtung bitte direkt an den zuständigen Herausgeber, Andrea Sabbadini (a.sabbadini@googlemail.com).

Um ein Manuskript einzureichen, richten Sie sich bitte nach der Anleitung unter: http://www.wiley.com/bw/submit.asp?ref=0020-7578&site=1.

[...]

Namen- und Sachregister

Abella, Adela 6, 20, *243–267*, 243, 248, 258, 266, 287, 293, 302
Abspaltung 26, 198
Abwehr
 – manische 132, 250
 – operational verengte *(défense opératoire)* 55, 68f., 71f.
 – projektive 233
 – ~spaltung 122
Adoleszente 6, 18f., *143–147*, 143, *179–211*, 179f., 184f., 200, 202, 204f., 209
Adoleszenz 6, 18f., 72, *141–178*, 141, 143, 145f., 200, 205, 209, 288
Aisenstein, Marilia 5, 12ff., *25–33*, 25, 27f., 33, *49–76*, 49, 56, 61f., 65, 75f., 287, 295, 297, 300
Alexander, Franz 13, 53, 75, 82
Alexithymie 60, 76, 93f.
Allmacht, narzisstische 61, 237f., 245
Alphafunktion 86, 88, 92, 94, 150, 229, 301
Amati Mehler, Jacqueline 45, 47
Ambivalenz 121, *204–205*, 204f., 232, 245
Ameisen, Jean-Claude 74f.
Andersartigkeit 46
Anderson, Daniel 6, 21, *271–283*, 271, 287, 301
Ängste
 – depressive 224ff., 228, 231, 243, 249ff.
 – ödipale 125, 128
 – psychotische 113
 – unbewusste infantile 181
Apparat, der psychische 37, 60, 62
Arlow, Jacob 108, 112f., 117f., 135, 217, 238

Association Psychanalytique de France (APF) 26f., 30ff., 297
Ästhetik 6, *243–267*, 243, 248, 266f.
Aulagnier, Piera 27

Balint, Michael 120, 135
Band, libidinöses 122
Baranger, Madeline 20, 215, 217f., 233, 238, 295
Baranger, Willy 20, 215, 217f., 233, 238, 295
Bastion, analytische 20, 215, 218, 228, 232, 237
Bayley, John 21, 274
Beckett, Samuel 45f.
Benjamin, Walter 40, 46
Beschädigung, narzisstische 204
Betaelemente 86, 88, 92, 94, 229f.
Bettelheim, Bruno 43f.
Bewegung, Lacanianische 12, 26, 28ff.
Beziehungsgestaltung, perverse 111, 113, 123, 126
Beziehungsmodus, perverser 15, 110f., *111–113*, *115–119*, 124, 126
Bi-Logik 90, 146
Bion, Wilfred R. 18f., 29, 38ff., 41, 46, 82, 84, 86ff., 92ff., 102ff., 141ff., 160, 167, 170, 176f., 181, 183, 198, 200, 203, 208, 210, 216ff., 229f., 234, 237ff., 260f., 263ff., 295, 297, 302
Birksted-Breen, Dana 5, 11, 15, *37–47*, 37, 41, 47, 287, 293, 298
Bollas, Christopher 19, 99, 181, 183, 200f., 206, 210

Boltanski, Christian 21, 256, 258f., 266f., 287
Bonaparte, Marie 12, 25, 298
Borderline-Persönlichkeitsstörungen 182
Botella, César 38, 42, 46
Botella, Sara 38, 42, 46
Breuer, Josef 146, 176, 181, 201, 207, 210
Bria, Pietro 146, 149, 176
Brustkrebs 49, 64f., 69
Bucci, Wilma 5, 14f., *77–105*, 77, 86ff., 92ff., 100ff., 302

Cage, John 21, 256, 259ff., 267, 287
Castoriadis, Cornelius 27
Centre of Advancement of Psychoanalytic Studies (CAPS) 30
Chasseguet-Smirgel, Janine 27, 113, 132, 135
Cheshire, Neil 40, 43f., 46f.
Chicagoer Schule 53
Contained 141, 143ff.
Containen 20, 144, 146f., 150, 152, 169, 172, 202, 220, 225, 230f., 237, 255, 276, 280
Container 77, 99, 141, 144ff., 204, 234, 237, 264
—-contained-Beziehung 141, 145ff.
Cournut, Jean 30

Damasio, Antonio 102, 171, 176, 209
Darstellbarkeit 38, 42
David, Christian 28, 54, 62, 76, 104
De M'Uzan, Michel 13, 27f., 54, 56, 62, 76, 104
De Masi, Franco 112, 114, 131, 135
Demenz 6, 21, *271–283*, 271ff.
Denken 13, 15, 17f., 21, 41, 47, 52, 55, 60, 78ff., 81, 86ff., 94, 99, 102, 125, 129, 144, 151, 156f., 168, 203, 209, 215, 229, 243ff., 248, 256ff., 262ff.
 – operational verengtes oder mechanisches *(pensée opératoire)* 28, 55f., 59f., 73f., 93
Depression an sich *(dépression essentielle)* oder Depression, essentielle oder objektlose 13, 28, 55, 59, 68, 70f., 73f., 76
Desorganisation, progressive 73f.
Destruktivität 72, 164, 244, 250, 254f., 264
Deutung 17, 25, 27f., 37f., 41f., 57, 63, 136, 141, 147, 152f., 168, 176, 220, 225, 230, 256, 266

Dialektik 15, *86–91*, 86, 91, 145, 257, 262
Diatkine, Gilbert 27f., 33, 300
Diatkine, René 26f.
Ding-Erinnerung 130
Dissoziation 93, 143, 151, 167, 171, 174, *201*, 201
Dualismus 14, *78–79*, 78, 82, *84*, 84f., 89, 100
Duchamp, Marcel 21, 256ff., 262, 266, 287
Dunbar, Flanders 53, 82
Dyade
 – analytische 37, 215, 228, 233
 – supervisorische 215, 219, 222, 225, 232, 236
Dynamik
 – neurotische 134
 – perverse 15, 134f.

École Freudienne de Paris (EFP) 25f.
Eitingon-Modell 31
Eizirik, Cláudio Laks 31, 295
Elemente
 – ontogenetische 180
 – phylogenetische 180
Ellenberger, Henri F. 99, 103
Entmenschlichung 16, *130–134*, 130f., 133
Entwicklung 12ff., 17ff., 28, 39, 44ff., 50, 55, 75, 80, 82, 94, 100, 103, 128, 136, 141f., 146f., 150ff., 155, 160, 168f., 175, 180f., 200, 203, 209, 221, 235, 243f., *244–248*, 246, 248, 251, 254, 272, 275, 280
 – psychosexuelle 109
Epidemien, hysterische 179, 183
Episode, psychotische 152, 155, 179
Erikson, Erik 200, 210
Erinnerungsspuren, unbewusste 181
Eros 136, 183
Ersatzfiguren 127
Essstörungen 190
Exhibitionismus 111, 137, 245
Exorzismus 188
Eyre, Richard 271

Fain, Michel 13, 27f., 54f., 62, 76
Fairbairn, William Ronald D. 203, 210, 224, 239, 293, 299
Feindseligkeit, sexualisierte 16, 108, 133
Feld
 – analytisches 20, 215, 217f., 226, 228ff., 232ff., 237

– supervisorisches 6, 20, *215–239*, 215, 217ff., 226ff., 235ff.
Fenichel, Otto 181, 210
Ferenczi, Sándor 13, 51ff., 181, 210, 300
Ferrari, Armondo 17, 141, 145, 149, 169, 176f.
Fetisch 16, 107f., 110, 113f., 120f., 128ff., 134
– ~isierung 16, 110, 114, 128ff.
– Prozess der Fetischisierung 113, 130
Film 6, 10, 21, 85, 164, 174, 189, *271–283*, 271f., 274ff., 294f., 297, 299, 301, 306
Fixierung 55, 62, 109, 155
Fließ, Wilhelm 37
Fragmente 203, 254
Fragmentierung 148, 172, 197
Freud, Sigmund 10, 12ff., 18ff., 25, 27, 29, 32f., 37, 39ff., 49ff., *50–52*, *52–56*, 57f., 60f., 74ff., 79f., 82, 85ff., 99f., 103, 109, 121ff., 128f., 134ff., 142, 144, 146, 149f., 160, 163, 168f., 176f., 181ff., 201, 207, 210, 224, 243ff., *244–248*, 256, 263f., 266f., 273, 291, 294ff., 300ff.
Fürsorge, mütterliche 94, 182, 203, 205, 221
Funktionsmodus, operational verengter *(fonctionnement opératoire)* 55f., 60

Gabbard, Glen O. 150, 177, 305
Gegenidentifizierung, projektive 221
Gegenübertragung 16, 21, 29, 118, 135, *149–154*, 149f., 152, 156, 171, 177, 204, 215, 239, *272–274*, 272ff., 283
– komplementäre 216
– konkordante 216
– somatische 18, 141, 149ff., 171
Gleichsetzung, symbolische 109, 129
Green, André 27, 29, 59, 74ff., 204, 210
Groddeck, Georg 13, 52, 82
Grotstein, James 84, 92, 94, 103, 147, 177, 217, 224, 239, 302

Halluzination
– negative 129
– positive 129
– ~en des Säuglings 181
Hamlet 217, 239
Hartmann, Heinz 25
Hass 6, 109, 121ff., 133, 136, 146, 156f., 161, 163ff., 200, 202, 205, 210, *271–283*, 271, 273, 277ff.

Hässlichkeit 197, 201, 254f.
Heimann, Paula 176, 215, 239
Hilfs-Ich 204, 280
Hôpital Pierre Marty 62, 69
Hure-Madonna-Komplex *121–123*, 121ff., *123–128*, 134
Husserl, Edmund 59
Hysterie 19, 80, 82, 89f., 146, 176, 179, 181, 183f., 202f., *203–204*, 206, 210
– archaische 181
– motorische 183

Ichfunktionen 142, 145, 175
– eingeschränkte 209
Ich-Ideal 204
Ich-Psychologie 25
Idealich 59ff., 68
Identifikation
– mit dem bösen Objekt 203
– projektive 198, 215
– ~smodell, professionelles 216
Identifizierung 88, 142, 182f., 203, 234, 245, 250, 252f., 263, 272, 279
– projektive 16, 87, 110, 182, 202f., 208, 217f., 221, 229, 232, 235, 281
Identitätsdiffusion 182
Imitation 160, 183
Individuation 200, 210
Institut de Psychosomatique (IPSO) 14, 62ff., *63–73*, 287f.
Institut Gustave Roussy (IGR) 63, 65
Institut national de la santé et de la recherche médicale (INSERM) 64
Integration von Gut und Böse 202
Interaktion mit der realen Welt 181

Jasmin, Claude 63f., 76

Kapazität, negative 218
Kastrationsangst 113, 121ff., 128, 130f., 134
Kernberg, Otto 113, 126, 136, 163, 177, 182, 201, 210, 297
Khan, Mohammed Masud R. 109, 113f., 127f., 133, 136
Kollusion 20, 215, 218, 231f., 237
Konflikt
– ödipaler 224, 273
– ~e, neurotische 181
Konstruktion 14, 38, 72, 81, 99, 252

Kontaktgruppe, die 12, 30
Kontinuum, perverses 16, 107, 112, 130f.
Konversion 54, 181f., 201, 208
– ~shysterie 13, 50, 54, 80, *180–182*, 180ff., 184
– ~sneurotisch 180, 202f., 206f., 209
– ~ssymptom 208f.
Körper 5f., 10f., 14ff., 37, 50ff., 54, 62, 72f., *77–101*, 77ff., 81f., 84f., 87ff., 91f., 94f., 100f., 104, *141–178*, 141ff., 145ff., 149ff., 155ff., 161ff., 166ff., 181ff., 188, *196–197*, 196ff., 200ff., *205–208*, 205ff., 222, 288
– als Bühne 205
– als Ort der Darstellung 79, 205
– Übertragung auf den 15, 18, 151
– ~erinnerung, unbewusste 50, 207
– ~–Psyche 15, *77–101*, 78, 81f., 84f., 86, 89, 91, 101, 141, *143–147*, 143, 145f., 151, 153, 166, 170f., 175
Krankheit, organische 13, 50ff., 55f.
Kränkung, narzisstische 122
Kunst, zeitgenössische 6, 10, 20f., *243–267*, 243f., 254ff., 260ff., 287

Lacan, Jacques 12f., 25ff., *27–28*, 33, 42, 47, 295
Lagache, Daniel 25
Laplanche, Jean 27, 38, 42ff., 47, 108, 136
Leben, operational verengtes *(vie opératoire)* 13, 55, 59ff., 76
Lebovici, Serge 27
Lichtenberg, Joseph 142, 177
Loa-Zavala, Nashyiela 6, 18f., *179–211*, 179, 288, 300
Loewenstein, Rudolph 25
Lombardi, Riccardo 6, 15ff., *141–178*, 141, 145f., 148ff., 163, 176f., 288, 302
Lustprinzip 75, 244, 247, 250f.

Mahler, Margaret 142, 177, 200, 210
Marty, Pierre 13, 27f., 33, 54f., 57, 59ff., 69, 76, 93, 104, 288, 295, 302
Masochismus 52, 111
Massenhysterie 6, 10, 18, *179–211*, 179f., 182, 184, 209
Massenmedien 185, 188, 202
Massenphänomen 180
Matte Blanco, Ignacio 18, 86ff., 104, 141, 143, 146, 148, 153, 163, 168, 177f.

McDougall, Joyce 27, 94, 104, 111, 136, 181, 183, 210
Mentalisierung oder Bewältigung, psychische *(mentalisation)* 28, 56ff., 73, 94
Metapsychologie 27f.
Missbrauch 181f., 199, 202f., 209
Mitbehandlung, medikamentöse 175
Modell, das Französische 12, 27, *31–32*, 31f.
Mom, Jorge 238
Monismus *79–81*, 79, 81, *84*, 84, 100
– non-reduktionistischer 85
Murdoch, Iris 11, 21, *271–283*, 274ff., 283

Nacht, Sacha 25
Nachträglichkeit 44, 47, 298
Narzissmus 27, 41, 63, 70, 113, 126, 176, 245
– pathologischer Realitätsverlust 113
Niveau, objektales 243f.
nonverbal 15, 87f., 157, 199

›O‹, Entwicklung von 152
Objekt
– erotisiertes 51, 206
– hinreichend gutes 202
– idealisiertes 222
– infantiles 133, 220, 222
– ~beziehungen 16f., 56, 76, 110, 113, 142, 224, 237
– ~beziehungstheorie 130
Objekte
– bizarre 208
– fetischisierte 16, 110, 129f.
– innere 208, 218, 253
ödipal 50, 55, 121ff., 128, 224, 226, 273
Ogden, Thomas 38, 47, 109, 136, 161, 178, 216, 239, 293, 299
Ökonomie, psychische 29, 58
Omnipotenz 164, 171, 198, 202
Onkologie 5, 12, *49–76*, 49, 75
Orden 180, 183, 189, 191f.
Organisation, psychische 62, 125
Ouija 186ff., 191, 193, *194–195*, 194, 197f., 203

Paranoia *203–204*, 203
Pariser psychoanalytische Gesellschaft 12, 25, 28, 54, 287f.
Pariser Schule der Psychosomatik 5, 12f., 26, 28, 33, *49–*, 49, 54ff., 59ff., 74f., 297

Partialtrieb
 – aktiv   111
 – passiv   111
 – prägenital   109
Pathoneurose   13, 51f.
Paz, Octavio   179, 210
pensée operatoire (mechanisches Denken)   28, 55f., 59f., 73f., 93
Persönlichkeit, hysterische   200, 225
Perspektive, primärprozesshaft   109
Perversion   15, 55, *107–137*, 107ff., 113f., 122f., 126, 128f., 131ff., 210, 295
 – Kern der   15, 108
Perversität   107f., 110, 112, 127, *128–130*, 128, 134
Phänomene, perverse   15, *107–137*, 107f., 110, 129f., 134
Phantasie
 – mörderische   116, 118f.
 – unbewusste   6, 50, 93, *179–211*, 179f., 182, 220, 229, 247f., 252, 254
 – präödipale   207
Pires, Antonio Carlos J.   6, 20, *215–239*, 215, 239, 288, 298
Pola, Marisa   6, 18f., *141–178*, 141, 154, 288, 302
Pontalis, Jean-Bertrand   27, 42, 108, 136
Position
 – depressive   6, 132, 249ff., 267, *271–283*, 271, 279ff., 301
 – paranoid-schizoide   280
Positivismus   14, 79f.
postödipal   50
präödipal   123, 207
Proto-Emotionen   231
Psyche-Körper-Beziehung   *78–91*, 78, 89, 101, 141, 145f., 166, 175
Psyche-Körper-Dissoziationen   151
Psychoanalytische Gesellschaft für Forschung und Ausbildung (SPRF)   26
Psychose   6, 18f., 27, *141–178*, 141ff., 147f., 153ff., 171f., 181, 211, 288, 296
Psychosomatik   12ff., 26, 29, 49, *50–56*, 50ff., *56–61*, 58, 60f., 62, 64ff., *65–73*, 69, 73ff., *82*, 82, 88, 90f., 210, 287, 289, 292
Psychotherapie, psychoanalytische   69, 117, 219, 287ff., 304

Quatrième Groupe (Vierte Gruppe)   26f., 30

Racker, Heinrich   215f., 239
Reaktion
 – negative therapeutische   273
 – ~sbildung   273
Realität
 – ~sbezug   108, 129, 167
 – ~sprinzip   198, 244, 247
Regression   13, 15, 49, 51, 54ff., *57–58*, 57ff., 61f., 68f., 76, 297f.
 – maligne   273
 – zeitliche   32
Reik, Theodor   88, 104, 266
Re-Inszenierung   229
Reorganisation, psychische   49
Repräsentation, symbolische   129, 229
Reverie, analytische   38, 141, 147, 149, 151, 165, 170
Rosenfeld, Herbert A.   164, 178, 299
Rosolato, Guy   27

Sadismus   111, 122f., 132f.
Sadomasochismus   *111–113*, 111
Saltzman, Nathalie   27
Schaffen, künstlerisches   243ff., *244–248*, 248f., 255
Schönheit, formale   243, 250, 253ff., 257, 262f., 265
Segal, Hanna   6, 20, 44, 47, 93, 104, 129, 136, 181, 210, *243–267*, 243f., 247ff., 265ff., 293, 296, 302
Seinsgefühl, Kontinuität des eigenen   204
Selbst
 – Desintegration des   113
 – falsches   164, 202, 211
 – wahres   164, 181f., 200, 205, 209, 211
 – Zerstörung des wahren   *200–201*, 200, 202
 – ~hass   117
 – ~zerstörung   49, 74f.
Senior-Supervisor   219, 231, 234f.
Setting   14, 25, 30, 38, 45, 61, 63, 97, 234ff., 297
Sexualisierung   108ff., 113, 132
Shakespeare, William   99, 217, 239
Sifneos, Peter E.   60, 76, 94, 104
Sitzung, variable Dauer der   25
Smadja, Claude   5, 12ff., *49–76*, 49f., 54, 59, 62, 65, 75f., 288, 295, 297

Societé Psychanalytique de Paris (SPP) 12, 25ff., 288
Solano, Luigi 5, 14f., *77–105*, 77, 89, 101f., 104, 289, 302
Somatisierung(-sprozess) 13, 49, 55ff., 62, 93, 95
Spaltung 25f., 30, 45, 121ff., *201*, 201, 205, 274, 279, 281f.
– vertikale 129
– –smechanismen 182, 198, 201
Spektrum, perverses 6, 10, 16, *107–137*, 107f., 110, 112f., 119, 123, 128, 130
Spiegel 159, 166f., 192, 200, 204f., 208
Spitz, René 25, 83, 104
Sprache 9ff., 12, 15, 21, 29, 37ff., 45f., 60, 62f., 68, 78, 88, 90, 99f., 116, 157f., 171, 204, 233, 272, 277, 279f., 303ff.
Stein, Ruth 109, 113, 118, 137
Stigmatisierung 206, 272, 274, 280ff.
Stoller, Robert 111, 113, 131, 133f., 137
Störung des supervisorischen Feldes
– harmlose 215, *219–231*, 219, 232, 237
– schädliche 215, 219, *231–233*, 232, *233–236*, 233, 237
Strachey, James 10, 40, 43f., 47, 298
Sublimierung 20, 43, 55, 116, 243ff., 247ff.
Suggestion 183, 188, 259, 261
Suizidversuch 117, 192
Supervision 6, 10, 20, 31f., *215–239*, 215ff., 228, 230ff., 288f.
Supervision der Supervision 20, 233, 236f.
Symbolbildung 93, 104, 136, 181, 243, 249, 251, 267
Symbole 50, 93, 102, 181, 183, 197, 200f., 208, 251f., 300
Symbolisierung 17, 38, 50, 60, 152, 181, 204, 209, 243, 248, 267, 298
Symptommodelle 13, 50
System
– nonverbales symbolisches 15, 77, 88f., 91ff., 98, 100
– protomentales 86f., 99, 229
– subsymbolisches 15, 77, 87ff., 91ff., 98ff.
– verbales symbolisches 15, 77, 88f., 91ff., 98, 100

Theorie der multiplen Codierung 5, 14f., *77–105*, 77f., 86, 92, 95, 98ff., 102, 302

Thomä, Helmut 40, 43f., 46f.
Todestrieb 13f., 49, 59, 74, 254, 273
Tötungsphantasie 116
Transformation 38, 46, 95, 147, 176, 235, 237, 259ff., 263ff.
Trauerarbeit 243, 249, 251f.
Träumen, Fähigkeit zu 216, 218, 288
Traumerzählungen 180
Trieb 13, 18, 20, 43f., 47, 50ff., 56, 60, 62, 74, 85, 103, 108f., 111, 114, 127, 143, 176, 245, 248, 251, 255f., 298
– ~entbindung 13, 49, 56, *58–61*, 58, 68
– ~entmischung 13, 52, 59
– ~theorie 14, 51f., 74, 254
Tuch, Richard 6, 15f., 19, *107–137*, 107ff., 115, 137, 289, 293

Überbesetzung der Organfunktion 13, 51, 58
Übergangsraum 11, 39, 45, 218
Überlastung der Psyche 13, 58, 62
Übersetzung 5, 9ff., 21f., 29, *37–47*, 37ff., 55, 85, 90, 97, 180f., 303f.
Übertragung 12, 15, 17f., 20, 27f., 31, 40, 47, 54, 63, 69, 73, 125f., 141, 147ff., 151ff., 165, 168, 216, 233, 235, 239, 278, 280
– symmetrische *147–149*, 147ff., 152
– ~sanalyse 128
Ursprung und klinische Bedeutung somatischer Symptome 13, 54, 77, 93ff., 100
Urszene 198

Valabrega, Jean-Paul 54
Veränderung, katastrophische 18, 141, 143, 147, 153, 177
Verarbeitung, psychische 55, 57, 62
Verdinglichung 107, *119–120*, 119, *130–134*, 130
Verdrängung 50f., 53, 58, 61, 90, 129, 134, 153, 245, 279
Verleugnung 45, 68, 72, 97f., 113f., 120, 122f., 128ff., 134, 146, 152, 155, 161, 163ff., 231, 252, 264, 275f., 278ff., 282
– adoleszente 141, 145
Vernichtung
– drohende 182, *200–201*, 200, 207
– ~sangst 17, 113, 131f., 198, 202, 204, 209
– ~sgefühle 200

Verschiebung 44, 69, 122, 244, 265
Verschmelzung, fusionäre 200
Vollmer jr., Germano 6, 19, *215–239*, 215, 217, 239, 289, 298
Vorstellungsrepräsentanz 44, 46, 298
Voyeurismus 111

Wahrheit 39, 81, 125, 236, 243, 252, 254, 257ff., 263ff., 282
Wallerstein, Robert 217, 238, 295
Werdens, Konzept des 150
Widerstandsdeutung, klassische Technik 28
Widlöcher, Daniel 26f., 31, 293

Wiedergutmachung(-sprozesse) 20, 133, 243, 248ff., *249–252*, 254ff., 258f., 262, 265, 278
Winnicott, Donald W. 13, 29, 38, 41f., 47, 62, 77, 82, 84, 94, 100, 104f., 164, 178, 181, 183, 199f., 202, 204, 211, 273, 283, 295
Wunsch, perverser 125

Zeit
– Symmetrisierung von 163
– Vergänglichkeit von 163f., *173–175*, 173f.
Zwangsstörung 115

Psychosozial-Verlag

Angela Mauss-Hanke (Hg.)
Internationale Psychoanalyse 2009
Ausgewählte Beiträge aus dem *International Journal of Psychoanalysis*, Band 4

Angela Mauss-Hanke (Hg.)
Internationale Psychoanalyse 2010
Ausgewählte Beiträge aus dem *International Journal of Psychoanalysis*, Band 5

2009 · 311 Seiten · Broschur
ISBN 978-3-89806-899-4

2010 · 313 Seiten · Broschur
ISBN 978-3-8379-2081-9

Das berühmte *International Journal of Psychoanalysis* gilt bis heute als weltweit wichtigste Fachzeitschrift der Psychoanalyse. Aus diesem reichen Fundus versammelt *Internationale Psychoanalyse* jährlich herausragende Beiträge. So bieten die Bände auch denjenigen, die Fachliteratur lieber in ihrer Muttersprache lesen, einen direkten Zugang zu den aktuellen Entwicklungen der internationalen psychoanalytischen Welt.

Mit Beiträgen von Roosevelt M. Smeke Cassorla, Antonino Ferro, Richard H. Fulmer, Robert D. Hinshelwood, Riccardo Lombardi, Evelyne Sechaud, Laurence S. Spurling, John Steiner, Richard Taffler und David Tuckett

»Es ist wunderbar, dass das ›International Journal of Psychoanalysis‹ nun mit der ›Internationalen Psychoanalyse‹ einen deutschen Auswahlband hat. Eine solche Kommunikation ist ein unschätzbarer Beitrag, um voneinander zu lernen und unsere Disziplin voranzubringen. Die sorgfältige Arbeit der Herausgeberin und die Auswahl der Texte sind einfach vorbildlich.«

David Tuckett

Mit Beiträgen von Dorit Ashur, Avner Bergstein, Dana Birksted-Breen, Glen O. Gabbard, Erika Krejci, Riccardo Lombardi, Deborah Anna Luepnitz, Thomas H. Ogden, Jean-Michel Quinodoz, Andrea Sabbadini, Henry Schwartz und Kay M. Souter

Lätsch, David
Schreiben als Therapie?
Eine psychologische Studie über das Heilsame in der literarischen Fiktion

Wirth, Hans-Jürgen
Narzissmus und Macht
Zur Psychoanalyse seelischer Störungen in der Politik

2011 · 255 Seiten · Broschur
ISBN 978-3-8379-2082-6

2011 · 440 Seiten · Broschur
ISBN 978-3-8379-2152-6

»Wer literarisch schreibt, therapiert sich selbst.« Dieses hartnäckige Gerücht befragt der Autor auf seinen Wahrheitsgehalt. Verhilft die Praxis fiktionalen Schreibens tatsächlich – und sei es im Kleinen und Unscheinbaren – zu erhöhtem Wohlbefinden, einem besseren Leben, einem aufgeklärteren Verhältnis zu sich selbst?

Vor dem Hintergrund des aktuellen psychologischen Forschungsstands legt der Autor eine empirische Studie zum kurativen Potenzial fiktionalen Schreibens vor und erläutert seine Befunde mithilfe der narrativen Psychologie, Literaturwissenschaft und Psychoanalyse. Als gründliche, systematische Einführung richtet sich das Buch an Leser, die sich für die therapeutische Dimension des literarischen Schreibens interessieren.

Gesellschaftliche Macht übt eine unwiderstehliche Anziehungskraft auf Personen aus, die an einer narzisstischen Persönlichkeitsstörung leiden. Karrierebesessenheit, ungezügelte Selbstbezogenheit, und Größenfantasien sind Eigenschaften, die der narzisstisch gestörten Persönlichkeit den Weg an die Schaltstellen ökonomischer oder politischer Macht ebnen. Fremdenhass und Gewalt gegen Sündenböcke zu schüren, gehört zu den bevorzugten Herrschaftstechniken solcher Führer. Geblendet von eigenen Größen- und Allmachtsfantasien verliert der Narzisst den Kontakt zur gesellschaftlichen Realität und muss letztlich scheitern. Eng verknüpft mit dem Realitätsverlust ist die Abkehr von den Normen, Werten und Idealen, denen die Führungsperson eigentlich verpflichtet ist.

Karsten Münch,
Dietrich Munz, Anne Springer (Hg.)
Die Psychoanalyse im Pluralismus der Wissenschaften
Eine Publikation der DGPT

John D. Sutherland
Die Entwicklung des Selbst
Im Spannungsfeld von innerer Realität und sozialer Wirklichkeit

2010 · 296 Seiten · Broschur
ISBN 978-3-8379-2061-1

2010 · 296 Seiten · Broschur
ISBN 978-3-89806-585-6

Trotz der oft beschworenen »Krise der Psychoanalyse« lassen die Entwicklungen der letzten Jahre ihren Stellenwert in einem anderen Licht erscheinen. So zeigen etwa die Forschungsergebnisse der Neurowissenschaften, dass sich theoretische Annahmen der Psychoanalyse als gut fundiert erwiesen haben und es somit gute Gründe gibt, die psychoanalytische Wissenschaft im gesellschaftlichen und akademischen Diskurs offensiv zu vertreten.

Die Beiträge sind aus der Jahrestagung der Deutschen Gesellschaft für Psychoanalyse, Psychotherapie und Psychosomatik (DGPT) 2009 hervorgegangen, mit der zugleich der 60. Geburtstag der DGPT begangen wurde. Der Tagungs- und Buchtitel soll verdeutlichen, dass die Psychoanalyse als Wissenschaft unter anderen Wissenschaften ihre eigenständige Position behaupten kann.

John D. Sutherland gehört zu der einflussreichen psychoanalytischen Gruppe um W.R.D. Fairbairn, dessen umfassende Objektbeziehungstheorie als »Kopernikanische Wende« innerhalb der psychoanalytischen Theorie der menschlichen Persönlichkeit gepriesen wird. Sutherlands besonderes Verdienst besteht darin, dass er die Entwicklung des Selbst dahingehend konzeptualisierte, dass es ein stetiges Wachstum und eine stetige Veränderung im Austausch mit anderen beinhaltet.

Jill Savege Scharff, eine Schülerin und profunde Kennerin seines Werkes, führt in die wichtigsten und einflussreichsten Abhandlungen Sutherlands ein. Diese spiegeln seine theoretische Bandbreite wider, innerhalb derer er sich mit Leichtigkeit von der intrapsychischen zur interpersonellen Ebene bewegt, Brücken zwischen Standpunkten baut und psychoanalytische und soziale Theorien einbindet.